JEAN RECHER

De parents yportais, Jean Recher est né le 26 septembre 1924 à Fécamp. Neuvième et dernier enfant, il perd son père le jour de son cinquième anniversaire. Les aînés mariés, les cinq plus jeunes restent avec une mère n'ayant pour ressources que le maigre salaire de journées de couture. Habituée à la pauvreté, elle s'organise pour éviter la misère.

Après deux ans d'E.P.S., Jean Recher s'engage à quatorze ans comme mousse sur un chalutier de grande pêche. D'abord mousse de cuisine et garçon de carré avec un capitaine d'autant plus dur pour lui que c'était son frère. Mais ce qui l'attire, c'est le pont, le chalut, les palanquées de poisson. Il n'a pas le temps de changer de fonction. En septembre 1939, c'est la guerre.

Jean Recher profite de l'arrêt forcé de la grande pêche pour suivre les cours de l'Ecole d'Hydrographie et des Pêches de Fécamp. 1941 : pêche côtière. 1942 : Bancs de Mauritanie. De quatre frères embarqués, deux disparaissent en opérations de mer.

Navigue comme officier au cabotage international, puis à Terre-Neuve. Rentre au Havre le 31 janvier 1945. Avec la paix, c'est enfin la reprise à Fécamp du Grand Métier. Second en 1947 et capitaine le 11 juillet 1949, année où il commande le *Duguay-Trouin*. Jean Recher a effectué son dernier voyage en mer, de janvier à mai 1980, à bord du *Shamrock*.

Un remarquable film, « Les laboureurs de la mer », a été réalisé par TF1 et projeté en juin 1980.

LE GRAND MÉTIER

DÉJÀ PARUS DANS PRESSES POCKET :

PIERRE-JAKEZ HÉLIAS — Le cheval d'orgueil
JEAN MALAURIE — Les derniers rois de Thulé
JEAN RECHER — Le grand métier
MARGARET MEAD — Mœurs et sexualité en Océanie
JACQUES SOUSTELLE — Les quatre soleils
GEORGES BALANDIER — Afrique ambiguë
VICTOR SÉGALEN — Les Immémoriaux
ADÉLAÏDE BLASQUEZ — Gaston Lucas serrurier
GASTON ROUPNEL — Histoire de la campagne française
CLAUDE LÉVI-STRAUSS — Tristes tropiques
DON C. TALAYESVA — Soleil Hopi
MAHMOUT MAKAL — Un village anatolien
ANTOINE SYLVÈRE — Toinou
FRANCIS HUXLEY — Aimables sauvages
TACA USHTE/RICHARD ERDOES — De mémoire indienne

COLLECTION TERRE HUMAINE
DIRIGÉE PAR JEAN MALAURIE

LE GRAND MÉTIER

Journal d'un capitaine de pêche de Fécamp

JEAN RECHER

PLON

La présente édition reproduit dans son intégralité le texte original, à l'exception des illustrations hors-texte, des annexes et des index.

L'édition complète dans TERRE HUMAINE est toujours disponible. Le lecteur trouvera en fin de volume la liste des titres de la collection TERRE HUMAINE.

ISBN : 2 - 266 - 01188 - X

A la mémoire des marins perdus en mer.

... « La langue des matelots n'est pas la langue ordinaire : c'est une langue telle que la parlent l'océan et le ciel, le calme et la tempête. Vous habitez un univers d'eau parmi des créatures dont le vêtement, les goûts, les manières, le visage, ne ressemblent point aux peuples autochtones : elles ont la rudesse du loup marin et la légèreté de l'oiseau; on ne voit point sur leur front les soucis de la société; les rides qui les traversent ressemblent aux plissures de la voile diminuée, et sont moins creusées par l'âge que par la bise, ainsi que dans les flots. La peau de ces créatures, imprégnée de sel, est rouge et rigide, comme la surface de l'écueil battu de la lame. »

Chateaubriand
Mémoires d'outre-tombe
Livre sixième chapitre II.

AVERTISSEMENT

Cet ouvrage n'est pas un roman. Véridiques, les faits relatés pourront cependant sembler invraisemblables. Le lecteur partagera notre vie dans les mers de la glace et du froid, domaine de la morue et enfer du pêcheur. Ces hommes que je côtoie depuis trente-quatre ans ont leur franc-parler et ne manquent ni de jugement ni de finesse. Ils ne manquent surtout pas de courage.

Un exemple : le premier voyage de l'année 1972 a commencé dans des conditions exceptionnellement dures. Coups de vent et très basses températures. Il a été enregistré – 40° au Labrador, – 42° à Cornerbrook. Les mers où l'on travaille habituellement en janvier et février sont toutes envahies par la banquise et malheureusement, ailleurs, il n'y a plus rien à pêcher. Il faut donc jouer les brise-glace pour que l'opération soit rentable. Les chalutiers, comme celui que je commande – dits « classiques » –, ont de ce fait un lourd handicap par rapport aux navires à rampe arrière de conception moderne. Chaluter dans la banquise épaisse leur est impossible. D'abord ils manquent de puissance. Ensuite les blocs de glace s'engagent sous leurs câbles déportés à tribord et les amènent à flot avec risques de mêler panneaux divergents et chalut. Les « rampe-arrière » avec leurs câbles dans l'axe, donc dans leur sillage, n'ont pas ces inconvénients.

Les chalutiers classiques pour la pêche à la morue ont vécu. Comme on a abandonné les voiliers, il faudra se résoudre à les remplacer.

Les bons équipages abandonnent les navires déshérités. Pour conserver ses « chiens de tête », un capitaine use de diplomatie, de persuasion, de compensations. Par fidélité, les anciens restent. On vieillit ensemble et ce que l'on perd en mordant, en célérité, en ambition, on le compense en prudence. Les vieux que nous sommes devenus essayent de conserver leur place au soleil. Soleil bien pâle des Bancs ou soleil de minuit de l'île de l'Ours...

Nous luttons et parfois remportons des semblants de victoire.

Après être resté deux heures la « gueule » dans le blizzard à commander une manœuvre délicate de chalut, délicate et compliquée par une quantité énorme de sébastes (fausses rascasses) qu'on ne pouvait ensacher, la présence de la glace se refermant sans cesse sur nous, un chef de bordée me confiait : « Cap'taine, si j'avais été sûr que la banquise s'étende jusqu'à Fécamp, j'rentrais chez moi à pied. C'est plus une vie, on mérite pas ça! »

Enlevant le givre de sa barbe et de sa moustache pour reprendre figure humaine, il est pourtant reparti rejeter à l'eau, avec son équipe – la morue seule nous intéressant –, les deux tiers de ce qu'on venait d'embarquer.

C'est pour de tels hommes, avec lesquels j'ai travaillé et lutté durant trente-quatre ans – et pour que leur souvenir demeure –, que je me suis décidé à prendre la plume.

*
**

Il m'a fallu plusieurs voyages pour rédiger ce livre. Il n'est pas facile de s'évader du présent quand on commande un « terre-neuvas », travaillant vingt-quatre heures sur vingt-quatre, sauf par trop gros temps.

Sans cesse, le capitaine est attiré par la passerelle d'où il suit les initiatives de l'officier qui le remplace temporairement et le mouvement des autres navires.

Quand tout va bien, il peut s'enfermer dans sa « carrée » et noircir du papier. Mais la brume, les fonds durs, les glaces, les transformations de matériel, les malades à soigner, les décisions à prendre ne lui laissent que peu de loisirs. En mangeant il pense à la pêche. Il en rêve. Son sommeil léger lui permet de suivre à l'oreille les différentes manœuvres. Il sent en dormant, tel dans le sommeil d'un couple, s'il se passe quelque chose d'anormal. De sa couchette, au comportement du navire, il évalue l'état de la mer. Il sait si l'on traîne le chalut en travers, debout à la lame ou vent arrière. Il entend le treuil virer, les poulies grincer. Le panneau divergent de l'arrière arrivant en potence le réveille. Il se rendort seulement quand les bruits sont « classiques ». Si « quelque chose » cloche, il essaie de deviner et, à l'occasion – souvent en tenue légère –, il va jeter un coup d'œil. Renseigné par le second ou par ce qu'il voit, il se recouche ou, capelant tricot (enfilant pantalon par-dessus sa tenue de nuit), il remonte à la passerelle.

Relevé à minuit par le deuxième capitaine, il reprend son quart à 7 heures avec un lieutenant. A eux deux, comme le second et son assistant au cours de la nuit, ils gouvernent, manœuvrent, codent et décodent les messages de pêche, veillent à l'œil ou au radar, suivent les indications des sondeurs-détecteurs, pansent un doigt entaillé par un couteau, badigeonnent un enrhumé, changent un fusible. Du compas à pointes sèches au tournevis en passant par la seringue à pénicilline, de l'aiguille à ramender au radar, les journées, toujours très lourdes, sont parfois longues, surtout pour les jambes.

Quand le temps clair permet une navigation aisée, quand la pêche régulière et égale aux autres navires préoccupe moins le capitaine, quand la santé – et le moral – de l'équipage ne cause aucun souci... alors seulement, sur la table des cartes ou debout, arpentant la passerelle, j'écris, laissant souvent le cahier de brouillon pour les jumelles ou la règle-rapporteur. Parfois « ça sort bien », d'un seul jet. Parfois, traçant une grande croix sur ce que je viens d'écrire, je recommence, biffe de nouveau, perds le fil de mes idées, entame un autre chapitre ou « range les outils ».

Le lieutenant essaie de me calmer quand je m'énerve, mais comme j'ai un sale caractère, il n'y parvient pas.

Quand, enfin, j'ai terminé un chapitre, on passe à la deuxième phase de l'opération.

Ce même lieutenant, calant sa machine à écrire en fonction du roulis ou du tangage – « on prend la lame » –, met en pages. Il décrypte aisément mes gribouillis : il navigue avec moi depuis vingt-deux ans!

Quand ses gros doigts d'homme de cent kilos manquent une touche ou qu'un mouvement plus sec ou vicieux du navire fait sauter le chariot de la machine, il s'énerve lui aussi. Cela se traduit par des litanies pleines de verdeur. J'essaie de le calmer à mon tour. Peine perdue. Il a encore plus mauvais caractère que moi.

Rouli-roulant, tangui-tanguant, ce livre a pris forme. Je mentirais en disant que ça a été tout seul.

PREMIÈRE ÉPOQUE

L'ÉCOLE DE LA MER

MOUSSE, MATELOT LÉGER, MATELOT

I. YPORT

En haut les bois
En bas la mer et c'est Yport.
Guy de Maupassant.

Un Yportais qui naît, c'est un marin en puissance qui voit le jour. C'est également un homme qui ne sera jamais appelé par son nom mais par son surnom. Pour trouver des sobriquets, les esprits d'Yport sont fertiles et souvent pleins d'humour. Un tel qui a une tignasse d'un rouge flamboyant est pour tous « l'homme en feu », tel autre qui fait preuve de grandes qualités de pêcheur devient le « gros pèkeux », tel autre encore, grand et maigre, n'est connu que sous le nom de l'« orphie (1) ». Les enfants conservent le surnom du père jusqu'à ce qu'une particularité physique, un trait de caractère ou un événement permettent à un esprit fécond, en quête de parrainage, de leur trouver le surnom qu'ils porteront jusqu'à leur mort et transmettront eux-mêmes à leurs enfants. Les femmes n'échappent pas à la règle. Ainsi une jeune « étrangère », nouvellement mariée à un marin qui l'avait connue dans la ville où il avait fait son service militaire, fut bientôt nommée : « la mystérieuse ». Sans doute marquée par son surnom, elle devait disparaître un matin sans que personne en connaisse la raison. On évoque encore parfois le souvenir de « la mys-

(1) Orphie : poisson à bec pointu. Long et maigre : il est également appelé aiguille ou bécassine de mer.

térieuse », mais à mots couverts, à voix basse...

On n'est jamais bien loin par ici des *Contes* de Maupassant. Bien que ce dernier reconnaîtrait mal de nos jours la bourgade d'antan. Yport est demeuré, blotti dans son val, exposant au nord sa plage de galets, abrité des vents d'ouest par un petit cap appelé ici « Le Heurt » ou plus souvent « Le Chicard », une permanente pépinière de marins de grande pêche.

Pendant la dernière guerre, sous l'occupation allemande, le petit port a perdu les bois qui l'entouraient. Sous la hache, la scie du bûcheron, ses arbres se transformèrent en bois de chauffage, en poteaux de mine, en étais, en branches de camouflage. Destiné à partir en fumée ou à mourir au champ d'honneur, chacun de ces arbres emporte avec lui un peu de la beauté d'Yport.

Mais s'il est vrai qu'on peut dire : Dis-moi ce que tu manges, je te dirai qui tu es, alors l'Yportais n'a pas changé : nourri de tourteaux, de crabes, d'étrilles, de vignots de fontaine pêchés en eau saumâtre, dans la rigole de la source qui sourd au pied de la falaise, et aussi de poisson frais pris à la ligne par les pêcheurs dans leurs picoteux qu'ils nomment « caïques (1) » (sans rapport avec les barques turques du même nom).

A marée haute, la mer ne laisse à découvert qu'une bande de galets sur lequels échouent les « caïques ». Sitôt échouées, les barques sont virées au cabestan à bras (ou électrique) sur la plage – les Yportais la nomment le Port – hors d'atteinte des vagues qui, à la moindre brise, roulent les galets du littoral.

Pour repartir en mer les marins lancent une caïque. Aidés par la pente, ils poussent l'embarcation à la main, l'arrière en avant. Quand celle-ci va

(1) Quoique masculin, caïque est toujours employé au féminin à Yport.

flotter, au commandement de « Embarquez les vieux », les plus âgés montent à bord, les jeunes considérés comme les plus souples embarquent en dernier par l'étrave sur laquelle des taquets sont cloués en escalier. Le moteur lancé aussitôt, les voiles établies, le canot met le cap au large pour une marée de pêche.

A mer basse, le rocher se découvre sur cent ou cent cinquante mètres selon l'amplitude de la marée, exposant au soleil ses algues et son varech et cachant dans ses anfractuosités, ses chenaux et ses sous-ailes, des crustacés qui font le régal des pêcheurs.

A Yport, on est résolument catholique; on vénère le curé, on se découvre et on se signe, poussant même parfois la religion jusqu'au fétichisme.

On raconte qu'un patron de pêche, voyant le baromètre baisser et craignant le mauvais temps, plaçait la statue de la Vierge auprès de lui pour le faire remonter. Et cette autre histoire vraie aussi : Au temps où les grands drifters à vapeur fécampois pratiquaient la pêche au hareng, en Manche, quelques pêcheurs yportais restés fidèles au petit métier – le grand métier étant la pêche à Terre-Neuve – armaient également pour la pêche aux filets dérivants. Navigation dure par excellence, exercée en hiver, de nuit, dans des canots sans abri sur lequels il ne restait comme ressource aux marins, pendant les rares instants de repos et quand les embruns glacés embarquaient, qu'à se rouler dans un foc pour se protéger du froid, elle devenait peu rémunératrice dans les périodes d'abondance et même déficitaire en temps de surabondance de harengs. Aussi paradoxal que cela puisse paraître, il n'en est pas moins vrai que dans presque tous les cas, en pêche fraîche, une marée moyenne rapporte plus qu'une grosse pêche vendue souvent à un prix dérisoire sous le seul prétexte qu'il y en a trop et que personne n'en veut. Pour pallier ces inconvénients et afin de ne pas user leur matériel, quelques marins yportais adoptèrent une autre technique, sans doute moins honnête mais plus astucieuse. Repérant les filets des grands drifters tendus sur cinq ou six milles de longueur, ils les relevaient en commençant par l'extrémité opposée au navire. Tous feux éteints pour ne pas être repérés, ils secouaient les harengs sur leur pont et refilaient les sennes à la mer en essayant de ne pas trop les mêler. Quand ils jugeaient la pêche suffisante, ils faisaient route à terre pour la vendre dès l'aurore, un très bon prix, aux mareyeurs et petits revendeurs. Pendant cette opération, ils prenaient soin de voiler, d'une mitaine enfilée sur la statue de la Vierge ou d'un foulard noué autour du crucifix, les saints témoins qu'ils ne manquaient pas d'avoir à bord, afin de les bien tenir en dehors de l'affaire.

– Que voulez-vous, expliquaient-ils finement, le Christ et la bonne Vierge, ils nous connaissent, nous comprennent, mais on ne voudrait en aucun cas les rendre complices et que ce petit « arrangement » nous ferme les portes du paradis.

Longtemps, les Yportais crurent au pouvoir maléfique ou bénéfique de certains d'entre eux. Ils évitaient de rencontrer telle personne entre chien et loup sur une route déserte ou au départ d'une marée de pêche, sachant à l'avance que des coups durs leur arriveraient. Quelques mots, proscrits dans leur vocabulaire, leur faisaient rentrer la tête dans les épaules quand un étranger, ignorant des conventions, les prononçait devant eux. De nos jours, cela s'est un peu atténué et les Yportais feignent de ne plus attacher d'importance à ces histoires de sorcellerie, mais quand on les connaît bien, ils demeurent, pour la plupart d'entre eux, très superstitieux.

Quittant Fécamp, un soir d'hiver, par vent de suroît accompagné de pluie, un brave homme regagnait son domicile, à pied, ses affaires réglées et satisfait de sa journée. Fumant sa pipe, il allait d'un bon pas face au vent, malgré l'eau ruisselant sur son visage. Il quittait les dernières maisons de la ville et venait de saluer l'employé de l'octroi qui fermait ses volets, quand il croisa quelqu'un qu'il aurait préféré ne pas rencontrer par ce temps de chien, le dénommé « Œil de crèque ». Il fit mine de ne pas le reconnaître, accéléra l'allure, mais il lui sembla entendre un rire démoniaque qui lui glaça les os. Fort et brave en temps normal, notre homme sentit monter en lui une panique extrême. La pluie cessa, le vent redoubla de violence et le ciel s'éclaircit. De pâles étoiles parurent. Notre Yportais, levant les yeux, chercha l'étoile du Berger, ne la vit pas et s'aperçut que sa pipe était éteinte, lui qui d'ordinaire la fumait jusqu'au bout sans l'aide d'une seconde allumette. Faisant effort sur lui-même, il décida de la rallumer et, ne le pouvant, debout au vent, il tourna de cent quatre-vingts degrés. Relevant le revers de son caban, il réussit alors l'opération aisément. Mais quelle ne fut pas sa surprise, dix minutes plus tard, de se retrouver à l'autre bout de Fécamp ! Tremblant, il rebroussa chemin en courant presque vers son logis car il voyait là une intervention maligne. Il arriva bientôt sur le plateau de Saint-Léonard. Le phare d'Antifer qui venait d'être mis en service éclaira un instant la plaine. Notre homme crut à un éclair et se signa. Il attendit vainement le roulement du tonnerre, quand, vingt secondes plus tard (selon la cadence du phare), nouvel éclair toujours accompagné du même silence. Terrifié, il se signa de nouveau, se décoiffant et tenant de la main gauche sa pipe en même temps que sa casquette : n'avait-il pas offensé Dieu en faisant le signe de la croix couvert ? Mais comme, trois fois par minute, les éclairs persistaient, quoiqu'il répétât tout haut : « Au nom du Père, du Fils et du Saint-Esprit », c'est dans un état de total désarroi qu'il dévala la côte d'Yport. Les premiers bois lui cachèrent le feu d'Antifer, il remit sa casquette, se passa les auriculaires dans les oreilles pour bien se rendre compte qu'elles n'étaient pas bouchées et arriva devant le presbytère comme un dément. Le vieux curé en sortait pour aller donner l'extrême-onction à une mourante. « Ah! monsieur le curé, permettez-moi de toucher votre étole, je suis possédé! » Béni par le curé, il acheva de retrouver la paix de son esprit habité par « Œil de crèque », en découvrant les siens attablés, la mère raccommodant, la fille aînée tricotant et les deux plus jeunes faisant leurs devoirs.

Pour qui passe à Yport, l'été, quand le casino et les cafés regorgent de touristes, reconnaître un autochtone est aisé. Les marins de pêche côtière en pantalon de drap bleu, sabots de cuir, vareuse à capelet de toile cachou, casquette bleu marine, dès qu'ils ont quelques loisirs, se réunissent sur la minuscule jetée pour égrener leurs souvenirs. Des « bateaux » qu'ils montaient, enfants, à leurs instituteurs jusqu'à la barque sur laquelle ils naviguent, sans omettre les navires de guerre de leur service militaire, en passant par ceux qu'ils taillent au couteau et mettent en bouteille, leur vie est une histoire de bateaux. Ne sont-ils pas nés avec « une paire de bottes pendues derrière la porte »?

Leurs épouses collaborent dans la mesure de leurs moyens, ramendant les filets, vendant une partie du poisson, réparant les cirés et réglant maints détails dans la préparation de la pêche. On rencontre à Yport d'autres femmes aussi : tricotant ou surveillant plusieurs enfants en train de jouer, juste à la limite de l'herbe et des galets, au pied de la falaise, à l'endroit dit le Port-Vert, elles parlent de ceux qui, là-bas sur les bancs de Terre-Neuve, de l'île de l'Ours, du Spitzberg ou du Groenland, pêchent la morue.

Donnant parfois le sein ou le biberon à un bébé de trois mois que le père n'a pas encore vu ou préparant le trousseau de la fille qui doit se marier bientôt avec un terrien, pour ne pas, comme sa mère, vivre seule les trois quarts de l'année, le destin de ces femmes est d'attendre un éternel retour. Dans un patois coloré, très imagé, avec un accent incompréhensible pour qui n'est pas d'Yport, elles comparent les déclarations de pêche de la dernière semaine, discutent du courrier en provenance de Saint-Jean-de-Terre-Neuve ou de Honnigsvaag et des projets pour le futur congé. Ces femmes, qui à la maison sont à la fois ministre des finances, de l'éducation et des affaires étrangères, gèrent le budget du ménage, élèvent les enfants seules, vivent de dures heures, cachant au père la maladie du petit ou le bras cassé de l'aîné pour qu'aucun souci familial ne vienne l'assombrir à bord. Parfois, quand la campagne de pêche n'a pas été fructueuse, elles travaillent, dans un restaurant, dans une saurisserie, ou font des ménages pendant les heures d'école, confiant la garde des plus jeunes à une voisine ou à une parente. Afin que le père ne devienne pas un étranger pour ses enfants, la mère leur en parle souvent et parfois elle exagère un peu : le marin devient un héros, presque un saint, selon l'amour, le talent ou l'imagination de sa femme, et c'est toujours pour lui que les enfants doivent être sages, avoir de bonnes notes, réussir leurs examens. Quand enfin le père rentrera, après avoir déposé son sac qui « sent le bateau » dans la buanderie et mis ses bottes à sécher sur la haie du jardinet après les avoir rincées à l'eau douce, il retrouvera naturellement sa place à table et, devant ces paires d'yeux tournés vers lui, auréolé d'aventures, il se mettra à raconter, à raconter les tempêtes, les banquises et les icebergs, et ce poisson presque fabuleux, la Morue, qui régit les dépenses et les recettes : bon ou mauvais génie de la maison du pêcheur.

Un jour, une jeune journaliste, voulant connaître ce que peuvent ressentir ces femmes de marins, se rendit à Yport. Après avoir observé le cadre et pris des notes, elle se décida à poser des questions. Apercevant un groupe de femmes, elle s'en approcha. L'une d'elles se détachait du groupe, tenant dans ses mains les deux coins du bas de son tablier. La poche ainsi formée contenait quelque chose; mais quoi donc? La journaliste, pensant que cela pouvait être une bonne entrée en matière, interrogea la personne :

– Bonjour, Madame. Est-il indiscret de vous demander ce que vous portez dans votre tablier?

– Est man cat. (C'est mon chat.)

– Ah! Très bien! Merci! fut la réponse de l'étrangère qui, n'ayant pas saisi un traître mot, s'adressa au groupe : – Je n'ai pas très bien compris. Que porte cette dame dans son tablier?

– Est san cat. (C'est son chat.)

– Pardon?

– Est san cat qu'al a. (C'est son chat qu'elle a.)

Et une troisième d'ajouter :

– Est san cat qu'a dit qu'al a. (C'est son chat qu'elle dit qu'elle a.)

– Oui bien sûr! Suis-je bête! J'aurais dû y penser plus tôt. Merci.

Et renonçant à comprendre quoi que ce soit à cette histoire de moka ou de coca-cola, elle posa la question rituelle :

– Que faites-vous, Madame, quand votre mari est en mer?

– Meu, j'attun. (Moi j'attends.)

– Quelle est votre principale occupation?

– J'tricote.

– Et vos enfants?

– J'ai qu'eune fille et oco elle est eleveille. (Je n'ai qu'une fille et encore elle est élevée.)

– Quel âge a-t-elle?

– Treiz'ans, a s'ra coutudiée l'aut'anneille. (Treize ans, elle sera couturière l'année prochaine.)

– Mais la nuit parfois vous devez penser à votre mari et ne pas dormir! Dans ce cas que faites-vous?

– J'me lève et j'tricote.

– Vous tricotez beaucoup!

– Toujou! Mais comme ma belle seu est mal foutue tout de suite et comme c'est elle qui m'fait les mailles à perdre parce que j'sais point, j'tricote un cache-nez.

⁂

Bien que beaucoup d'Yportais aient émigré à Fécamp où l'emploi est plus facile à trouver, la population d'Yport n'a pratiquement pas changé, les femmes de marins restées au pays ont assumé cette nouvelle charge. Tricotant sans doute plus encore, elles donnent naissance à plus d'enfants: Yport demeure.

II. FÉCAMP

Pêche à la morue : chef-lieu Fécamp,
Sous-préfectures : Flétan, Capelan, Hareng.
Dicton terre-neuvas.

A l'embouchure de deux minuscules rivières, la Valmont et la Ganzeville, Fécamp, vieille ville où l'on retrouve encore des traces de la civilisation gallo-romaine, est le premier port français de pêche à la morue salée (1).

Ses sécheries et ateliers de filets reçoivent chaque année la pêche de plusieurs chalutiers de Saint-Malo en plus de vingt mille tonnes rapportées par les navires fécampois.

L'hiver, pendant la période d'armement de ces bateaux, le port et la ville vivent intensément. Les ateliers de réparation s'affairent pour que tout soit prêt le jour du départ et il n'est pas rare de voir, jusqu'à une heure avancée de la nuit, les arcs de la soudure électrique allumer le ciel de leur éclat bleuté et aveuglant. Pendant la journée, les grues fonctionnent, les camions roulent, les marteaux pneumatiques piquent les coques et les superstructures.

La ville retentit de la bonne humeur des marins, heureux de se retrouver à terre. Les commerçants se frottent les mains quand la campagne de pêche a été bonne, car le pêcheur est alors un bon client qui paie comptant sans lésiner. Il est généreux comme ceux que favorise la chance.

(1) Jusqu'en 1972.

Quand les chalutiers de grande pêche ont mis le cap au large, Fécamp sommeille à l'ombre majestueuse de ses deux églises et de la Bénédictine qui semblent veiller sur la ville. Le port reçoit quelques caboteurs venant charger du blé, quelques barques de pêche armant aux coquilles Saint-Jacques, au maquereau et au hareng, et, l'été, les bateaux de plaisance – nombreux, trop nombreux quand on songe à ce que nous, travailleurs de la mer, devenons; qui, dans l'avenir, travaillera donc, si toute la France est dans le loisir? En tout cas, pour certains, le rapprochement trop visible est choquant. Ces « yachts », ils nous narguent – mouillent ou s'amarrent sur coffre dans l'avant-port. Ces activités ne donnent pas à Fécamp son visage des mois d'hiver, son vrai visage d'aventurier tourné vers le Grand Nord.

Mes parents quittèrent Yport et vinrent habiter Fécamp vers 1910. La flottille comptait alors soixante voiliers de grande pêche et de nombreux dundees qui armaient au hareng. Quand ces bateaux magnifiques par leur taille et leur gréement se trouvaient au port ensemble, on pouvait passer à pied d'un quai à l'autre en les traversant.

Le navire à propulsion mécanique a, peu à peu, remplacé le poétique trois-mâts; le chalut a remplacé la ligne, le charpentier et le calfat ont cédé le pas au chaudronnier-soudeur. Une ère nouvelle.

Les marins, disant adieu à leur doris, s'initièrent aux secrets du chalutage et certains attirés par la mécanique devinrent chauffeurs, soutiers et mécaniciens. Sur le quai sud du bassin Freycinet, de grands parcs à charbon furent aménagés. Des cargos, en provenance d'Angleterre, de Pologne, s'y délestaient de leur noir et poussiéreux chargement qui bientôt alimentait les soutes des chalutiers. Des grues électriques et à vapeur furent mises en service et des ateliers de réparation furent fondés.

La livraison de la morue, jusqu'en 1939, s'opéra cependant toujours à la main. Dans la cale, des hommes et des femmes, dépilant le poisson, faisaient des poignées (1) qui, passant par les mains des trieurs et les balances installées sur le pont, étaient arrimées dans les voitures hippomobiles « accostées le cul à la lisse ».

***

Né à Fécamp en 1924, neuvième et dernier de la famille, je perdis mon père le jour de mon cinquième anniversaire. Le souvenir que j'en garde est celui d'un homme grand, charpenté et moustachu. Il était, paraît-il, d'une force peu commune, aussi bon qu'il était fort et excellent marin. Il venait d'embarquer son sac sur un drifter qui devait appareiller la nuit suivante pour la mer du Nord, quand une crise cardiaque le terrassa, quai Bérigny, à l'âge de cinquante-trois ans. Je ne me souviens plus de ma réaction quand j'appris sa mort. J'avais beaucoup de chagrin en voyant ma mère pleurer mais j'ignorais à quelles difficultés pécuniaires elle allait, seule, avoir à faire face. Les aînés étaient mariés et, parmi les cinq enfants célibataires, l'un faisait son service militaire à Toulon, le deuxième naviguait comme matelot léger et les trois derniers, deux filles et moi-même, étions à l'école (moi à la maternelle).

Tous les dimanches après-midi, nous nous rendions au cimetière, ma mère voilée de crêpe, mes sœurs, de noir vêtues, et moi avec un énorme brassard qui couvrait le tiers de la manche gauche d'une veste d'une couleur indéfinie, longtemps trop petite, mais que j'usai jusqu'à la corde faute d'une remplaçante.

(1) Faute de grues, le poisson était passé du fond de la cale jusqu'à la lisse par « poignées » de 2 à 3 morues, selon la taille.

Le jeudi, j'étais libre. Dès l'âge de sept ans, mes devoirs finis et mes leçons apprises, je sortais. Mes pas m'entraînaient vers le port. Je savais que je serais marin. J'aimais regarder les allées et venues sur les quais, les marins en bottes de cuir et cirés jaunes, couverts d'écailles de harengs, qui livraient leur pêche ou mangeaient très vite avant de reprendre la mer. Les banquettes en moleskine des cafés du port où ils prenaient leur casse-croûte, les tables en marbre, comme eux couvertes d'écailles, et la sciure humide qui recouvrait le carrelage, tout était imprégné de l'âcre odeur de marée. Dans la brume matinale, quand la cloche sonnait, indiquant qu'un harengueux rentrait au port, j'aimais suivre les manœuvres d'accostage, voir les hommes débarquer les sennes à réparer. Le soir, parfois, je m'attardais, fixant le même spectacle qui, de nuit, était plus impressionnant encore à la lumière tremblotante des becs à acétylène qui dégageaient une forte odeur de carbure.

Ma mère qui travaillait à longueur de journée n'a jamais su que, bien souvent, je m'étais approché beaucoup plus près du bord du quai qu'elle ne me l'autorisait et que, trop légèrement couvert, j'étais allé jusqu'à l'extrémité de la jetée, sous le phare, malgré les vents du nord.

Quand les morutiers livraient, je regardais les poignées monter de la cale, les plateaux des énormes balances s'équilibrer sous l'œil vigilant du second capitaine ou du lieutenant qui contrôlait le poids. Je caressais les chevaux impassibles attendant que leur charrette soit chargée et j'acceptais volontiers une galette de biscuit de matelot qu'un ami de mes frères me donnait en disant :

– C'est du bon, du vrai, il a fait le voyage, il est meilleur que frais.

Effectivement, c'était un régal et... une tartine d'économisée, petite économie non négligeable pour notre pauvre bourse.

Enfance heureuse cependant où j'appris à me contenter de peu, à inventer des jeux avec mes sœurs car nous n'avions pas de jouets mais seulement quelques friandises déposées à Noël dans nos souliers, à aimer passionnément la liberté.

En classe, j'étais l'élève qui « pourrait mieux faire », remuant et plutôt bavard : j'aimais déjà raconter des histoires... mais, tout compte fait, je réussissais à m'en tirer honnêtement, souvent à ma propre surprise. Je fréquentai l'école du port jusqu'à ma douzième année et rentrai à l'E. P. S. muni d'une bourse et avec la ferme intention d'en sortir à l'âge limite de quatorze ans. Il était juste que je prenne le relais pour qu'enfin ma mère, âgée de cinquante-huit ans, puisse rester à la maison. En vérité, elle aurait préféré que je poursuive mes études, car elle n'ignorait pas le métier que je choisirais et son visage s'assombrissait à l'idée de me voir moi aussi partir de longs mois (1).

Ma décision de m'engager comme mousse fut d'ailleurs très controversée. J'étais chétif et combien de fois ai-je entendu dire : « Il va s'envoler au premier coup de vent » ou « Il va se casser en deux au roulis ». On conseillait, on préconisait, on expliquait... mais personne ne réglait le boulanger à notre place ni ne prenait à ses frais la note de l'épicier. Je possédais deux tirelires, elles ont toujours été vides. Quand, pour me récompenser, mes frères ou sœurs aînés me donnaient une pièce, elle passait en recette dans le budget familial et, ce jour-là, nous avions le privilège de manger un

(1) Ma mère, fille de matelot, est morte en mars 1975 à l'âge de 95 ans. Veuve à 50 ans, elle a continué à supporter, seule, le poids de sa longue vie. Elle vivait de travaux de couture à domicile et chez les particuliers. Elle confectionnait surtout des effets de marins. Mon père, matelot lui-même, puis patron de doris, a navigué à la pêche à la morue de l'âge de 12 ans jusqu'à sa mort.

morceau de camembert ou un fruit si c'était la saison.

En janvier 1939, je signai mon premier contrat d'engagement. Le sort en était jeté, j'allais partir comme mousse le 15 février suivant.

III. LE SAC

A l'amarrage du sac, on juge le marin.

N'ayant pas quinze ans, je ne pouvais partir que sous tutelle. Ce fut facile : mon parrain, qui était aussi mon frère, capitaine du bord, était tout désigné pour prendre cette responsabilité. Muni de ma feuille d'engagement et accompagné de ma mère, je commençai les démarches pour obtenir mon livret professionnel. Puis, il fallut préparer le sac. Certes, on trouvait dans les magasins spécialisés des vêtements tout faits mais, en vraie fille, femme et mère de marins, ma mère préféra acheter le tissu et confectionner mes effets elle-même. Chaque soir, la machine à coudre piquait ce que les ciseaux avaient taillé : de bonnes et épaisses flanelles bien longues pour couvrir les reins et de chauds caleçons longs suffisamment amples pour qu'ils me durent plusieurs années. Puis ce fut le tour des pantalons à poches debout et des vareuses cachou. Je les essayais parfois et devais avoir l'air tellement emprunté que mes sœurs ne manquaient pas de se moquer de moi, me comparant à certain mannequin qu'on pouvait admirer l'hiver dans la vitrine d'un marchand de vêtements de marins. A tel point que, lorsque je voulus me rendre compte de ce à quoi je ressemblais en bottes et ciré, j'attendis d'être seul. Bien m'en prit : comme tous les mousses, avec des bottes neuves et une vareuse huilée trop jaune et trop raide, ce fut un étrange pantin que je rencontrai dans la glace! Il me sembla toutefois, à y regarder de plus près, que le suroît ne m'allait pas si mal et que, si j'avais eu quelques poils de barbe, j'aurais pu passer pour un vrai loup de mer.

Le sac de toile contenant les effets, soigneusement pliés et arrimés, fut placé dans ma chambre, auprès de la commode. Chaque soir, j'y jetais un coup d'œil en attendant le jour J, me demandant si je tiendrais le coup, si je ne serais pas trop maladroit et si la mer m'accepterait comme un des siens.

J'assistai à la Saint-Pierre des Marins appelée également Grand Pardon des Terre-Neuvas, dans la grande nef, parmi ceux qui allaient partir quelques jours plus tard. Comme eux je chantai les cantiques vieux de plusieurs siècles dans lesquels on demande à la Vierge sa protection contre la guerre, la peste, et son aide pour vaincre les Turcs et les corsaires. De nos jours, ces couplets ont été rajeunis et adaptés à l'époque actuelle. Nous demandions surtout que tout se passe bien et un « heureux et prompt retour » et l'en remerciions d'avance. Le pain bénit, ce jour-là, me sembla avoir un goût d'eau salée et quand je suivis dehors la procession qui, bannières au vent, entraînait la foule vers les bassins pour la bénédiction de la flottille, j'étais terriblement ému. Je me souviens avoir ressenti un sentiment mêlé, indéfinissable, fait, tout à la fois, de l'appréhension de devoir quitter ce qui avait été mon enfance et du vif désir de partir en mer et de travailler. Je portais pour la première fois une casquette de marin à la mode fécampoise et, sous cette grande visière, mon visage devait paraître plus puéril et mes épaules plus étroites. Je retrouvai sur le quai des jeunes qui, comme moi, embarquaient pour la première fois et des « anciens » qui, avec un an de navigation déjà, faisaient figure de grands experts. Beaucoup de mots de leur vocabulaire m'échappaient. Leur allure désinvolte, la façon dont ils rejetaient la fumée par le nez, leurs histoires d'escales, m'impressionnaient beaucoup. Me sentant emprunté, n'ayant jamais fumé ni voyagé, je ne pouvais que me taire, regarder et écouter.

Cette première fête des marins se termina, pour moi, en fin d'après-midi et le lendemain j'entendis beaucoup parler du bal qui eut lieu la nuit. Je me promis d'apprendre à danser pour pouvoir, comme mes aînés, faire chavirer la tête de mes danseuses en les faisant valser. Mais il me fallait m'aguerrir auparavant et avoir des souvenirs de voyages à raconter, en les arrangeant un peu à l'occasion, pour mieux ressembler à l'image du héros tel que les jeunes femmes se l'imaginent ici.

IV. FAUX DÉPART

Marée retardée, marée foutue.
Dicton fécampois.

La revue d'armement eut lieu quarante-huit heures avant le départ. Devant le bureau de l'Inscription maritime, les marins du *Saint-Martin-Legasse,* chalutier sur lequel je devais faire mes premières armes, étaient là, attendant qu'on les appelle. Beaucoup étaient accompagnés de leur épouse ou, les jeunes, de leur mère. J'en connus la raison plus tard : les femmes sont présentes à toutes les revues d'armement que les marins appellent « passage au bureau » afin de mettre la main sur les deux mois d'avance touchés par chaque marin avant que celui-ci n'y fasse une trop forte ponction. Le salaire forfaitaire de deux mois versé deux jours avant le départ a pour but d'aider les familles désargentées à acheter le nécessaire pour le voyage : cirés, bottes, vêtements. Les marchands de tabac d'exportation, les représentants des syndicats, contactent les marins, les uns plaçant des cartouches de cigarettes, les autres des cartes de membre.

Devant l'administrateur de l'Inscription maritime, chef du Quartier de Fécamp, les conditions d'engagement sont lues et, si les marins acceptent ces conditions, ils sont enrôlés et touchent leur avance. A partir de ce moment, ils sont considérés comme embarqués. Un apéritif offert par l'armement dit

« apéritif du commun » scelle symboliquement les accords.

Embarquer son sac, choisir sa couchette, s'imprégner de l'odeur du bord, faire la tournée de la famille et des amis pour les adieux, est un éternel recommencement pour le marin. Pour le mousse, c'est un fossé à franchir. On le presse de questions, on le bourre de recommandations... La seule personne qui ne parle pas, c'est la mère qui a trop à dire et dont la voix se noue d'inquiétude.

Le départ étant fixé à 8 heures le matin, je ne dormis pas la dernière nuit. Plusieurs fois j'écoutai à la fenêtre si le vent ne se levait pas. Je craignais, avant toute chose, d'essuyer du gros temps dès la sortie et d'être malade. Enfin le réveil sonna et, en quelques secondes, la maisonnée fut debout.

– Comment te sens-tu, petit frère? me demanda l'une de mes sœurs.

– Ma foi, ça va. Je n'ai pas très faim.

– Tu mangeras mieux à midi, l'air de la mer, ça creuse!

– J'en suis pas si sûr! Il y avait du vent dans les arbres cette nuit! Le jour tarde à se lever. Ce ne sera pas une belle journée. D'ailleurs le baromètre que j'ai réglé hier a baissé jusqu'à : pluie ou vent.

Comme pour me donner raison, un grain crépite sur les ardoises du cellier et sur le ciment de la cour. Nous nous regardons sans rien dire et, plongés dans nos réflexions, nous achevons le petit déjeuner du bout des lèvres, sans appétit, laissant les deux tiers du pain de deux livres que d'habitude nous mangeons entièrement.

Sur les quais où évolue la foule de ceux qui viennent dire au revoir aux partants, je rencontre nombre de visages connus. Nous échangeons des « Bon voyage » sans nous arrêter, chacun se rendant à son bord, plusieurs navires appareillant à la même marée.

La pluie cesse. J'arrive juste au poste d'amarrage

du *Saint-Martin-Legasse* quand le premier chalutier, un vapeur des « Pêcheries de Fécamp », décolle du quai. Il passe lentement les écluses et je remarque du premier coup d'œil mes « frères d'armement », les mousses, à leur tenue trop neuve et trop large et à leur sourire figé. Comme moi, ils sont obsédés par une seule idée : la mer et les hommes. Vais-je les supporter et comment vais-je me comporter devant les anciens ?

Un deuxième navire suit de très près, emportant ses cinquante-cinq hommes et laissant un grand vide à la place où, tout l'hiver, il a été amarré, réparé, repeint, armé.

Enfin c'est notre tour. Ultimes embrassades, recommandations, quelques larmes, des paroles banales interrompues par un ordre bref qui tombe de la passerelle :

– Embarquez, les garçons ! Chacun son poste !

L'équipage franchit la coupée. Une partie se dirige vers le gaillard, une autre vers l'arrière, quelques-uns ne sachant trop où aller – on est toujours trop nombreux sur un chalutier de grande pêche dans les manœuvres de port – restent sur le pont, dans l'attente que leur soit commandé un travail quelconque.

– Largue tout devant. Largue l'amarre debout derrière. Etale sur la garde montante.

Le guindeau et le cabestan arrière embraquent (1) les aussières. Le lieutenant qui dirige la manœuvre prévient la passerelle :

– Paré derrière, hélice claire.

En accord avec le pilote, le capitaine commande au chadburn : en arrière lentement. La machine répond par la même voie, mais malgré les efforts des mécaniciens, le moteur refuse obstinément de partir. Echange de paroles au porte-voix et toujours le bruit caractéristique des essais de lancement du

(1) Ramener à bord.

moteur à air comprimé : pouf! pouf! pouf! Mais rien à faire, pour l'instant du moins.

Je regarde, j'écoute, j'essaie de comprendre. Le chef mécanicien monte à la passerelle, redescend quelques minutes après à la machine.

Sur le quai, le capitaine de port discute avec le représentant de l'armateur. De grands gestes. Le canot pilote accoste sur le lof de tribord et nous prend une amarre pour l'envoyer au « bout-rond » de l'écluse. Mais je ne peux continuer à suivre le déroulement de la manœuvre de sortie, car le cuisinier, une espèce d'hercule, me tape sur l'épaule, me met une gamelle de huit litres entre les mains et m'envoie chercher du sel sans autres explications. Où dois-je prendre le sel? A qui m'adresser? Se renseigner auprès d'un gars qui a l'air d'un ancien. Il ne sait rien, hélas, débute, comme moi, et s'il ne fait pas « bleu », c'est qu'il porte les vêtements de son frère qui, ayant grandi trop vite, après un an de navigation ne peut plus les mettre. Certes, il aurait pu nous venir à l'idée que, sur les cinq cents tonnes de sel entreposées dans les cales à poisson, on pouvait trouver de quoi saler la soupe. Mais non! Devant notre air stupide, un matelot, qui sort du poste d'équipage en s'engouffrant dans la bouche un demi-paquet de tabac gris, nous demande d'un hochement ce que l'on cherche.

– Du sel pour la cuisine.

– Du sel pour la cuisine? Dans la cale! Plus vite on l'usera, plus vite on rentrera!

C'est tout au moins ce que je crois comprendre, car, en même temps que sa chique, il mâche la moitié des mots qu'il dit.

Triomphant, je remets au cuistot la gamelle de sel et commence à éplucher les pommes de terre quand le second capitaine nous prévient.

– Pas de repas pour midi. Départ remis à ce soir. Bas les feux et paré à débarquer par le pilote.

Le navire est immobilisé au milieu de l'arrière-port, à quarante mètres de l'appontement en bois. La mer baisse maintenant et le chenal n'est plus praticable pour un navire de plus de cinq mètres de tirant d'eau. Attendre la prochaine mer. Une partie de l'équipage est déjà à bord du canot pilote qui, en trois ou quatre voyages, transbordera à terre les marins, heureux (ou indifférents) de ce sursis de douze heures. Le capitaine est visiblement contrarié; ce n'est pas parce qu'il perd douze heures : sur un voyage de cinq mois, c'est peu, mais, ce matin, ses hommes étaient en forme, calmes et sains d'esprit. Il est fort probable que ce soir, après avoir arrosé dûment le faux et le vrai départ, quelques « gueules saoules » s'ingénieront à compliquer la vie du bord par des trouvailles inédites, parfois périlleuses, car si elles font rire certains, elles ont le don de mettre sur les dents ceux dont la tête est restée froide. Et puis, un faux départ, c'est mauvais présage.

*
**

A l'heure dite, l'équipage au complet se retrouve sur l'appontement à la pleine mer du soir. Le chalutier est accosté. L'embarquement est aussi bruyant qu'il avait été calme le matin. Chaque marin expliquant à haute voix comment il a utilisé ces quelques heures. Des prouesses amoureuses au nombre de verres vidés en l'honneur de « Sainte panne » en passant par le repas du midi et le regard étonné des enfants qui ont vu revenir leur père alors qu'ils le croyaient voguant vers Terre-Neuve, tout y passe.

Trois coups de sifflet longs en passant dans le chenal pour saluer la chapelle de Notre-Dame-du-Salut. Le pilote débarque. Nous sommes partis. Tout cela s'est passé très vite, comme si le chalutier voulait combler un peu de son retard.

Je vais à la cuisine demander ce que je dois faire. Le cuisinier très affairé m'envoie chercher la « gamellerie » et, d'un pas mal assuré malgré une mer relativement calme, je me rends dans la chambre du second capitaine qui, en dehors de son quart et de l'organisation du travail du pont, règne en maître sur le matériel constituant l'armement d'un chalutier.

Du véritable capharnaüm qu'est la cabine du second le jour du départ, nous extrayons louches, assiettes, couverts, torchons, soupières, cafetières.

– V'là ton matériel, jeune homme! Prends-en soin. S'il disparaît quelque chose, ou si tu casses des assiettes, je te les retiens sur ta paye.

Mais le sourire un rien ironique du jeune officier qui s'adresse à moi dément la dureté de ses paroles. Se rappelle-t-il du temps, pas tellement lointain, où il partait comme mousse, lui aussi? Peut-être retrouve-t-il en mon air embarrassé et mes gestes maladroits l'enfant qu'il fut... si totalement différent du marin souple et viril, de l'officier sûr de lui qu'il est devenu à la rude école de Terre-Neuve.

V. LE CHALUTIER

Long de soixante-dix mètres et large de onze, propulsé par un moteur Diesel deux temps de sept cents chevaux, d'une autonomie de quatre mois et pouvant porter mille tonnes de morue salée, le *Saint-Martin-Legasse* faisait partie des quatre chalutiers que la Compagnie Générale de Grande Pêche (La Morue Française) mit en service en 1930. A cette époque, le moteur était très discuté pour les chalutiers qui manœuvrent sans arrêt. Fallait-il rester fidèle à la bonne vieille machine alternative, conserver les treuils de pêche à vapeur ou, au contraire, était-il préférable de faire confiance au diesel pour la propulsion et à l'électricité pour les auxiliaires? D'un côté la souplesse, la routine mais aussi la chauffe pénible, les tonnes de charbon à remuer, le faible rayon d'action. De l'autre, les manœuvres plus délicates et moins rapides, le progrès avec ses aléas et en compensation la grande autonomie et un travail plus mécanique mais combien moins dur!

Marins, solides, bien conçus pour l'époque, ces chalutiers auraient marqué un grand pas en avant dans l'histoire de la pêche si leur puissance de propulsion et de treuil avait été le double de ce qu'elle était. Leur vitesse de huit à neuf nœuds par beau temps et les trente-cinq mètres à la minute de funes (1) embraquées ne prêchèrent pas en leur faveur. Les traversées trop longues et le travail par grands fonds impossible pour ces grandes « bailles » à moteur de mobylette les firent considérer comme des corps sans âme.

Ces navires faisaient d'une façon générale deux voyages de pêche dans une année, livrant leur chargement indifféremment à Fécamp, La Pallice, Bordeaux ou Port-de-Bouc. Quand la pêche du début du deuxième voyage était fructueuse, une livraison de deux ou trois cents tonnes à Saint-Pierre-et-Miquelon laissait dans les cales un espace libre suffisant pour permettre au chalutier de draguer de nouveau les fonds pendant trois mois et à l'occasion de charger si la bonne fortune continuait.

Depuis que les fonds d'Islande, appauvris, n'étaient plus exploités par la majorité des navires de grande pêche français, le premier voyage se faisait à Terre-Neuve : queue sud et accore suroît du Grand Banc, Banquereau, île de Sable, Middle Ground et banc de Saint-Pierre en début de pêche, pour terminer très souvent sur les petits fonds du Grand Banc vers juin. Le deuxième voyage de l'année partagé entre Terre-Neuve et le Groenland se déroulait de juillet à décembre.

En 1939, à la mobilisation générale, les chalutiers regagnèrent leur port d'attache. Certains furent armés en patrouilleurs, d'autres continuèrent la pêche. Le *Saint-Martin-Legasse* fut coulé sous l'occupation allemande.

De cette série, un seul, le *Spitzberg*, navigue encore. Après un grave incendie dans la chambre des machines, à Saint-Pierre-et-Miquelon, le *Spitzberg* vendu au Portugal devint *Santa-Princesa*. Il laboure toujours les mers terre-neuviennes, fier, de ses trente-six années et de ses lignes désuètes, traînant laborieusement son chalut.

(1) Funes : câbles en fil d'acier.

Actuellement, les chalutiers exploitent, sans considération de saison, le Labrador, le Groenland, Terre-Neuve, en hiver comme en été. Partout où les fonds sont accessibles et praticables, des profondeurs de 10 mètres à celles de 600 mètres, les pêcheurs draguent, longeant, contournant ou traversant la banquise, indifférents au froid, poursuivant sans relâche la morue dans ses derniers retranchements.

VI. LE POINT DE VUE DU MOUSSE

– Debout mousse, il est 4 heures ! Monte le café au second.

Etonné, je fixe le cuistot qui me donne cet ordre. J'allais m'endormir après une nuit d'insomnie, passée à essayer de définir d'où peuvent provenir les bruits divers et constants que l'on perçoit sur un bateau. Je me lève donc et manque de m'allonger en enfilant mon pantalon.

– Tiens ça roule !

– Mais non y a tout calme ! Regarderas en passant si le chef mécanicien est levé.

Je prépare donc la cafetière et les « moques (1) » en pensant qu'on se lève rudement tôt ici. Déjà rouge, la cuisinière, qui me semble immense, ronfle : elle doit être allumée depuis un bon moment. L'odeur du café mêlée à celles de la peinture fraîche et du hareng saur que le cuisinier prépare pour le petit déjeuner me porte sur l'estomac et je me hâte de quitter la cuisine où je vais avoir du mal à lutter contre le mal de mer.

Arrivé sur la passerelle, je laisse claquer maladroitement la porte et prononce un bonjour d'une voix qui me semble étrangère. Je verse le café dans une des moques sans trop en renverser. Je tiens mal

(1) Pinte en émail, en faïence ou en fer galvanisé.

sur mes jambes. Mais j'ai oublié le sucre. Compatissant, le second envoie l'homme de bossoir en chercher au carré. M'étant acquitté de cette première tâche, je me rends chez le chef mécanicien. La porte de sa chambre est ouverte; il n'y a personne chez lui. Je me décide à redescendre à la cuisine quand la porte qui donne accès à la machine s'ouvre, laissant passer le chef mais avec lui une bouffée d'air chaud sentant fortement le gas-oil. C'en est trop; je pose précipitamment mes ustensiles sur le parquet et je me rue vers l'air pur. Il était temps. J'arrive près de la baleinière de tribord et restitue mon repas de la veille au soir. J'ai les jambes en flanelle, ma vue se brouille... Enfin, après avoir vomi, je me sens mieux. Pas de témoins, l'honneur est sauf, je vais retrouver ma cafetière. Le chef s'est servi. Son sourire et les quelques mots encourageants qu'il m'adresse me réconfortent et je me sens prêt à entreprendre une longue journée de travail.

Sur les fesses et sans compter une marche, je descends l'échelle de la cuisine. La cafetière lâchée en route arrive quelques secondes après, vide, cabossée mais encore utilisable. Je me relève en me frottant les côtes me disant pour me consoler : le métier rentre.

Nous sommes au milieu de la Manche; nous « faisons de l'ouest » pour passer à deux ou trois milles au sud de Lizard. Nous passerons ensuite Lands End et mettrons le cap sur Queenstown en baie de Cork où nous mazouterons. La petite houle de suroît fait tanguer et rouler légèrement le navire sur le pont duquel les hommes ont entrepris de délover les glennes de câble de vingt-huit millimètres de diamètre. Ce câble sera enroulé sur les tourets du treuil de pêche; mesuré, marqué, il servira à remorquer le chalut. J'admire le balancement souple des marins, bien campés sur leurs jambes écartées : ils gardent la position verticale quelle que soit l'inclinaison du navire.

Sur le dôme (1), le spectacle est l'inverse de celui du pont : sous le vent des claires-voies de la machine, assis ou couchés, effondrés ou lovés, défigurés, blancs, verts, les débutants qui ne sont pas encore terrassés luttent vaillamment contre le mal de mer. Ils entourent une énorme chaudière à demi remplie d'eau, un sac de pommes de terre éventré à côté d'eux. En principe, ils épluchent les patates. Mais, si les moins atteints pèlent encore un peu, les autres, l'œil vague, sont effondrés. On les menacerait de les jeter à l'eau qu'ils ne réagiraient pas. Un jeune chien, qui a l'air de se moquer éperdument du roulis, du tangage, des trépidations et des odeurs du bord, va et vient en jappant. Il veut jouer. Il court, s'arrête, dresse l'oreille et regarde dans la marmite, quand un « plouf » signale qu'une patate vient de tomber dans l'eau. De temps en temps, il lèche la figure d'un petit mousse brun et frisé qui pleure à chaudes larmes en répétant sans cesse :

– Ça va pas! Ça va pas! Si j'avais su!

Nous prenant tous à témoin, nous qui ne pouvons rien pour lui, ne pouvant rien pour nous-mêmes, il ajoute :

– Si j'étais seulement c'chien! Il est pas malade, ce salaud!

Ces premières vingt-quatre heures me semblent durer un siècle. Quand vers 8 heures, le soir, nous passons par le travers de Lizard qui de ses trois éclats blancs marque la fin de ma première journée en mer et de la navigation en Manche, je pense très sérieusement que les vieux marins qui discutent près du bureau de port, au « Bout Menteux (2) », relèvent d'un temps légendaire.

(1) Partie arrière du château abritée du vent par la passerelle de commandement ou timonerie. Par extension, synonyme de roof ou château.

(2) Angle de l'avant-port de Fécamp, près de la Capitainerie, où se réunissaient et se réunissent encore les vieux marins pour raconter leur vie et leurs exploits. De leurs exagérations, le lieu-dit a pris son nom.

VII. LA TRAVERSÉE

C'est dans le grain qu'on voit le marin.

L'escale de Queenstown ne dure que six heures, le temps d'embarquer quatre cents tonnes de gas-oil et... trois cochons. (Les chalutiers, à cette époque, n'étant pas pourvus de chambre frigorifique, embarquaient trois ou quatre cochons et une trentaine de poules afin d'assurer quelques repas de viande fraîche en cours de voyage. Ces animaux prospéraient peu malgré l'abondance de nourriture, car ils s'accommodaient très mal du roulis et du froid.) Le temps également de se recaler l'estomac, l'appétit revenant aussitôt le navire à quai, et l'on reprend le chemin de Terre-Neuve.

Deux mille milles environ selon l'endroit choisi séparent la France des lieux de pêche de Terre-Neuve. A neuf nœuds, il faut donc compter neuf jours pour atteindre les bancs. La houle de l'ouest, les vents debout, réduisant le plus souvent cette vitesse à huit nœuds, le capitaine du *Saint-Martin-Legasse* peut tabler sur dix jours pour l'organisation du travail en traversée. Autant que possible, le maximum de matériel de pêche est monté sur le chemin d'aller. Il est en effet ennuyeux de travailler du filin d'acier sur les lieux de pêche, surtout au début, quand les mains des marins, peu endurcies et souvent échauffées par le port des mitaines mouillées, n'ont pas revêtu cette couche de cal les protégeant du froid, des piqûres et des coups.

Chaque voyage, le capitaine met en vergue du matériel neuf :

Sur chaque touret du treuil de pêche, douze ou quinze cents mètres de câble d'acier sont enroulés, en plis serrés, après avoir été soigneusement mesurés et marqués tous les cent mètres. Ces câbles ou funes d'un diamètre de vingt-huit millimètres, d'une résistance à la rupture de vingt-cinq à trente tonnes, serviront à remorquer sur le fond les deux panneaux divergents et le chalut.

Les chaluts, énormes poches de trente mètres de gueule et de quarante de profondeur, sont installés et montés sur leur armature en fil d'acier et filin mixte. Leur lèvre supérieure est garnie de flotteurs en aluminium ou en verre. La lèvre inférieure est celle qui draguera le fond, elle est munie de sphères en acier ou en caoutchouc ou même de rouleaux en bois (diabolos). Les fonds (ou culs de chalut) sont garnis de peaux de vaches (cuirs à chaluts) pour les préserver d'une usure trop rapide.

Il faut également, en traversée, gréer la mâture, les mâts de charge arrière et avant, monter les poulies, passer les cartahus (1) et les palans (2).

Ajoutez à cela qu'il faut monter les parcs à poisson et, vingt-quatre heures avant de banquer, passer quatre-vingts tonnes de sel de la cale arrière dans celle du milieu : vous comprendrez que la traversée est bien remplie pour le marin qui assure, en outre, deux heures de quart tous les deux jours.

S'il faut passer le sel de l'arrière à l'avant la veille de mettre en pêche, c'est que, au départ de France, pour éviter que la coque ne « travaille » par gros

(1) Manœuvre courante composée d'un fil d'acier passant dans une poulie et servant à hisser les fardeaux.

(2) Le palan est un cartahu démultiplié, les poulies le composant recevant plusieurs brins, ce qui permet à un homme seul de soulever jusqu'à 6 fois son poids, selon le palan.

temps et prenne de l'arc (ce qui risque d'entraîner des cassures de tôles), le navire en est chargé sur toute la longueur de ses cales. Pour commencer à saler les premières morues dans la cale arrière, sur le plancher, le long de la cloison du cofferdam (1), il faut ainsi déplacer une partie du sel.

A la passerelle, le quart est assuré par le capitaine, le matin, et par le second l'après-midi. Deux lieutenants et le second capitaine se partagent la nuit.

Les mécaniciens coupent le service en trois quarts assurés par un officier et un graisseur. De plus, ils préparent ce qui leur incombe dans la campagne de pêche : vérifications du treuil et des bollards, des cargos et projecteurs d'éclairage du pont. (Sur les lieux de pêche on travaille jour et nuit : il faut donc que le pont soit éclairé.) Parfois, ils remettent en état un moteur ou un appareil quelconque dont la réparation à terre ne donne pas satisfaction.

Le radio veille sur différentes fréquences, dans son antre, à l'arrière de la timonerie. Seul de son service, il ne peut donc assurer le quart qu'une partie de la journée.

Le cuisinier, le boulanger et le mousse de cuisine (en général le plus jeune ou le plus chétif des débutants) préparent et servent trois repas par jour. En tout cinquante-cinq hommes qui, pendant quatre à cinq mois, vont n'avoir qu'un seul but : emplir de morues les cales du navire. Sainte morue !

⁂

Voilà cinq jours qu'on a quitté Fécamp ! Les barbes ont poussé, le cafard s'est estompé, les hommes – qui sont durs entre eux – se sont jaugés,

(1) Cofferdam : espace vide au milieu du navire, séparant les soutes à combustible des cales à poisson.

mesurés, les langues se sont déliées. Des clans s'établissent : les forts, les faibles, les bavards, les forts en bras et en gueule, les silencieux, les sournois et les durs. Les mousses, eux, sont à cruelle école, de la mer dont ils ignorent encore les traîtrises, et des hommes. La mer calme et la température, douce pour la saison, contribuent à mettre de bonne humeur les matelots qui, la journée de travail terminée, discutent assis autour du poêle brûlant au ralenti et fumant plus qu'il ne chauffe. La conversation va bon train. Le « Grand Louis », paumelle en main, répare son tablier ciré déchiré en paumoyant les câbles; légèrement voûté, les bras trop longs terminés par d'énormes mains aux ongles noirs taillés comme à la serpe, il se tient debout, sans raideur, les jambes écartées. Il est chaussé de sabots. Sous sa tignasse rouge, deux yeux bleus si clairs que l'on croit voir au travers. Mais le regard qui ne vous lâche pas est ironique. Quand il rit – ça lui arrive –, les quelques dents qui lui restent, jaunes et branlantes, semblent plantées dans un trou qui lui tient lieu de bouche. Il pense ce qu'il dit et dit ce qu'il pense avec finesse et une pointe de cruauté. Il explique comment il a failli se marier et changer de métier :

– Ça n'a tenu qu'à un mot et j'étais fermier! La famille, j'la connaissais depuis longtemps mais la fille j'l'avais perdue de vue l'temps que j'ai fait mon service militaire dans les sous-marins. J'me trouve assis à côté d'elle dans le car. On se parle, on se plaît, elle est fille, j'suis garçon, on décide de se revoir.

« Le dimanche d'après, je la repère au bal. Comme une reine qu'elle danse! Peut-être un peu lourde dans la valse! Pas de sa faute, elle a pas l'habitude, mais jamais on s'est marché sur les pieds. On se plaît de plus en plus!

« Quand je l'ai demandée en mariage à son père, le vieux m'a foutu dehors. Pas d'ivrogne dans la famille! Vous parlez d'un raisonnement! Pour deux ou trois malheureuses bitures ramassées cet hiver et chaque fois pour un motif valable : un mariage ou le réveillon! Toujours est-il qu'il a suffi d'un mot, si l'père avait dit oui au lieu de non, j'étais dans mes terres. Vous me voyez en train de traire les vaches?

Et il éclate d'un gros rire qui fait s'esclaffer tous ses voisins.

– Note bien, lui répond « L'Astucieux » qui découpe, dans une chambre à air de camions des doublages pour ses mitaines, et surnommé ainsi car il n'est jamais à court d'idées, t'aurais pu abattre le vieux en prétextant qu'il avait la fièvre aphteuse, c'est courant dans les fermes d'abattre une bête malade!

Et les rires de redoubler.

A bâbord, en bout de table, quatre acharnés jouent à l'aluette. Ce jeu de cartes où les signes sont autorisés et où il est permis de parler leur convient tout à fait. Ils discutent en jouant, jouent en discutant, mêlant aux phases du jeu des événements vécus. Quelques-uns dorment, indifférents aux bruits et aux conversations. Où la fantaisie de leurs rêves les conduit-elle?

Sur l'avant, assis sur leur caisson, deux inséparables, Joseph et Raymond, chantent, pour eux-mêmes et en sourdine, une rengaine sentimentale de Berthe Sylva. Légèrement éméchés, la larme à l'œil, ils reprennent en chœur le refrain, chantant aussi faux l'un que l'autre.

– Alors poulot, ça va-t'y? me demande Joseph, le plus âgé, en sortant un mouchoir douteux pour s'essuyer les yeux.

– Chante-nous kek'chose. Mais kek'chose de bien. Nous, on n'aime pas la rigolade, faut que ç'ait du sens.

J'ai beau me défendre que je ne sais pas chanter, je dois m'exécuter; j'y vais de ma complainte, mais sans doute l'ai-je entonnée trop fort, car un dormeur irascible se réveille et, nous menaçant de son sabot :

– T'en foutrai, moi, des roses blanches!

Je me tais, m'excusant auprès de Joseph et Raymond qui crient à la cantonade :

– Ah! Celui-là, ne c'mprendra jamais rin à la belle musique!

⁂

Une gamelle de maïs aux poules, une auge de pâtée de son aux cochons, mes pensionnaires ne mourront pas encore de faim aujourd'hui. J'accompagne alors le cambusier, le « Père Roger », pour sortir les conserves des deux repas. Nous devrons attendre d'être en pêche pour manger « du frais », la petite provision de viande étant consommée. Comme c'est dimanche, au menu de midi : sardines à l'huile, tripes, frites; pâté, singe (1), nouilles, à celui du soir. Nous amenons le tout à la cuisine où m'attendent une quarantaine de kilos de pommes de terre à éplucher.

Un coup de sonnette! C'est pour moi.

– Monte de l'eau et des verres à la passerelle, on prend l'apéritif là-haut.

Le chef mécanicien, qui me donne cet ordre en l'accompagnant d'une tape amicale sur l'épaule, ajoute :

– C'est dimanche, faut pas perdre les bonnes habitudes.

Dans la chambre des cartes, le capitaine, grand, massif, costaud, le torse moulé dans un tricot gris à grosses côtes, pantalon bleu de drap laissant voir les sabots vernis, casquette enfoncée jusqu'aux yeux, l'air soucieux. Pour reprendre l'expression favorite des matelots, « le Vieux a sa figure à vent

(1) Singe : bœuf en conserve.

debout ». Le baromètre baisse rapidement; à trois jours de banquer(1), le capitaine n'apprécie pas. Le second, vêtu de toile cachou, avec vareuse à quatre boutons et piqûres de fil blanc, dans la pure tradition des officiers de Terre-Neuve, adossé au chambranle de la porte qui sépare la chambre des cartes de la timonerie, surveille la route en écoutant le radio qui, cahier de nouvelles en main, lit les messages reçus à la dernière veille. Tous les chalutiers, devant nous, ont gros temps. Les premiers banqués sont à la cape(2). Le radio, Breton du Sud, porte un bleu de chauffe délavé qui doit bien totaliser cinq campagnes et deux cents passages à la lessive.

Où mettre les verres? Je me renseigne. Chacun prend le sien et le chef mécanicien, qui vient d'arriver, fait le service. Comme il me reste deux verres en main, il m'invite à trinquer avec eux. Du regard, j'interroge mon capitaine de frère souvent d'une grande dureté avec moi.

– Accepte, puisque le chef te fait l'honneur de t'offrir l'apéritif. Bois avec nous, mais rappelle-toi que ton frère a bu son premier Pernod à vingt-sept ans.

Je me garde bien de dire que c'est la première fois que je goûte à un anis. On avoue difficilement que l'on est encore puceau.

L'homme de barre, le doyen du bord, vieil Yportais qui tutoie le capitaine et le second – il les a connus écoliers, mousses et plus tard matelots –, profite également de la tournée. Il souhaite bonne santé à tous, et, j'en suis persuadé, dans l'espoir d'avoir une rincette, s'octroierait volontiers des pouvoirs divins, plaçant Génésareth à Terre-Neuve pour renouveler, dix-neuf siècles plus tard, la pêche miraculeuse.

(1) Arriver sur le lieu de pêche. Débanquer : quitter le lieu de pêche.
(2) Le navire est debout à la lame, à allure réduite afin d'éviter les avaries dues aux coups de mer.

VIII. TEMPÊTE

Ah la mer! Les poètes la chantent, les peintres la peignent, les cinéastes la filment, les vacanciers s'y plongent et il n'est pas un jeune garçon qui ne rêve de la conquérir à la barre de son petit voilier. Mais vue – si l'on peut dire, de l'intérieur – en colère, démontée, elle atteint le paroxysme de sa grandeur et de sa cruauté dans la furie avec laquelle elle s'acharne sur le bâtiment, qu'elle malmène, secoue et tourmente avant de le bercer, repentante, d'une houle légère, se parant alors des bleus les plus purs pour le reposer de toutes les violences qu'elle lui a fait subir.

Naviguant travers au vent par gros temps de suète (sud-est), le *Saint-Martin-Legasse,* légèrement gîté tribord par la force du vent, roule bord sur bord. Les lames qui déferlent, blanches, écumeuses, montent à l'assaut de sa muraille de bâbord, balayent le pont où éclatent en embruns. La coursive du bord du vent ne désemplit pas. Parfois, une lame, plus hargneuse que les autres, s'écrase sur le roof, tonnant comme le canon et amplifiant le coup de roulis.

Le pont est interdit. Les matelots qui couchent à l'avant ne sortent pas du poste, le quart étant assuré par ceux qui logent au château. Sur la passerelle, le capitaine a relevé le second qui, « gréé tout dessus(1) », fait une tournée d'inspection, vérifiant les saisines, l'arrimage dans les différents locaux. Les mécaniciens, dans l'impossibilité d'entreprendre des travaux minutieux ou des réparations délicates, avec ce temps de chien, vérifient hublots et portes étanches, n'ayant meilleures conditions pour les tester.

A 11 heures, le capitaine met à la cape, pour permettre à deux matelots et au cambusier de traverser le pont, car, malgré le temps, il faut manger. Et pour manger, il faut que les gamelles passent de la cuisine au poste d'équipage et les bidons, de la cambuse à leurs destinataires. C'est le travail des deux hommes de quart qui, en quelques aller et retour, ravitaillent les différents réfectoires.

Le capitaine reprend la route aussitôt les navettes terminées et, malgré les tables de roulis, chacun va manger, tenant l'assiette à la main et s'arc-boutant au maximum.

A la cuisine, le dôme fuit, les guichets laissent fuser l'eau à chaque paquet de mer. Nous travaillons en bottes. Il fait une chaleur étouffante dans ce local fermé et le boulanger, torse nu, pétrit en geignant, mélangeant sa sueur à la pâte. Sur la cuisinière, la marmite à café déborde dans les forts coups de roulis, bien qu'elle ne soit emplie qu'aux deux tiers. Le cuisinier surveille son « rata de singe » qui cuit à plein feu, soulevant par instants le couvercle pour touiller avec une écumoire de la taille d'un aviron. Pour se maintenir en forme, il se verse de temps en temps deux boujarons de vin, et s'essuie le front de son avant-bras nu en disant :

– Fait chaud, bon sang! Vivement qu'on puisse ouvrir un peu!...

(1) Expression fécampoise indiquant que le marin a sur lui bottes, ciré, suroît.

Aidé d'un matelot léger et armé de seaux, j'essaie de restituer à la mer une partie de l'eau dont elle nous inonde. Mais les misérables moyens employés se révèlent vite inefficaces. Le temps de monter au premier étage avec nos seilles(1), de les vider sur le balcon, sous le vent, et de redescendre les emplir, le niveau reste le même. Nous ne nous décourageons pas et, imperturbablement, écopons et essardons la cuisine.

Le baromètre baisse, baisse. Le ciel est gris, lourd, menaçant. Le vent mollit mais la mer reste creuse sans briser. Le navire qui n'est plus « appuyé » par le vent roule davantage. Une pluie diluvienne s'abat sur nous, crépite sur les tôles, fouette la surface de l'eau qu'elle aplanit, limitant la visibilité à deux cents mètres. Quand le grain cesse, plus un souffle d'air! Dans ce silence subit, les bruits du bord renaissent, l'échappement du moteur, la poulie qui grince en se balançant et le vaigrage(2) qui couine. On est tenté de parler à voix basse, comme dans une église, de peur de déclencher les foudres du ciel.

Dans le suroît, à l'horizon, une barre blanche apparaît. C'est la saute. Les lames, suivant la nouvelle direction du vent, prenant la houle à angle droit, forment un ressac. La mer fume et frise. Pour faire front à cette colère, le capitaine réduit la vitesse et vient prendre le vent à vingt degrés du cap sur le lof(3) de bâbord. C'est aux environs de quatre nœuds que le navire, roulant et tanguant, continue sa route.

La mer grossit et il faut réduire encore, ne conservant que la puissance nécessaire pour gouverner. Les hommes de barre redoublent de vigilance pour maintenir le navire au cap. Le capitaine,

(1) Seaux en bois.
(2) Cloison intérieure en bois doublant la coque afin d'éviter que le poisson ne soit en contact avec le métal.
(3) Partie avant du navire exposée au vent.

qui ne quitte pas la passerelle, leur recommande plus qu'il ne leur ordonne :

– Attention à gouverner! Ne laissez pas le bateau abattre, on risque d'attraper un mauvais « pion(1) »!

Et toujours, le navire franchit la montagne liquide qui se présente, plonge dans l'abîme qui suit, semble s'effondrer et, dans un sursaut d'énergie, remonte sur la lame, marque un léger temps d'arrêt, le nez vers le ciel et retombe lourdement. De la passerelle où je me suis glissé, afin de suivre le spectacle, nous voyons la crête des rouleaux en alignement avec la hune quand la proue s'enfonce. Je me demande dans mon cerveau de mousse ce qui arriverait si le navire n'avait pas le temps de remonter sur la lame. Mais je n'ose interroger personne, craignant le ridicule. Je me dis également qu'il faut que ces chalutiers soient d'une rare solidité pour affronter plusieurs fois par voyage et pendant de nombreuses campagnes une mer aussi grosse.

J'en suis là de mes réflexions quand, à la suite d'un mauvais coup de barre, le bateau fait une abattée de trente ou quarante degrés. L'homme de barre a droit à quelques qualificatifs soignés de la part du capitaine. Je crois comprendre que s'entendre appeler péquenot et pâtissier n'est pas apprécié du matelot qui bredouille une vague excuse. Un paquet de mer, franchissant la lisse sur l'arrière du gaillard, vient s'écraser sur le château(2), ébranlant le navire.

« Tiens, t'as gagné! », s'écrie le capitaine qui a pourtant essayé de rattraper la fausse manœuvre. J'en profite pour m'éclipser en tapinois et, emporté par la curiosité, je fais un détour par la timonerie inférieure. Elle est inondée, deux carreaux sont cassés. Le chef saleur, d'une main experte, taille

(1) Pion, ou passager clandestin : paquet de mer.
(2) Ensemble des superstructures du navire.

dans un prélart(1) usagé deux rectangles qui remplaceront les vitres pulvérisées. Comme ce vieux marin, qui n'est pas d'un naturel gai, s'acquitte de ce travail en fredonnant « La valse des cols bleus », je tire la conclusion que ce ne doit pas être bien grave et je retourne à la cuisine pratiquement asséchée par les soins de deux novices. Ils ont bien travaillé. En récompense, ils auront ma ration de confiture.

⁂

Après avoir soufflé d'ouest et de noroît, le vent mollit enfin. Le baromètre remonte, la dépression s'éloigne vers le nord-est, laissant derrière elle une houle profonde. Il reste trente-six heures de route pour sonder la queue sud du Grand Banc. Les marins ont repris possession du pont. Les chefs de bordée, mètre en main, mesurent des filins d'acier de différents diamètres, du filin mixte, des cordages de toutes sortes. Il les marquent à la longueur désirée par des amarrages en fil à chalut et les donnent à couper à deux matelots, l'un armé d'une tranche à froid, l'autre d'une masse. Travaillant par équipe de deux, les hommes épissent ces filins qui deviendront bourrelets, pantoires, erses ou élingues. Une équipe grée la mâture, montant les poulies, passant les cartahus et les palans. Dans le magasin, les ramendeurs mettent la dernière main aux chaluts. Enfin, en bas, les saleurs, aidés de quelques gars, dégagent la cale arrière, la parant à recevoir les premières morues qui, si tout va bien, seront affalées(2) dès le lendemain.

A quelques heures de banquer, les matelots montent « le cirque ». Ils appellent ainsi les parcs à poisson. Puis on envergue(3) le chalut. Cette der-

(1) Morceau de grosse toile servant à couvrir les panneaux de cale.
(2) Mises en cale. L'homme en charge s'appelle l'affaleur.
(3) Mettre le chalut en service, par analogie à une voile placée sur une vergue pour la déployer.

nière opération avant banquage se termine à la tombée de la nuit. Comme il fraîchit de nouveau, quelques marins reçoivent leur baptême de Terre-Neuve. Trouvant l'eau glacée, ils gagnent le poste d'équipage en maugréant, pestant contre ce métier qui est le dernier des derniers, assurant qu'il faut avoir tué père et mère pour le pratiquer et jurant leurs grands dieux qu'ils dételleront en arrivant. Remis à sec, réchauffés, ils changent d'optique et vont même jusqu'à se frotter les mains quand le capitaine octroie le genièvre à l'équipage, pour arroser le chalut. Exposé aux intempéries, sur le pont transformé en baignoire, a-t-il vraiment besoin de cet arrosage supplémentaire? C'est la coutume, il faut la respecter. Chalut non arrosé, chalut sacrifié!

IX. EN PÊCHE

Marée de cochon, marée de guignon.
Dicton yportais.

– André, pourquoi fais-tu cette tête d'enterrement?

Levant vers moi un visage où ne glisse jamais un sourire, il grogne entre ses dents :

– Tu ne peux pas comprendre. C'midi on a maqué du cochon. Va nous arriver un coup dur(1). Si on r'lâche pour un blessé, est la moitié d'ma paye qui y passe. Ma bourse plate ne m'permet pas c'te fantaisie.

Puis il hausse les épaules et sort de sa poche un paquet de cigarettes aplaties et humides; il me demande, en plaçant entre ses lèvres une gauloise à demi vidée de son tabac :

– As-tu du feu?

Comme je ne fume pas et ne peux le satisfaire, je reprends :

– Fais-tu un domino?

Nous nous installons.

– Tu sais, me dit-il en posant le double-six, moi j'ai pas de parents. De père, j'en ai jamais eu et ma mère est morte, j'avais cinq ans. La tante qui m'a élevé est brave mais son homme, je préfère pas en parler. Il ne m'a jamais pardonné d'être meilleur élève que ses gosses, à l'école. Quand je suis parti comme mousse, il y a deux ans, il a bien recom-

(1) Le Cauchois est très superstitieux; une paille sur le pont du navire, manger du cochon et du lapin, c'est bafouer la mer. Et elle ne sera plus l'alliée du marin. Le pire va lui arriver.

mandé à son frère qui était matelot à bord – lui n'a jamais voulu naviguer, c'est trop dur – de me souquer la vis. Son frère, tu le connais, c'est « La Pommade », assez salaud pour paraître gentil, mais faux, fuyant et capable des pires dégueulasseries. Tu ne peux pas te douter de ce qu'il m'a fait endurer quand j'étais mousse. Oh! pas devant les autres, il est trop dégonflé, mais en vache! M'attendre à l'entrée du poste pour me flanquer des baffes, aider, d'un coup de pied, le roulis à renverser ma gamelle, chavirer le bidon de pinard après en avoir soutiré un quart ou deux et me renvoyer à la cambuse où je me faisais toujours engueuler, me piquer mon boujaron sous prétexte qu'un mousse ne boit pas... Enfin tu vois. Il a été jusqu'à me faucher une bouteille d'apéritif sec dans mon caisson. Je la gardais pour mon anniversaire, les copains savaient que j'allais leur payer le coup ce jour-là et ils m'ont accusé de l'avoir bue « en suisse ». Mais j'te jure que le mal qu'il m'a fait, il me le paiera... Tiens! cinq partout, tu peux pas jouer, j'ai gagné.

Nous terminons la partie sans plus parler. André n'a pas changé d'expression quand il a gagné. Son front têtu est barré de rides verticales. Il couve une rage rentrée. Pourvu qu'il n'aille pas trop loin quand elle sortira.

– Bonne nuit, André.

– Bonne nuit, Jeannot.

Le lendemain, nous mettons en pêche par gros temps. « La Pommade » s'apprête à déguster un Pernod bien tassé qu'un copain vient de lui offrir. André, qui était de quart, entre dans le poste appelé « hors cul ». Saisissant la moque de son persécuteur, il en verse la moitié dans sa propre pinte :

– Tu permets? Part à deux, faut avoir l'esprit de famille. Et puis le temps du mousse qui encaisse sans rien dire, c'est fini.

Son regard en dit long sur sa résolution. L'autre accuse le coup, ne pipe mot.

La première mise à l'eau du chalut est toujours une manœuvre délicate, surtout avec grosse mer. Les marins, non entraînés, n'ont pas les gestes précis qu'ils acquerront très vite, à force de les recommencer plusieurs fois par jour.

Le navire stoppé en travers, tribord au vent, roule « les mâts à l'eau ». Une lame plus grosse que les autres, ou plus sournoise, passe par-dessus la lisse, balaye le pont, fauchant plusieurs hommes. Parmi ceux qui roulent de tribord à bâbord, « La Pommade » laisse apparaître parfois une botte, parfois une main. André, souple comme un chat, a paré le coup en se pendant à une filière de cargos. Il se laisse glisser le long d'une épontille qu'il tient d'une main ferme et, de l'autre, il empoigne « La Pommade » par le col de sa vareuse cirée, faisant preuve d'une force insoupçonnée, le remet sur ses pieds et lui dit : « N'attrape pas froid, va te changer, je virerai le cartahu à ta place. »

Mouillé jusqu'aux os, glacé, « La Pommade » émet un bruit qui tient plus du borborygme que de la voix humaine. Mais peut-on demander à un homme qui vient de perdre ses mitaines et son suroît et qui, pendant quelques instants, s'est demandé s'il était encore à bord ou sur le point d'allonger la liste des disparus en mer de prononcer distinctement : « Merci », surtout si ce merci est lourd d'un passé difficile à oublier?

– « Hors cul! » L'ordre est tombé de la passerelle. Les hommes de quart l'ont retransmis dans tout le bord. Les matelots l'ont répété, comme dans la marine on répète chaque commandement pour en accuser la réception. Que signifie cet appel gaillard? Tout simplement : chacun à son poste pour mettre le chalut à l'eau. La première manœuvre, quand le chalutier est stoppé sans erre, tribord au vent, consiste à mettre à la mer le cul du chalut; de là l'appellation « hors cul ». Pourquoi stoppé et pourquoi tribord au vent? Pour que le chalut s'écarte juste par le travers du navire grâce à la dérive de celui-ci. Quand l'énorme poche est le long du bord, ses ailes sont reliées aux potences par les bras. La barre étant à droite avec un angle de quinze à trente degrés, on file(1) les bras(2) avec légèrement d'erre en avant. Les bras étant filés, leur extrémité munie d'une maille vient buter sur le « huit » des pantoires de chaque panneau divergent ou planche à chalut. On maille les câbles ou funes sur les planches, accrochées à l'extérieur des potences par une chaîne de suspente à croc. On soulage le panneau par son câble enroulé sur le treuil, on décroche les chaînes et on laisse filer jusqu'aux premières marques, à cinquante mètres du bout. L'ensemble s'écarte du navire par le double effort du vent et de la force centrifuge de la giration. On souque(3) les freins des tourets de treuil pour étaler sur les câbles, qu'ils ne filent plus. En avant et en route, on établit le chalut toujours évoluant sur tribord jusqu'au cap choisi pour le filage. A ce cap on stabilise le chalutier. Sous l'effet de la vitesse acquise les panneaux divergent, celui de l'avant écartant, celui de l'arrière venant serrer la hanche. Quand il est parallèle au navire, on desserre les freins et on file en opposant une résistance pour que les planches forçant dans l'eau continuent à s'écarter l'une de l'autre. On conserve le même cap jusqu'à ce que le chalut soit au fond. En général, la quantité de câble filée est de trois fois la profondeur. Quand la longueur de câble choisie est obtenue, on réduit la vitesse à l'allure de pêche – quatre nœuds et demi environ – et on réunit les deux funes, à l'aide d'une vérine, dans une poulie spéciale, sur tribord arrière du navire. Cette poulie, appelée chien ou poulie à gaboter, maintient les deux câbles hors d'atteinte de l'hélice. A ce moment le

(1) Filer : mettre à l'eau.
(2) Fil d'acier reliant le chalut aux panneaux divergents.
(3) On serre.

navire est en pêche et peut évoluer indifféremment sur bâbord et sur tribord.

Bien que les matelots aient hâte de mettre en pêche, ils ont fait la moue quand André est venu appeler dans le poste d'équipage. Si la longueur de la traversée pèse, il n'est pas encourageant d'envisager la première manœuvre de filage par gros temps. C'est la raison pour laquelle le « hors cul » n'a pas eu son écho des grands jours. Il a calmi certes, mais la mer reste grosse. La tenue de gala est de rigueur : bottes cuissardes, vareuse huilée, cotillons (pantalons cirés) amarrés serrés sous les genoux pour ne pas que l'eau s'infiltre par le bas, suroît et grosse cravate de flanelle. Pour parfaire l'ensemble, des mitaines de caoutchouc transforment les mains en deux pinces de homard.

De mon observatoire, dans la timonerie inférieure, j'essaie de suivre les opérations sans trop comprendre le pourquoi et le comment des manœuvres. Le second et les deux lieutenants, très affairés, placent les hommes, vont de l'arrière à l'avant, faisant parer un cartahu, évitant une lame qui embarque en se pendant aux filières prévues à cet effet, mettant une aile au clair, disposant l'ensemble pour que rien ne croche à la mise à l'eau. « Cale! » C'est le second qui vient de lancer cet ordre. Le cul du chalut qui était pendu sur le cartahu de l'avant s'affale le long du bord, libéré par un système de croc à déclencher. Le navire dérivant rapidement, l'engin de pêche s'éloigne; il ne reste à bord que la « gueule » mise à l'eau à son tour. Au moment où les matelots poussent sur les sphères formant la lèvre inférieure, profitant du roulis de tribord qui les aide à déborder, un pion passe la lisse faisant place nette. Chacun se cramponne comme il peut, aux câbles, aux épontilles, aux bollards, au treuil, se relève trempé, peste, jure, décrétant que Dieu n'a jamais mis les pieds dans ce pays de malheur puis, grelottant, s'ébrouant, reprend son poste pour terminer la manœuvre avant d'aller changer de linge, d'effets, de bottes en maugréant : « Ça ne fait pas un pli, faut lâcher c'te putain de métier et entrer dans la Douane ! »

Le chalut est cependant filé et, parallèlement à ses collègues de Fécamp, de Saint-Malo, de Bordeaux, le *Saint-Martin-Legasse* fait son premier trait. Un trait. D'où vient l'expression, l'orthographe du mot ? De tracter ou du trait que représente sur une carte marine le chemin parcouru par un chalutier qui drague en ligne droite ? Je n'en sais rien.

Comme, à cette époque, aucun appareil de détection de poisson n'existe, c'est le flair du capitaine, les renseignements qu'il a pu obtenir, son expérience, la présence de « volaille » (mouettes, guillemots et autres oiseaux marins) ou de cétacés qui le guident à suivre de préférence une sonde plutôt qu'une autre. Je reviendrai sur les méthodes de pêche plus tard, à l'âge d'homme, quand, ayant assimilé le métier, je pourrai en parler avec le vocabulaire dont on use pour un journal de bord. Dans ce journal personnel écrit sur les lieux de pêche, un chef d'opération note son travail, ses observations, ses impressions, les circonstances météorologiques et les conclusions qu'il en tire selon le résultat, sa chance ou sa déveine, son propre état d'esprit : les bonnes ou les mauvaises nouvelles reçues de sa famille lointaine qui lui font voir les mêmes choses sous une optique différente. Les dernières lignes du journal sont souvent sombres, le matériel étant aussi épuisé que l'équipage. Surtout quand le voyage a duré cinq mois.

⁂

Laissons donc le capitaine suivre sa sonde, le vent mollir et la mer tomber. Laissons la divine Providence emplir notre chalut et retournons à nos occupations.

Je dresse le couvert pour le repas du soir. Malgré les cadres de roulis, les assiettes glissent sur la toile cirée; seule astuce pour qu'elles ne bougent pas : placer sous chacune une boulette de mie de pain écrasée en pressant fortement sur les bords de l'assiette. Les verres, dont le logement est juste à leur dimension, ne risquent rien.

– Envoie la soupe en vitesse! Préviens le chef et le second mécanicien qu'on mange immédiatement avant le virage, me lance le capitaine en prenant place à table.

J'exécute, passant par la machine où les deux officiers mécanos étudient le comportement du moteur en effort de traction est. Quand, après un saut à la cuisine, je pose sur la table une soupière fumante, l'état-major est au carré, discutant pêche.

– Soupe aux fayots, j'en prends pas, envoie la suite et, dès le premier virage, n'oublie pas d'habiller du poisson pour le repas de minuit.

Je réponds « oui » au capitaine que je regarde avec des yeux ébahis que je voudrais interrogateurs. Pour ce qui est du virage, je pense avoir saisi qu'il s'agit de la remontée du chalut, mais habiller du poisson, cela m'étonne fort. J'ai tellement entendu parler des tours pendables joués aux mousses des chalutiers que je me méfie : d'autre part, ne voulant pas avoir l'air ignorant, je me garde bien de poser une question quelconque. Je redescends la soupe et me pointe au carré une nouvelle fois avec la suite.

– Pâté de bois, y a donc rien à bouffer ce soir? gronde le capitaine dont l'humeur s'aigrit.

Ce n'est pas la première fois que j'entends dire que ce pâté est fabriqué avec de la sciure de bois mais, venant du capitaine, cette réflexion me touche. Je me sens au bord des larmes sans oser répondre que, de l'avis de quelques gars de l'équipage bien informés, l'aggloméré de sciure de bois serait meilleur cette année : la fabrique ayant amélioré son produit par l'addition de morceaux de chiens écrasés. (Un croisement dangereux se trouvant à quelques mètres de l'usine.) Je balbutie seulement :

– Oui, il y a du corned-beef et des pommes au four.

– Quoi, du singe et des douillons! tonne le Tonton dont la fureur explose. Envoie le thé et que ça saute!

Que peut-on servir d'autre que des conserves après quinze jours de mer quand au départ nous n'avions que quelques kilos de viande? Nous ne pouvions en embarquer davantage, n'ayant aucun moyen de conserver des vivres frais sans réfrigérateur. Mais à voir les marins bouder les conserves, il est à prévoir que le premier poisson pêché sera apprécié. Il constituera souvent la seule nourriture des hommes qui ne s'en lassent pas, surtout s'il est cuit sous la forme la plus simple : bouilli à l'eau de mer.

Sa moque de thé à la main, le capitaine regagne la passerelle, remplace le second qui descend manger à son tour. De lui, j'obtiens l'explication sur l'habillage du poisson. Il s'agit tout simplement de le vider de ses viscères, de le nettoyer, prêt à être cuit. Ce n'était donc pas une blague, seulement je me dis en silence que le poisson est beaucoup plus nu sans tête ni boyaux, et que « déshabillage » aurait été mieux adapté. Il est vrai que les robes « très habillées » découvrent plus qu'elles ne vêtent, mais c'est un point de vue féminin qui ne m'était pas apparu aussitôt.

⁂

Après avoir raclé le fond pendant deux heures, le chalut va être remonté. La passerelle a prévenu la machine afin que celle-ci soit prête à manœuvrer.

Le treuil de pêche va entrer en action dès que la poulie à gaboter, ouverte, va libérer les deux câbles. Manœuvre exécutée, chien ouvert, le navire vient sur la droite, le câble de l'avant échappe, suivi de peu par le câble de l'arrière. Le capitaine stoppe, le treuilliste embraye le tambour sur lequel le câble de l'avant est enroulé et commence à virer. Quand les marques des funes sont à égale distance des potences, le treuilliste embraye les deux tambours et embraque les deux câbles ensemble. Les deux panneaux divergents étant filés à égale distance de l'arrière du navire, afin que le chalut soit établi perpendiculairement à la marche, il faut reprendre sur le câble de l'avant une quantité égale à l'écartement des potences pour que lesdits panneaux arrivent à bord ensemble, chacun à sa place respective.

Le trait ayant été terminé vent arrière, le navire s'équilibre seul en travers tribord au vent; ce sera une manœuvre classique. Il n'y a plus qu'à attendre que les six cents mètres de câble soient virés. La mer, bien tombée depuis la mise à l'eau, embarque moins dans les coursives et les risques sont moins grands. Les hommes, à l'entrée du poste d'équipage, attendent qu'ils aient à intervenir.

– Marques arrière.

Le treuilliste vient de lancer son cri, indiquant que seulement cinquante mètres séparent les planches des potences. Chacun se dirige vers sa place, l'un allumant une cigarette, l'autre changeant sa chique de joue, ajustant ses mitaines ou enfonçant plus profondément sa cravate dans le col de sa vareuse cirée.

Le panneau arrière sort de l'eau et vient se placer en potence. Un marin passe la chaîne de suspente sous les deux branchons, la croche au croc prévu à cet effet et crie : « Assure l'arrière ». Le treuil dévire, la planche est pendue sur sa chaîne, ce qui permet de démailler le câble qui la remorquait pour le relier aux faux bras lui-même uni au bras. Manœuvre identique pour la planche avant, arrivée presque simultanément, et l'on vire les bras.

Les deux énormes sphères, dites sphères de guindineau (1), émergent, briquées comme de l'argent par le frottement sur le fond. Le treuilliste les arrête au ras des rouleaux de tête de potence, serre les deux freins et débraye les deux tambours porteurs des câbles.

Le chalut proprement dit étant remonté en surface, il ne reste plus qu'à l'embarquer. Maillées à chaque extrémité du jeu de sphères, deux manœuvres courantes (2), en filin mixte, appelées « parpaillots », permettent, tout en carguant les deux ailes, d'amener à hauteur de lisse les chaînes dans lesquelles on croche les cartahus. Sitôt crochés, ceux-ci sont virés et, comme un chapelet dont les grains feraient cinquante centimètres de diamètre, les douze mètres de sphères (rouleaux ou diabolos) doublent la lisse, coiffés de la partie supérieure du chalut (corde de dos munie de ses flotteurs, boules en verre ou en aluminium) et sont amenés sur le pont, à tribord.

Le chalut est replié sur lui-même tout en étant hissé à bord par la cargue ou petit. Le fond ou cul, dans lequel le poisson est prisonnier, après avoir été maillé sur un palan en fil d'acier, est viré à l'aplomb du mât, à l'aide du treuil. La poche en forme de poire, la palanquée, ruisselante, est maintenue à quatre-vingts centimètres au-dessus du pont pour permettre à un marin, le « largueur de cul », de se glisser dessous et de larguer le nœud spécial qui ferme la palanquée à sa partie inférieure. Manœuvre difficile et dangereuse appelant dextérité et

(1) Guindineau, du verbe guinder : tenir droit. Les sphères de guindineau tiennent droites les deux extrémités d'ailes du chalut.

(2) Manœuvre courante : filin d'acier, de chanvre ou filin mixte courant dans une poulie ou une galoche, en opposition à manœuvre dormante : hauban, étai, etc.

rapidité. Le nœud largué, la poche crache son contenu sur le pont, dans le premier parc, à tribord. Le poisson, encore vivant, grouillant, non satisfait de se trouver dans un élément qui n'est pas le sien, tape de la queue, se débat, puis acceptant la mort qu'il sait proche, reste couché sur le flanc, les yeux exorbités par la différence de pression (à deux cents mètres de profondeur, il vivait par vingt kilos de pression au centimètre carré) et la gueule secouée par les spasmes de l'agonie.

S'il reste du poisson dans le chalut, on remet le cul dehors après l'avoir amarré à sa base et, en embraquant la partie avant du chalut à l'aide d'une vérine appelée bosqueur(1), on oblige le poisson à refouler vers le fond, jusqu'à ce que la palanquée soit pleine. Palanquée embarquée et larguée sur le pont comme la première et ainsi de suite jusqu'à ce que tout le poisson soit à bord. La palanquée, pal dans le langage courant, contient environ trois tonnes de poisson vivant. Ces trois tonnes, si elles ne sont composées que de morues travaillables, fourniront après étêtage, éviscérage et tranchage (soit 50 % de perte), et déshydratation du solde (réduisant le poids à 30 à 35 % du poisson vif), une tonne de poisson salé. Donc, deux tiers de perte.

Pour ce premier trait de la campagne, la manœuvre d'embarquement du poisson est réduite à sa plus simple expression, une seule palanquée, et encore, elle n'est qu'aux trois quarts.

Pour ma part, je n'ai jamais vu tant de poissons et, les yeux démesurément agrandis, comme ceux des morues dans le parc, je regarde, admiratif, le produit de ce coup de chalut. Puis, me rappelant les ordres reçus, je vais chausser les bottes, capeler la

(1) Bosqueur : vérine garnie au treuil servant à rentrer la partie milieu du chalut. Cette manœuvre se faisait à la main au début du siècle. Le bosqueur remplaçant plusieurs hommes a d'abord été appelé « homme fort »; d'homme fort, il est devenu boxeur et depuis, bosqueur.

vareuse huilée, ceindre le tablier ciré et, ma petite manne sous le bras, gagner les parcs à poisson pour en habiller quelques-uns. Le matelot de quart, armé d'un piquoir (piqueux en fécampois), passe la morue travaillable d'un parc dans l'autre. Il pique chaque poisson par la tête afin de ne pas meurtrir la chair, ce qui la tacherait. M'adressant à ce grand garçon filiforme, à qui le métier n'a pas encore donné une carrure correspondant à ses cent quatre-vingt-cinq centimètres de hauteur, je lui demande conseil.

– Prends les petits ânons(1), mets-en un à l'homme(2). C'est c'qu'y a d'meilleur.

Et il continue à trier son poisson d'un geste régulier.

Comme il y a dans le parc trois ou quatre sortes de poissons, j'élimine la morue que je reconnais comme telle quoique j'aie longtemps cru, en la voyant tranchée et salée, avoir affaire à un poisson plat. Je néglige également les raies, poissons que l'on pêche sur nos côtes et qui me sont familiers. Il me reste à faire mon choix entre les « gris-bleu » et les « marron-beige » qui ont une gueule antipathique et que je préfère laisser tranquilles. Je me demande comment passer à l'action quand André, sortant du poste d'équipage pour assouvir un besoin naturel, me lance :

– T'es emmerdé, poulot! J'arrive.

Sortant son couteau de poche, prenant de la main gauche un ânon de la taille d'un gros hareng qu'il pose à plat sur une planche de parc, il en coupe la queue puis la tête extrayant la ventrée d'un seul coup.

J'admire sa dextérité et l'en félicite. En réponse, j'ai droit à un haussement d'épaules accompagné d'un :

(1) Eglefin; poisson gadidé proche de la morue dont la chair est excellente. Les Anglais, en le fumant, en font le haddock.
(2) Un poisson par homme.

– Peuh! c'est rien! Allez, à toi, vas-y.

J'y vais effectivement, de façon maladroite, cherchant très vite à réchauffer mes doigts gourds. Il gèle et travailler dehors à mains nues demande de l'entraînement. J'ai l'onglée en peu de temps et suis obligé de me battre les mains. Ce qui inévitablement fait rigoler « L'Asperge ».

– Fait pas si froid que ça, tu verras quand y aura moins quinze. T'as les mains en guimauve ou du sang de navet.

Je ne réponds pas, reprenant mon travail avec application. Enfin, c'est terminé, j'ai dû produire à un contre cinq pour André, mais le résultat est atteint. Je regagne la cuisine avec mes soixante poissons prêts à cuire. En bon débutant, je passe par la coursive du bord du vent et... plouf, un passager clandestin (1) embarque; je fais sous-marin, m'agrippe à la main courante en cramponnant la manne de poissons. Je la sauve du désastre, mais perds mon couteau que j'avais planté dans l'osier.

Quand je dépose enfin le fruit de mon travail sur la planche près de l'évier, enlevant vareuse et tablier, vidant mes bottes pour les mettre à sécher, tordant flanelle et caleçons au-dessus du lavabo précaire de notre chambre commune, au cuisinier, au boulanger et à moi, je me surprends à pleurer. A pleurer parce qu'il va me falloir réclamer un autre couteau au second, à pleurer de froid, à pleurer de fatigue. Je me sens seul, jeune et vulnérable, trop loin de ceux qui pourraient me consoler, trop près de ceux qui ne manqueront pas de me railler. A quatorze ans, je ne puis même pas envisager d'entrer dans la douane. Qu'y ferais-je, mon Dieu! Je continue à pleurer en revêtant du linge sec et je m'endors enfin en pensant qu'il serait plus agréable de pêcher la morue sur la côte d'Afrique.

(1) Passager clandestin ou pion : paquet de mer.

*
**

Le lendemain, par temps calme mais plus froid, le navire continue à draguer les fonds. Jours et nuits, jusqu'à ce que les cales soient pleines, il traînera son chalut, n'interrompant son interminable travail que pour changer de mers(1) ou par gros temps.

Quand, dès 4 heures, je monte le café au second, je puis comprendre ce qu'est une pêcherie. Quinze à vingt chalutiers, au pont illuminé se reflétant dans l'eau, nous entourent, passant parfois à une quarantaine de mètres de nous. Je n'ose interroger le second sur la pêche de la nuit, ne voulant passer ni pour trop curieux ni pour trop ambitieux ou trop intéressé. Jetant un coup d'œil au carreau, je constate que les hommes travaillent sur le pont. Disposés en chaîne selon leur spécialité, ils piquent, décollent, tranchent ou lavent la morue, sous l'éclairage jaune des cargos et des projecteurs. Les gestes sont machinaux, plus ou moins rapides, plus ou moins précis. Ils ne semblent pas souffrir du froid. Seuls les mousses, dont la morve coule du nez, le visage piqueté de sang de morue, accusent un certain malaise. Ils ne sont pas rodés. Certains débutent, comme moi, et doivent tout apprendre. Les conditions pénibles de début de campagne les mettent vite dans le bain, mais le froid, la fatigue, les apostrophes plus ou moins justifiées des hommes, sont souvent durs pour un débutant qui, à peine remis du mal de mer, se voit jeté dans l'enfer d'un travail qui se révèle quotidien. Une heure lui semble une journée et une journée, un mois : dure épreuve à quatorze ans.

Quand le second envoie l'équipage au café, les mousses tendent leurs bouilloires par le guichet de la cuisine, sans prononcer une parole. Leurs mains

(1) Terme de pêcheur : changer de lieu de pêche.

violacées cherchent un peu de chaleur sur le métal brûlant qu'ils se dépêchent de porter aux matelots, groupés autour du poêle.

A l'aube, le chalut remonte un trait de trois palanquées. Je crie au miracle devant un cuistot blasé qui m'explique en long et en large que ce n'est pas la lune :

– J'ai vu virer des traits de douze pals, du poisson à la brasse. Des pontées à bloc pendant une semaine. Mais trois pals, c'est rien, surtout qu'y a des ânons avec.

Puis, se rendant compte qu'il ne faut pas épouser que les belles, il ajoute :

– Note que c'est pas mal quand même, trois pals. Mais t'as rien vu!

Ah oui! ce n'était que trop vrai : je n'avais en effet vraiment rien vu!

X. LE TRAVAIL DU POISSON

Les jours passent... Inlassablement, consciencieusement, le navire traîne son chalut. Nuit et jour, jour et nuit, d'une allure toujours égale, comme le bœuf attelé à la charrue, il laboure. Quel jour sommes-nous, ce matin? Au menu : fayots et lard! Donc nous sommes vendredi ou mardi! Hier il y a eu des frites, plat du jeudi... ou du dimanche. Et quelle date? Aux environs du 15 ou 20 mars. En France, on doit sentir le printemps; ici, à part le jour qui point un peu plus tôt chaque matin, c'est toujours l'hiver. Le froid succède à la brume, la brume à la neige, la neige à la pluie, la pluie à la bruine givrante, la mer forte aux rares heures de calme.

Enfoncés dans le poisson jusqu'aux cuisses, les uns derrière les autres dans le premier parc à tribord, neuf marins trient. Le chalut a déversé sur le pont une quantité impressionnante de poisson. Il est difficile d'évaluer exactement les proportions, mais on peut compter 60 % de morue, 30 % d'ânon et 10 % de divers (raie, carrelet, grondin gris). Les ânons, salés quand ils sont de bonne taille et vendus sous le nom de faux poisson, ne peuvent être retenus, aujourd'hui, n'atteignant pas la longueur voulue. Le poisson plat n'est jamais salé et n'intéresse le pêcheur qu'en tant qu'aliment. Par contre, la morue des derniers traits est belle, à classer dans les catégories gros et moyen poisson.

Les marins aiment le beau poisson. Son prix est plus élevé que celui du petit, à quantité égale, il est plus vite travaillé et aussi, à l'image du chasseur fier d'avoir abattu une belle pièce, les pêcheurs tirent un certain orgueil à livrer de la grande taille.

Pour le moment, le tri se révèle facile. Pas de litige possible, pas d'hésitation, toute la morue est travaillable et le reste reprendra le chemin de la « grande cour ». Aussi c'est joyeusement que les trieurs emplissent le deuxième parc, accompagnant leurs gestes de commentaires tels que : « Belle bête » ou « Grosse mémère », quand une morue superbe les oblige à un gros effort des deux bras pour la soulever et l'envoyer d'un coup de rein par-dessus la séparation.

Que l'on me permette une parenthèse. Le chalut ensache dans son énorme panse tout ce qu'il trouve sur son passage : poissons de toutes sortes fréquentant les mers de Terre-Neuve, crustacés (il y en a peu), mollusques et natures de fond. Quand la morue est en forte concentration, les quantités d'autres poissons pêchés sont souvent infimes, la grande armée faisant place nette. Leur pourcentage augmente quand les rangs de morues s'éclaircissent, pour finir par composer la totalité de la pêche. En raison des courants, des conditions atmosphériques, du déplacement de la nourriture de prédilection de chaque race de poissons, où on ne pêchait que de la morue, un jour on ne capture plus que des poissons rouges (rosefish ou rascasse du Nord) ou des carrelets, le lendemain. Ces carrelets de vase, que les pêcheurs appellent balais, envahissent les fonds quand les chaluts et leurs panneaux divergents ont défoui les vers qui vivaient bien tranquillement cachés dans la vase. Les coquillages, mollusques, araignées et crabes quelconques ont eux aussi leur habitat qui se trouve être quelquefois le lieu de passage de la morue et celui des chaluts poursuivant leurs victimes dans la course à la mort. Ce qui fait que le menu du marin peut se trouver agrémenté par l'addition de moules, de bulots ou de crevettes à l'ordinaire de la gamelle. Ce qui arrive aussi, et qui est beaucoup moins agréable, c'est que le chalut avale un caillou qui, selon sa taille, sa forme et son poids, passe à travers les parois de l'engin en le détériorant ou est remonté à bord avec de grosses difficultés.

La morue se présente avec une taille et un aspect différents selon les lieux de pêche : dos noir quand elle est pêchée dans les roches, jaunâtre sur les fonds de sable et d'un gris verdâtre lorsqu'elle vit sur les fonds de vase. Son poids varie de deux ou trois cents grammes à cinquante kilos. Parfois longue et maigre, parfois râblée, dodue, elle change également de goût selon sa nourriture et la nature du fond où elle est capturée.

C'est donc parmi ce mélange de produits de la mer que le trieur doit retenir ce qui est salable et écarter ce qui ne l'est pas. Le problème devient épineux quand le poids de la morue sortant de l'eau oscille entre mille et quinze cents grammes. Ces poissons, rappelons-le, ne pèseront une fois salés que trois cent cinquante pour les plus petits à cinq cents grammes pour les plus gros, marchandise peu intéressante, d'un prix très bas. Mais, les jours de dèche, puisqu'il est déjà pêché, ne vaut-il pas mieux une faible marge bénéficiaire que rejeter à l'eau un poisson à qui il est d'ailleurs douteux que Dieu prête une seconde vie? Le trieur, retenant un poisson, en rejetant un autre sensiblement de la même taille, se voit rappeler à l'ordre par le capitaine qui, de la passerelle, tout en suivant sa sonde et le mouvement des autres navires, surveille le pont. Le « Grand Mât » exprime son mécontentement par des phrases ironiques, aigres-douces ou tempétueuses selon l'humeur du moment : « Ne faisons pas les riches, il reste encore neuf cents tonnes à prendre. » Ou : « S'il vous faut des lunettes, adressez-vous à l'oculiste dès la prochaine escale. » Ou encore : « S'il faut appeler la bordée de repos pour aller plus vite à tout balancer, faites-le! On peut garder le chalut à bord et dormir quarante-huit heures si vous êtes fatigués. » Mais ce qui porte le plus, ce sont les mots prononcés froidement, sous lesquels couve l'ouragan : « Stoppez le triage, fermez les parcs! Je ne veux plus en voir une passer au dalot (1). »

Alors, courbant l'échine, rentrant la tête dans les épaules pour parer au grain, ce qu'ils craignent le plus, la colère du « Tonton », les matelots ferment le sabord, laissent tomber les planches de parcs pour obturer ces derniers et entassent dans le second parc toutes les morues qui leur tombent sous la main. Quand le poisson atteint la hauteur de la goulotte, les trieurs estiment qu'ils doivent passer au deuxième temps de leur travail. Rejetant les épaules en arrière, pressant leurs reins des deux poings fermés pour en chasser l'ankylose, ils dégagent leurs jambes du poisson en essayant de ne pas y laisser les bottes, allument une cigarette ou prennent une chique selon leur goût et se mettent à piquer.

Attrapant la morue de la main gauche, le piqueur la fiche par la nuque, devant lui à hauteur de sa poitrine, sur un morceau de fer pointu des deux bouts, lui-même enfoncé dans le madrier formant la partie supérieure de la séparation entre le parc des piqueurs et celui des décolleurs. D'un coup de couteau, le marin fend la gorge juste sous les opercules, il ouvre ensuite le ventre jusqu'au cloaque, extrait les viscères qu'il laisse tomber dans la goulotte légèrement inclinée vers l'arrière du navire

(1) Dalot : sabord percé dans le pavois ou tôle servant de mur d'enceinte du pont. Le dalot ou sabord est un trou d'évacuation de l'eau embarquée ou des déchets.

et dans laquelle circule de l'eau de mer qui entraîne la tripaille vers les ramasseurs de foies. Le piqueur libère le poisson qu'il vient de vider, le lance aux pieds du décolleur installé dans le troisième compartiment en partant de tribord, dit parc des décolleurs, et recommence l'opération jusqu'à épuisement de la morue pêchée, jusqu'au prochain virage de chalut ou l'heure du repas.

Matelot léger, en général, le décolleur, comme son nom l'indique, coupe les têtes. Ses outils? Un couteau, une mitaine et une guillotine. Le couteau, identique à celui des piqueurs, une forte lame pointue et manche de bois rond, est tenu de la main droite nue ou protégée d'un léger gant de coton. De trois doigts de cette même main, pouce, index et majeur, le décolleur attrape la morue par le collet(1) et l'élève jusqu'à hauteur de sa cuisse en se redressant. Sa main gauche, pourvue d'une mitaine en froc(2), entre en action à ce moment. Le pouce prend appui sur l'œil, l'extrémité des autres doigts sous la mâchoire inférieure et d'un coup sec du poignet, frappant la nuque de la morue sur la guillotine, il rompt la colonne vertébrale. Glissant son couteau en biais entre les deux vertèbres disjointes, le décolleur sépare la tête du corps sur lequel il laisse le chignon, morceau de chair qui recouvrait la boîte crânienne. Il envoie dans une envolée du bras droit la morue étêtée sur la table du trancheur et jette la tête à bâbord, sur le pont d'où elle sera entraînée à la mer grâce à l'eau fournie par une pompe ou tout simplement embarquée par les sabords. Guillotine est peut-être un bien grand mot pour désigner une simple planche de bois dur, taillée sur chant en biseau et maintenue par des taquets dans la position horizontale à hauteur de la hanche gauche du décolleur. Cet

(1) Collet: partie suivant immédiatement la tête, qui contient les viscères.
(2) Froc: grosse flanelle rugueuse.

engin rudimentaire voit tomber plus de têtes en un voyage à Terre-Neuve que la « Veuve » pendant la Terreur, et si le nom est pompeux, si les bêtes qui tombent manquent de noblesse, le rendement n'en est pas moins excellent.

Le trancheur est l'artiste de la chaîne de travail. Il est également le mieux payé. Cela lui confère quelque autorité sur le commun des marins. Son geste est souple et sûr, son coup de couteau précis et rapide. Dans le cas de poisson à discrétion, c'est de son rendement plus que de celui de n'importe quel autre marin que dépend le tonnage mis en bas. Son couteau et ses mitaines sont, de sa part, l'objet des plus grands soins... Il transforme, à la cadence moyenne de dix à la minute, le cabillaud en morue ou, pour employer une autre expression, la morue ronde en poisson plat. Aucun tour de passe-passe, simplement de la dextérité, de l'endurance et... un couteau qui coupe comme un rasoir.

Bien d'aplomb sur ses jambes, debout sur un pas(1) légèrement exhaussé du pont, le trancheur opère sur une table d'un mètre quarante de long sur soixante-dix centimètres de large. C'est sur cette table, placée à sa gauche et munie de rebords en bois pour que le poisson n'en glisse pas au roulis, qu'il reçoit la morue décollée. La saisissant de la main gauche et la plaçant parallèlement au bord de l'étal(2), d'un coup de couteau partant du chignon et aboutissant à la queue, le trancheur ouvre la morue côté ventre, laissant suffisamment de chair le long de l'épine dorsale pour réunir les deux flancs. Puis, retournant son instrument de cent quatre-vingts degrés, il désosse l'arête principale depuis l'endroit où sa section est triangulaire et

(1) Pas du trancheur : planche posée et clouée sur des pieds plus ou moins hauts selon la taille du trancheur, sur laquelle il se tient debout et qui lui permet d'être à la bonne hauteur pour trancher, l'os iliaque devant être au niveau de la table.

(2) Etal : table à trancher.

l'enlève d'un mouvement glissé. La morue, qui n'est plus qu'un triangle présentant un côté peau et un côté chair, tombe dans la baille où elle sera lavée et l'arête (le nôs) reste dans la main du marin qui la jette sur le pont et du même mouvement tournant du bras se saisit de la morue suivante. Le mouvement qui semble aisé demande un effort constant de l'épaule, du bras et surtout du poignet. Le trancheur exècre le petit poisson qui crispe ses mouvements. Quand il a failli se couper en tranchant un papillon et que seul le caoutchouc qui garnit sa mitaine gauche a arrêté la lame hélicoïdale de son couteau, il retourne sa colère sur l'ébreuilleur qui a piqué(1) trop petit, l'apostrophant en le qualifiant de noms désobligeants ou lançant à la cantonade : « Envoyez un gonfleur. » Ou : « Passez-moi une loupe que je vois l'insecte. » Brimades que le piqueur préfère encore aux reproches du capitaine. Pauvre piqueur! Puisqu'il ne sait que mécontenter tout le monde, il en vient à penser qu'il vaut mieux faire le sourd.

Armé d'une « cuiller à énocter », espèce de gouge allongée, le laveur gratte le sang formé en caillots de chaque côté du chignon et sur l'arête. Puis il lave cette morue par plusieurs immersions dans la baille « où coule une eau toujours nouvelle », aurait dit joliment Albert Samain.

Le poisson lavé est rincé dans une seconde baille et mis à égoutter dans des « pottes », mannes cylindriques en osier contenant soixante kilos de poisson environ. Le dernier maillon de la chaîne sur le pont est l'affaleur, marin qui, ayant traîné son potte à proximité de la cheminée percée dans le panneau de cale, le vide à la fourche dans celle-ci.

Le lavage est la plus simple des fonctions, aussi est-elle remplie par les débutants, mousses et novices. La plus simple sans aucun doute mais la moins

(1) Piquer : ébreuillir ou éviscérer.

agréable, celle où l'on souffre le plus du froid. Malgré les élastiques serrant les manches des vareuses cirées sur les poignets, l'eau s'infiltre toujours quand les bras plongent dans la baille. Cette humidité permanente qui humecte tricots et flanelles fait gonfler les mains et irrite la peau qui s'orne de minuscules boutons baptisés « petits choux ». Les premiers jours de pêche sont particulièrement pénibles pour ces pauvres gosses qui, hier encore, passaient des nuits douillettes, entourés de tendresse maternelle. Ils doivent s'y faire cependant et, après quelques jours de rodage, si le réveil reste pénible, les mains raides et douloureuses à la mise en route, c'est sans se plaindre qu'ils grattent la morue, chantant avec les matelots, et parfois plus fort qu'eux pour éviter de s'endormir en fin de « bal de nuit ».

La cale, fief des saleurs et immense entrepôt d'environ douze cents mètres cubes, reçoit cinq cents tonnes de sel au départ de France. Partagée en quatre compartiments inégaux dont le plus grand est le plus arrière, elle est entièrement vaigrée (1) pour que le poisson ne soit pas en contact avec la tôle. Les morues y sont arrimées une à une, pourvues de la quantité de sel qui leur revient, soit 60 % de leur poids. Le saleur, qui reçoit depuis le pont la morue encore tout humide, la couche, chair au-dessus, sur le plancher au début et sur les autres morues déjà salées ensuite, et, à l'aide d'un pellot (2), la couvre de la quantité de sel nécessaire à sa conservation. Il monte ainsi des piles parallélépipédiques, hautes d'un mètre, larges d'autant et dont la longueur est la largeur de la cale. Quand une pile est terminée, il la couvre d'une bande de toile – prélart ou prélat de pile – et la charge de sel qui servira aux prochaines couches de poisson. Commencé à l'arrière de la cale, le long de la cloison du

(1) Vaigré : doublé de bois.
(2) Pellot : petite pelle à manche très court tenue d'une seule main.

cofferdam, le chargement progresse vers l'avant tout en gagnant les espaces vides. En se déshydratant, le poisson fournit une saumure qui s'infiltre à travers les parois en bois de la cale et s'écoule vers le puisard; de ce fait, il se tasse et perd ainsi la moitié de son volume.

Contrairement à leurs collègues du pont au teint hâlé par l'air, les intempéries et les embruns, les saleurs présentent des mines blafardes, presque maladives. Comme par mimétisme, leur visage a pris cette couleur blanche, légèrement grisâtre, du sel au milieu duquel ils passent le plus clair de leur temps. On prétend qu'ils grommellent et bougonnent volontiers et il n'est pas, paraît-il, un chalutier sur lequel un des saleurs, et en général leur chef, n'est appelé : « Père la Gromme » ou plus couramment : « Canaron », nom que les pêcheurs donnent au grondin, poisson qui manifeste bruyamment son mécontentement quand il est pris.

Mickey, le gogotier, grand apothicaire, accompagné de son assistant « Gueule d'Amour » qui chante faux, nous chante le Credo du gogotier (1), en séparant des viscères les foies de morues qu'il entasse dans des mannes.

Sur le bateau qui se balance
Tirant à l'arrière son chalut
Pendant que les hommes en cadence
Ebreuillent et tranchent la morue
Pendant que les mousses chantent et rient
S'exhale un doux parfum d'amour
Provenant de la gogot'rie
C'est là que j'ai passé mes plus beaux jours.

Lorsqu'il y a des avaries
Et que le froid nous glace les doigts

(1) Gogotier : matelot qui récupère les foies de morues avec lesquels il fabriquera l'huile.

Ceux qui enfilent les aiguilles
Vont se réfugier sous mon toit
Mais bien souvent le second crie
Et nous fait sortir tour à tour
Il faut fuir de ma gogot'rie
C'est là que j'ai passé mes plus beaux jours.

Du foie de morue, il tirera le médicament-miracle si cher à nos mères. Mickey met beaucoup de cœur à préparer son huile. Il en parle comme le viticulteur de son meilleur cru. Devant ses marmites, suant à grosses gouttes, il règle l'arrivée de vapeur en manœuvrant les vannes. Quand les foies bouillent, répandant alentour une odeur qu'il est le seul à apprécier, il faut voir avec quelle maestria il touille la marmitée, s'emplissant narines et poumons de cet air empuanti. Ses vêtements graisseux en sont imprégnés, signalant son approche à plus de dix mètres. Mais, quand Mickey nous affirme que, claire comme le muscadet dont elle a la couleur dorée, son huile est la meilleure du monde, il y met tellement de persuasion que nous sommes prêts à suivre le traitement antirachitique qui a redonné des couleurs à tant d'adolescents. Le bonbon qui suit la prise est du superflu aux yeux de notre chef gogotier qui, puchant à même la marmite un demi-quart d'huile toute chaude, la déguste à la façon d'un chevalier du Tastevin.

– Et paré pour la journée, conclut Mickey après cette rasade, prenant cependant une chique pour se remettre en bouche.

Le capitaine, en piquant trois fois la cloche, vient de donner l'ordre de virer le chalut. Maurice, dit « Tarzan », achève de trancher la morue qu'il tient à la main, pique son couteau dans la table, lave, rince, tord ses mitaines et va vers le treuil qu'il conduit pendant le virage. Son décolleur se dirige vers l'arrière tribord pour larguer le chien au commandement de la passerelle.

– Largue, ordonne le capitaine.

Le marin exécute l'ordre, les câbles se séparent. On vire. Quand il ne reste plus que deux cent cinquante mètres de câble à embraquer, les marins abandonnent le travail du poisson et gagnent leur poste de virage de chalut. Le poisson embarqué, ils le travailleront. Repos, repas, travail, repos, repas, travail... Seul l'éclairage du théâtre change mais le décor reste le même et les acteurs rejouent sans discontinuer la même scène jamais applaudie...

Sur le chalut, chacun ressasse ses souvenirs de terre (l'école, la maison, les cafés et les escales), de mer (les bonnes pontées)(1), les malheurs (un camarade enlevé par une lame ou tué par une rupture de câble, broyé par le treuil ou mort de maladie foudroyante, mal soignée...); il les laisse cheminer dans une pensée qui se cherche, les revit, pendant les heures de veille ou de sommeil et même durant le travail devenu automatique... Alors le marin prend cet air buté, « d'ailleurs »... où son esprit s'évade à vingt mille lieues... loin de la mer.

(1) Maximum de morue que le pont peut contenir. Quantité pouvant aller jusqu'à 25 palanquées, soit 75 tonnes de poisson, poids vif. C'est le rêve éveillé du marin.

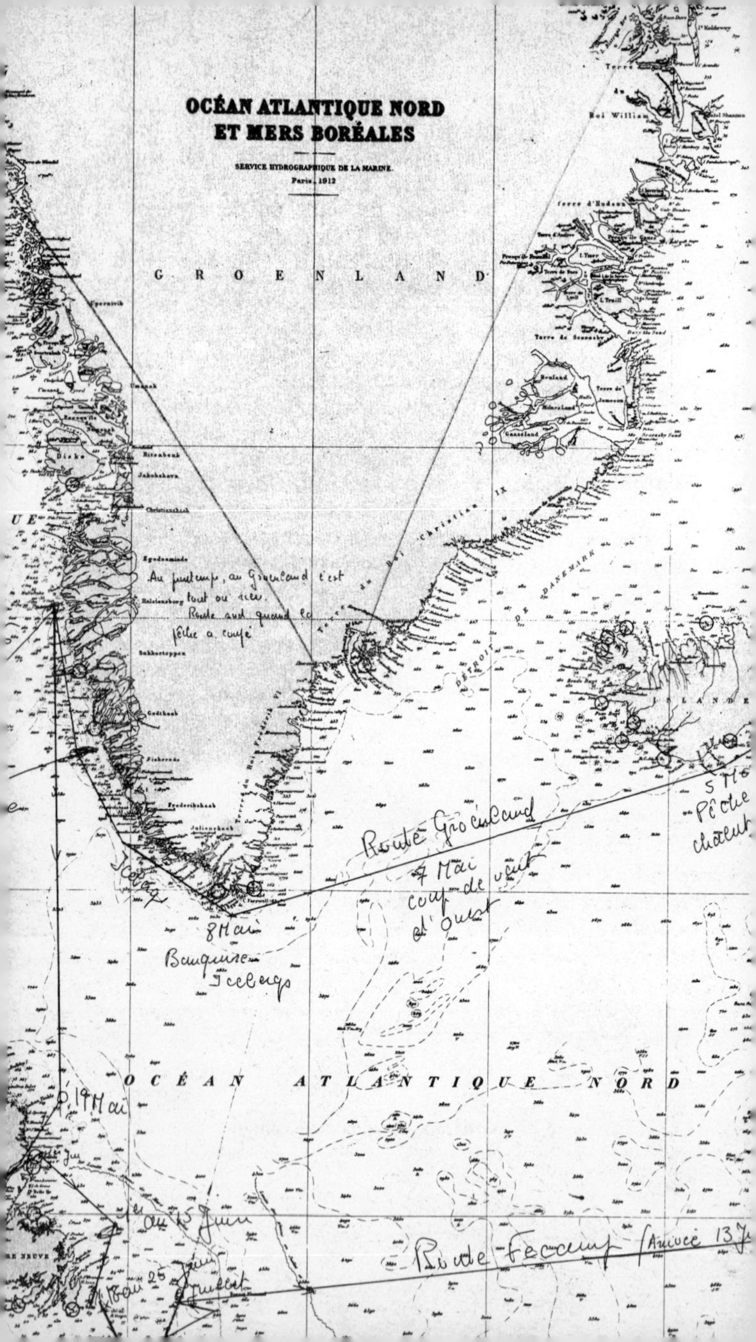

OCÉAN ATLANTIQUE NORD
ET MERS BORÉALES
SERVICE HYDROGRAPHIQUE DE LA MARINE.
Paris, 1912
GROENLAND
Terre du Roi William
Terre de Scoresby
Terre de Jameson
Upernivik
Umanak
Disko
Ritenbenk
Jakobshavn
Christianshaab
Egedesminde
Holsteinsborg
Sukkertoppen
Godthaab
Fiskernæs
Frederikshaab
Julianehaab
C. Farewell
Terre du Roi Christian IX
Terre du Roi Frédérik VI
DÉTROIT DE DANEMARK
ISLANDE
OCÉAN ATLANTIQUE NORD
Au printemps, au Groenland c'est tout ou rien.
Route sud quand la pêche a cessé
Route Groenland
7 Mai coup de vent d'ouest
8 Mai
Banquise
Icebergs
Pêche chalut
19 Mai
Juin
au 15 Juin
18 au 25 Juin
Juillet
Route Fécamp
Arrivée 13 J

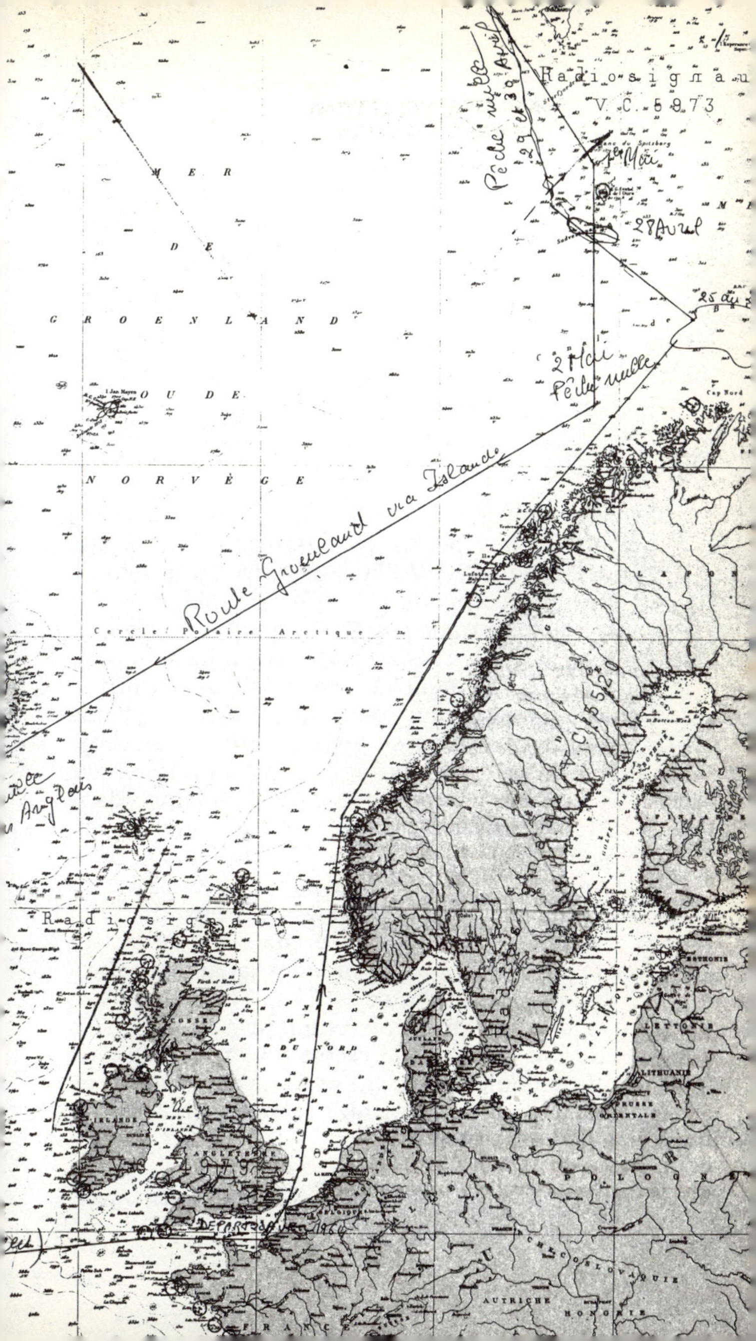

Radiosignaux
V.C. 5973
Pêche nulle 29 et 30 Avril
1er Mai
28 Avril
Banc du Spitsberg
MER DE GROENLAND OU DE NORVÈGE
I. Jan Mayen
2 Mai Pêche nulle
Cap Nord
Route Groenland via Islande
Cercle Polaire Arctique
Lofoten
LAPONIE
Radiosignaux
Shetland
Firth of Moray
MER DU NORD
IRLANDE
ANGLETERRE
JUTLAND
ESTHONIE
LETTONIE
LITHUANIE
PRUSSE ORIENTALE
POLOGNE
AUTRICHE
HONGRIE
FRANCE

XI. RENCONTRES

Un paquebot comme le *Normandie* traversant à trente nœuds une pêcherie de quinze chalutiers ne peut passer inaperçu. Voilà deux jours, sa silhouette s'est profilée à l'horizon, a grossi rapidement et bientôt la ville flottante surgit. Suspendant le lavage de la vaisselle, je le suis, le nez collé au hublot, puis, comme un changement de cap le fait disparaître à mes yeux, abandonnant souillarde et torchon, je me précipite sur le balcon et, appuyé au bastingage, je me mets à rêver : je suis sur le pont du paquebot... je viens de quitter New York, je serai au Havre dans trois jours... je me prélasse sur un transatlantique... Un coup de gueule me ramène brutalement à la réalité : c'est le boulanger qui m'invective :

– Dis donc mousse! Que tu laisses refroidir l'eau de la vaisselle, je m'en balance. Mais que tu laisses ouvert le robinet et que tu inondes la cuisine, ça va plus! Encore heureux qu'c'est l'eau salée, si ç'avait été l'eau douce t'en aurais entendu pour tes trois quarts de lot. (Le mousse reçoit zéro part soixante-quinze du cinquième net du produit de la pêche en rémunération de son travail.) Je bredouille que je me suis « évadé » un moment.

– T'en foutrais, moi, des évadages.

Ainsi s'acheva ma « croisière » sur le *Normandie.*

⁂

Ce matin, comme tous les jours à 7 heures, je monte le petit déjeuner du capitaine : morue bouillie à l'huile et surtout pas de vinaigre (cela m'a été nettement précisé). Je le trouve à demi sorti par le carreau de passerelle, la pointe de ses galoches reposant seule sur le parquet. Il discute par gestes avec un homme qui, de l'extrémité du gaillard d'avant, lui indique des aires de vent. Je reste planté l'assiette à la main quand, réintégrant sa robuste carcasse dans la timonerie, il murmure par signaux à bras :

– Les doris! Manquait plus que ça!

Une minuscule voile se balance à quelque cent cinquante mètres de notre lof de tribord, une autre par le travers, une troisième plus loin, que la houle masque et fait réapparaître dans un mouvement régulier.

– Ils appartiennent à ce quatre-mâts portugais que tu vois mouillé à environ trois milles dans le nord à nous, m'explique mon frère en me désignant le compas magnétique pour que je puisse m'orienter.

– Ils se rendent sur les lieux de pêche que leur dorissier a choisis. Un seul homme par doris, on les voit parfois à cinq milles de leur navire. Rude métier, dangereux, et ces gars-là ne mangent pas tous les jours à leur faim. Etant quatre-vingts ou plus sur ces voiliers, ils vivent entassés dans des postes d'équipage ressemblant plus à des tanières qu'à des logements.

Jamais, depuis le départ de Fécamp, le capitaine ne m'avait tenu une telle conversation. Je risque donc quelques questions car je brûle d'envie d'en connaître davantage sur ces pêcheurs portugais.

– Comment ils pêchent? me répond mon frère, à la faux. Ils filent au bout d'une ligne un poisson de plomb dans la gueule duquel sont fichés deux gros hameçons. D'un va-et-vient des deux bras, à la façon d'un faucheur maniant son outil, ils embraquent et filent de la ligne. Le poisson de plomb brillant dans l'eau et sans cesse en mouvement leurre la morue qui vient se ferrer sur l'un des hameçons. Les ligneurs (1) naviguent, dans leur doris, à la voile et à l'aviron. Ce sont d'excellents marins.

Les deux doris que nous laissons par tribord amènent leur voile, ils vont mettre en pêche. Au loin, dans l'ouest, un autre cordier vient de lancer sa meute, piquetant de taches brunes la surface de la mer.

– Tiens, reprend mon frère, mettant cinq degrés de barre à gauche, tout en achevant son petit déjeuner, j'ai profité du passage du paquebot dans les parages pour envoyer une lettre-océan à maman. Je lui ai dit que tout allait bien et j'ai signé nos deux noms. Ainsi, dans quelques jours, notre mère aura de nos nouvelles, les premières depuis le départ. Certes on ne peut pas s'étendre et donner beaucoup de détails en vingt-cinq mots y compris l'adresse, mais je suis persuadé que la réception de ce radio laconique : « Sommes bonne santé espérons de même. Affectueux baisers. Jules-Janot » apaisera le visage d'une veuve de marin qui a en ce moment ses cinq fils sur les bancs de Terre-Neuve.

Quand nous virons le chalut, vers midi, les dorissiers les plus près, profitant de notre arrêt, nous accostent. En quelques coups d'avirons, ils sont le long du bord, sous le vent. Dans le fond de leur embarcation, une dizaine de morues prises au prix de gros efforts composent leur pêche de la matinée. Le teint basané, la barbe drue et noire, coiffés de chapeaux ronds cirés faisant office de suroîts et engoncés dans des vareuses huilées alourdies par de nombreuses pièces, les dorissiers échangent

(1) Pêcheurs à la ligne, sur les doris. Ils sont deux par embarcation.

quelques mots avec des matelots de notre bord qui attendent que le chalut soit là pour entrer en action. Il n'est pas besoin de parler la même langue pour se comprendre quand chacun y met du sien. Le Portugais, portant plusieurs fois la main à sa bouche, réclame à manger. Le Français lui fait signe de patienter et revient avec un pain dans lequel il a glissé plusieurs tranches de corned-beef resté du premier service. Un autre ligneur, gratifié d'un sandwich aux sardines, dévore à belles dents. Il a l'air d'apprécier : ce sont des sardines portugaises!

Laissant les Portugais se restaurer, les matelots du *Saint-Martin-Legasse* vont embarquer le chalut et le poisson. Avant d'entreprendre la manœuvre de filage, le capitaine, de la main, demande aux doris de s'écarter. D'un geste las, nos frères de misère bordent les avirons et s'éloignent en nous criant ce que je suppose être un au revoir. Nous évoluons pour prendre le cap de filage, abandonnant à leur sort ces pauvres gars qui, sur leur coque de noix, vont essayer d'arracher à l'océan la quantité de morues exigée pour avoir droit au repas du soir.

Ses doris rentrés, au soleil déclinant, le quatre-mâts lève l'ancre et appareille. Certains, peut-être, ne répondront pas à l'appel : perdus corps et biens dans ce désert grisâtre et froid, ouaté d'une brume émolliente et traîtresse. Demain, le quatre-mâts prospectera d'autres fonds. Coques et voiles blanches teintées d'or par le couchant, l'élégant lévrier, appuyé sur tribord par la brise qui le propulse, emporte, vers d'autres terrains de chasse, sa meute de chiots avides.

XII. VACHES GRASSES, VACHES MAIGRES, VACHE ENRAGÉE

Le monceau de linge que l'on peut entasser dans une valise, trouvant une petite place par-ci, un coin par-là pour y loger les serviettes ou les mouchoirs oubliés, donne une idée de la quantité de poisson que l'on peut emmagasiner sur un pont de chalutier. Certes il n'y a pas de couvercle à boucler et point donc à s'asseoir dessus pour le fermer, seulement il faut coincer le poisson, ne pas le laisser repartir à l'eau dans un coup de roulis.

Notre bonne étoile, qui scintille depuis deux jours, nous a non seulement placés sur la « piole (1) » mais nous a réservé un temps magnifique. « Vent nul, mer belle », pourrait-on lire sur le journal de bord; mer d'huile diraient les uns, un temps de Parisien pensent les gars du bord, étonnés de voir leur soupe rester bien sagement dans l'assiette.

La neuvième palanquée monte, les parcs regorgent et il reste du poisson dans le chalut. Le largueur de cul se glisse sous la poche ruisselante et commence à défaire le nœud. Quand il ne reste plus qu'un tour à enlever, il crie : « Amène. » Le treuil dévire, la palanquée descend et quand elle tangente le pois-

(1) Piole : concentration de poisson.

son, le matelot, d'un coup sec, libère le raban (1). Au lieu d'éclater comme elle le fait habituellement, la pal se vide doucement et l'on est même dans l'obligation de la revirer pour en extraire les dernières morues.

– Au roulis de bâbord! Vire doucement! ordonne le chef de bordée dirigeant la manœuvre.

Commandement bien inutile, le navire, écrasé sur tribord, ne roule pas d'un pouce. A la machine, le mécanicien de quart transfère du gas-oil de tribord à bâbord pour contrebalancer la gîte, mais le débit de sa pompe est nettement inférieur à celui d'embarquement du poisson. Le capitaine et le second, aidés de plusieurs hommes, envoient vers l'avant du navire le plus de morues possible pour décongestionner les parcs, mais malgré leur ardeur à l'ouvrage ils sont submergés. Le boulanger, deux graisseurs et moi allons les aider.

– Pousse, matelot, pousse! encourage le capitaine qui est descendu en sabots et que je soupçonne fort de ne plus avoir les pieds très secs.

– Pousse devant, qu'on puisse refiler.

Je n'en crois pas mes oreilles. Où va-t-on mettre la pêche du prochain trait si l'on en vire autant? Mais, paraît-il, dans les parages où nous sommes, la pêche est nulle de nuit et... commander, c'est prévoir.

La quatorzième et dernière palanquée double la lisse. Son nœud échappant au largueur de cul, une partie de son contenu se répand sur l'eau. Tant pis, cela fait partie des inconvénients du métier. Le capitaine, trop heureux de voir son pont plein, ne fait aucune remontrance. Il regagne la passerelle et prépare la manœuvre de filage afin d'essayer de réitérer cet exploit. Ce n'est qu'une fois le chalut au fond, dans la sonde désirée, qu'il pensera à changer de pantalon, caleçon et chaussettes. Une pontée vaut bien un rhume!...

(1) Filin servant à fermer la poche.

Les marins se sont mis à l'ouvrage et, dès la mise en route, ont entonné la chanson des grands jours, dix-huit couplets et autant de refrains dans lesquels il est question d'une pauvre fille à qui arrivent tous les malheurs mais qui meurt cependant heureuse parce que son garçon, que le père a abandonné, a obtenu la croix à l'école.

Le cambusier distribue un quart de vin sur le tas. Le soliste monte d'un ton, les chœurs reprennent de plus belle. « A mé forban qu'm'import' la gloire, les lois d'Christ, qu'm'import' la mort, c'est su la mé qu'j'ai planté ma victoire et beu man vin dans une moque en or. Cid' qui pétille, femme ben gentille », etc. Les couteaux étripent, les têtes tombent, les « nôs (1) » voltigent, les cuillers grattent et, à grands coups de fourche, l'affaleur alimente la cale, ventre insatiable pour lequel la pontée ne sera qu'une bouchée de pain.

*
**

Après avoir embarqué un autre trait qui, sans atteindre le tonnage du précédent, n'en est pas moins très honorable (sept ou huit pals), nous gardons le chalut à bord et restons stoppés. Il faut dégager une partie du pont avant d'envisager la reprise de la pêche. Le rythme de travail ne faiblit pas. Parfois, un trancheur, relevant la visière de sa casquette, essuie de son avant-bras la sueur de son front. Un mousse, abandonnant un instant sa baille (2), se glisse dans le poste et en ressort, portant à la bouche une demi-douzaine de cigarettes allumées qu'il distribue à la ronde.

Un retentissant « à manger », comparable au « Deo gratias! » des paroissiens de Dom Balaguère, répond au coup de cloche indiquant l'heure du

(1) Nôs : arête principale de la morue extraite par le trancheur.
(2) Baquet en bois ou en fer galvanisé dans lequel les mousses et novices lavent la morue.

repas. Ceux qui, après douze heures de rude labeur, vont se coucher entonnent :

Bonsoir chers amis et bonne nuit
A tous, les grands et les petits...

La bordée à qui il reste six heures à faire répond par le rituel :

Ce n'est qu'un au revoir, mes frères... !

Quant à ceux qui se lèvent, défroissant avec difficulté un visage encore empreint de sommeil, ils se taisent, attendant que l'air vivifiant de la mer les réveille complètement. Enfilant leurs mitaines avec précaution sur des mains raides et douloureuses, ils affûtent leur couteau afin d'attaquer leur première morue. Dans douze heures, pensent-ils, ils seront à leur tour ceux-qui-se-couchent...

Au carré, la conversation est animée.

– Vite, mousse, sers-nous l'apéritif! La marée le vaut.

M'exécutant, je trinque avec les officiers heureux du déroulement des opérations.

– Si seulement ça pouvait durer une semaine, risque le radio.

– Quinze jours ne nous feraient pas peur, réitère le second qui vient de passer quelques heures à travailler le poisson, prouvant qu'on peut être à la fois compétent à la passerelle et sur le pont.

– Ce qui est pris est pris : à chaque jour suffit sa peine, conclut philosophiquement le capitaine en me demandant de monter le premier plat.

Le chef mécanicien trouve dans le fait d'être stoppé une occasion unique de travailler sur le moteur principal sans nuire en rien à la pêche. Le repas ne s'éternise pas, chacun ayant à faire dans son secteur.

Le capitaine refile le chalut pour profiter des

dernières heures du jour; le chef mécanicien, satisfait, constate que son moteur tourne comme une montre; le second capitaine prend quelques heures de repos et le radio confie à l'éther :

– *Saint-Martin-Legasse* refile après cholle (1), sonde cent cinquante mètres.

⁂

– Dis donc, Janot, j'sieu-t-emmerdé. J'cherche partout la clé à dévisser l'hélice pou l'chef ramendeux. Pas moyen de mettre la main dessus.

C'est Raoul, dit « Blanc-Bec » à cause de son teint de papier mâché, qui, l'air dépité, essaie de trouver par tout le bord un outil qui lui a été réclamé d'urgence.

– T'es sûr du nom de ton engin?

– Oui, on m'a dit que c'était le chef qui l'avait, j'sors d'la machine, y paraît qu'il l'a prêtée à la cuisine.

– Je ne vois pas ce qu'on pourrait faire de ça dans une cuisine. C'est gros ton truc?

– J'sais pas, j'en ai jamais vu. J'vais demander au cuistot.

Il me tourne le dos pour s'adresser au cuisinier. Un énorme poisson en carton, pendu à sa vareuse, éclaire ma lanterne : nous sommes le 1er avril et l'équipage le fait marcher.

Pauvre gars, débutant cette année à naviguer, il n'a cessé d'être malade depuis le départ. Chopant un coup de froid les premiers jours de pêche, il n'a pourtant jamais molli.

Toussant creux comme une caverne, il a dû trouver l'eau bien froide, les « bals de nuit » bien longs et la vie sans pitié. Adroit et vif pourtant mais timide à l'extrême, serviable, il est devenu la tête de Turc de son poste. Mais, quoiqu'il s'en rende

(1) Etre à la cholle : être stoppé pour pouvoir travailler le poisson.

compte, il ne paraît pas se lasser d'être un brave gars. Sa revanche sur la vie, c'est l'heure des repas. Il dévore avec tellement d'appétit que c'en est plaisir de le voir. Il conserve cependant ce teint blême qui lui a valu son surnom dès les premiers jours et, ce matin, victime de son allant, il a dû foncer sans réfléchir quand le chef ramendeur lui a réclamé la clé.

Vais-je jouer le jeu et le laisser continuer sa tournée? Non, entre mousses, il faut se soutenir. Mais quand je veux intervenir, la voix de celui qui l'a envoyé aux prunes se fait entendre au guichet :

– Elle vient cette clé? Y a dix hommes qui attendent après toi.

– Personne ne l'a, Louis, j'comprends pas.

– Alors, elle ne peut être qu'à la passerelle! Cours-y vite.

Et mon Raoul de repartir en courant avant que je puisse faire un geste. Un quart d'heure plus tard, nous virons le chalut et je me rends sur le pont pour choisir le hors-d'œuvre du déjeuner dans le poisson qui sort de l'eau. Je croise Raoul dans la coursive de bâbord. Il détord le garant du palan de pêche et fait parer les bosqueurs. Il m'interpelle :

– Le Tonton ne l'avait pas non plus, z'ont dû l'oublier à terre... J'voulais te dire quek'chose...

Et, s'approchant de moi, il me glisse à l'oreille :

– En allant chercher une cigarette, tout à l'heure, dans mon caisson, j'ai vu su' l'calendrier qu'on est le 1er avril. On pourrait peut-être tenter une blague. Moi, j'ose pas, tu devrais essayer.

Quelle candeur! De l'air le plus sérieux du monde, je lui propose :

– Tu sais, j'ai une idée : quand « Le Chinois » va se lever, on va l'envoyer chercher la clé à dévisser l'hélice.

Prenant des couleurs pour la première fois tant il s'esclaffe, il rétorque :

– T'as trouvé la meilleure! Comme elle est pas à bord cette foutue clé, il est pas quitte de tourner en rond!

⁂

Avril, le mois du poisson, nous joue un drôle de tour. La pêche, s'amenuisant de jour en jour, est actuellement archinulle. On cherche, on fouille, on prospecte; sans résultat. Chaque fois que le chalut drague des mers nouvelles, on s'interroge, on pronostique, on suppute, on compte. Chaque fois c'est un échec, mais chaque fois on se reprend à espérer.

Pour la énième fois, le chalut ramène sur le pont quelques morues parmi des poissons plats et des étoiles de mer. Ce n'est pas ce trait qui fera monter la cale.

Par acquit de conscience, le chef ramendeur s'assure que le cul n'est pas crevé. Non, de ce côté, tout est normal. Les matelots attendent les ordres.

Se grattant le menton que noircit une barbe de plusieurs jours, le capitaine se penche sur la carte du Grand Banc comme pour interroger le document sur lequel les différents lieux explorés ces derniers temps sont inscrits avec l'annotation: pêche nulle.

– Où tu as marqué: voiliers au mouillage, combien sondait-on? demande-t-il au second qui, voulant connaître le résultat du trait dès le virage, espérant un coup de chance, est resté à ses côtés. La dèche se supporte mieux à deux que seul.

– On est passé dans l'ouest de ces voiliers et on sondait soixante-dix mètres. Ils sont échelonnés sur sept ou huit milles, certainement par des fonds de soixante-cinq à soixante-huit mètres.

– Oui, des fonds pratiquement inchalutables!

Puis louvoyer parmi les doris, je n'aime pas beaucoup ça.

Allumant une nouvelle cigarette au mégot de celle qu'il vient de terminer, le capitaine ajoute :

– Ce qu'on va faire! Les contourner par le nord! Les fonds sont moins mauvais. Appelle le chef ramendeur que je lui explique les transformations à faire au gréement pour les fonds durs. Fais embarquer l'aile de l'arrière, palans sur les planches et un homme à la barre.

Puis il ajoute comme pour lui-même :

– On va sûrement y laisser des plumes, mais on ne peut continuer à traîner la savate sous prétexte de ne pratiquer que les bons fonds.

Puis, plus haut, s'adressant de nouveau au second :

– A ta place, Henri, j'irais me coucher, car si on sent un peu de vie dans le secteur et qu'on persiste, on n'a pas fini d'en baver.

Le second sourit, un sourire qui doit vouloir dire : ce n'est pas grave. S'il faut se battre, on se battra, pourvu que ça paie!

– Allez, à tout à l'heure, Jules. Ça sera pas la première fois qu'on bouffera de la vache enragée! Sacré boulot! Janot, tu m'appelleras à 10 heures que je prenne une douche. Boujou!

Le second se retire sur ces paroles. Le doyen du bord, le « Pé Charles », prend place derrière la barre et demande à quel cap il doit gouverner.

– Susuète (sud-sud-est), espèce de vieux « houan (1) », et tâche de nous mener sur la piole sans quoi je t'arrache tes derniers cheveux.

Otant sa casquette, Pé Charles découvre un crâne désertique brillant comme iceberg au soleil et répond dans le meilleur patois yportais :

– M'en reste oco eune douzaine de k'veux mais

(1) Houan : nom donné par les pêcheurs à une race de mouette au vol lourd.

les donnerais bien pou eune ponteille. Comme cha j'aurions la double. (Double ration de vin octroyée dans les grosses pêches.)

La réponse déride le capitaine qui prévient la machine au porte-voix : « On va faire route. ». Puis, sans doute revigoré par le teint rubicond de son barreur, c'est en y croyant, une fois de plus, qu'il met le chadburn sur : En avant toute.

La pêche est une longue patience.

⁂

Après deux heures de route pendant lesquelles on adapte le matériel aux fonds durs, nous apercevons les voiliers que leurs doris entourent. Le plus près de nous, un quatre-mâts goélette, est un français : Le *Zazpiakbat*, appelé *Zaza* par les matelots qui ne peuvent prononcer son nom sans l'écorcher. Sa coque métallique, ses moteurs auxiliaires et son installation frigorifique en font un grand seigneur. On en parle avec respect. Sa méthode de pêche n'en reste pas moins la même que celle des voiliers à part entière : lignes de fond, palangres (1) ou cordes tendues par des doris avec deux hommes à bord.

Nous stoppons pour mettre en pêche à environ cinq milles du *Zaza*. L'opération de mise à l'eau se déroule normalement et nous voici en drague, les freins des tambours du treuil serrés au plus juste. Nous traînons cap à l'est laissant les voiliers par tribord. Il fait beau, la mer est calme, temps qui autorise quelque témérité. Les câbles de vingt-sept millimètres de diamètre (2) remorquant le chalut, tendus comme des fils, tremblent aux passages de

(1) Palangre, ligne de fond, corde : trois synonymes désignant des lignes ancrées sur le fond.

(2) Page 48, je parle de 28 mm de diamètre et ici de 27 mm. Comme c'est une mesure anglaise, ça ne tombe pas juste, la dimension étant 27,6 mm.

fonds rocailleux. Le capitaine, le front plissé, ne quitte pas le carreau ouvert de la passerelle. La main tendue vers le chadburn, paré à battre en arrière si le chalut croche vers le fond, il tient le treuilliste en éveil par un : « Attention aux freins, ça gratte dur », chaque fois que les câbles dansent la sarabande, transmettant le mouvement des panneaux divergents qui heurtent les aspérités du chemin cahoteux.

Quarante minutes que l'on traîne. En grinçant, le touret du câble de l'avant dévire d'un coup sec, arrête et repart. Le chalut vient de crocher le fond. Simultanément, les hommes de quart au treuil desserrent les freins, n'opposant plus qu'une faible résistance de traction, et le capitaine bat en arrière toute pour casser l'erre du navire, mettant la barre tribord toute pour écarter l'hélice des funes (nom souvent employé pour désigner les câbles). Un homme de quart va « larguer » (ouvrir le chien) et quand le chalutier est complètement stoppé, on embraye les deux tambours (1) et on commence à virer.

Manœuvrant pour amener le navire à l'aplomb de la croche, le capitaine, très calme, recommande au treuilliste d'embraquer doucement. Puis, alors qu'on s'attendait à une lutte acharnée, le chalut se libère. Quelque chose a cédé. Le fond? Un maillon? Un filin d'acier? La suite le dira. Les ordres pleuvent : embraye ceci, débraye cela. En avant, en arrière, stop. Nous voici tribord au vent. Les panneaux divergents assurés en potences (2), on vire les bras. J'ai le cœur serré et, à voir les regards interroger l'endroit où le chalut va émerger, je me rends compte que je ne suis pas le seul.

– Y a pas l'air d'avoir d'avaries! dit l'un.

(1) Grosse bobine sur laquelle les câbles servant à remorquer le chalut sont enroulés.

(2) Pièce métallique en forme de U renversé supportant les rouleaux par lesquels les câbles des chaluts passent.

– A moins qu'ce soit l'ventre, répond l'autre.

– En tout cas, ça bouillonne et y a pas nul, ajoute un troisième.

10 h 35! L'esprit trop occupé par la manœuvre, j'ai mangé la consigne. Je me précipite chez le second, je le trouve levé, observant lui aussi l'embarquement du chalut. J'invoque une vague excuse pour expliquer mes quelques minutes de retard. Il n'est pas dupe et me répond :

– Je ne dormais pas, j'ai entendu crocher, décrocher et je m'assure que tout est O.K. avant d'aller me doucher. Je pense qu'il y a une pal. Ici, le poisson est lourd avec beaucoup de chair, un dos épais pour peu de ventrée et bien que celle-ci soit gonflée par la dépression, la flottabilité de la morue est pratiquement nulle. Parfois rejetant l'air qui la ballonne, elle coule comme du plomb, rendant le virage délicat et même dangereux tant cela force sur les cartahus, les bosqueurs et les palans. Aussi, même avec des bonnes pêches, tu ne verras pas le cul et le gorget monter et se maintenir sur l'eau comme tu l'as vu jusque-là, à l'accore, par des fonds de cent cinquante à trois cents mètres.

Mon instructeur s'interrompt, regardant monter la palanquée qui effectivement est pleine. Son contenu choit sur le pont avec un bruit de pavés qu'un tombereau déverse sur une route. Chaque morue pèse dans les douze à quinze kilos; pas de faux poissons, seuls quelques melons (holothuries) accompagnent le plat de résistance que la cale mangera bientôt avec un appétit d'ogre.

Le second, hochant la tête, siffle d'admiration et s'en va sans reprendre son cours d'halieutique. Le chalut, remis à l'eau, part pour une nouvelle exploration sous-marine et moi, je vais dresser le couvert pour le premier service.

Légitimement satisfait, mais pas entièrement détendu, le capitaine prend place à table quand des trépidations anormales secouent la carcasse du navire. On bat en arrière toute, le chalut a rencontré, sur sa route, un obstacle qu'il n'a pu franchir. Reposant fourchette et couteau, décrochant sa casquette au passage, il gagne la passerelle.

– Conserve les plats au chaud, on va attendre le capitaine pour manger. Je vais jeter un coup d'œil au comportement du treuil, me lance le chef mécanicien en quittant lui aussi le carré.

Après vingt minutes de lutte, le treuil arrache au fond la proie convoitée. Aile de l'arrière en loque, ventre ouvert, le chalut, malgré ses blessures, ramène quarante quintaux (1) de sa périlleuse expédition. Même qualité de poisson.

– Laisse tomber la bouée, ordonne le capitaine.

Deux « gabiers volants (2)» montent dans les haubans de bâbord et dessaisissent l'espèce de mâtereau ceint en son milieu d'un flotteur de liège en tronc de pyramide, lesté au pied et dont la tête se prolonge par un bambou porteur d'un pavillon. Mouillée au point où l'on a crochée, cette bouée dont la partie émergée mesure environ cinq mètres est visible à cinq ou six milles. Elle sert de repère et permet de connaître la force et la direction du courant. Munie d'un fanal à carbure qui théoriquement reste allumé vingt-quatre heures, elle peut être utilisée de nuit. Pendant qu'une équipe s'occupe du mouillage de la bouée, filant l'orin maillé sur une petite ancre à jas (3), les ramendeurs s'affairent autour du chalut. Leurs collègues de la bordée de couche ont interrompu leur repas pour venir les aider, le second répare également les avaries et quand le capitaine, assuré que la bouée

(1) Quintal : à Terre-Neuve, le quintal est 50 kg de morue. A la livraison on comptait 55 kg car on estimait qu'il restait 10% de sel adhérant à la chair.

(2) Gabiers volants : hommes qui font les travaux dans la mâture et les haubans.

(3) Ancre à jas : ancre possédant une barre transversale fixe ou mobile sur un plan à 90 degrés des pattes et qui obligerait l'ancre à tomber en bonne position pour crocher au fond.

ne dérive pas, peut quitter la passerelle, il descend à son tour et prend place parmi la fourmilière, maniant l'aiguille avec beaucoup de dextérité.

*
**

– Alors, cap'taine, on a mouillé Caroline (1)?

– Oui, chef. Espérons qu'elle nous portera chance. S'il était possible de baliser tout un chenal, peut-être arriverions-nous à passer. Non seulement les plateaux de fonds de roches sur lesquels vivent ces grosses morues offrent de nombreuses occasions de croches, mais ils sont parsemés d'ancres perdues par des voiliers. Ayant une patte en l'air, ces ancres à jas ne manquent pas d'accrocher le chalut qui leur passe dessus. Une ancre seule se remonte aisément; quand plusieurs maillons de chaîne l'accompagnent, la lutte est beaucoup plus âpre.

– Je me souviens, continue le chef – ces explications sont destinées au second mécanicien qui navigue pour la première fois à Terre-Neuve –, il y a de ça quatre ou cinq ans, nous avions pêché une ancre, la chaîne maillée dessus. J'ignore où nous nous trouvions exactement, je pense sur le Platier (2). L'ensemble opposait une telle résistance qu'on pouvait supposer que la goélette était au bout. Un courant violent – nous étions en vive eau – compliquait encore la manœuvre. Après bien, bien des difficultés, voilà le chalut le long du bord, impossible de l'embarquer. Les parpaillots (3) cassés net, nous avons dû virer par vérinées (4). Cela craquait

(1) Nom donné couramment sur les bancs de Terre-Neuve à une bouée que l'on mouille en repère de position.

(2) Platier : nom officiel donné à un plateau du Grand Banc de Terre-Neuve où la profondeur n'excède jamais 50 mètres. Voir carte pages 302-303.

(3) Parpaillot : filin mixte (mélange d'acier et de chanvre) servant à fermer la gueule du chalut en l'amenant le long du bord. A la suite de cette opération on l'embarque.

(4) Vérinée : longueur possible à partir de laquelle on peut virer ou embraquer un fardeau à l'aide d'une vérine.

tant dans les rouleaux que je craignais qu'on arrache les galoches du dôme. Et ce satané courant qui nous faisait rappeler sur la chaîne, mouillés par le travers comme nous étions. Nous avons pu enfin mailler la caliorne (1) sur une des pattes de l'ancre et, après avoir fait dégager les gars de sous la mâture en cas qu'une poulie descende la garde, virer doucement, sans à-coup, pour la dégager du chalut. Quel morceau! Son jas en bois cerclé mesurait environ trois mètres. Je présume qu'elle était au fond depuis le début du siècle ou la fin du précédent. Après avoir bossé l'ancre et sa chaîne avec du fil d'acier et du filin mixte, nous avons pu embarquer le chalut, en piteux état d'ailleurs, et le poisson qui, mort tant la manœuvre avait été longue, coulait comme du plomb. Les dieux étant avec nous, le matériel fut sauvé, le poisson également et, après avoir démaillé la manille, nous avons laissé filer la chaîne, conservant l'ancre en souvenir. La pêche étant bonne, nous avons refilé dans les mêmes parages, croché après dix minutes de traîne et perdu le chalut neuf que nous venions de mettre en vergue, en service, les deux bras ayant cédé.

– Ce sont des choses qui arrivent. Tiens! On vient de recrocher, souhaitons que les bras étalent, conclut le capitaine.

*
**

Etre réveillé par le silence, cela peut sembler anormal. Pas un bruit dans la cuisine, le ventilateur de la cuisinière à mazout ne tourne pas. Je m'assois dans ma couchette et tends l'oreille, le treuil est stoppé et je n'entends ni le boum-boum sourd du moteur principal ni l'échappement plus sec des auxiliaires. Dans un geste machinal, j'appuie sur le

(1) Palan le plus puissant du bord. Le plus petit palan étant toujours désigné par le terme « palan-mousse ».

commutateur, l'obscurité persiste. Les dynamos étant arrêtées, j'aurais dû penser que la lumière ne jaillirait pas.

– Pierre, donne-moi une bouilloire de café, je vais le faire chauffer sur un poêle dans le poste.

C'est la voix d'André qui s'adresse au cuisinier.

A tâtons, je réunis caleçon, pantalon et tricot, je m'habille en vitesse. Je ne trouve qu'un sabot; un coup de roulis a dû éloigner l'autre. J'ouvre la porte et une faible lumière dansante me permet de me chausser entièrement. Je vais voir ce qui se passe.

Trois bougies et un fanal à pétrole éclairent parcimonieusement la cuisine. Un cuisinier sans armes, une cuisinière sans âme attendent que leur source de vie veuille bien les alimenter. Les marmites ne chantent pas, le café froid répand une odeur de cimetière et de mort.

Je n'ai pas besoin d'interroger pour connaître la cause de cette stagnation. André, dans son langage imagé, me renseigne :

– On virait sur croche, ça a craqué dans les roues dentées, on a disjoncté. J'crois qu'un pignon doit avoir une ou plusieurs dents cassées. On a réussi à virer le chalut tant bien que mal. Mais y a eu feu d'artifice au tableau électrique. Sitôt le matériel à bord, on a tout stoppé et on est resté comme ça depuis.

Je le remercie et vais jeter un coup d'œil à l'extérieur. Le pont, les coursives sont plongés dans l'obscurité. Seules deux verrines rouges à pétrole, pendues au maroquin (1), témoignent de notre présence. Les feux de mouillage des voiliers, à peine visibles, apparaissent et disparaissent à l'horizon dans un balancement irrégulier.

Par les claires-voies de la machine, j'aperçois les

(1) Câble d'acier allant de mât en mât ou de mât au château, portant des poulies, et servant à lever des charges quelconques.

mécaniciens qui s'affairent autour du tableau électrique dans le halo de leur lampe-torche.

Une aube blafarde décolore la nuit. Le mât se découpe sur l'horizon, le gaillard se précise, le navire sort du néant.

Un bruit familier caresse soudain nos oreilles, un moteur auxiliaire vient d'être lancé. Le bord s'illumine, battant le jour de vitesse.

Je retrouve, devant ses fourneaux, un cuisinier noir : un retour de flamme l'a transformé en Sénégalais. Sans doute n'avait-il pas fermé hermétiquement la vanne d'arrivée de gas-oil lors de l'interruption de courant. Coulant goutte à goutte, le combustible emmagasiné dans la cuisinière a eu une réaction explosive à l'allumage. L'embrasement a été évité de justesse.

Le second qui peut maintenant utiliser la barre électrique se rapproche de la bouée et l'équipe machine, à l'exception des hommes de quart, entreprend la réparation de la roue dentée du treuil. C'est un pignon d'engrenage droit. Une dent, en cassant, a entraîné la rupture de plusieurs autres.

Perçant, taraudant, les mécaniciens fixent dans la couronne des vis alignées dans le sens de la denture. Ils façonnent ensuite, à la lime, les têtes des boulons en forme de dents.

Nous sommes stoppés près de *Caroline* qui, mue par la houle, semble nous saluer en inclinant la tête. Le capitaine profite de cet arrêt accidentel pour l'accoster et changer le fanal. Les ramendeurs vérifient le chalut, le retapent et vers midi, après plusieurs essais de treuil, à vide et en charge, nous reprenons la pêche.

Pendant le repas, le chef explique pourquoi et comment le tableau électrique a cramé et ajoute :

– Pour le treuil, je pense que ça tiendra jusqu'à la fin du voyage. Je n'avais pas d'autres ressources. Une nuit à émotions fortes, capitaine. On va faire une petite sieste pour mettre le cahier de sommeil à jour.

Mais deux coups discrets sont frappés à la porte : Louis, dit « Le Bradeur », se présente, le tablier et la vareuse cirés tachés de sang.

– Bonjour, dit-il, y a l'second qui voudrait vous voir, cap'taine. Un novice vient de s'ouvrir le bras en glissant avec son couteau à la main. Paraît qu'y faut poser des agrafes.

– Allons bon, nous y sommes : un pépin n'arrive jamais seul, décrète le capitaine, puis s'adressant à moi qui lui présente le plat : – Non merci, donne-moi autre chose que du boudin. Va gicler assez de sang comme ça!

XIII. COURRIER EN MER

– Julien, prépare le doris, on va faire mouvement au prochain virage.

Le chef de la deuxième bordée à qui le capitaine s'adresse ordonne à son décolleur d'arrêter la décapitation, l'invitant à le suivre sur le spardeck où le doris est saisi. Il se passe quelque chose d'extraordinaire, car les marins discutent d'abondance en travaillant le poisson. J'ai cru également discerner un semblant de sourire sur ces visages habituellement figés. Julien, brave garçon plutôt bavard, va sûrement me renseigner :

– T'attends une lettre de ta bonne amie? me lance-t-il alors que je suis encore à cinq mètres de lui.

Je n'attends aucune lettre d'une bonne amie – et pour cause : je suis trop timide pour adresser la parole à une fille.

– Salut Julien! lui dis-je pour éviter de répondre à sa question, pourquoi parlez-vous de lettres?

– Parce qu'on prépare le doris pour aller chercher le courrier sur un bateau qui arrive de terre. Les chalutiers à vapeur qui chauffent au charbon ont beaucoup moins de rayon d'action que les « pétrolettes » (navires à moteur) et l'un d'eux venant de charbonner à Saint-Jean ou à Saint-Pierre a fait le facteur.

– Je pense avoir du courrier et ce sera la première fois de ma vie que j'en recevrai. Ah non! J'en ai reçu en février dernier, m'annonçant que le départ du *Saint-Martin-Legasse* était fixé au 15 et que la revue d'armement avait lieu le 13 à l'Inscription maritime. J'avais encore jamais vu mon nom sur une enveloppe et on ne m'avait jamais appelé « Monsieur ».

– Le nable (1), les avirons, les bancs, un seau, énumère Julien. Paré à bondir.

A grands coups d'avirons, mené par le second et Julien nageant en cadence, le doris s'éloigne et accoste bientôt le *Sénateur-Duhamel,* chalutier de Fécamp qui vient d'escaler pour ravitailler.

Les capitaines échangent salutations et remerciements au porte-voix puis le doris regagne notre bord.

Profitant du coup de roulis qui les monte presque à la hauteur de la lisse, les deux hommes embarquent et le doris est hissé à bord.

Alors que le second refile le chalut, le capitaine, le radio, le chef ramendeur trient les quelque deux cents lettres :

– Sevestre, poste de bâbord, Debris, au château, Poret, poste du milieu...

Chaque paquet est confié au représentant du poste d'équipage auquel il est destiné.

– Un quart d'heure pour lire le courrier, accorde le capitaine dès que le chalut est en drague.

Sur le pont, les facteurs auxiliaires et bénévoles commencent la distribution. Automatiquement ils remplacent les noms portés sur les enveloppes par leur sobriquet :

– L'Asperge, une lettre de la pépée. Pé Charles, une lettre de Mémé. Oh! Oh! Une lettre de la gendarmerie nationale! Qui c'est qui va aller en tôle, c'est « Nez de Pioche »...

(1) Trou percé dans le fond d'une embarcation pour vider l'eau quand elle est au sec. Egalement, bouchon qui obture le trou, à la mise à l'eau.

Mickey, dans sa chère usine d'huile de foie de morue, décachette sa lettre, méticuleusement, pour faire durer le plaisir.

Au fur et à mesure de la distribution, la tête de ceux qui ont reçu du courrier contraste avec celle de ceux qui n'ont encore rien. Visage tendus, regards anxieux, perdus dans le vague, sentiments indéfinissables. Quand la dernière lettre échoit à son destinataire, les oubliés se dispersent, cherchant une occupation ou l'isolement qui cache les déceptions. Parmi eux, Charlot, visage émacié, barbe rousse et sourire édenté, se renseigne sur la provenance du courrier :

– Oh! Saint-Pierre! s'exclame-t-il, ma femme, elle écrit à Saint-Jean, c'est plus sûr. C'est pour ça que j'ai pas de lettre.

Mais quand, quinze jours plus tard, un autre navire nous apportera de Saint-Jean-de-Terre-Neuve un aussi volumineux paquet de lettres, Charlot, attendant jusqu'à la fin de la distribution, se retrouvera les mains vides et excusera, une nouvelle fois, l'épouse oublieuse. Pourquoi avouerait-il que, bien que marié, il est seul au monde? Sa femme le supporte deux mois par an pour pouvoir, pendant son absence, toucher les mensualités et faire main basse sur le retour de pêche. Seuls l'argent et la liberté comptent pour elle et bien sûr, de l'attente et des déceptions de son pauvre époux quelque part en mer, elle se moque comme d'une guigne.

⁂

Je reconnais l'écriture ronde de ma mère sur les deux enveloppes jaunes qui me sont remises. La première est du 1er mars, l'autre du 10. Nous sommes à la mi-avril. Vieilles d'une quarantaine de jours, ces nouvelles sont lues comme si elles dataient de la veille.

Mon cher fils...(C'est bizarre que sur une lettre on n'emploie pas les mêmes mots que dans la conversation courante. Jusque-là j'avais toujours été « son Janot », pas son cher fils.)

Voici quinze jours que tu nous as quittés et tu dois déjà avoir un aperçu du métier. Nous espérons qu'il ne fait pas trop froid et que tu n'as pas trop souffert du mal de mer. Tes deux frères, retardés par la modification de leur bateau, partiront demain. Tu les verras, de loin bien sûr, dans quelques jours. Je leur ai confié une lettre.

Nous n'avons pas de nouvelles de la pêche et savons seulement que vous êtes banqués.

Ici tout va bien et nous parlons souvent de toi qui nous manques. Ton chien te cherche, partout.

Je suis allée à la Chapelle de la côte de la Vierge mettre un cierge pour que vous ayez beau temps. Avec toi et tes frères à l'eau, inutile de te dire que, quand le vent se lève, je m'inquiète et passe des nuits sans dormir, à prier. Cinq fils, sur un océan Atlantique Nord réputé dur, c'est beaucoup pour une mère, mais je serai si heureuse quand vous rentrerez.

Surtout, fais bien ton travail et sois obéissant. Embrasse Jules pour nous tous ici et reçois nos affectueux baisers.

Ta mère qui t'aime.

P.S. Nous te tricotons un chandail à la mode, avec col pointu. C'est Louise qui a choisi le modèle dans un magazine.

XIV. LEÇON DE GÉOGRAPHIE

La lune a filé son canot, demain il fera beau (1).
Dicton fécampois.

Quand on se penche sur une carte des bancs de Terre-Neuve, on est surpris de constater que, comprises entre les latitudes 41 et 55 degrés nord, ce ne sont pas des mers polaires. Ce sont pourtant des mers froides. Mille milles, à vol d'oiseau, séparant le plus suroît des bancs, le banc Georges, de la tête nord du banc Hamilton; on voit en second lieu que ces différents plateaux séparés par des chenaux couvrent une immense étendue. Le Grand Banc, situé au sud-est de l'île de Terre-Neuve, pourrait s'inscrire dans un losange de 370 milles de diagonale nord-sud et de 240 milles d'est en ouest. Sa latitude est celle de la France, son extrémité sud correspondant sensiblement à Bayonne et sa tête nord au Havre. En son milieu, Virgin Rocks dont la sonde portée sur la carte est de 5,50 m présente un danger pour la navigation. Légèrement à l'est de cette aiguille, les roches de l'Est, immergées de 13 à 25 mètres, sont les plus hauts fonds, d'ailleurs inchalutables, de ce vaste plateau. Si les noms théoriques de Platier, de Woolfall, de trou de la Baleine restent usités, les pêcheurs baptisent le

(1) Les marins ont remarqué que la distance qui sépare une étoile proche de la lune est très petite quand le baromètre baisse et grandit quand il est au beau temps.

plus souvent les lieux de pêche par des noms à eux. Toutes les parties du corps humain y passent : nez, oreille et autres organes désignent des endroits où le dessin des lignes de sondes rappelle leurs formes. Comme d'autre part, sur toutes les cartes françaises quelle que soit l'échelle, le nom de Grand Banc de Terre-Neuve est toujours placé rigoureusement au même endroit, les positions sont passées de la façon suivante : sommes filés dans les pattes de l'U ou faisons route vers les RR ou le Trait d'union. Enfin, et particulièrement quand les navires jouissent d'une deuxième coordonnée, un accore par exemple, ils demandent à la station radiogoniométrique de Cap Race de les relever. Emettant un signal en graphie, en général des V (trois points un trait), sur la fréquence demandée par la station terrestre, ils reçoivent de celle-ci l'azimut, au quart de degré près, dans lequel elle les relève. Aussi parle-t-on comme d'une rue familière ou d'un lieu-dit connu de 33 ou de 154 de Cap Race. Les coordonnées géographiques sont rarement employées.

Utilisant quelquefois les cartes courantes de navigation, les pêcheurs leur préfèrent cependant d'abord leur expérience qui s'échange au « Bout menteux » mais surtout les documents plus détaillés, spécialement adaptés à la pêche, édités par l'Institut des Pêches. Ces cartes multicolores, dressées par le commandant Beaugé, ne couvrent qu'une petite partie des Bancs, ce qui oblige le capitaine qui veut suivre son travail de façon précise à établir lui-même ses cartes (1). Comme toile de fond, le dos d'une carte qu'il possède en double ou en triple, comme encadrement, les échelles de latitude et de longitude, comme instruments de travail, un stylo et des crayons bleus, verts et rouges. Partant d'une parcelle de carte qu'il agrandit plusieurs fois, le cartographe d'occasion porte

(1) Voir pages 338-339 un spécimen de ce genre de cartes.

en premier les sondes et natures de fond prises sur le document auquel il se réfère. Ensuite commence son travail personnel. Par observations astronomiques, par relèvement de radiophares ou par aires de vent d'une bouée mouillée à un point observé, il jalonne, sur sa carte, le chemin parcouru en drague ou en route libre de nombres indiquant en mètres la profondeur d'eau donnée par le sondeur à ultrasons. Si, au cours de la traîne, le capitaine remarque, au comportement de ses câbles, des passages de fonds durs, il pigmente ces fonds de points rouges. Les mers inchalutables seront d'un rouge soutenu et les bons fonds d'un bleu tendre. Le chalut ramenant herbiers, coques, bulots, oursins, moules ou pains d'épice (variété d'éponge), cette faune et cette flore sont portées au point où elles vivent. Les sphères rentrent-elles à bord, briquées comme de l'argent, elles ont roulé sur fond de sable. Des traces de vase entachent-elles les panneaux divergents, tout est noté et la carte prend forme. Dans un coin, où sur une carte officielle on trouve le baptême, le capitaine note des observations : attention! Quand l'accore vient sur le noroît par telle latitude, fonds très durs. Ou encore : entre tel et tel relèvement de Cap Race, très bon de 60 à 300 mètres.

Au fil des années, le nombre de ces documents augmente. Ils restent la propriété du capitaine, le suivent s'il change de navire, et sont soigneusement mis sous clé à l'arrivée à terre afin de ne pas tenter les curieux.

⁂

Quand le capitaine, en quittant Fécamp en février, a décidé de mettre le cap sur la queue sud de Terre-Neuve, il y avait à cela de nombreuses raisons.

Connaissant les fonds, il savait pouvoir y risquer

son matériel sans crainte de lourdes pertes. Deuxièmement, il était assuré de ne pas rencontrer de banquises par ces latitudes. Depuis plusieurs années, les navires faisaient des pêches satisfaisantes, au printemps, depuis 154 de Cap Race jusqu'au chenal du Flétan, en suivant l'accore sud-ouest du Grand Banc et le sud du banc à Vert par des sondes variant de 120 à 300 mètres, et cela est la troisième raison. Enfin, si la température est déjà dure au sud des Blancs, elle l'est davantage plus au nord et les coups de vent, en général plus nombreux et plus violents, rendraient plus pénible un métier qui l'est suffisamment. Par grands froids, le rendement diminue : une morue gelée et dure comme du bois se vide mal, se tranche difficilement. Il faut le triple du temps normal pour réparer un chalut dont le fil gorgé d'eau se solidifie dès qu'il est sur le pont. Ajoutons à ces considérations d'ordre professionnel les dangers encourus à cause du froid : l'eau en gelant déforme les plafonds de ballasts; la corne à brume, s'emplissant de neige, n'émet plus aucun son; les antennes se chargent de glace et cassent. Privé de signaux phoniques et de radio, le navire ne peut plus signaler sa présence quand la neige volant à l'horizontale, poussée par un vent violent, ramène la visibilité à quelques dizaines de mètres. Enfin, embruns et bruine givrante alourdissent les superstructures en les couvrant d'une couche de glace qui atteint parfois trente centimètres, compromettant ainsi la stabilité du navire.

Avec le printemps, apparaît un autre fléau pour la navigation : la brume.

Wouououououououououou... toutes les minutes, un coup de corne de cinq à six secondes. Et ça dure depuis trois jours! Comme on s'habitue à tout, on n'y pense même plus, interrompant la conversation le temps que dure le bruit, continuant quand il a cessé.

Cet après-midi, le temps est encore plus bouché

que les jours précédents. On voit à une centaine de mètres, parfois un peu plus, souvent moins. Vêtu d'un pardessus de ratine marron qui fut certainement très élégant mais que le temps a érodé, le second fait le quart, la partic supérieure du corps sortie par le carreau. Autour de nous, invisibles, nos collègues traînent leur chalut et sifflent également toutes les minutes. Nous sommes entre Français et le second identifie les chalutiers à leur corne : Tiens! Le *Joseph-Duhamel* qui redescend la côte. (Dans le langage courant, on descend quand on fait du sud et on monte quand on fait du nord.) Le *Duguay-Trouin* qui vire au bout nord de son trait, l'*Urania*, reconnaissable à sa corne de cargo, qui cherche à creuser (1).

Chaque fois, l'officier de quart enregistre mentalement le gisement du signal phonique, suivant le déplacement des navires par rapport à lui.

Le capitaine, qui n'a fait qu'une courte sieste, se replonge dans l'ambiance avant de libérer le second.

– Temps pourri, Bon Dieu! On est abruti avec cette foutue brume épaisse comme les mâts.

– Oui, répond le second, et ça se peuple dans le secteur, les « Huret » sont là, j'ai croisé le *Jutland* il y a vingt minutes. Tout le monde continue à creuser, on chalute par 280 mètres.

Et la veille reprend. Chacun à son carreau. L'oreille tendue, les dcux hommes n'échangent plus une parole. Nous passons bord à bord avec le *Groenland*, « sister ship » du *Saint-Martin-Legasse*. Nous apercevons ses contours flous quelques secondes et il disparaît.

Sur tribord, à environ quatre quarts (45 degrés) de l'avant, deux chalutiers se signalent leur manœuvre respective d'un coup de sifflet bref.

– Celui qui traîne parallèlement à nous, sur le

(1) Chercher les plus grandes profondeurs.

nord-noroît, c'est le *Simon (Simon-Duhamel)*, l'autre, j'le r'connais pas. C'est un vapeur, j'ai pas son sifflet dans l'oreille, explique le second.

– J'sais pas de combien il va être obligé de venir sur tribord pour parer le *Simon* mais il pourrait bien nous serrer de près. Siffle un coup long! répond le capitaine.

– Avec huit cents mètres de câble, i pourra pas reprendre son cap avant d'être à un mille du *Simon*. Sans quoi ils vont se pêcher.

– Et nous, on peut pas venir tribord non plus pour le moment, le *Groenland* est encore trop près.

Tout à coup, très fort, à 70 degrés de notre cap, un coup de sifflet à vapeur déchire l'air et la silhouette d'un chalutier se dessine puis se précise, son étrave menaçante pointée vers nous. C'est le *Cap-Fagnet* de Fécamp, commandé par un autre de mes frères, en pêche depuis quelques jours seulement. Il siffle deux coups brefs et vient à gauche toute, nous lui répondons par le même signal et venons également bâbord toute. Nous nous élongeons et les deux frères profitent de cette rencontre fortuite pour échanger quelques mots :

– Tu aurais dû creuser plus tôt, il y a très bonne apparence dans les trois cents mètres. Le poisson gagne suète.

– Avec nos treuils qui virent quarante mètres à la minute, ces fonds-là sont quasi interdits. On va essayer quand même, mais on va virer plus de culs crevés qu'autre chose.

– J'ai quelques colis et lettres pour ton bord. A ta disposition.

Il y a longtemps que la brume a absorbé le navire et la voix de son capitaine amplifiée par le porte-voix nous parvient encore, claire et compréhensible. Puis, de nouveau le silence, bientôt rompu par notre propre sirène et les hululements lugubres qui nous entourent. Les deux frères sont passés à portée de gaffe l'un de l'autre, heureux, malgré l'affection qu'ils se portent, de ne pas s'être « embrassés »... ce qui arrive quelquefois, hélas, dans la « boucaille » de Terre-Neuve.

XV. ESCALE

Débutant sous sa forme la plus dure, sous son aspect le plus brutal, frisant parfois les limites de l'inhumain, le métier de la grande pêche à Terre-Neuve s'améliore au fur et à mesure que la campagne s'avance. Si le temps de travail ne diminue pas, il est beaucoup moins désagréable pour un mousse d'avoir les mains dans l'eau, seize heures par jour, quand la température extérieure voisine dix degrés centigrades, que par fortes gelées. Quand vient mai, les coups de vent s'espacent, la neige se fait plus rare, l'eau de mer se réchauffe. L'accoutrement des marins s'allège, rendant les mouvements plus aisés, les efforts moins pénibles. Les trancheurs fatiguent moins des épaules. Les ébreuilleurs souffrent moins des reins et tous, à bord, apprécient les jours de beau temps où la vie est moins dure. Certes, par habitude, les marins continuent à tenir leur assiette de soupe à la main, même quand le navire, ne roulant pas d'un pouce, navigue sur une mer d'huile. Mais le quart de fer-blanc contenant la ration de vin ne risque plus de chavirer, le plat de rata de mauves (1) de répandre sa sauce sur la table.

Le repas devient une détente, le quart de couche, un repos véritable. Entrant également pour une

(1) Mauve : mouette.

large part dans le comportement des hommes, la pêche a été satisfaisante, la première partie de ce voyage, sans heurt et l'on parle déjà d'escale. Quand je dis déjà, quel euphémisme... Aujourd'hui 1er mai, voici soixante-quinze jours que l'on a quitté Fécamp. Le deuxième mécanicien offre l'apéritif, au carré, pour sa fête, la Saint-Jacques. Sur le pont, les marins chantent : « C'est le mois de Marie, c'est le mois le plus beau... » Si tout va bien, dans quinze jours nous ferons route terre pour avitailler. Le gros point d'interrogation : dans quel port escalerons-nous ? Il reste évident que si l'on votait, Saint-Pierre obtiendrait tous les suffrages.

– Moi, dit Julien l'Astucieux, je donnerais bien quatre jours à Saint-Jean contre une journée à Saint-Pierre. Au moins, là, on n'a pas l'impression d'avoir été à terre pour rien.

– Cha, répond Titi, c'est pas les bistrots qui manquent. T'attrapes ta biture rien qu'à mettre les amarres à terre.

– J'te parle pas d'cha. Y a pas qu'les bistrots qui comptent. Y a l'bal, la java, les pépées.

– Fais pas l'fier quand j'te parle de prendre un coup. Tu craches pas d'sus. Faut tout de même pas te l'faire chauffer. Pour les filles, j'voudrais bien t'voir à l'œuvre. Tu s'rais bien comme Canivet, t'as plus d'gueule que d'effet.

La boutade fait son œuvre et les gars s'esclaffent tandis que Julien se renfrogne. Blanc-Bec, dont le rire était le plus fort, se le voit couper net : Julien, d'un coup de mitaine trancheuse humide et empuantie de sang de morue, rappelle son laveur à plus de discrétion :

– Tu apprendras, poulot, que, dans mon temps, un castor (un mousse) s'est jamais moqué d'un matelot, à plus forte raison d'un spécialiste. On marchait à coups de botte dans les fesses ou de sabot dans la gueule et on était poli.

– J'me moquais pas d'vous, Julien, je rigolais pour

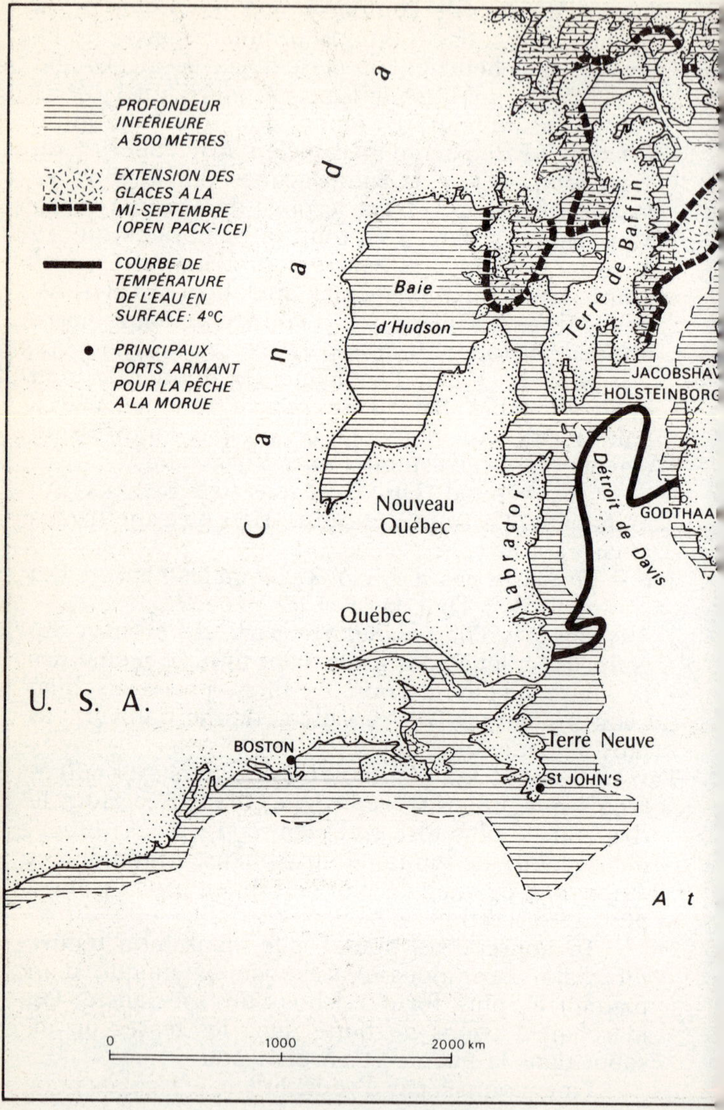

Les secteurs de pêche à la morue dans l'Atlantique Nord à une date donnée.

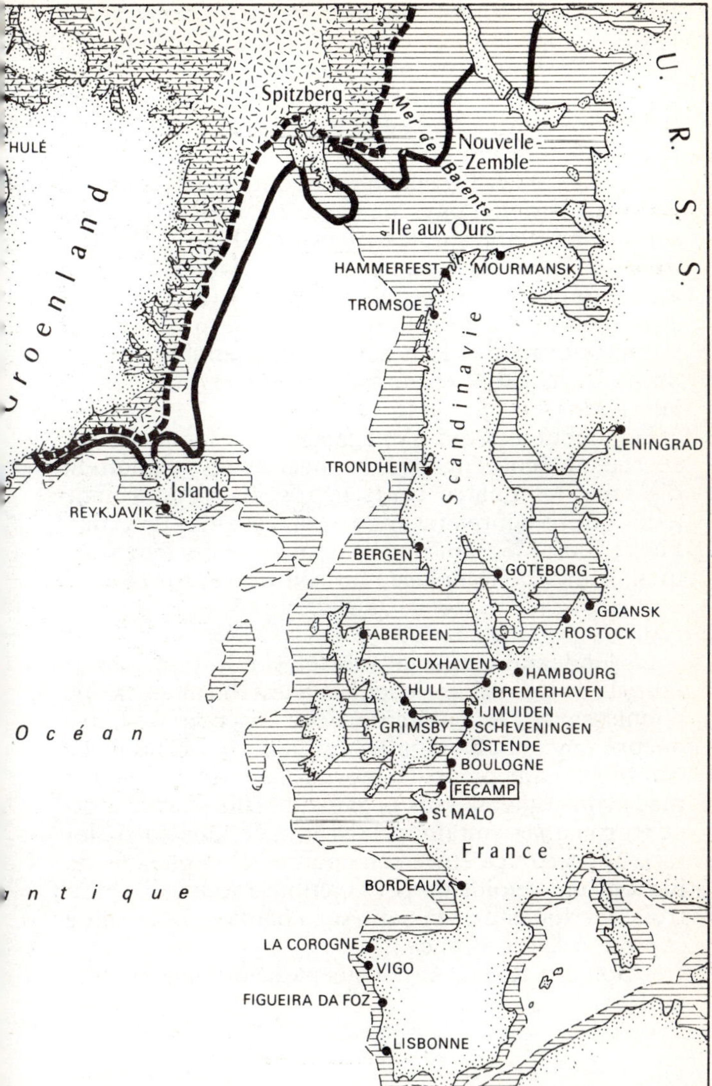

Spitzberg
Mer de Barents
Nouvelle-Zemble
U. R. S. S.
THULÉ
Groenland
Ile aux Ours
HAMMERFEST
MOURMANSK
TROMSOE
Scandinavie
LENINGRAD
TRONDHEIM
Islande
REYKJAVIK
BERGEN
GÖTEBORG
GDANSK
ROSTOCK
ABERDEEN
CUXHAVEN
HAMBOURG
HULL
BREMERHAVEN
IJMUIDEN
GRIMSBY
SCHEVENINGEN
Océan
OSTENDE
BOULOGNE
FÉCAMP
St MALO
France
BORDEAUX
ntique
LA COROGNE
VIGO
FIGUEIRA DA FOZ
LISBONNE

faire comme tout le monde, et, à la maison, ma mère m'appelle Canivet quand elle est en rogne et j'viens d'comprendre pourquoi.

– Tu verras, à Saint-Pierre, comment qu'on gambille! Puis allume-nous une gauloise et qu'on finisse la parquée en vitesse!

Maurice, alias Tarzan, décrète que Saint-Pierre est le plus chouette pays de la terre, qu'il a fait son service militaire sur les mers de Chine et l'a terminé à Paris, mais qu'il ne s'est jamais si bien amusé que sur ce rocher niché au sud de l'île de Terre-Neuve. Ce vrai petit coin de France, ce lieu paradisiaque lui a tout révélé : la première fille, la première bagarre et aussi la première nuit passée au violon.

Les débutants qui n'ont jamais mis les pieds sur ce rocher écoutent, bouche bée, et se promettent d'y faire les quatre cents coups. Ils s'endorment, leurs douze heures terminées, en rêvant d'un Saint-Pierre illuminé, souriant béatement, dans leur sommeil, à une belle enlacée au son de l'accordéon.

⁂

Le lendemain, silence mortel sur le pont. Pourtant, le soleil brille, le poisson est beau et, à ma connaissance, le capitaine, levé de bon poil, n'a encore engueulé personne. J'appelle aux rations. Le cambusier qui pique la morue à l'arrière du parc place son couteau dans la gaine de cuir prévue à cet effet, rince ses mitaines dans la dalle aux foies, les tord et les coince entre son couteau et la planche de parc. Il me rejoint dans la cambuse journalière où trois barriques de vin sont sur chantier. Je le salue comme à l'accoutumée :

– Bonjour Roger. Avez-vous passé un bon « bal de nuit (1) »?

(1) Le travail, de dix-huit heures le soir à six heures le lendemain matin, soit douze heures d'affilée.

– T'occupe pas d'ça et envoie ton bidon! Prends-tu les tripes tout de suite pour ce midi?
– J'ai pas de sac mais j'peux aller en chercher un.
– Tu penses à rien alors.
– D'habitude, j'prends les conserves vers 8, 9 heures. Y a juste à ouvrir les boîtes et à mettre le tout à chauffer. Y a pas long de cuisson.
– Long d'cuisson, long d'cuisson! File chercher un sac! J'suis d'couche de 6 à midi et j'tiens pas à être dérangé pour quinze grammes de poivre.
Je retourne donc à la cuisine et avise Pierre, le cuistot, qu'il nous faut sortir le nécessaire de la cambuse tout de suite.
– J'viens avec toi, poulot, peut-être que Roger va me payer un boujaron ou un demi-quart de vin.
Au moins, en voilà un qui ne perd pas les pédales. Il n'est que 5 h 30 du matin et il pense à alimenter la chaudière. Je ne veux pas le décourager, mais mal bordé comme est le cambusier, j'ai l'impression qu'il se fait des illusions.
Nous prenons nos vivres et comme prévu Pierre ne peut que se régaler les narines de l'odeur de vinasse émanant de la baille dans laquelle Roger puche (1), la moque de huit (huit quarts, deux litres) d'une main, celle de quatre de l'autre, pour alimenter les bidons. Pas de petit coup pour tuer le ver, aujourd'hui. Pierre rentre bredouille à la cuisine et Pé Charles se voit qualifié de « Pied-de-vigne » par un cambusier décidément irascible à qui il a osé demander : « Payes-tu la jecte (2)? »
Quand, vers 7 h 30, je vais demander au chef mécanicien ce qu'il désire pour son petit déjeuner, je le trouve à son bureau, comptant des pièces de monnaie.

(1) Pucher : puiser.
(2) Jecte : petite quantité de liquide, petit jet.

– Préparez-vous des sous pour la quête, chef? Pensez-vous aller à la messe ce matin?

– Je compte mon argent canadien. Tu l'ignores sans doute, mais nous avons reçu les ordres de mazouter à Saint-Jean. Comme il nous reste une dizaine de jours de gas-oil, je compte ce que j'ai en dollars. Vacherie de vacherie! Saint-Jean, on n'a pas idée!

Je comprends maintenant pourquoi le moral est à la baisse, les caractères pointus. Un mot lâché par le capitaine et tombant dans l'oreille d'un homme de quart et, dix minutes après, l'équipage connaissait le port de destination.,

Le 13 mai, après une nuit de pêche médiocre, par temps fraîchissant de suroît, le capitaine décide de faire route à terre. Le chalut viré avec difficulté ramène une « pal avec crasse », terme consacré pour désigner une palanquée de morues mélangées avec toutes sortes de poissons non salables.

– Dix quintaux! C'est bon, on l'embarque et on fout le camp! décrète le Vieux sur les épaules duquel les trois mois de mer commencent à peser.

En avant lentement, le vent et la lame en hanche de bâbord, le *Saint-Martin-Legasse* met le cap sur la capitale de Terre-Neuve. Les hommes, sachant que le capitaine attend qu'ils aient dégagé le pont pour mettre en route toute, exécutent rapidement les manœuvres. Ils serrent (1) le chalut le long de la lisse, rabantent (2) les diabolos, embarquent et saisissent les panneaux divergents. D'autres trient la morue, poussant au dalot, carrelets, raies, petits ânons et melons (3).

Nous passons à un quart de mille du *Président-*

(1) Serrer: amarrer le chalut roulé en boudin le long de la lisse.
(2) Rabanter: fixer sur une vergue ou sur un point fixe avec un filin.
(3) Anon : poisson proche de la morue appelé également églefin; melon : espèce de mollusque vivant dans les même mers que la morue. Holothurie. Non consommable.

Houduce, navire identique au nôtre et appartenant à la même compagnie, quand le pont dégagé permet aux matelots de regagner leur logement et au capitaine de mettre en route. De quatre coups de corne à brume, le patron de notre « sister ship » nous signale sa pêche. Quatre palanquées, bigre! Cela représente dans les trois ou quatre tonnes, ce qui est loin d'être négligeable. Cas de conscience pour notre capitaine qui, la bordée de jurons éructée, réfléchit en se grattant la barbe.

– Va nous r'faire filer ce c...-là. L'aurait pas pu virer nul comme tout le monde. J'ai l'air fin avec mon chalut ramassé et mes planches embarquées. Tant pis, va appeler hors-cul, ordonne-t-il à l'homme de bossoir (1). J'vais sûrement passer pour un fada mais ce qui est pris avant mazoutage n'est plus à prendre après.

Le capitaine met à la cape, essayant de définir quel trait l'*Houduce* peut faire. Les marins font en sens inverse le travail de la demi-heure précédente. On stoppe tribord au vent. On met le chalut dehors et on le file dans le sillage du coéquipier qui traîne sur le nord-noroît, en travers au vent bâbord, suivi d'une multitude de mouettes se régalant des viscères de poisson qu'il laisse derrière lui.

Et ça roule, et ça grommelle. Le *Président-Houduce*, son patron de pêche, son capitaine porteur (2) et tout son équipage sont voués au diable. Un paquet de mer inonde la cuisine dont le guichet du bord du vent est mal fermé. Un graisseur se coupe profondément le doigt... en ouvrant une boîte de sardines et, pour couronner le tout, un coup de roulis renverse la moque de Julien. Sa dernière

(1) L'homme de bossoir : homme de veille. L'appellation vient du temps des voiliers où l'homme de veille était placé sur l'avant des navires, à la hauteur des bossoirs des ancres.

(2) Capitaine porteur : sur certains chalutiers le capitaine n'est pas le responsable de la pêche. Un patron pêcheur dirige les opérations sur les bancs, le capitaine responsable, devant la loi, de la navigation et de la sécurité. Situation souvent fausse.

rasade de Pernod, celle qu'il avait conservée précieusement pour le jour où nous ferions route terre, se répand sur la toile cirée de la table. Adieu ultime apéro! Julien devra attendre le retour en France pour retremper ses lèvres dans un verre d'anis. A Saint-Jean, c'est interdit par la loi.

Après une heure cinquante de drague, le capitaine sonne « à virer ». Le treuil enroule sur ses tambours les quatre cents mètres de câbles filés. Les panneaux arrivent en potences, y sont assurés sur leur chaîne et on vire les bras. Pour éviter que le navire ne roule trop, le capitaine le maintient vent en hanche de tribord (1), le moteur en arrière lentement, la barre à droite vingt degrés. Les guindineaux à bloc, le cul du chalut ne flotte pas, mauvais signe. On vire les parpaillots, embarque les diabolos (2), toujours rien. Oui, des avaries de ventre, mais pas trace de poisson. L'expérience se solde par un superbe trait nul. Le *Président-Houduce* vire pas grand-chose, met à la cape et nous... nous embarquons, saisissons une seconde fois notre matériel et remettons le cap sur Saint-Jean. Cent quatre-vingts milles nous en séparent. Si tout va bien, nous arriverons demain matin vers 8 heures.

A l'aube du 14 mai, j'aperçois la terre par bâbord. C'est la presqu'île Avalon, extrémité sud-est de Terre-Neuve où Saint-Jean offre un port naturel aux navires. Il est 5 heures et je suppose qu'il nous reste vingt-cinq à trente milles à parcourir. Le vent a molli et souffle légèrement de l'ouest. Brisée par la côte, la houle, creuse hier, s'est transformée en lamettes courtes qui s'écrasent sur la muraille du navire sans embarquer. Je revois la terre pour la

(1) Bateau et matériel sont souvent comparés au corps humain. Le chalut a des bras, un ventre, un dos, un cul, une gueule. Le navire a un nez (l'étrave), des joues (parties renflées à l'arrière de l'étrave), des hanches (partie où le navire diminue de forme vers l'arrière), des fesses ou cul.

(2) Rouleaux de bois cerclés de fer possédant un trou central formant la lèvre inférieure du chalut; ils roulent sur le fond.

première fois depuis Queenstown, le 17 février. Je suis déjà un vieux marin.

Le petit déjeuner pris, comme sur les lieux de pêche, à 5 h 30, les hommes préparent les amarres et paumoicnt les câbles de remorque du chalut. Ayant produit un effort considérable pendant les quatre-vingts jours de pêche, et subi une certaine usure, ces filins d'acier doivent être soigneusement vérifiés avant la deuxième partie du voyage. Sur les croches (1), ils ont forcé jusqu'à tengenter la rupture, se décâblant légèrement à la tension extrême, se recâblant quand l'effort diminue, conservant cependant un certain allongement au détriment du diamètre de section. Cet allongement n'était pas forcément le même pour chaque fune, la symétrie de l'ensemble, câbles, panneaux, chalut, est détruite pour un moins bon rendement. Les marques en torons de chanvre (2) indiquant la quantité filée, à peine visibles par l'usure, sont refaites.

Quand nous diminuons de vitesse pour embarquer le pilote, la restauration des câbles bat son plein. Les matelots, dans la même tenue que sur les lieux de pêche, ne lèvent qu'un instant les yeux de sur l'épissure qu'ils façonnent pour regarder, d'un œil indifférent, celui qui conseillera le capitaine pour entrer au port.

– Tiens! C'est le Gaulois! s'exclame Julien en voyant un grand gaillard, portant moustache à la Vercingétorix, enjamber la lisse.

Le Gaulois se dirige vers la passerelle et, pénétrant dans la timonerie, salue d'un tonitruant :

– *Good morning, Captain! Good fishing?*

– *Good morning, Pilot!* répond le capitaine, et une conversation en anglais-petit nègre s'engage, interrompue par les ordres donnés à l'homme de barre, tandis que le navire franchit les passes.

Sur bâbord en entrant, un fort, de vieux canons et

(1) Aspérités sur le fond, auxquelles le chalut s'accroche.
(2) Torsion de plusieurs fils de caret tournés ensemble.

un phare sur un rocher. Nous laissons par tribord, à quelques mètres, une roche énorme. Nous suivons l'alignement d'entrée, le cap sur une cathédrale. Des espars (1) faisant office de bouées délimitent un chenal étroit. Puis nous débouchons dans un vaste port naturel, bien abrité derrière de hautes collines de roches noirâtres.

Nous venons à gauche toute sitôt dans le port. Quelques marins abandonnent les travaux de câbles pour la manœuvre d'amarrage. Nous accostons bâbord à quai le long d'un appontement en bois.

Avant de prendre congé, le pilote accepte le cognac que lui propose le capitaine. Celui-ci remplit aux trois quarts un verre à cidre et le tend au Gaulois.

– *Good luck, Captain! All the best.*

Et, cul sec, le Gaulois avale tout d'un coup. Le radio en reste bouche bée et murmure :

– Quelle descente! C'est à peine pensable.

– Pariez-vous, radio, qu'il accepte la même chose si je le lui propose?

– Mais il va tomber foudroyé. Deux verres comme ça représentent bien un quart de litre.

Présentant la bouteille, le capitaine, d'un signe de tête, offre la rincette au pilote. S'essuyant les moustaches et expectorant un souffle saturé d'alcool, ce dernier accepte et voit, avec un plaisir non dissimulé, le liquide ambré emplir son verre à ras bord. Même manœuvre que la précédente, le cognac disparaît; un silence, le Gaulois soupire de satisfaction, frappe familièrement sur l'épaule du capitaine; il sourit légèrement en le félicitant sur la qualité de son cognac et prend congé.

– Dites, cap'taine, il ne tarderait pas à vous vider votre cave, ce gars-là!

– Pensez-vous, radio! Je lui ai servi du « Spécial Saint-Jean ». Roger me l'a préparé hier en prévision

(1) Morceaux de bois fichés en bordure du chenal.

de l'escale. C'est un mélange de cambusard et de genièvre corsé par l'addition d'un peu de poivre. Ils adorent ça, le cognac VSOP leur semble trop doux.

Les formalités accomplies, les douaniers posent les scellés sur la cambuse et sur le local où les provisions de tabac et d'alcool de l'équipage ont été entreposées. Ils entreprennent ensuite une fouille en règle de tout le bord. Une combinaison de toile bleue passée par-dessus leur uniforme, lampe torche d'une main, longue tige d'acier servant de sonde de l'autre, ils visitent les cales, les magasins, les locaux, les chambres. Assuré qu'aucune denrée frauduleuse n'est dissimulée, l'officier des douanes veut réunir ses hommes pour aller visiter un autre navire. Cinq manquent à l'appel. Leur chef les retrouve dans la chambre que « Tarzan » partage avec « Titi ». Il s'étonne d'une telle réunion et très vite comprend. Des photos pornos ornent les cloisons de la cabine et ont retenu l'attention des douaniers. Ceux-ci discutent, apprécient, critiquent et quittent à regret les lieux sur ordre de leur chef qui, une fois seul, admire à son tour l'exposition.

Les câbles restaurés, embobinés sur les tambours, les marins commencent à s'intéresser à ce qui les entoure. Un ancien vaisseau du dix-huitième aménagé en ponton à sel mouillé au milieu du port. Un brise-glace à la coque peinte en rouge. Des goélettes américaines, l'étrave en arc de cercle, la voûte très inclinée, amarrées aux môles en bois, dans le noroît du port, côté ville. Elles déchargent du poisson, des peaux de phoques sanguinolentes. Un dundee, coque blanche et mâture imposante : le navire-hôpital français, *Saint-Yves.*

Les manches installées dès notre arrivée débitent du gas-oil dans nos soutes. Cet après-midi, les dockers embarqueront le sel nécessaire.

Conservant les hommes de la bordée de service pour embarquer les vivres et pour manœuvrer le navire, les soutes remplies (le môle au sel est à cent mètres environ des tanks à gas-oil), le second libère les autres marins. Je croyais les voir se doucher en vitesse et foncer à terre comme un seul homme. Pas du tout! Beaucoup flânent sur le pont ou font les cent pas sur le quai, en bottes, l'air blasé. La ville ne les attire pas, personne parmi eux ne parle anglais, ils ne possèdent pas d'argent canadien. Je les sens désabusés.

Quelques jeunes cependant ont décidé de sortir. Après un décrassage en règle, ils ont tiré du caisson le pantalon bleu de drap, le blouson à fermeture éclair, les chaussures. De petits imprévus retardent leur départ. « Blanc-Bec » a grossi et ne peut plus boutonner son pantalon. « Dos-Plat » n'arrive plus à se chausser, tant ses pieds sont enflés. Un rat a rongé la visière de la casquette de « L'Asperge »... Les voilà bientôt partis cependant. Tandis qu'ils s'éloignent, j'entends « Blanc-Bec » demander au « Chinois » :

– Comment qu'on dit : voulez-vous m'embrasser, déjà?

Je n'entends pas la réponse mais je crains fort qu'elle ne puisse être comprise d'une « girl ». Regrettant de ne pouvoir être de la partie, je vais mettre la table au carré et reprends ensuite mon travail à la cuisine. De quoi parle-t-on? Des filles, du pays, de la pêche. Je brûle d'envie d'aller visiter cette ville qui, grise sous un ciel gris, n'exsude pourtant pas la gaieté, mais la vie du bord continue, je dois rester ici tant qu'il y aura quelque chose à faire.

En épluchant les pommes de terre, je me console en pensant à tant de mousses de mon âge pleurant de fatigue et de froid, en fin de « bal de nuit », courbés sur leur baille, grattant la morue, attendant le coup de cloche de 6 heures comme une délivrance.

L'après-midi, je sors en compagnie du boulanger. Comme nous passons la grille délimitant le quai à gas-oil, nous croisons Joseph « Pé la Gromme », notre chef saleur, et son équipe. Ils rentrent pour répartir le sel dans les cales. Le chef en veston bleu marine croisé sur un tricot à col roulé et chaussures en chevreau, les autres en bottes et en caban, dernier vestige du service militaire, et tous fumant un énorme cigare. Joseph, dont le dentier trop lâche brime l'élocution, entre dans des explications beaucoup trop longues, le renseignement demandé n'en réclamant pas le quart.

– J'avais deux livres anglaises que l'cousin du fré d'ma voisène m'a données. On a été chez M. Colossal. Il a bien voulu nous les prendre. On a ach'té quekes bricoles avec. A la plache de monnaie, i nous a donné des cigares. I sont bons.

– Chez qui vous dites, Joseph?

– Là, tout près, l'grand magasin en bois vert et rouge. L'nom est écrit en grosses lettres.

Je suis la direction de son index tendu et lis :

COAL AND SALT
STORES

– Oui, je vois, répliqué-je le plus sérieusement du monde. M. Stores, c'est son associé?

– J'crois mais on l'voit jamais. Est toujou l'pé Colossal qui tient la boutique. Ça fait quinze ans que je l'connais. Bon, v'là l'*Saint-Martin* qu'accoste au sel, on va y aller.

Le boulanger et moi continuons notre route à vive allure, devant être rentrés pour le repas du soir. En passant, je jette un coup d'œil à l'intérieur de la boutique-miracle. Le petit homme maigrichon installé derrière le comptoir n'a rien de colossal et je ris tout en marchant, à la stupéfaction du boulanger qui doit penser que l'air de la terre ne me vaut rien.

Les routes défoncées nous mènent à la gare. Nous faisons très attention aux voitures roulant à gauche, à vive allure malgré l'état défectueux de la chaussée.

Nous traversons une ville à contrastes : belle cathédrale, banques cossues, magasins modernes, autos dernier cri, mais bicoques en planches, poteaux électriques branlants, quais délabrés. La police est à cheval.

Nous quittons le *Saint-Yves,* pensant que nous le reverrons bientôt sur les lieux de pêche, nous apportant du courrier.

La sortie du soir ne m'apprend rien de plus. Nous déambulons sur les trottoirs. Je pensais que Julien, Tarzan ou Titi me dévoileraient les secrets du marin-à-terre, du marin-tombeur-de-filles, du marin-séducteur. Non! L'un explique qu'avec le complément de gas-oil et de sel le navire sera bien lourd et qu'à la moindre brise les coursives se transformeront en piscines. L'autre recherche vainement un estaminet tenu par un Chinois où, paraît-il, quelques filles acceptent des « promenades ».

– C'est sûrement la rue du dessus ou celle du dessous. En tout cas, c'est dans le coin.

Nous marchons, montons, descendons... Nos mollets, non habitués à un tel exercice, nous tiraillent. A la fin, nous rentrons sans avoir rien trouvé. L'obscurité règne à bord. Ce soir, tout est stoppé, y compris les dynamos, et c'est dans le calme absolu que je m'endors.

Le lendemain soir nous appareillons, le navire chargé aux marques (1). Dès la sortie des passes, le léger clapotis à travers les sabords arrose le pont. J'ai la nette impression que notre intérêt est d'avoir beau temps pour travailler normalement. Nous doublons le cap Spear et nous dirigeons vers les lieux de pêche. Il reste encore 350 tonnes à prendre pour que le chargement soit complet.

(1) Marque de charge du navire inscrite sur la coque, en relief, et peinte en blanc sur coque foncée et en noir sur coque claire.

XVI. FIN DE VOYAGE : R.A.S.

Par fonds de 70 à 80 mètres, à l'accore suroît du Grand Banc, sous les RR, dans le noroît du T, nous poursuivons le voyage. Pêche satisfaisante dans l'ensemble. Ce sont les mers de prédilection du capitaine. Etant « chez lui », il travaille guidé par son seul instinct. Quand le chalut déverse sur le pont son contenu, le « Grand Mât » scrute les parcs, essayant de définir s'il fera le prochain trait plus creux ou plus terre, selon la composition, la nature des fonds. La narine frémissante, il donne l'impression de flairer le poisson.

Les hommes expriment le meilleur d'eux-mêmes et de bonnes marées s'inscrivent sur le cahier de pêche. Les mousses, maintenant aguerris, lavent avec plus d'aisance, trouvent le temps d'allumer une cigarette, de sauter à la cuisine quémander un quignon de pain. Connaissant désormais le répertoire complet du parfait Terre-Neuvas, ils chantent souvent plus fort que les hommes. Leur voix encore grêle dénote avec les paroles corsées des chansons. A la cuisine, pas de changement, nous gardons le même horaire.

Les chalutiers de moindre tonnage que le nôtre débanquent peu de temps après notre remise en pêche. Chaque jour le radio inscrit, sur le cahier de nouvelles, un débanquage :

« *Sénateur-Duhamel,* route Fécamp. Vous souhaitons à tous bonne continuation et prompt retour. A votre disposition si avez quelque chose pour la France. »

Ce à quoi les chalutiers restants répondent par la formule classique :

« Souhaitons bonne traversée et bon séjour en France. Amitiés et signature. »

Quelques mots personnels libellés également en style télégraphique : « Bjr Camille, rentrons. Tout bien. As-tu un mot pour chez toi ? Affectueusement. Ton frangin. »

Ces chalutiers, nous ne les reverrons plus avant novembre. Ils feront leur deuxième voyage en mer de Barents et banqueront à Terre-Neuve quand nous serons au Groenland. La fin de l'année, seule, nous verra tous réunis. (Prévisions qui se révéleront inexactes en 1939 : c'est la guerre.)

Chaque soir, quand je descends dans la cale couper la morue du petit déjeuner du lendemain, je constate avec satisfaction que les espaces vides diminuent. Pour barroter (1), le saleurs opèrent à genoux et même à plat ventre. Ils salent entre les cornières, utilisant le maximum de volume dans les deux cales arrière. Moins nous aurons de poisson à saler devant, moins le navire sera sur le nez et il n'en naviguera que mieux.

Par un matin pluvieux de fin juin, nous remontons l'ultime trait. Au dire du chef saleur, il est trop important pour la quantité de sel restant. Allons-nous devoir rejeter du poisson à l'eau ?

– Travaillez le plus gros en premier, ordonne le capitaine. On verra bien par la suite. Louis, appelle tout le monde sur le pont ! Une équipe à dégréer le chalut, une autre au poisson.

Nous restons stoppés, tribord au vent. Je me

(1) Barroter : saler sous les barrots, poutres transversales soutenant le pont.

demande pourquoi nous ne mettons pas en route, puisque la pêche est terminée. Sans avoir l'air de m'occuper de choses qui ne me regardent pas, je monte à la passerelle et demande au capitaine s'il désire déjeuner.

– Monte-moi un coup de café et pare-toi à prendre la barre dès qu'on mettra en route, la visite de carter terminée et le chalut mouillé.

– Paré pour la machine, annonce le chef après une heure environ de cholle. De leur côté, les matelots ont fait un tas du matériel qui ne pourra resservir l'autre voyage.

En arrière demi-vitesse.

– Balance! commande le capitaine. Les marins jettent par-dessus bord le fatras accumulé dans le travers. Quand l'ensemble est coulé et que l'hélice ne risque pas d'être engagée, le capitaine stoppe et lance en avant. Le navire prend de la vitesse. Nous rentrons. Nous sommes le 13 juin. Destination : Port-de-Bouc.

Pour éviter un passage dangereux où quelques icebergs ont été signalés, nous débanquons par la queue sud du banc, cap au susuète.

Après vingt heures de route, à l'aube de la deuxième journée de traversée nous mettons le cap sur le détroit de Gibraltar. Nous quittons les eaux froides. Plus de risque de rencontrer des glaces. Cette nuit, le capitaine pourra dormir tranquille.

Le pont ayant été dégagé de tout le matériel de pêche, la toilette du navire commence. Les parcs à poisson démontés, briqués, brossés, rincés à grande eau, sont arrimés sous le spardeck (1) avant. Les cargos d'éclairage rangés dans le local du servomoteur.

Comme en traversée d'aller, les hommes travaillent huit heures de jour et assurent une heure de quart la nuit. Marais et Dorémus, volontaires pour

(1) Espèce de faux pont prolongeant le gaillard.

peindre les mâts, installent eux-mêmes leur chaise et passent le cartahu sur lequel ils seront suspendus pendant l'exécution de leur travail. Armés de guipons (1), de brosses, les marins décapent rambardes, pavois, frontons. Ils n'épargnent aucune surface. La potasse que le second prépare chaque matin dans une grande baille efface toute trace de saleté et de rouille. La peinture elle-même ne résiste pas à un tel traitement et, de-ci de-là, la tôle apparaît. Qu'importe! Trois cents kilos de blanc, cinq cents kilos de gris referont des superstructures neuves. Et quand un marin de Terre-Neuve se met à peindre, il y va de bon cœur. Dire que le travail est toujours exécuté dans les règles de l'art serait faux.

La cheminée, rutilante un soir, avec sa morue dans le pavillon tricolore et ses bandes chamois sur fond gris, fait la désolation du second le lendemain matin. Au cours de la nuit, de fortes averses ont dilué la peinture et mélangé les couleurs. Elle fait penser à une femme dont les larmes ont saccagé le maquillage.

La même équipe, pourtant fière de son œuvre, reprend le travail à zéro. Quand, onze jours après avoir quitté Terre-Neuve, nous passons Gibraltar, un observateur éventuel pourrait, du haut du rocher, admirer un *Saint-Martin-Legasse* flambant neuf.

La Méditerranée, mécontente, sans doute, qu'un navire de mer froide vienne polluer ses eaux, nous secoue dur à la latitude de Majorque. Mais sa colère tombe vite et, par mer belle, nous mouillons devant Port-de-Bouc après une traversée de treize jours à la vitesse moyenne de 8,7 nœuds.

Nous nous amarrons à quai vers 8 heures. Mon premier voyage à Terre-Neuve est terminé. Il totalise 130 jours dont 36 heures seulement d'escale.

(1) Pinceau ou balai grossier fait de déchets de coton ou de chiffons amarrés à l'extrémité d'un manche.

XVII. DE PORT-DE-BOUC A FÉCAMP

Sur les cinquante-cinq hommes de l'équipage, quarante-deux rejoignent Fécamp par le train. Le capitaine, le second du pont, dont les épouses attendaient sur le quai, restent sur place. Ils contrôleront la livraison et l'armement. Deux délégués les aideront dans cette tâche. Un service machine est également prévu : le chef, le second et un graisseur suivront les travaux. Le radio et quelques marins bretons ne feront que le début du voyage avec nous.

Comme à cette époque les frais de voyage étaient à la charge du marin, voulant œuvrer sans doute pour nos économies, le directeur de l'agence de Port-de-Bouc nous avait procuré un billet collectif.

Louis, le premier lieutenant, prend la responsabilité de l'expédition. Après le déjeuner pris au buffet, nous nous retrouvons au complet sur le quai de la gare. Bien que les sacs aient été expédiés en P.V., certains matelots sont « chargés à couler ». Des valises mais surtout des musettes et des fourre-tout contenant les provisions de route. Le liquide représente la majeure partie des vivres transportés.

Le train arrive en gare. On se précipite, bousculant les voyageurs, se frayant une place coûte que coûte. Nous voilà installés, assis, debout dans les couloirs et jusque dans les W.C. Il fait une chaleur torride. Les vestes tombent, les tricots décapellent, les bouteilles se déversent dans les gosiers déshydratés. Heureusement les gars ont le vin gai. Ils amusent les voyageurs qui se demandent d'où débarque cette équipe d'ostrogoths.

Premier changement de train : Miramas. A peine le convoi arrêté, les portières s'ouvrent et les Terre-Neuvas se ruent sur le quai. Une équipe de petits débrouillards trouve beaucoup plus simple de descendre à contre-voie pour gagner le quai d'en face. Les cheminots, levant les bras au ciel, les apostrophent dans le langage coloré des Méridionaux :

– Putaingne! Le rapide qui va arriver. Vous allez vous faire broyer.

Un lampiste ordonne aux gars qui sont déjà sur l'autre quai de prendre le passage souterrain, déclarant qu'il n'a jamais vu ça de sa vie, des fadas pareils.

– Faut prendre l'passage souterrain? interrogent les marins. On savait pas!

Et tous de repartir avec valises et musettes. Ils s'engouffrent sous le passage et, essoufflés, grimpent de justesse dans le train qu'ils viennent de quitter au moment où celui-ci démarre. Ils vont suivre la côte jusqu'à Sète... ou la frontière espagnole. Nous ne sommes plus que trente-sept.

Le rapide de Paris regorge de monde. Seuls, quelques privilégiés dans notre groupe trouvent à s'asseoir. Plaçant des journaux par terre, Julien, Louis, Camille et moi, nous nous installons en bout de couloir et commençons une manille. Deux fois en cinq minutes « Pé Charles » nous dérange, ce qui met Camille en boule :

– T'as l'mal de mer ou t'as trop bu?

– Non, répond le doyen du bord. J'avais trop chaud avec mes cal'çons longs. J'ai voulu les enlever mais j'viens d'vouère qu'ma culotte à un trou au c.... Alors je vas les r'mettre. J'en ai point d'courts.

La première partie finie, Roger me remplace. Je me faufile dans le couloir à la recherche de gars du bord. Dans un compartiment où ils ont pu trouver quatre places, les saleurs jouent à l'aluette. Leurs compagnons de voyage semblent très intrigués mais se divertissent néanmoins de l'ardeur avec laquelle les quatre compères jouent.

Plus loin, je n'en crois pas mes yeux, une dizaine de matelots légers et novices occupent un compartiment sans une personne étrangère au bord.

– Huit places pour vous! Ça devait être loué?

– Penses-tu, me répond l'Asperge en riant aux éclats. Y avait deux places de libres. On s'est assis Mickey pis moi. On a commencé à se gratter, la tête pis les jambes comme si on était pleins de poux. Les gens ont pris leurs valises et sont partis. On a appelé les copains qu'étaient debout dans le couloir et voilà.

Vers 7 heures, le soir, nous arrivons à Lyon. Louis fait descendre tous ses hommes. Marche à suivre : chacun mange où il veut. Rendez-vous à la gare ce soir 10 h 30.

A l'heure prévue un bon tiers manque à l'appel. On cherche vers le buffet, on récupère les inséparables Julien, Tarzan, Titi qui boivent le petit dernier. Grenet et Laplace arrivent en courant cinq minutes avant le départ du train.

– N'attendez pas Zézé, Louis. Il est au violon. Il chantait *L'Internationale* sur la place avec la chemise par-dessus les culottes. Les flics l'ont alpagué.

Louis, montrant le billet collectif à l'employé qui le poinçonne, lui explique qu'il manque huit hommes, cinq depuis Miramas et trois disparus dans Lyon. En route pour Paris. Nous ne sommes plus que trente-quatre.

A Dijon, nous en semons encore deux, descendus boire un café. Les trente-deux marins, dont la barbe a poussé et qui n'ont fait aucune toilette depuis la veille, débarquent dans la capitale. Louis est réclamé par le contrôleur qui a trouvé Tarzan et le Pompier couchés chacun sur sa banquette, en première classe. L'affaire s'arrange tant bien que mal. Le Pompier gémit en expliquant qu'il a huit frères et sœurs. Tarzan reconnaît sa faute et s'offre à payer. Il sort un porte-monnaie bourré dont il déverse le contenu sur le bureau. Des cinq sous, des deux sous... Total 27 francs. Le contrôleur fléchit.

– Allez, ça va pour cette fois! Ne recommencez pas et à l'avenir enlevez au moins vos chaussures!

En route pour Saint-Lazare. L'« Invincible Armada » suit son Amiral. Pas longtemps! Certains optent pour un taxi, d'autres préfèrent le métro.

Renseignement pris, nous disposons d'une heure pour le casse-croûte du matin. Nous mangeons une omelette dans un petit bistrot. La bande Asperge, Blanc-Bec et compagnie en réclame une également mais au rhum. Pierre, le cuistot, se laisse émouvoir par une « respectueuse » qui a bien trente ans de métier. Il lui offre le petit déjeuner.

Quand nous passons sur le quai de départ grandes lignes, nous retrouvons les deux attardés de Dijon qui ont recollé au peloton je ne sais comment. Mais les usagers du métro manquent à leur tour. Nous apprendrons plus tard qu'ils sont restés la matinée à parcourir Paris « en plongée » de terminus à terminus.

A Rouen, les trois matelots de Saint-Valéry-en-Caux prennent leur correspondance. On se salue bien.

A Bréauté-Beuzeville, nous quittons le rapide pour le tortillard qui va nous conduire enfin chez nous. Les deux frères Marais et Blanc-Bec prennent le car pour Etretat et une douzaine de rescapés de cette odyssée arrime de nouveau valises et musettes dans les filets de l'omnibus.

La fumée saturée de poussière de charbon que

crache la locomotive achève de nous transformer en soutiers et vers 11 heures nous foulons le sol natal, fatigués mais heureux.

– Et les autres? demande le cheminot, étonné de nous voir en si petit nombre.

– Vous les reconnaîtrez, assure Louis. Ils doivent avoir la même gueule que nous. Des matelots qui arrivent du Banc, quoi!

*
**

Personne ne m'attend à la gare. C'est étrange; pourvu qu'il n'y ait pas de malade à la maison! Je traverse la ville d'un pas décidé, empruntant les artères secondaires, évitant les rues. Je suis sale et me sens mal habillé, parmi tous ces gens endimanchés. Ma valise en carton a beaucoup souffert au cours du voyage. Elle est pitoyable. Mon pantalon tire-bouchonne et mon blouson est très fatigué.

Porte close! Je ne comprends rien. J'entends les mitrons de la boulangerie d'à côté chanter : « J'irai revoir ma Normandie ». C'est leur air de prédilection, quand après une nuit de travail ils sortent la dernière fournée. Peut-être pourront-ils me renseigner. M'appuyant au rebord de la fenêtre comme au temps où je venais quémander une roulette trop cuite ou un croissant cassé, je les interpelle :

– Salut Marcel, bonjour François. Avez-vous vu ma mère ce matin?

– Tiens, v'là notre matelot! As-tu bien pêké? Ta mère, on l'a vue hier, al sait qu't'arrives. Al nous l'a dit. Al le disait à tout le monde d'ailleurs...

J'apprends très vite les petits potins du quartier, le classement de l'équipe de foot, le prix du pain et les ambitions d'Hitler. Tout ça, en mer, c'est inconnu. Puis, reconnaissant la voiture d'un de mes frères qui se gare devant ma porte, je prends congé de mes amis. Le « comité d'accueil » m'a manqué de peu à Bréauté. Ma mère rit et pleure à la fois. Mes petits neveu et nièce me sautent au cou. Ma sœur me trouve grandi et ma belle-sœur, bronzé (elle n'ose pas dire sale). Moi jc ne dis rien, je subis. Je suis enfin de retour chez nous.

XVIII. COURT SÉJOUR EN FRANCE

Après une nuit de douze heures qui m'a fait le plus grand bien, je vais chercher mon ami André que je trouve encore au lit. Nous devons nous rendre à la gare récupérer nos sacs et notre barrique de langues de morues, fruit d'un travail pris sur nos heures de sommeil. Le wagon n'est pas encore arrivé de Port-de-Bouc. Nous voici comme deux âmes en peine, désorientés parce que notre programme est contrarié par le retard d'un train. J'offre l'apéritif. André accepte. C'est drôle comme on se donne des allures d'hommes! L'apéritif! Il y a encore quelques mois, j'aurais proposé des bonbons. En roulant des épaules nous nous dirigeons vers un café : il faut montrer aux gens que nous sommes marins.

Le lendemain, quand nous monnayons nos langues enfin arrivées, nous sommes de nouveau de jeunes chiens qu'une marchande de poissons volubile n'a aucun mal à rouler. Arrivant à nous prouver que nos deux cents kilos de langues n'en pèsent que cent quatre-vingts, que c'est pour nous faire plaisir qu'elle nous prend notre marchandise et qu'au prix qu'elle nous propose, son bénéfice est mangé d'avance, elle nous embobine de première. Extrayant d'une bourse cachée sous trois jupons deux beaux billets de cent francs craquant neuf, elle conclut en nous recommandant de la débarrasser de la barrique dès le lendemain. Les frais de transport réglés et le partage fait selon nos conventions, il me revient vingt francs. C'est peu de l'heure de travail, même pour un mousse! Enfin c'est un début.

Le temps maussade ne m'encourage guère à aller à la plage ni à courir la campagne.

Je me mets à lire tout ce que je trouve : des revues maritimes, Edouard Peisson, Jules Verne – *Un capitaine de 15 ans* –, *Les Misérables, Capitaine courageux, Pêcheurs d'Islande, Sans famille*... Quelques soirées au cinéma, d'autres à flâner sur le port où seuls des canots et barques qui pêchent le maquereau sont en activité.

Quelques visites à droite et à gauche, des grasses matinées, des repas calmes et le congé se passe dans un doux farniente.

Les marins qui viennent et qui partent font quasi obligatoirement le tour de toute la famille; comme au jour de l'an. Les questions sont toujours les mêmes, dites avec affection et beaucoup de sérieux : « Comment ça se passe là-bas? C'était pas trop dur? » Questions souvent vagues car les interlocuteurs ne suivent pas toujours l'évolution de la pêche et confondent chalutier et voilier, ligne et chalut.

Un matin, nous nous retrouvons tout l'équipage réuni à la gare de Fécamp. Nos sacs ont été expédiés la veille. Le soleil brille mais les mines sont grises. Un départ du port, avec les coups de corne à brume, la manœuvre du navire, le franchissement des passes, c'est majestueux. On oublie qu'on part pour cinq mois. Mais là, dans une gare qui sent la ville et le papier d'emballage, dire adieu aux siens ne ressemble à rien. Pas de foulards s'agitant au bout des jetées, pas de falaises qui disparaissent à l'horizon. Seulement un portillon, un coup de sifflet à roulette et un tunnel qui nous plonge dans l'obscurité dès le départ. Adieu donc! A décembre prochain!...

XIX. DE PORT-DE-BOUC A SAINT-PIERRE

Quand, après une traversée de la France presque aussi mouvementée que la précédente, nous arrivons à Port-de-Bouc, c'est pour y retrouver un bateau envahi par les moustiques. Le grand Zézé nous accueille à l'entrée du poste d'équipage. Méconnaissable, la tête ayant doublé de volume, les yeux disparus sous les boursouflures, il peste après ces maudits insectes qui l'ont littéralement dévoré.

– T'es là depuis quand? interroge Julien.

– J'suis t'arrivé cette nuit à une heure. J'ai pas voulu descendre à Lyon, hier soir, pour manger. Dans ce pays-là, i z'ont des alcools traîtres. La dernière fois, j'avais presque rien bu, j'me suis r'trouvé au bloc.

Il fait unc chaleur accablante. Sur le pont, les cochons vivants que nous embarquons pour avoir un peu de viande fraîche en cours de voyage voisinent avec les planches à chalut, les glènes de fil d'acier, le matériel de toutes sortes. Le départ étant prévu pour midi, un sérieux arrimage se révèle nécessaire.

Pierre reprend possession de sa cuisine. Un monceau de plats et de gamelles encombre l'office.

A l'heure prévue, nous décollons du quai, le pilote à bord. Comme nous devons compenser les compas magnétiques, nous ferons des ronds dans l'eau en rade. Ce temps sera mis à profit pour ranger, arrimer, saisir tout ce qui a été emmagasiné pêle-mêle.

La compensation (1) commence dès que nous sommes à un mille de la côte. L'opticien qui doit l'effectuer s'affaire sur la passerelle supérieure, au compas étalon. Je sers le premier repas de ce voyage, si l'on peut appeler repas les quelques ronds de tomates et la tranche de pâté que le cuistot a prévus pour chaque homme.

Deux personnes que je ne connais pas se trouvent au carré des officiers. Le capitaine est encore sur la passerelle.

– Et voilà notre mousse de cuisine, annonce le second comme je franchis la porte. – Et, s'adressant à moi : – Le père Stanislas, aumônier fanciscain, Monsieur Marc Legasse, le fils de l'armateur. Ils vont faire le voyage avec nous, tout au moins en partie.

Ne connaissant pas trop la formule à employer dans ces cas-là, je bredouille quelques paroles et demande ce que je dois faire.

– Rien de spécial, me répond le second. Simplement prévois sept couverts au lieu de cinq.

En Méditerranée, beau temps. Les officiers et passagers prennent leurs repas sur la passerelle supérieure, à l'ombre d'une tente. Le père franciscain fait des photos-souvenirs, le fils de l'armateur, qui n'a pas vingt ans, est un jeune homme très convenable. Il se borne à monter des niches au second et au radio et se retrouve presque toujours le dindon de ses farces. Une avarie de moteur nous oblige à rester stoppés deux heures. Quelques marins se baignent. Les passagers profitent de l'occasion pour en faire autant. Nous faisons un trait au

(1) Opération technique visant à supprimer l'erreur des compas magnétiques, erreur due aux masses métalliques du bord.

large de Trafalgar. Le chalut remonte, en petite quantité bien sûr, des poissons de choix comme soles et surmulets mais surtout des bouquets. Ces crevettes malgré leur belle taille passent en grande partie à travers les mailles du chalut non prévues pour ce genre de pêche. Nous en récupérons pourtant deux cents kilos environ.

Mais, le lendemain, tout est changé. Une houle de suroît berce le *Saint-Martin-Legasse*. La démarche hésitante du père Stanislas trahit le terrien. Quant à M. Legasse, effondré sur le fauteuil de la timonerie inférieure, il refuse toute nourriture, solide ou liquide. Ah! ces petits maîtres...

La vie de l'équipage se déroule comme en février dernier : montage des chaluts, confection du matériel. Les matelots et spécialistes habitués à ce genre d'exercice, pratiquement toujours semblable depuis qu'ils naviguent, revêtent la même tenue, refont les mêmes gestes. Le comportement des novices a, lui, beaucoup changé. Aguerris, ils ne sont plus ces malheureux à la dérive, ignorant tout, découvrant tout, l'estomac se révoltant contre l'odeur salée et humide du bord, mélangée à celle de la peinture fraîche. Le roulis les berce, le tangage ne les dérange plus. Ils prennent part au travail des hommes, discutent ferme et fument comme des sapeurs.

Le 13 juillet, chacun ayant repris sa place à table, je sers le repas du soir quand, du pont, nous parvient un air connu : *La Carmagnole*. Une *Carmagnole* adaptée aux circonstances :

Le capitaine avait promis (bis)
Le capitaine avait promis (bis)
Le boujaron à ses amis (bis)
Il ne l'a pas donné
On vient le réclamer
Dansons la Carmagnole...

Nous ne sommes plus qu'à deux jours de banquer, le matériel est fin prêt et les marins veulent marquer la fête nationale à leur façon.

– Dis à Roger qu'il paye la goutte, m'ordonne le capitaine. Demain on organisera les jeux.

Le boujaron distribué, les hommes forment la retraite aux flambeaux. Faisant d'un vieux bidon un tambour, d'un guipon trempé dans le gas-oil une torche, suivant Zézé portant le drapeau français, les hommes défilent. Braillant, gesticulant, passant de *La Marseillaise* aux chansons grivoises, ils font le tour du bord. Après avoir parcouru le pont plusieurs fois, ils se risquent sur les balcons toujours précédés de leur porte-drapeau. Comme celui-ci débouche sur le dôme, il reçoit un seau d'eau mélangée de farine. Aveuglé, Zézé ne voit pas Camille qui s'enfuit, satisfait de son coup. Le défilé continue. Il se prolongera tard dans la nuit bien qu'après avoir été transformé en mitron le meneur de jeu soit passé par l'état de ramoneur pour terminer emplumé comme un eider.

Le 14 juillet se passe ainsi joyeusement, le mât de cocagne succédant à la course en sac, la poêle à frire à la course au seau.

⁂

Nous mettons en pêche le 16 vers midi dans la partie nord du Grand Banc. Il fait beau. Les marins sont montés sur le pont en vareuse de toile. La manœuvre de mise à l'eau, pourtant facilitée par le temps, ne se déroule pas avec la même aisance qu'à la fin du voyage précédent. Les hommes ont perdu la main, le temps de rodage sera court quoique je soupçonne certains d'entre eux d'avoir peu de mémoire, même celle des gestes.

Tandis que le *Saint-Martin-Legasse* ratisse les fonds pour la première fois de ce voyage, les trancheurs préparent leur « table d'opérations », les décolleurs disposent leur guillotine et les ébreuilleurs vérifient si la dalle aux foies ne fuit pas dans les parcs.

Rassemblés dans la coursive de bâbord, les novices expliquent à l'aumônier, avec force détails, quelle sera la manœuvre de virage du chalut.

– Moi, dit Blanc-Bec, j'détordais le palan dans l'coursive bâbord. Pis un jour j'ai r'placé un mat'lot léger, malade. On m'a mis à décrocher les bosqueurs dans l'travers (1). Comme j'm'en tirais ben, Louis m'a dit d'y rester. Mais c'que j'voudrais, c'est décoller, la baille ça m'plaît pus.

L'aumônier, pour qui ce langage est hermétique, ouvre des yeux ronds et demande des explications. Mais comme celles-ci sont confuses, il se contente de hocher la tête, pensant sans doute qu'après avoir vu l'ensemble du travail il comprendra.

– Qu'avez-vous fait pendant vos douze ou treize jours de congé? interroge-t-il à la ronde.

– J'ai joué à la belote presque tout l'temps, répond Maurice, et j'ai gagné les trois quarts des parties, j'fais des feintes.

– Moi, j'ai défoui des patates pendant trois jours, en guise de r'pos. J'préfère encore rester sur l'pont sans démouiller pendant quarante-huit heures que d'faire du jardinage. Evidemment l'soir j'pouvais sortir mais à la campagne, à part les filles, y a pas grand-chose.

– Les filles! A votre âge! s'offusque l'aumônier.

– J'ai quinze ans. On fait un boulot d'homme, pourquoi qu'on essaierait pas d'avoir la bonne amie. Hélas, la première fille qu'j'ai voulu embrasser, elle m'a collé deux baffes.

– C'était une fille sérieuse.

(1) Le bosqueur est croché sur la poche du chalut, le long de la lisse. On le vire sur une poupée de treuil pour obliger le poisson à s'ensacher. Quand le sac ou cul de chalut est plein, on le vire avec un palan et on décroche le bosqueur qui a servi à l'emplir. Le travers du chalutier est le milieu du pont.

– Non! Non! Elle préférait mon copain parce qu'i reste à terre. Il est charcutier. Le terrien a priorité sur le marin; il sera toujours là à côté d'elle, et nous on gagne pas grand-chose. Mais vous pouvez pas comprendre, vous. Vous êtes curé.

Blanc-Bec enchaîne :

– J'ai été à Paris, dit-il, d'un air mystérieux et triomphant. L'argent d'mes langues et c'que j'avais mis d'côté pour acheter un vélo, tout y a passé.

– Vous avez dû voir des choses intéressantes?

– J'ai vu tout. La gare Saint-Lazare et la tour Eiffel. Tout qu'j'ai vu et j'ai été au cinéma. On jouait les *Muscletaires au coup de vent*. Même qu'on passait l'même film à Fécamp huit jours après.

– Kek-c'est-qu'ça des muscletaires?

– C'est des gars vachement musclés, c'est pour ça qu'on les appelle des muscletaires. Y s'battent à l'épée et y gagnent tout l'temps. Sont costauds. J'ai pas vu de coup de vent. Y naviguent pas, d'ailleurs.

– I sont jamais tués?

– Non! I sont trop forts. Puis si z'étaient morts y aurait plus de film. T'as pas d'raisonnement. T'aurais besoin d'faire un tour à Paris pour apprendre.

– Dis donc! j'en ai déjà entendu parler d'ces gars-là. Maintenant qu'tu m'mets sur la voie. Même que quand on y jouait, on faisait nos épées avec des cercles de barrique en bois, qu'on r'dressait. J'vais même te dire une chose. Comme c'était mon grand frère l'plus fort, i f'sait « Fortos ». Notre chef c'était d'Artagnan.

– Comment qu'tu t'appelais, toi?

– Moi! Rien du tout. On se souvenait plus des autres noms. Y en avait un qui voulait s'appeler Clemenceau mais paraît qu' c'était pas d' la même époque.

La conversation s'anime. On est loin de Terre-Neuve et de la morue quand, tout à coup, le deuxième saleur rompt le charme :

– Qué qu' vous foutez là, les castors? Z'avez d' la

chance de blaguer sans vous faire remuer les fesses. D' mon temps, on n'arrêtait jamais. Même pas pou manger. Quand on banquait au Bonnet Flamand, la « Gueule d'enfer », fallait y être au boulot. C'est là qu' les gosses triment (1). Allez, au boulot! Et plus vite. – Et, se tournant vers l'aumônier : – Faites excuse, monsieur le curé!... C'est ces foutus branleurs qui vous mettent en branle, mille bordels!

⁂

Depuis quatre jours que nous sommes sur les bancs, la pêche donne bien. Un peu plus de vingt tonnes de morue moyenne sont salées, régulièrement chaque jour. Les fonds sont bons. Sitôt embarqué, et après avoir vomi son contenu dans les parcs, le chalut reprend le chemin des profondeurs pour se nourrir de nouveau.

Dès la première marée, les hommes ont attaqué fougueusement. Le lendemain a connu un léger ralentissement de la cadence. Les muscles rouillés, les mains attendries n'obéissent plus à la volonté. Puis, comme les couteaux ont pris leur tranchant, les mitaines leurs plis, les corps ont pris le rythme. Le capitaine voit, avec plaisir, son équipe « tourner rond » devant le fils de l'armateur admiratif, les « pottes (2) » s'ajoutant aux « pottes »; les cent tonnes sont atteintes en moins de cinq fois vingt-quatre heures. De plus le temps, amenant sa contribution, reste au beau et c'est en chantant que les marins déblayent les parcs, battant parfois le chalut de vitesse et profitant d'un court moment de trêve pour fumer une cigarette « en riche », assis sur le panneau de la cambuse.

(1) Les gosses triment. Il avait compris « C'est là qu'les gosses triment » au lieu de « c'est là que passe le Gulf Stream ». La plupart des citations sont déformées par les marins qui continuent à parler patois. Elles prennent un autre sens et une seconde vie.
(2) Mannes en osier contenant 60 kg de poisson chacune.

Quand je parcours les chambres et les postes d'équipage, appelant « aux rations », j'ai scrupule à faire lever ces hommes épuisés qui apprécieraient fort deux heures de sommeil de plus. Les uns grognent, certains se tournent sur l'autre côté et se rendorment, d'autres ne m'entendent même pas. Peu de conversations suivies. Elles sont rares du reste. Le marin est fermé d'autant qu'il est cauchois.

J'apprends le matin du sixième jour que M. Legasse nous quittera dans la journée. Comme on ignore comment la pêche se déroulera et qu'il doit gagner Saint-Pierre-et-Miquelon, notre jeune armateur prendra passage sur un petit chalutier italien, le *Baleina*, qui est à bout de charbon et devra ravitailler. Le temps s'est légèrement gâté, un grain se lève au moment du transbordement, la mer se creuse un peu mais Henri, le second, et Titi prouvent leurs qualités de marins et la puissance de leurs bras en faisant littéralement voler le doris sur les lames.

Le temps se met à fraîchir. Le travail devient difficile, impossible. Nous mettons à la cape dans la soirée. Les marins serrent le chalut, travaillent le poisson sous les embruns et regagnent les logements. Le capitaine coupe l'éclairage du pont, plongeant le bord dans l'obscurité. A allure réduite, debout à la lame le navire tangue profondément, berçant l'équipage qui s'endort, laissant aux cinq hommes de quart (deux dans la machine et trois à la passerelle) la conduite du chalutier en sommeil.

Dès le lendemain matin, nous remettons en drague avec vent faible mais grosse houle.

Pour ma part, j'ai un travail supplémentaire : je sers la messe. Ce dont se chargeait M. Legasse depuis Port-de-Bouc. Je n'ai pas l'impression d'être le servant idéal et pourtant je fais de mon mieux, mais c'est le latin qui ne va pas très fort...

Le premier coup de chalut ramène cinq palanquées de joli poisson et à ce rythme la pêche devrait continuer deux, trois jours. Mais brusquement, sans raison apparente, le poisson quitte les lieux. On explore le Grand Banc : toujours rien. Je suppose que les collègues, mentant plus ou moins, doivent également signaler pêche nulle car le 1er août nous faisons route sur Saint-Pierre livrer ce que nous avons à bord.

⁂

– Oui, vous comprenez, chef. Il est préférable de livrer cette poignée de poisson tout de suite, de mazouter et de monter au Groenland pour la mi-août. C'est l'époque, explique le capitaine au chef mécanicien.

– C'est moche que le poisson soit meilleur marché à Saint-Pierre qu'en France.

– Comme il est plus vert, donc plus lourd, ce qu'on perd en prix, on le regagne en poids. Cette morue-là qui vient d'être pêchée n'a pas rejeté toute son eau alors que si on la garde en cale, foulée par les couches successives, elle pèsera moins en décembre. Puis, si Dieu le veut, il est possible qu'on refasse un chargement complet d'ici la fin de l'année.

– Espérons, cap'taine. Ce qui est inexplicable, c'est la disparition d'un coup de la piole du Grand Nord. Où va-t-il ce sacré poisson ?

– Chaque jour il s'approchait de l'accore, creusant de quelques mètres. Peut-être que plus nord on aurait trouvé quelque chose mais les fonds sont durs, pleins de cailloux que les glaces laissent tomber. Il nous aurait fallu modifier le matériel. Le courant plus fort quand on atteint 42 ° de Cap Race, notre vitesse insuffisante et notre treuil trop lent nous interdisent ces fonds-là.

– Oui, évidemment, au Groenland, dans les petits

fonds, le manque de puissance handicape moins qu'aux grands accores. Quand comptez-vous arriver à Saint-Pierre, cap'taine?

– Théoriquement, demain matin vers 6 heures. Mais le baromètre qui baissait se stabilise et j'ai peur d'avoir de la brume et qu'on soit obligés de diminuer.

⁂

Comme prévu, c'est par brume épaisse que le *Saint-Martin-Legasse* territ sur Saint-Pierre. On voit à peine le gaillard. Le sondeur tourne, le radio relève Galantry au gonio, les hommes de quart, dont un sur le gaillard, veillent, la corne à brume mugit régulièrement. Très calme, allant de la passerelle à la chambre des cartes, le capitaine trace les relèvements, relève les sondes et indique les caps à suivre. Le second veille à bâbord. Puis de demi-vitesse, le « Grand Mât » met le chadburn sur avant lentement, retourne au sondeur puis stoppe en décrétant :

– On ne devrait pas être loin de la bouée du Nordet.

Les yeux essaient de percer la purée de pois, les oreilles se tendent. L'homme de veille sur le gaillard fait de grands signes, montre son oreille et indique une aire de vent à dix degrés du cap par bâbord. Presque simultanément, nous entendons la cloche de la bouée d'atterrage qui bientôt sort de la brume. Nous en passons à une vingtaine de mètres. Le capitaine ordonne :

– « A gauche demi-barre », puis commande « en avant lentement » au transmetteur d'ordres.

– Gouverne au suroît quart de ouest.

– Suroît quart de ouest, répond l'homme de barre. En route.

Blotti dans mon coin, je me demande comment le capitaine se repère et me garde bien de poser des questions. Personne ne parle d'ailleurs. Seuls les commandements et les coups de corne à brume coupent les longs silences.

– Paré à mouiller tribord, Henri, deux maillons et demi.

Le second se rend sur le gaillard et met l'ancre en veille. Nous passons près d'un rocher surmonté d'un phare : le petit Saint-Pierre qui disparaît comme il est apparu en quelques secondes, et de nouveau le capitaine stoppe, laissant le navire courir sur l'erre.

– Viens au oît-suroît.

– Oît-suroît répète le timonier en mettant de la barre tribord.

En arrière demi et, d'un coup de cloche, le capitaine ordonne de mouiller. Dans un grand bruit de ferraille l'ancre échappe, entraînant la chaîne. Le Tonton stoppe, laissant le chalutier faire tête. Avec la cloche du gaillard, le second indique le nombre de maillons de chaîne filés. Le navire s'établit à un cap.

Au porte-voix, le capitaine avise la machine que nous restons mouillés pour l'instant.

Nous sommes à Saint-Pierre. Je ne vois rien mais j'entends la corne à brume du port que les marins appellent la Vache.

Confectionnant une ligne avec du fil à chalut, du fil à voile et des hameçons qui leur servent habituellement à prendre des mouettes, quelques jeunes essaient de pêcher. Je vais me joindre à eux. Penchés sur la lisse, nous voyons le fond. Les eaux sont aussi claires que le temps est bouché. Nous prenons quelques petites morues que nous mettons religieusement de côté alors qu'il y a encore quelques jours, sur les lieux de pêche, nous rejetions systématiquement à la mer des centaines de poissons de cette taille en les qualifiant de crasse, de saleté, de fiente ou de piston, selon l'humeur du moment.

Nous surveillons nos lignes, les tenant à la main,

prêts à ferrer quand un « touc-touc-touc » nous fait lever la tête. Un doris à moteur, un « houari », selon l'appellation locale, accoste. Un homme embarque à bord. Les anciens le reconnaissent comme étant le pilote. Il se dirige vers la passerelle. Je confie ma ligne à un copain, pensant qu'on peut avoir besoin de mes services. Je suis à l'office depuis quelques minutes quand le capitaine me réclame du café.

Le pilote, attablé au carré avec le capitaine et le second, explique que l'on entrera au barachois à la pleine mer, dans deux heures, et qu'il souhaite de tout cœur que ça claircisse pour faciliter la manœuvre.

– Alors Jules, de la morue en masse sur les bancs?

– Avons fait bonne pêche pendant plus d'une semaine, puis ça a coupé.

– Ah oui hein! Et vous v'nez passer quelques jours à Saint-Pierre. D'la brume en masse ce matin!

– Oui. J'pensais qu'avec ce temps pourri tu viendrais me chercher au pied de Galantry mais non, tu m'as laissé me débrouiller seul pour entrer!

– On savait que tu arrivais. On t'a entendu corner. Mais tu connais la passe, toi, Jules. T'es smart. T'as pas besoin de nous pour venir mouiller à la cale frigo. Puis, c'matin, j'ai eu des ennuis avec mon moteur, j'ai dû changer de gazoline.

– O.K... Tu me conduis à terre. Je vais aller voir le représentant de l'armement pour savoir quand nous commençons à livrer. Tu me ramèneras pour entrer le navire au barachois. Bois ton café pendant que je passe mon costume.

Quand nous virons l'ancre pour prendre la passe, la visibilité est toujours aussi mauvaise. En avant très lente, nous parcourons quelques longueurs de navire, précédés d'une trentaine de mètres du houari du pilote. De la grisaille sort une île : l'île au Massacre. La Vache beugle pour nous indiquer le tribord de la passe. Nous passons entre des espars servant de balises, le long d'un musoir : la Pointe aux Canons. Nous voilà à quai, je ne pourrais expliquer l'entrée. De la brume et des cailloux, rien d'autre. Après Chateaubriand, je découvre la « bosse noire à travers la brume ».

Le capitaine ordonne de mettre les câbles du chalut à terre en plus des amarres qu'il fait doubler et même tripler. Terminé pour la manœuvre. Les marins poussent la coupée à terre. Nous sommes au paradis du marin pêcheur. Le havre de grâce... Dans le brouillard qui se lève se découvre au soleil un petit bourg nordique de 3 500 habitants (1), avec des constructions en bois d'un étage, ramassées et très colorées. Dans le port, une quarantaine de houaris, de couleurs vives, eux aussi. Pas de chalutiers saint-pierrais. Saint-Pierre commande un archipel sans arbres, aux rochers brunâtres, nombreux et dispersés. Je découvre à flanc de colline les quatre seuls arbres entourant le monument aux morts : la terre, me dit-on, a été apportée de France.

(1) 3 500 habitants à Saint-Pierre en 1939 pour 4 200 dans l'archipel. 1976 : Saint-Pierre-et-Miquelon : 6 000 habitants.

XX. LIVRAISON ET DÉTENTE

Quatre balances pendues sur une poutre reposant sur des « X » servent à peser le poisson sortant de la cale. Sur l'un des plateaux 110 kilos de poids. L'autre recevra la morue. Pourquoi 110 kilos? C'était la coutume jusqu'en 1944 de compter à la livraison 110 kilos pour 100. Les 10 % supplémentaires étaient considérés comme le poids du sel adhérant à la morue. L'équipage travaille à la livraison, à dépiler, à passer les poignées, à trier ou à empiler sur les plateaux. Quelques dockers saint-pierrais complètent l'équipe. Le second capitaine, un douanier et un représentant des acheteurs pointent chaque pesée, la classant dans le gros, le moyen, le petit ou le faux poisson selon la taille indiquée par les trieurs. A 18 heures, on ferme les panneaux pour reprendre le lendemain à 8 heures. Le marin reçoit, chaque fin d'après-midi, le salaire de sa journée de travail. Salaire qui lui sera compté comme avance et soigneusement retenu en fin de voyage. Autrement dit, il travaille pour la gloire et sa nourriture. Il travaille surtout pour les bistrots du coin car son argent, il le dépense jusqu'au dernier sou au jour le jour.

Chaque fois qu'un plateau de morue équilibre les poids qui lui sont opposés, les peseurs le renversent sur le pont en criant :

– Taillez petit arrière ou taillez moyen avant milieu, selon l'emplacement des balances.

L'expression « taillez » vient de ce que les pointeurs marquaient autrefois chaque pesée en encochant une planche. Ils taillaient. On continue d'appeler « taillistes » les hommes contrôlant une livraison. On a trouvé plus simple ensuite de prendre un calepin, un crayon et de faire des bâtons.

Du pont, la morue est chargée dans des camions qui la transportent à la sécherie.

On livre environ une cinquantaine de tonnes par jour.

Le premier soir, mon service terminé, la vaisselle faite, je me rends au café du Nord, invité par les inséparables Julien-Tarzan. Le bal bat son plein quand nous pénétrons dans la salle enfumée. Mes amis saluent de vieilles connaissances. On sait que je suis le petit-frère-du-Grand-Jules. Pas plus protégé pour ça. Plutôt moins. Pour la forme, c'est plus juste. On porte sur moi des jugements à haute voix. Je suis petit, jeune, trop « mignon », timide. Futur capitaine, hein? On a connu mon père, mes oncles, on connaît mes frères. Je ressemble à l'un, j'ai la même voix que l'autre. Je réponds « ouais! » à tout le monde. Une table libre et d'autorité on nous sert du thé. J'aurais préféré une bière ou une limonade. Je me plie aux coutumes. Julien se précipite en entendant les premières notes d'une valse sortir du haut-parleur et invite une jolie Saint-Pierraise. D'un visage qui rappelle des origines métisses. Basque et Bretonne, elle est comme beaucoup de jeunes ici d'une coquetterie un peu voyante, que soulignent porte-bonheur et médailles. Il danse bien, Julien. La demoiselle aussi d'ailleurs. Tarzan, lui, attend son heure. Camille vient nous rejoindre. Je goûte mon thé. Il est fortement arrosé et ressemble plutôt à un grog, un grog à trente pour cent d'alcool, capable de guérir une forte grippe. Pour faire comme les autres, je vide ma tasse, mais quand Camille commande une seconde tournée, je réclame une menthe à l'eau, j'ai soif. C'est la patronne elle-même qui me sert.

– Il va bien le grand frère? L'ai vu à l'apéritif, il ne change pas.

– Oui, Madame, il va bien.

– Faut pas m'appeler Madame, c'est Marie mon nom.

Je souris pour toute réponse, ne pouvant de but en blanc appeler par son prénom cette plantureuse personne qui pourrait être ma mère.

Julien, en sueur, regagne sa place, boit d'un coup son thé refroidi et se frotte les mains, triomphant :

– Je crois que ça marche.

Tarzan qui zyeute toujours sans avoir trouvé satisfaction propose de faire un tour au café Français. Camille est d'accord, pas Julien.

– J'fais encore une danse, j'vous dirai après. Tiens! C'est un slow. Juste ce qui m'faut.

Il nous quitte. Moins d'une minute après le voilà de retour.

– Et ta fille!

– Elle est partie avec un Américain de la vedette. Y sont pleins d'fric, ces gars-là!

– Il l'a peut-être faite au béguin!

– Possible après tout. Pourtant j'croyais qu'j'y avais tapé dans l'œil. Allez! On va au Français.

Dans ce beuglant situé à cent cinquante mètres du premier, même ambiance, mêmes couples, même accueil. Camille doit avoir repéré quelqu'un, le voilà qui se lance dans la mêlée. Julien commande de la bière et Tarzan reprend son poste d'observation.

Nous ferons ensuite le Joinville, puis le café de France, pour terminer à minuit, de nouveau, au café du Nord. Mes amis ont alterné bière, thé, cognac. Quoique ayant terminé à l'eau gazeuse, j'ai l'estomac qui me tracasse. Julien ne prononce que la moitié des mots. Camille devient de plus en plus sourd et Tarzan s'apitoie sur son propre sort. Il n'a pas dansé de la soirée.

– Tu sais, la fille qui... la fille qu'avait...

– Ouais! articule difficilement Julien, pas vu... peut-être malade ou bien morte...

– Si elle est morte, ça doit être d'un accident parce qu'elle se portait bien l'année dernière. L'avait pas une tête à être malade. J'me renseignerai demain.

Nous passons la coupée éclairée par un fanal à carbure. Les moteurs auxiliaires étant stoppés, pas d'électricité, et c'est dans l'obscurité que nous nous couchons. Pourvu que je sois réveillé à temps. Demain je sers la messe de 7 heures que l'aumônier du bord va dire à l'église de Saint-Pierre.

Je craignais de ne pouvoir m'éveiller, au contraire je ne peux m'endormir. Je suis énervé et j'ai envie de vomir. J'entends des airs de danse et plusieurs fois je vais prendre l'air. Quand l'heure de me lever arrive, je ne vais pas mieux. Je me rends à la sacristie, je dois être pâle comme un mort. Suivant l'officiant je me présente devant l'autel. La première partie de la messe se passe bien, mais à la fin de l'offertoire ça ne va plus du tout! Je sors, les jambes en flanelle et la tête vide. Je me retrouve dans la cour du monastère, assis sur une pierre, pitoyable. Une brave femme s'attendrit sur mon sort, et me sert, ô horreur, un grand bol de café au lait! Elle me croit malade parce qu'à jeun et m'oblige à boire tout le contenu. Contre-attaque énergique du foie. C'est comme à Verdun, ça ne passe pas! Je retourne m'asseoir sur ma pierre et rends à la nature ce que je viens d'ingurgiter. Un frère ou un père, je l'ignore, enfin un homme en robe de bure, comprenant de quoi je souffre, m'oblige à marcher, à respirer profondément et m'octroie un grand verre d'eau minérale. Je me sens mieux, remercie mon guérisseur et rentre à bord en souhaitant que mon frère n'apprenne pas ce qui vient de se passer car j'en prendrais pour mon grade. Si je ne suis pas dans la tradition, il est dur, même très dur avec moi et, parfois, volontairement, pour ne pas risquer que quiconque imagine que je suis « protégé ». Vers 11 heures, complètement rétabli, j'accompagne le capitaine à l'île aux Marins. Nous déjeunons chez des amis. Tout se passe bien. J'ai repris le dessus.

L'escale dure cinq jours. Nous livrons 4 060 quintaux (de 55 kilos), autrement dit 223 tonnes de morue. Chaque soir, le bord est déserté par presque tout l'équipage. Les marins font la tournée des grands-ducs, inventant quelque chose de nouveau pourvu que ce soit déraisonnable, imprévu, burlesque. Le lambeth walk et le horsey-horsey n'ont plus de secret pour eux. Chaque matin, pourtant, ils sont là, à la reprise du travail. L'un a un œil au beurre noir, l'autre a perdu son dentier. Pé Charles a le visage tout meurtri.

– J'ai pas eu d'chance, se plaint-il. J'arrivais au Français, une bagarre. Pas des gars d'chez nous. Comme les bouteilles de bière voltigeaient, j'sors par la petite porte et j'attends qu'ça se calme, appuyé sur la balustrade. Tout à coup la porte s'ouvre : un gars m'atterrit su l'dos. La barrière cède. J'me r'trouve à plat ventre dans la rue, la gueule ratatinée. Pou un coup qu'j'étais pas saoul...

Nous appareillons un dimanche matin par temps clair. Après évitage dans le barachois, nous prenons la passe, quittons le pilote par le travers du petit Saint-Pierre. Sur les petites îles dont j'ai entendu le nom souvent prononcé – l'île aux Pigeons, l'île aux Vainqueurs, le Colombier –, la mer boule en petits rouleaux car le vent est relativement faible. En contemplant ces cailloux, sérieux dangers pour la navigation, je me demande encore comment le capitaine a pu, par visibilité pratiquement nulle, terrir à vingt mètres près sur la bouée à cloche mouillée à l'entrée de la passe du nord-est. Je voudrais bien qu'il me l'apprenne...

XXI. ON REPART A ZÉRO

Après avoir longé la côte sud de l'île de Terre-Neuve et doublé le Cap Race, nous mettons le cap au nord-est... « afin de jeter un œil sur l'accore du Grand Nord » a décrété le chef d'opération. Trois cents milles de route que nous parcourons en un peu moins de quarante heures. La cale est de nouveau vide de poisson mais les esprits sont pleins de souvenirs et les cœurs pleins d'espoir. Il reste quatre mois pour charger le navire.

Nous mettons en drague de nuit : pêche nulle. Avec le jour, pas d'amélioration. Suivant son idée première, le capitaine décide de faire route Groenland.

On embarque les panneaux divergents, on serre le chalut.

La partie arrière des parcs à morue (la plus exposée aux paquets de mer) est démontée et toujours à 8 nœuds 7 on met le cap au nord. Douze cents milles environ nous séparent des lieux de pêche.

Louis, le chef ramendeur, profite de cette traversée pour remettre à neuf le chalut en cours d'utilisation. Il fait également gréer deux bouées de pêche et vérifier les câbles de traction. L'équipage jouit cependant de quelques loisirs. Les jours allongent au fur et à mesure que nous gagnons nord, les jeunes jouent sur le pont, après le repas du soir, jusqu'au coucher du soleil. Ils se poursuivent, montent dans la mâture et se lancent des défis d'acrobatie. Dans les postes, les marins font d'interminables parties de cartes. Au carré des chefs de bordée et officiers subalternes, l'aluette bat son plein. Tarzan joue de l'harmonica et Julien m'apprend à ramender. Je comprends assez vite le principe mais le geste reste imprécis et je forme des mailles irrégulières. Mon professeur, prenant sa fonction d'enseignant très au sérieux, me fait recommencer encore et encore... Je m'applique mais c'est laborieux.

En échange, je lui montre comment corriger une route et un relèvement et comment les tracer sur une carte que nous avons empruntée au second. J'ai eu la chance de pouvoir suivre en partie les cours du patron de pêche à l'école d'hydrographie de Fécamp, l'hiver précédent, et, fier de mes connaissances, uniquement théoriques, je les inculque à Julien qui se révélera un bon élève.

Les deux premières nuits assez claires nous permettent de poursuivre la route à vitesse normale.

Le troisième jour, nous passons à un mille environ d'un iceberg. Une véritable montagne. La partie émergée doit atteindre dans les quarante mètres de haut sur plus de cent mètres de long. Plusieurs jeunes, qui, comme moi, voient cette masse de glace pour la première fois, admirent, mais avec une sourde crainte rivée au cœur depuis des siècles par la cruelle expérience transmise de famille en famille. Le capitaine, lui, a enfoncé un peu plus sa casquette sur son front barré d'une ride verticale. Pour le responsable du bord, ce berg marque le début d'une navigation en eaux dangereuses. Tant qu'il fait jour et clair, tout va bien. De nuit et surtout par temps de brume, le pire est à craindre.

La nuit suivante, un peu avant minuit, la lune

s'étant cachée derrière d'épais nuages noirs, nous réduisons la vitesse au maximum (le moteur ne peut tourner moins de 70 tours-minute). Vers 2 heures du matin, nous stoppons, la visibilité étant nulle.

Quand nous remettons en route, dans une éclaircie, au petit jour, nous avons juste le cap sur un berg. Sans la prudence du capitaine, le *Saint-Martin-Legasse* aurait peut-être terminé sa carrière au pied de cette montagne de glace dont le poids atteint quelque cinq cent mille tonnes.

⁂

Nous mettons en pêche à l'accore est du Grand Hellefiske le 20 août. Cinq ou six chalutiers français opèrent déjà sur ces fonds. Mouillés, sur le milieu du banc, des voiliers français et portugais terminent leur chargement. Nos cales à nous sont vides. Départ à zéro.

XXII. MOBILISATION GÉNÉRALE ET RETOUR PRÉMATURÉ

Il démarrait pourtant bien ce voyage! Le Groenland comblait tous les espoirs que le capitaine avait placés en lui. Chaque jour, au large de ses côtes découpées, élevées et couvertes de neige sur le sommet, nous faisions une pêche intéressante. Tantôt en suivant l'accore de l'est, à tangenter les eaux territoriales, tantôt sur l'accore ouest par fonds de cinquante à cinquante-cinq mètres, nous trouvions suffisamment de morue pour alimenter les hommes en travail.

Me penchant sur une carte, j'essayais de situer notre position par rapport aux îles, aux fjords ou aux pointes dont j'entendais les noms prononcés par le capitaine ou le second : Umanak, Arfit, Peru-Tussut et d'autres noms rocailleux esquimaux en yak, en tok ou en issout que je ne retenais pas.

Mais pourquoi, malgré l'abondance de poisson, le capitaine restait-il soucieux? Pourquoi les conversations entre radio, chef mécanicien, second, s'arrêtaient-elles dès que je pénétrais au carré, porteur d'un plat ou d'une cafetière! Ce ne pouvait être contre moi. Si j'avais fait quelque faute, je me serais fait rappeler à l'ordre et tout aurait été dit.

C'est seulement un jour, incidemment, que j'apprends la vérité. Je fais tellement partie des meubles, au carré, que le radio, sans s'apercevoir de ma présence, laisse tomber :

– La situation se tend de plus en plus. On vient de rappeler des classes. On parle de mobilisation générale.

– Ouais, répond le capitaine. C'est la guerre sous peu. – Et se tournant vers moi : – Surtout pas un mot de tout ça. A personne ! On a toujours le temps d'apprendre de mauvaises nouvelles. Ici, il faut pêcher... – Puis s'adressant de nouveau au radio : – Quand vous aurez les informations appelez-moi. Si je peux me rendre libre, j'aimerais savoir ce qu'ils racontent. Sur mon petit poste, je n'entends rien d'autre que la dynamo du bord.

Me voici dans le secret et je n'en suis pas plus fier pour ça. J'essaie de m'imaginer la situation en France. Je me réfère à certains films sur la guerre de 14-18 où l'on voit les gendarmes placarder les murs des mairies d'affiches portant le pavillon tricolore. Je me souviens aussi de l'angoisse qui régnait l'an dernier, à la maison, à l'époque du « Coup de Munich ».

A quatre mille kilomètres du point névralgique, sur cette mer d'huile, il est difficile de comprendre.

Sur le pont, les matelots chantent de vieilles chansons de jadis; mélancoliques et comme tirées par l'espoir. L'espoir qui, chaque matin, fait lever l'homme. Le cuisinier, avec sa demi-cuite habituelle, voit la vie en rose. Le capitaine appelle : « Aux rations. » Des hommes se lèvent, d'autres se couchent. La vie continue.

Le 1er septembre dans la soirée, le capitaine sonne à virer alors que nous ne traînons que depuis dix minutes. Les marins, étonnés, tournent un regard interrogateur vers la passerelle. Les yeux levés, comme quêtant une réponse du père (1).

(1) Très rarement, l'équipage appelle le capitaine « l'papa » ou « moun'oncle ».

Comme si cet alignement de carreaux pouvait leur donner une explication quelconque. Puis il gagnent leurs postes de virage comme à l'accoutumée.

Dès que le cul de chalut a doublé la lisse, le capitaine commande d'embarquer les bourrelets et de préparer le doris.

– Tiens, du courrier qui vient de France, pense l'un.

– C'est peut-être le *Saint-Yves* qu'arrive de Saint-Jean dit l'autre.

Nous avons le cap sur un groupe de quatre chalutiers stoppés à quelques dizaines de mètres l'un de l'autre. Le *Président-Houduce*, qui traînait devant nous, a lui aussi embarqué son chalut et se dirige également sur ce groupe. Nous stoppons à proximité du *Jacques-Cœur*. Le doris mis à l'eau, deux marins sautent à bord, attendant les ordres.

– Ne décollez pas, j'arrive! leur lance le capitaine, du carreau de la passerelle.

Le second est debout à une heure où il est habituellement couché. Le capitaine lui confie le navire et, s'installant dans le « culeton » du doris, fait larguer les bosses.

– Déborde! Sur le *Jacques-Cœur*! Accoste-le par bâbord!

En cadence, les deux dorissiers nagent vers le chalutier indiqué. Le doris du *Président-Houduce*, emportant son capitaine, se rend également sur le même navire où les embarcations des trois autres chalutiers sont déjà amarrées.

Les hommes se remettent au poisson. Je me rends dans la timonerie demander au second s'il désire un peu de thé.

– Oui, je veux bien, et propose au chef de venir le prendre avec moi.

J'exécute. Le chef mécanicien n'est pas couché non plus, lui qui se lève tous les jours à 4 heures. Qu'est-ce qui se passe donc! En France, ça doit donc être bien grave...

Tout en travaillant le poisson, les marins font un tas de suppositions :

– C'est p'tête la fête du Tonton du *Jacques-Cœur* et qu'il veut arroser ça.

– Non! s'appelle Edouard l'père Fernando. Est pas sa fête mais peut-être son anniversaire.

– A moins qu'i soit en avarie de moteur et qu'i d'mande qui qui veut l'remorquer.

– Non! Sûr'ment pas. Un truc comme ça, l'aurait pu l'demander par T.S.F.

– Sa femme est p'tête accouchée.

– Pour inviter toute la pêkerie, est au moins des triplés...

A la passerelle, pas de commentaires. On attend le retour du capitaine.

Après une heure et demie d'absence, le capitaine regagne le bord. Sans un mot, il fait signe d'embarquer le doris et se dirige vers la passerelle.

Dès qu'il a refermé la porte de la timonerie et devant le regard interrogateur des personnes présentes, il explique d'une voix encore plus grave que d'habitude :

– Mobilisation générale. Le *Jacques-Cœur* a reçu les ordres codés du ministère. Rallier la France immédiatement. Il faut informer les voiliers. Tiens, Henri, mets en route, le cap sur le *Guillon* (1). On va commencer par lui.

– La mobilisation générale, c'est pas la guerre. Il reste encore un espoir, encourage le chef.

– Malheureusement, je crains que non : Hitler veut la Pologne. Il ne mollira pas et, maintenant, la France et l'Angleterre ne peuvent plus reculer.

A minuit, chacun aura prévenu les voiliers qui n'ont pas de radio et on mettra en route ensemble. S'il arrivait un coup dur à l'un, les autres interviendraient immédiatement.

(1) Trois-mâts goélette, à coque en acier, *Sergent-René-Guillon*. En activité sur la côte ouest du Groenland, jusqu'en 1953. Le dernier terre-neuvas français à voile.

– Mais pas un de nous ne marche à la même vitesse!

– C'est le *Saint-Martin* le plus lent. On n'en a pas pour longtemps à être semés, rétorque le second.

Les marins, groupés autour des dorissiers, apprennent de leur bouche ce que le capitaine a essayé de leur cacher le plus longtemps possible. Les visages deviennent graves puis se durcissent. Chacun, à sa manière, réagit.

– Qu'on leur casse la gueule une bonne fois pour toute à ces sales Boches et qu'i nous foutent la paix.

– On va le r'porter, l'pompon rouge!

– Moi qui viens d'acheter une salle à manger toute neuve. Ah! là là! Ma maison aura bien été bombardée quand on rentrera.

– On f'rait mieux de pousser l'restant d'pesson au dallot. Si c'est pour être torpillé en route.

– Pour l'prix qu'on va nous l'payer. Tu penses qu'i vont profiter de la guerre pou l'prendre pour rien. Mais quand même si j'le t'nais Hitler, je l'ébreuillerais de bon cœur.

***

Nous stoppons près du *Sergent-René-guillon*, voilier à coque métallique dont le capitaine vient à bord. Mis au courant de la situation, il nous quitte en nous souhaitant bonne route. Puis, nous informons encore un autre voilier et mettons le cap au sud-sud-est, fermant la marche du convoi improvisé. Nous conservons les feux de route allumés la première nuit, ce n'est pas encore la guerre mais nous la sentons rôder, bien proche.

Nous sommes à la latitude de Frederikshaab quand nous apprenons par la radio française ondes courtes que les Allemands ont pénétré en Pologne, faisant fi de l'ultimatum des Alliés. L'émission très faible est à peine audible. Le radio note un résumé des nouvelles et transmet au capitaine.

Celui-ci rédige une circulaire apprenant à ses hommes la déclaration de guerre et établissant des quarts de sécurité. Le second et le lieutenant, ayant vérifié une dernière fois l'équipement des baleinières, les font placer en dehors avec saisines prêtes à être coupées et garans sortis des coffres et lovés méticuleusement. On peint les hublots en bleu foncé, dans le cas où un imprudent ouvrirait le contre-hublot. Les magasins et locaux où les hommes n'ont pas à aller sont condamnés, lumière éteinte. On met le casque sur le compas pour en masquer l'éclairage. le carreau de la chambre des cartes recouvert de toile à prélat ne laisse plus filtrer aucun rayon. La porte en bois est doublée d'une étamine bleu marine et l'ampoule elle-même voilée en partie. Aucun éclairage sur le pont. Les feux de navigation sont éteints. C'est le black-out.

Le capitaine recommande à ses hommes le plus grand calme en cas d'alerte. Il institue un ordre d'abandon, complétant la liste réglementaire. Il fixe à chacun son poste lors de la mise à l'eau éventuelle des embarcations de sauvetage et ce qu'il devra faire dans lesdites embarcations.

Chacun devra dormir avec sa brassière (1) à portée de la main. Précaution d'autant plus utile que le marin de pêche lointaine ne sait pas nager. La raison en est simple : il n'est jamais en France l'été et dans les eaux froides, de 3 à 4°, en cinq minutes l'homme est perdu. Il est défendu de fumer dehors dès la tombée de la nuit. Le quart de veille est doublé et des rondes de sécurité instituées.

Dès le lendemain on barbouille plus qu'on ne les peint les superstructures en gris. Plus de marques de compagnie sur la cheminée, plus de balcons blancs.

(1) Ou gilet de sauvetage.

⁂

Il fraîchit dur. Nous travaillons en bottes dans l'office que décidément nous n'arriverons jamais à étancher. Les uns décrètent que cette tempête offre une sécurité relative. Ce n'est pas un temps de sous-marin. D'autres rétorquent que si l'on recevait un cigare sur cette mer démontée, il n'y aurait plus qu'à se mettre les poings sur les yeux.

Pierre pleure en épluchant les pommes de terre. Cet après-midi, il a le vin triste. On essaie de le consoler. Impossible. Il voit déjà sa maison détruite, sa femme et sa fille prisonnières.

Le repas du soir terminé, son coup de cafard se transforme en hargne :

– On va le r'prendre l'fusil et gare à eux.

– Etais-tu tireur d'élite? interroge Tarzan qui a remisé son harmonica.

– Sûrement que j'connais l'lebel et l'mousqueton.

Se saisissant d'un balai, il commence le maniement d'arme.

Julien qui se pique au jeu lance les commandements.

– Repos. Garde-à-vous. Portez... arme!

⁂

– Cap'taine, un bateau à l'horizon. Louis croit qu'c'est un chalutier, mais il est pas certain. L'est loin...

Le Tonton ne laisse pas le temps à l'homme qui l'appelle de terminer sa phrase. En quelques secondes il est près du lieutenant de quart qui a les jumelles braquées sur le bâtiment en vue.

– Sa mâture sort juste de l'horizon. Sa route coupe la nôtre. On ne devrait pas tarder à voir quel genre de bâtiment c'est.

Les jumelles changent de mains. Long examen,

hésitation, puis le capitaine réfléchit tout haut :
– C'est un bateau de surface. Deux mâts élevés. C'est sûrement un collègue.
– Comme on marche moins vite, c'est bizarre qu'on l'ait rattrapé.
– Non! Il a pu doubler Farewell plus large que nous, ou diminuer dans le coup de vent des jours derniers, ou avoir eu des ennuis de machine. Laissons-le approcher un peu.
Le point grossit. De nouveau le capitaine scrute et repose les jumelles en soupirant :
– C'est un « morue française », une pétrolette comme nous. J'aime mieux ça. On a tant parlé de bateaux pièges, de sous-marins maquillés et de tas de vacheries de ce genre...
Le *Jacques-Cœur* que nous avons perdu de vue, voilà six jours, au large d'Holsteinborg s'approche de plus en plus. A moins d'un mille de nous, il envoie un signal par pavillons.
KW...
Nous laissons la flamme aperçue à mi-drisse et quand le capitaine a déchiffré à l'aide du code international : « Venez à portée de voix », il fait hisser la flamme à bloc et manœuvre pour placer son navire parallèle à l'autre à une vingtaine de mètres. Et tandis que les deux navires continuent leur route de conserve, le capitaine Fernando entre en communication par porte-voix.
– Bonjour mon vieux Jules et toute la famille. Je vous espère tous en bonne santé. Quelle route comptes-tu faire maintenant? Ce serait mieux de continuer ensemble.
– Bonjour Fernando et votre équipage. Merci. Ça va et espérons qu'il en est de même pour vous. J'ai l'intention de terrir directement sur Land's End. L'Irlande du Sud n'étant pas en guerre, j'ignore si longer ses côtes serait réellement une sécurité. Plus vite rendu, mieux cela vaudra.
– Entendu, Jules. Mais surtout, essayons au

moins de rester ensemble le plus longtemps possible.

– Réglez votre vitesse sur la mienne et prenons un cap identique. De nuit on s'écartera un peu pour se rapprocher de jour.

– C'est ça, Jules, c'est ça. A quel cap gouvernais-tu avant de nous accoster?

– Suète quart de sud au compas. Avons actuellement trente-cinq noroît de variation.

– Nous aussi, Jules. Prenons le même cap et ouvrons l'œil.

La conversation entre les deux capitaines s'arrête là-dessus.

Les navires, au cap indiqué, continuent leur route vers la France. Les superstructures du *Jacques-Cœur* encore plus foncées que les nôtres ont l'air vraiment lugubres.

Le soir, au carré, la conversation roule sur les avantages et inconvénients de naviguer seul ou en groupe.

Le second, très optimiste, ne pense pas que des sous-marins allemands puissent être déjà dans le secteur où nous sommes.

Le chef mécanicien propose de prendre les informations chez lui. Il capte bien la France maintenant. Chacun écoute religieusement le communiqué. Le speaker interrompt soudain les « nouvelles dans le monde » pour une « dernière heure » :

– Le paquebot britannique *Athenia* vient d'être torpillé aux portes de la Manche. Nombreuses victimes. Nous n'avons pas encore le bilan exact de ce fait de guerre.

Et le capitaine de conclure :

– Ils ne sont peut-être pas dans notre secteur, les salauds, mais ils n'en sont pas loin.

Après 48 heures de route commune, les deux navires se séparent. Le 11 septembre nous terrissons sur les côtes anglaises et le 13 en fin d'après-midi nous mouillons devant Fécamp.

La nuit tombe sur la ville et le port, un seul feu bleuté, très atténué, marque l'extrémité du chenal. Entrés au bassin à la pleine mer, un peu avant minuit, nous avons l'impression de pénétrer dans un tunnel.

⁂

Sur la demande de ma mère, le capitaine me débarquait le lendemain de l'arrivée : il préférait ne pas avoir la responsabilité de son jeune frère en plus des soucis de la navigation en temps de guerre.

En fin de mois de septembre, le *Saint-Martin-Legasse* repartait pour Terre-Neuve comme quelques-uns de ses semblables. D'autres chalutiers, réquisitionnés, allaient se faire armer dans un port de guerre.

Mes deux frères aînés continuaient la pêche. Les deux autres étaient mobilisés, soldats à bord de leur navire.

Ayant trouvé du travail presque aussitôt à terre, je ne pus même pas aller dire au revoir à mes compagnons avec lesquels je venais de vivre sept mois.

De mousse, j'étais devenu camelot, vendant des chaussures sur les marchés du pays de Caux, de Fauville à Goderville. (Après le désastre général, à l'arrivée des Allemands en juin, je m'étais retrouvé chômeur.) Je profitais aussi de ce que l'Ecole d'hydrographie et des pêches de Fécamp ouvrait ses portes pour suivre les cours. La même rage silencieuse me serrait le cœur : repartir en mer. A tout prix.

Au mois de février 1941, je m'engageai sur un chalutier de Marseille qui devait pratiquer la pêche en Mauritanie. Pour des raisons que j'ignore, ce navire n'est jamais parti et j'embarquai seulement en avril suivant, comme matelot à la petite pêche sur un canot de huit à neuf mètres de long. Terre-Neuvas des côtes... Terre-Neuvas à maquereaux.

Dans l'obligation de naviguer à l'intérieur des eaux territoriales et sous strict contrôle de l'occupant, nous traînions nos lignes à la voile ou au moteur (quand nous avions du gas-oil) et, ma foi, cela nous permettait au moins de manger à notre faim.

La seule pêche à la ligne traînante ne se révélant pas rentable tous les jours, nous pratiquions également le filet mouillé et les cordes ou lignes de fond.

Ce n'est qu'en septembre 1942 que je pus reprendre contact avec un chalutier de grande pêche. J'avais dix-huit ans.

⁂

L'avenir était sombre en 1940.

Mais je savais que cet avenir, pour moi, était, quoi qu'il puisse arriver, marié à la grande pêche.

J'étais marqué à jamais, mes jeux étaient faits. Je me sentais intérieurement soutenu par mon père d'abord – dont j'essaie encore, parfois, d'imaginer le son de la voix si souvent évoquée par ma mère et mes frères – mais aussi par tant d'anciens, parents ou amis.

Leurs récits, leurs aventures, leurs drames avaient imprégné mon cerveau d'enfant. Je ne voudrais pas – je ne le puis d'ailleurs – « laisser passer » ce livre sans évoquer ces voix, brèves et graves dans le danger. *Combien de matelots, combien de capitaines...*

Et cela tout à la fois pour leur rendre hommage et parce que, en quelque sorte, ils font partie de moi, ils sont aux sources mêmes de ma vie.

XXIII. LES BAGNARDS DE LA MER

Mon beau navire... ô ma mémoire, avons-nous assez navigué... Comme ce vers trouve donc en moi de résonances !

Ma mémoire me semble en effet un unique navire chargé d'instants vécus et non seulement par moi-même mais aussi par mes proches, mes amis, par mes aînés – souvenirs si souvent contés à mes oreilles d'enfant ou d'homme, si souvent revécus dans les yeux des anciens ou dans leurs livres qu'ils se confondent presque avec les miens; comme si j'avais eu plusieurs vies.

Autour de la table du poste, dans ce réduit où se mêle l'odeur de sueur, de suie, de tabac, de poisson, de saumure mélangée à celle des haricots qui refroidissent, ce réduit qui sert de dortoir, de réfectoire, de salle de jeu, d'atelier de couture, mes compagnons, c'est là que je vous retrouve.

Toi, « l'empoisonneur de chrétiens » (le cuisinier), vous, « les pieds noirs » (les chauffeurs), les « bouchons gras » (les mécaniciens), vous, « les ministres » (les soutiers), et vous, « les gogotiers » (travailleurs de foie de morue)... gars de Cancale (dits « mangeurs d'orbiches »), de Saint-Suliac (dits « ventres de margates »), vous, les « Chats » (de la rive droite de la Rance), les « Maos » (Bretonnants), les « Maraûs » (des marais de Dol), vous, les « Prussiens » (des environs de Lancieux), et vous, les « Culs de Paumelles » (de Pleudihen) (1), tous ceux enfin que je ne puis citer par leurs surnoms, ce chapitre vous est dédié tout autant qu'à vos pères et à vos anciens.

Par ma voix, ce sont leurs peines, leurs drames – qui furent parfois les nôtres – dont je veux évoquer le souvenir.

Et comment, alors, ne pas faire appel au Révérend Père Yvon, remarquable capucin aumônier des Terre-Neuvas avant la dernière guerre? Pour ma part, je me souviens fort bien du *Saint-Yves* grâce auquel il soulagea tant de détresses, ce dundee d'une trentaine de mètres qui fut le dernier navire-hôpital armé par la Société des œuvres de mer.

Le père Yvon séjourna souvent aussi sur des voiliers-ligneurs et des chalutiers dans la première moitié de ce siècle. A travers ses témoignages, son regard aigu et profond, à travers sa compassion de religieux doublée d'une force d'âme de vrai marin qui voit, comprend et exprime « juste », nous ne pouvons mieux faire renaître un grand passé où se révèle, tel quel, le Terre-Neuvas, de sa grandeur à ses bas-fonds et dont la vie, inimaginable, découvre ce que tout homme porte au fond de lui, de meilleur et de pire.

Et je veux, en particulier, rendre personnellement hommage au père Yvon des quelques sombres révélations qu'il a jugé nécessaire – en son âme et conscience – de nous transmettre. Ces « creux de vague » – le plus fort d'entre nous n'a-t-il jamais failli y sombrer? – sont le meilleur garant de la véracité de ce qu'on raconte sur la valeur, l'énergie des « bagnards de la mer ».

L'un d'entre eux, en effet – condamné au bagne –,

(1) Dans ce chapitre, je cite de nombreux passages de deux livres du Révérend Père Yvon : *Avec les pêcheurs de Terre-Neuve et du Groenland* et *Avec les bagnards de la mer* (Editions de Paris).

n'avait-il pas rétorqué au garde-chiourme qui voulait faire activer le travail :

– Non mais, dis donc! Nous prends-tu pour des Terre-Neuvas?

Les duretés de notre grand métier, les sacrifices héroïques anonymes qu'il exigea sont légion.

Et les plus atteints sans doute furent :

– les dorissiers sur leurs barques-suicide des voiliers d'antan,

– les mousses, les plus jeunes des Terre-Neuvas qui, souvent, n'avaient pas douze ans, et dont le sort, s'il ne fut pas d'être réellement « mangés » comme le dit la chanson, ne valut souvent guère mieux.

Mais en quoi consistait donc ce métier de pêcheur à Terre-Neuve jusqu'au milieu de ce siècle sur les voiliers de ligne et les premiers chalutiers?

« Ce qui relègue ce métier de la grande pêche – au dire des marins eux-mêmes – au rang du « dernier des métiers », c'est sa charpente, sa constitution même, tel qu'il est compris, c'est-à-dire le travail et les conditions dans lesquelles il s'accomplit.

Ici, il n'est pas question de journées de huit heures. La loi du travail des Bancs, c'est le maximum de rendement pendant le maximum de temps! Une féroce émulation dresse l'amour-propre d'un doris contre l'amour-propre d'un autre doris, l'amour-propre d'un navire contre l'amour-propre d'un autre navire. C'est à qui pêchera le plus, c'est à qui « débanquera » le premier.

Sur le voilier, arrivé à bord, il ne faut pas songer au repos. La morue, il faut la préparer, il faut l'ébréguer (1), il faut la décoller (2), il faut la tran-

(1) La dépouiller de ses entrailles.
(2) Lui couper la tête.

cher (1), il faut l'énocter (2), il faut la laver, il faut l'empiler, il faut la saler. Les lignes, il faut les boëtter (3). Il est difficile de se faire une idée de la somme de travail que représente ce boëttage des lignes. Se battre pendant sept ou huit heures contre une manne de lignes brouillées, un inextricable fagot de cordes hérissées d'hameçons semblables à des ronces et à des épines d'acier, qu'il faut démêler, dénouer, réparer et boëtter. Et ce travail se fait à moitié plié en deux. Aussi, pendant ces longues heures, on voit ces pauvres malheureux se relever, se redresser de temps en temps, placer les mains sur les hanches et lancer le torse en arrière pour soulager leurs reins endoloris. Et, pendant la première pêche, alors que souffle la bise ou que tombent les bruines glaciales, la neige, plus d'un s'arrête pour souffler dans ses mains engourdies, gercées, crevassées, grignotées par la chair salée ou déchirées par les écailles tranchantes des bulots, ou pour frotter ses poignets dévorés par les démangeaisons des « petits choux » des bancs (4). Et les lignes boëttées, il faut aller, le soir, à la nuit tombante, les poser, les larguer à deux ou trois milles (5).

Il n'y a pas d'heure pour les repas. Les hommes mangent quand ils peuvent, entre deux tournées, au milieu du nettoyage du poisson ou tout en boëttant leurs lignes.

Il n'y a pas d'heure pour le repos. Aucune considération ne tient devant ces deux faits : la piaule (6) passe, le poisson donne, il faut le saisir. Le travail n'est même pas limité par les forces humaines, mais uniquement par l'impossibilité de travailler. Sur les

(1) Lui enlever la colonne vertébrale.
(2) Lui vider ses deux poches de sang.
(3) Amorcer.
(4) Excroissances qui, croit-on, sont d'origine microbienne.
(5) Le mille marin vaut 1 852 mètres.
(6) Banc de morues.

Bancs, l'ordinaire du travail c'est dix-huit heures d'affilée (1).

Et le sort des équipages des chalutiers n'est pas plus enviable. Le chalutier libère le marin du travail du boëttage des lignes, du halage et des dangers des doris; mais, loin d'alléger son sort, il ne fait que l'accabler. A Terre-Neuve, la machine n'est pas le serviteur de l'homme; c'est l'homme qui est l'esclave de la machine. La machine peut travailler nuit et jour, l'homme travaillera nuit et jour. Ce sont les travaux forcés sans discontinuité tant que le poisson donne; et l'abondance du poisson est parfois telle qu'elle ne laisse aux hommes que sept heures de repos par trois jours. Aussi n'est-il pas rare qu'ils titubent de fatigue et de sommeil. Et dire que, sur certains chalutiers, l'équipage comprend une vingtaine de jeunes de moins de vingt ans! Pauvres enfants!!!

Car, il faut bien le préciser, le calendrier des Terre-Neuvas n'est pas réglé par le soleil. L'aurore et le crépuscule, le jour et la nuit sont biffés de ce calendrier; il ne comporte ni fête, ni dimanche, ni repos hebdomadaire. Tous ces mots donnent leur cadence à la vie normale, mais tous ces mots n'ont aucun sens pour les Terre-Neuvas; leur vie est une vie anormale. Le calendrier des Bancs ne comporte qu'un seul mot : Morue-Morue-Morue! La loi des Bancs est unique : « La morue donne! marche ou crève! » Aucune loi divine ni aucune loi humaine ne tient devant cette loi. La morue est le dictateur le plus volontaire, le plus absolu et le plus tyrannique que l'on puisse imaginer.

Les forces humaines? Elle n'en a cure. Sur les voiliers à Terre-Neuve, elle se bute à l'impossibilité

(1) Les 6 heures sans travail ne sont pas toujours consacrées au sommeil. Les hommes doivent assurer le « quart » à tour de rôle. Et à l'époque de boëttage à l'encornet, il n'est pas rare qu'ils soient appelés sur le pont par « l'homme de quart » au cri de « Pique », 3 ou 4 fois par nuit, pour pêcher la boëtte.

de travailler la nuit, mais, au Groenland, elle prend sa revanche. Le jour perpétuel, en juin, juillet, août et septembre, lui permet de donner libre cours à sa sauvagerie, et je l'ai vue condamner les hommes aux travaux forcés de vingt heures par jour, pendant soixante-deux jours consécutifs.

Sur les chalutiers, la science s'est faite la complice de la férocité sauvage de Sa Majesté la Morue. Le progrès doit être le serviteur de l'homme, mais l'âpreté au gain des armateurs a fait du Terre-Neuvas l'esclave du progrès au service de la morue...

Mais qui pourrait admettre qu'on puisse faire travailler des hommes vingt heures par jour pendant soixante-deux jours consécutifs, sans repos hebdomadaire? Il ne s'agit pas ici de la loi de huit heures, ni de la semaine de quarante heures! Il s'agit de la semaine de cent quarante heures!

« Ainsi sans cesse ballottés entre la terre dans sa stérilité d'hiver et la mer des régions froides où la fertilité de l'été ne réussit à faire pousser d'autres arbres que les mâts de leurs navires, les Terre-Neuvas sont toujours à vivre dans une atmosphère de mort, de stérilité et de misère. A tel point que certains d'entre eux, n'ayant jamais vu depuis cinquante ans que des arbres dépouillés de leurs feuilles, nos arbres d'hiver et leurs mâts, se souviennent à peine de ce que peut être un arbre en pleine floraison (1)! »

⁂

Et l'on oublie trop souvent, quand on parle de la pêche à Terre-Neuve, qu'en plus de la vie de forçat qu'on y menait, les risques en cours étaient multiples et permanents : nous allons les évoquer et voir

(1) R.P. Yvon, *ibid.*

comment les marins parvenaient à y faire face.

Il y en avait un – au sens propre : monumental – contre lequel on ne pouvait alors presque rien : l'iceberg.

Sa rencontre imprévisible était catastrophique et sans espoir – ou presque – de salut, au moins pour le bateau : c'était la rencontre du Destin.

Le naufrage du *Raymond*

Quand on pénètre dans la salle à manger de Raymond Martin, Fécampois qui débuta comme mousse sur les voiliers à treize ans et termina sa carrière comme capitaine de chalutier, on est frappé par un tableau naïf qui trône, face à l'entrée :

« Le naufrage du *Raymond*, le 24 avril 1923. »

Voici ce drame, que m'a personnellement raconté le capitaine Martin :

Le voilier vient de quitter Fécamp, trente-six jours plus tôt, pour la campagne de pêche. Le capitaine Jean Heuze, un solide gaillard du cru, un dur au grand cœur et marin réputé, en assume le commandement.

La traversée traîne en longueur, comme presque toujours, d'est en ouest. Les vents contrariants l'obligent à louvoyer depuis le départ. Le navire, dès que les grands espaces de l'océan le lui permettent, tire des bords de vingt-quatre heures. Un jour, tribord amure, le lendemain, bâbord amure. Et toujours des vents d'ouest. Il grignote lentement les degrés de longitude – ces navires de pêche ne portant pas près du vent comme les navires de compétition taillés et voilés pour la course.

Ce 24 avril, le navire file 3 à 4 nœuds, toutes voiles dessus, poussé par un vent faible.

A la relève de quart de midi, le capitaine et le second se trouvent sur la dunette avec l'homme de barre et une grande partie de l'équipage sur le pont. Tous ne peuvent que déplorer la persistance de la brume qui les rend aveugles. Ils tendent l'oreille pour percevoir la corne à brume éventuelle d'un navire dont la route croiserait la leur. Ils doivent, si tout se passe normalement, banquer le lendemain sur cet immense plateau sous-marin qu'est le Grand Banc. Pour l'instant, ils passent la tête nord du Bonnet Flamand, le haut fond le plus est de Terre-Neuve.

Tout à coup, Georges Mamandain, de veille sous la misaine, comme il est de coutume sur les voiliers, lance : « Glace devant nous ! »

Le capitaine pense que l'homme de quart a pris pour un iceberg la houache (1) toute blanche d'un navire à propulsion mécanique, paquebot ou cargo venant de sous le vent, et que la meilleure façon de parer l'abordage est de venir, tribord toute. Il n'est pas pensable de rencontrer un iceberg en avril sur le Bonnet.

Malheureusement, c'est bien un iceberg, un mastodonte, une cathédrale. Ces montagnes de glace ne cornent pas pour signaler leur présence.

La trop courte distance séparant le navire du fléau des bancs ne permet pas d'éviter la catastrophe malgré la manœuvre rapide, le capitaine, force de la nature, ayant aidé le timonier à mettre la barre toute.

Le trois-mâts lofe et percute l'iceberg en craquant. Heureusement, il n'y a pas de poste d'équipage sur l'avant et personne n'est blessé dans l'abordage.

Le capitaine fait brasser carré (2) les vergues de misaine, amener l'artimon, mais conserve la grand-voile établie. Amenée, elle gênerait pour la mise à l'eau des doris. Il estime, après constatation des

(1) Ecume à l'étrave due à la vitesse du bateau.
(2) Mettre les vergues à 90° de l'axe longitudinal du navire.

dégâts, que le navire coulera en une heure, une heure et demie.

Poste d'abandon. Quelques gars paniquent un peu. Le Vieux les reprend rapidement an main, les galvanisant par son calme.

Le capitaine, comme il se doit, quitte le bord le dernier en emportant les documents et le feu à pétrole de bâbord (rouge) pour que son doris soit repérable de nuit à petite distance, à cause de la brume.

Les hommes attendent que le navire coule avant de s'éloigner. Ils mettent le cap au sud-est afin de couper la route aux voiliers qui, à cette époque, doivent banquer.

Un des ex-voto de l'église St-Etienne de Fécamp. paroisse des marins.

Alors commence l'odyssée des naufragés.

Essayant de faire route à la voile, voiles en calicot de leur fabrication, les hommes se rendent vite compte qu'aucun doris n'a la même vitesse ni exactement le même cap. Comprenant le risque d'une telle pratique qui essaime les embarcations, le capitaine rappelle ses hommes à grands coups de corne à brume et donne l'ordre de naviguer de conserve, à l'aviron.

Malgré toutes les précautions prises on constate, le soir, qu'il manque deux doris. Un, armé par quatre Bretons, deux pères de famille avec chacun leur fils adolescent, l'autre par des marins de Fécamp et de Saint-Valéry qui ont préféré faire route à l'ouest vers le Grand Banc et peut-être la terre.

Afin que d'autres doris ne s'égarent au cours de la nuit, le capitaine donne l'ordre de s'amarrer bosse dans bosse à la queue leu leu.

Le jour se lève enfin mais la brume toujours aussi dense enveloppe les naufragés. Ils « nagent », comme la veille, cap au sud-est, tels des fantômes. La nuit tombe et ils s'amarrent de nouveau l'un à l'autre pour affronter l'obscurité.

Tout à coup, deux sons prolongés, de corne à brume. C'est un voilier faisant route bâbord amure. Ce n'est qu'un seul cri, poussé par les dorissiers qui se sont mis debout.

Un navire! Un navire!

Ils ne sont plus seuls. Un navire à portée de trompette.

Le vent étant pratiquement nul, le capitaine décide de faire route dans la direction d'où vient le son. Chaque doris reprend son autonomie, et en avant les avirons.

A chaque coup de corne à brume, les dorissiers répondent de toute la capacité de leurs poumons.

« Hou! ou! ou!!! »

Mais le navire est plus éloigné qu'ils ne le pensaient quand ils l'ont entendu pour la première fois. Les hommes de quart du voilier entendent-ils leurs appels?

Et souque toujours sur les avirons. Tiens! Qu'est-ce que c'est que ça? Un doris! et pas un des nôtres! Un autre, un troisième. Ils approchent. Ils appellent.

Les autres répondent. Ce sont des doris du *Carioca* de Saint-Malo.

C'est le salut!

⁂

Bien rares alors étaient les femmes de marins qui n'avaient pas donné à « l'Ogresse », à « la Gueuse » – tout à la fois nourrice et marâtre – un père, un mari ou un fils. Ce destin cruel, ces femmes éternellement vêtues de noir qui jouent dans notre grand métier un rôle essentiel, trop peu évoqué, sans doute en raison de cette pudeur si forte chez nous, je ne puis manquer de dire, même si je dois en parler à nouveau plus loin, qu'elles l'avaient admis comme fatal, comme inévitable.

Et cela, à tel point que les mauvaises langues ne manquaient pas d'ironiser :

« Lorsqu'on plaint les femmes de marins d'être séparées si longtemps de leurs maris, des misères qu'ils endurent pendant ces longs mois, elles répondent : « Nenni, nenni, c'est point long! Mars, avril, laissons mai de côtaé. Juin, juillet ne sont pas à comptaer. Aaoût, septembre. Ne voilà-t-il pas nos marins arrivaés! »... On dit même que certaines d'entre elles ont une singulière façon de saluer leurs maris : « Tiens, té voilà! Tu sais que j'ai trouvé un bon embarquement pour taé (1) »

Mais on lira – et là il devient difficile de sourire – les deux rapports témoins de 1901 et 1902 qui donnent un semblant d'idée de l'énorme mortalité qui sévissait alors :

> « 1901 – Cyclone épouvantable... Le nombre des navires disparus a été considérable et leur perte a occasionné celle de 115 hommes... Si

(1) R.P. Yvon, *ibid.*

l'on ajoute au nombre des hommes perdus en mer au cours de la tempête le chiffre des morts causées par la maladie (66) ou par les accidents courants de la navigation (83), on arrive au chiffre formidable de 264 par cette petite armée de 10 000 hommes; soit 27 pour 1 000 en six mois.

1902 – Du commencement de la campagne jusqu'en septembre : 13 navires ont fait naufrage... Les pertes – accidents de mer ou doris en dérive – s'élèvent à 87 hommes, enfin les décès pour cause de maladie à 101, ce qui donne un total de 205 décès. En rapportant ce chiffre à l'effectif général de la flottille, on obtient, pour une période de près de 6 mois, comme total de mortalité : 26,8 pour mille (1). »

A part les morts accidentelles violentes, les disparitions en mer, de quoi mourait-on donc à bord des voiliers de Terre-Neuve, jusqu'au début de ce siècle ?

D'abord, du fait même qu'on n'y recevait à peu près aucun soin : les médicaments appropriés étant toujours mal dosés par le médecin de « papier », c'est-à-dire le livre administratif dit « Instruction médicale », mal administrés... ou manquants. Fractures, piqûres, coupures – accidents les plus fréquents à bord – « tournaient » souvent très mal à la suite d'infections qui se généralisaient.

Et les maladies étaient légion : scorbut, béribéri, tuberculose, dysenterie, rhumatismes, furonculose, blennoragie à la suite de quelque escale, pour n'en citer que quelques-unes... sans parler du fléau des Bancs : l'alcoolisme, mais faute duquel l'équipage n'aurait pas toujours pu « tenir » (2).

(1) R.P. Yvon, *ibid.*
(2) Environ 1/4 de litre d'alcool par jour était absorbé par le marin alors que la dose réglementaire était de 20 centilitres.

La liste des maux endurés par les Terre-Neuvas est interminable. Disons seulement, pour en donner une idée, qu'on vit, à cette époque, des malades, n'osant se plaindre de peur de déranger leurs voisins endormis ou de diminuer les parts de pêche en obligeant le capitaine à arrêter provisoirement la campagne et à relâcher en leur faveur dans un port de la côte (on imagine les réactions violentes de l'équipage : « T'es malade. Allons donc! »), se déterminer, par exemple, à s'amputer eux-mêmes d'un doigt atteint d'un phlegmon... et il arrivait qu'on enferme les plus atteints dans la cale pour ne plus entendre leurs cris et que certains, exaspérés par la douleur, désespérés par la solitude, finissent par s'y suicider...

Les dorissiers

Mais, d'entre ces morts – dont les corps sans sépulture sont à jamais perdus et qu'un seul lieu rappelle en France aujourd'hui : le mur des Disparus à Poubazlanec –, les dorissiers qui avaient un rôle capital – comme on le sait – dans la pêche sur les voiliers de ligne furent, sans doute, parmi les plus nombreux.

Rappelons ce qu'étaient les frêles embarcations sur lesquelles ils travaillaient : des barques à fond plat d'environ 60 cm de profondeur, relevées à l'avant et à l'arrière, plus larges au centre et qui n'avaient pas plus de 5 à 6 mètres de long – les premières auraient été construites par les Américains sur le modèle des pirogues indiennes.

Et sur ces « pirogues », les Terre-Neuvas couraient, « dans l'exercice de leurs fonctions », des dangers qui, vraiment, dépassent l'imagination.

« Debout à 3 heures du matin, si le capitaine juge que le temps est maniable (et il est rare qu'il ne le soit pas), les dorissiers « crochent » immédiatement dans leurs doris, et halent sur les avirons pour aller tirer les lignes.

Par un temps calme, la relève des lignes est déjà une opération qui demande des efforts considérables. Mais tirer, pied par pied, d'une profondeur de 70 à 100 mètres, des kilomètres et des kilomètres de lignes, debout dans les doris chancelants, crossés par les lames, brûlés par les rafales, en garant leurs doigts gourds des deux mille morsures d'hameçons, alors que souffle la bise ou que tombent les bruines glaciales et qu'au poids ordinaire des lignes s'ajoute le remorquage de la chaloupe contre le vent et contre la lame, c'est là un travail littéralement exténuant. Et cette levée des lignes, qui dure quatre heures en moyenne, peut en atteindre de huit à douze, les jours de dur tirage.

Quand on pense que ces hommes restent souvent pendant des heures sur cette mer convulsée, avec une houle telle qu'à bord on ne peut tenir debout qu'en s'agrippant à quelque chose, traînant leurs morues pendant deux ou trois milles à force de bras, malgré le vent, malgré le courant, dans une embarcation chargée à quinze centimètres de plat-bord, on est contraint de voir en eux des prodiges de courage, d'endurance et d'adresse.

La sortie des doris est souvent contrecarrée par l'état de la mer! Comme disent les marins, la mer n'est pas toujours « maniable »! Que de fois n'ai-je pas vu les capitaines, conscients de leur lourde responsabilité, entrevoyant, à travers la vie de leurs hommes, une famille de quatre, cinq, six et sept enfants, prête à leur demander compte de la vie de son « gagne-pain », scrutant l'horizon, tapotant sur le baromètre, en proie à une lutte intérieure inexprimable et parfois à une lutte contre leur équipage dont une partie veut violenter la décision affirmative par des assauts brutaux : « As-tu des rentes à nous donner? »

Mais s'il est relativement possible de régler avec une certaine certitude les sorties et le chômage des doris sur les prévisions du temps, il n'en est pas ainsi pour ce qui concerne la brume, qui est capricieuse et lunatique, qui surgit et disparaît à l'instantané. D'ailleurs, comme disent les marins eux-mêmes, les « marées » sont déjà tellement grignotées par le mauvais temps que, si les capitaines tenaient encore compte de la brume, ils rentreraient avec « plus d'air que de poissons dans leurs cales »! Pratiquement, on ne peut donc, pour régler les sorties, faire entrer la brume en ligne de compte. Et c'est là le point de départ de terribles moments d'angoisse et, parfois, des scènes les plus tragiques (1). »

⁂

Rappelons l'une d'elles... parmi tant d'autres :

« Les dorissiers ont appuyé trop à l'est. Il faut remonter vers le nord. Il y a trois heures qu'ils cherchent leur bouée; ils la trouvent enfin et chargent leur doris.

Maintenant ils « halent » vers le voilier, le voilier dont le meuglement plaintif de la « corne à brume » semble exprimer l'angoisse et l'inquiétude, mais dont le son ne peut porter à plus de 200 mètres à travers l'air pâteux!

– On devrait bien y être, se disent les deux hommes.

Et le patron dorissier enfonce sa tête dans l'eau, bonne conductrice du son. Il entend mieux... le bouillonnement des vagues!!!

– On est dérouté... Faut veiller au grain, sinon...

Ils n'ont plus qu'à patienter, étaler la dérive, afin

(1) R.P. Yvon, *ibid.*

que le navire ne soit pas hors de leur champ visuel, quand « le rideau se lèvera ».

Après des heures d'attente, la brume se dissipe. A l'angoisse de la crainte, succède la terreur de la réalité. Aucun navire à l'horizon!

Pour vivres, ils possèdent deux boîtes de biscuits, et pour boisson deux boîtes d'eau! De quoi se nourrir pendant trois jours en mettant leur appétit en veilleuse.

A l'ouverture des boîtes, les deux hommes lâchent le même cri de stupeur et de terreur :

– Ah! condamnés à mourir de faim et de soif!

Les boîtes de biscuits? Deux boîtes de bouillie saumâtre!

Les boîtes d'eau? Des boîtes vides! Elles ont dû être percées par quelque coup de piquoir.

Après un moment de prostration voisine de l'hébétude, leur instinct de conservation a un sursaut de reviviscence, ils saisissent brutalement leurs avirons et se mettent à « haler » dessus avec une énergie farouche pour atteindre la route des grands paquebots avant que la faim et la soif n'aient épuisé leur reste d'énergie!

La nuit, le gros temps les surprend! Essayer d'avancer, c'est s'épuiser en pure perte, et risquer d'être pris de flanc et chavirés.

Il faut mettre en cape. Ils filent une ancre flottante de fortune qu'ils confectionnent avec une manne amarrée « en patte d'oie » sur leur bosse avant. Ainsi l'embarcation se tiendra bout à la lame sans l'aide des avirons, donc des hommes.

Et ils s'affalent au fond du doris, en guise de lest, pour en augmenter la stabilité.

Comment s'imaginer la cruelle anxiété de ces malheureux, harassés, à bout de forces, jouets anxieux du féroce caprice des vagues qui secouent, culbutent et brisent? Comment dépeindre leurs yeux hallucinés, cruellement battus d'embruns, la salure cuisante des plaies vives de leurs mains, la charpente du doris pénétrant dans leur chair, la dévorante brûlure de la faim et de la soif au creux de leur estomac, leurs désespérances enragées et leurs hébétudes?

Les embruns qui les éclaboussent transpercent leurs vêtements, accumulent l'eau au fond du doris, les plongent dans un bain glacé et rendent la position couchée intenable! Les deux hommes se lèvent et, au moyen de leurs suroîts, vident l'embarcation, puis s'accroupissent l'un à l'avant, et l'autre à l'arrière.

Le deuxième jour, ils sentent le froid engourdir leurs membres. Leurs pieds se gèlent et les font horriblement souffrir. Pour les réchauffer, ils envoient dans les fragiles planches du doris des coups violents, mais les planches menacent de se disloquer. Il faut cesser cet exercice dangereux.

L'« avant-doris » tire sa chemise pour envelopper ses pieds. Le patron dorissier s'apprête à l'imiter, mais il pense soudain au rôle de salut que sa chemise peut avoir à remplir en lui servant de signal d'appel aux navires qu'il pourrait apercevoir au loin, et il la met en réserve.

Le troisième jour, la brume, la terrible brume, réapparaît et replonge leurs corps dans le noir, mais un noir moins accentué que celui qui enveloppe leurs âmes voisines du désespoir!

Le matin du quatrième jour, la brume persiste et le découragement s'accentue.

Faudra-t-il mourir de froid, de faim et de soif?

Tous deux, ils tombent à genoux et s'adressent à Notre-Dame-du-Verger, ils lui demandent, dans une prière ardente, « de l'eau, du « clair » et un bateau! ».

Une heure plus tard, ils sont exaucés! Une pluie abondante se met à tomber. Au moyen de leur petite voile de doris, ils en remplissent leurs boîtes à biscuits et leurs boîtes à eau dont ils ont bouché les trous et, dans la toile elle-même, ils en gardent une réserve pour l'avenir.

Vers 10 heures, la brume disparaît pour leur donner le « clair » qui leur permet d'apercevoir au loin un bateau, un sauveur!

Le patron saisit sa chemise, l'amarre au bout d'un aviron et lance des signaux d'appel et d'alarme.

Sauvés (1)! »

⁂

Cette brume grasse et épaisse : la boucaille, comme on la nomme, c'était bien l'angoisse, l'enfer des dorissiers.

Il fallait, on le voit, la connaître sous toutes ses roueries, la manier, composer et ruser avec elle.

Mon père, le capitaine Henri Recher, fut un grand dorissier et je suis fier de l'évoquer ici. Mon frère – seize ans –, prénommé également Henri, était son « avant de doris » (l'avant « nage » sur le banc avant, le patron sur le banc arrière). Cette fois-là, en 1917, ils s'en sont tout juste sortis, et cela, grâce au seul flair, à la seule expérience de mon père et sans aide d'aucune sorte... je crois encore entendre ma mère l'évoquer quand il lui contait cette aventure :

« La dernière bouée, celle du large, est mouillée. Nous venons de tendre les cordes (les lignes de fond) et nous allons regagner le trois-mâts sur le Platier du Grand Banc.

Où est-il exactement ce sacré voilier? La boucaille épaisse comme les mâts ne permet pas de voir à quatre longueurs de doris.

Et, par ce temps bouché, la nuit va tomber vite.

Reprenant nos places sur nos bancs de nage, on borde les avirons, on stabilise le doris au bon cap et

(1) R.P. Yvon, *ibid.*

en cadence, de toutes nos forces et en silence, on commence à rentrer.

Je ne quitte pas le compas des yeux tout en nageant à faire ployer les avirons.

Avant de mettre en route, j'ai regardé l'heure à ma grosse montre, pendue à mon cou par un bout de ligne de chanvre, que j'ai glissée entre mon tricot et ma flanelle pour la protéger contre les coups de chien.

J'ai évalué la force et la direction du courant d'après les bouées et corrigé en conséquence le cap à suivre pour tomber pile sur le voilier. Je suis sûr de ma position et, en approchant, on va sûrement entendre la corne à brume actionnée régulièrement par les novices comme c'est leur mission par temps bouché.

Engoncés dans nos vareuses huilées, on nage en appuyant fortement nos bottes de cuir sur les membrures de la sole du doris pour donner le maximum de puissance avec les reins. On glisse en silence; le « floc » régulier des avirons qui coupent l'eau bat la mesure.

Ce faible bruit paraît énorme dans cet air ouaté qui nous couve.

A l'estime, on parcourt la distance qui nous sépare du navire. On arrête la nage, le doris s'immobilise. On tend l'oreille.

Mais rien, on n'entend rien!

– Pourtant, on est rendu, je dis.

– Pourquoi alors qu'ils cornent pas? répond Henri.

Ce sont nos premières paroles depuis qu'on rentre. Coup d'œil à ma montre qui m'oblige à trousser ma vareuse et mon tricot pour dénicher l'oignon. Je fais un rapide calcul accompagné d'un geste de ma main droite, les deux avirons maintenus de la gauche: le courant porte comme ci, la dérive comme ça... c'est sûr.

– On est bien. Pas de doute.

Mais je décide pourtant, et vraiment à contrecœur, de pousser trois ou quatre minutes encore.

La brise se lève alors mais sans chasser la brume. La houle se gonfle.

Le doris reprend sa route au cap initial.

Même cadence de nage.

Le jour baisse lentement.

Nouvel arrêt, nouveau silence.

Je dis :

– Est normal, on a dépassé l'batiau. J'étions bien le premier coup. Virons de bord.

Et on revient, à peu près cap pour cap – le jeu des corrections faisant que 180° en surface ne sont pas forcément l'opposé en route réelle sur le fond. On nage à nouveau quelques minutes, longues comme un siècle.

– Henri, rentre tes avirons et veille devant! T'entends rien?

– Si, i'm'semble.

– Est bien c'que j'pensais.

Et, d'un coup, surgit la poupe d'un voilier, là, juste devant l'étrave du doris, tellement près qu'Henri peut lire son nom malgré le brouillard et la nuit qui tombe : l'*Etoile-de-la-Mer*.

Ce qu'on entend, c'est le ressac produit par la voûte du voilier qui frappe l'eau à chaque coup d'acculage.

– Oh! père, c'est l'*Etoile!*

On accoste. Mais, bon Dieu, y a personne à bord pour attraper les bosses! On appelle. On attend : toujours personne. Alors on embarque, on amarre. Le pont reste désert.

Mais, dans ce trou à rats qu'est le poste d'équipage des voiliers, on trouve les gars qui mangent, sans se biler, leurs têtes de morues frites à l'huile de foie...

Un repas du soir, bien tranquille!

Alors tout de même, je gueule :

– Ben dites, la corne à brume, elle est boucheille

ou z'avez d'la merde dans les bras qu'vous pouvez point tourner la roue?

– Dis donc, Henri R'cher, ils me répondent. Adresse-toi plutôt à la tête. Si l'Vieux avait trouvé bon d'siffler ou d'corner pour té, l'aurait fait. Mais i'sait ben qu't'as pas b'soin d'trompette pour nous r'trouver et... y avait pu qu'té dehors! »

Epuisés, les hommes coupent court à toute discussion. Négligeant sur la table les restes de ce pauvre repas, ils se laissent tomber dans la couchette, tout « gréés » (avec bottes et casaques, c'est-à-dire vareuses); un peu plus, un peu moins d'humidité salée importe peu. Couchés de côté, en chien de fusil, ils sont donc étendus sur la paillasse dont on est allé jusqu'à leur demander de fournir la paille qu'ils embarquaient avec leur sac d'effets.

Ils ne sentent plus le remugle de la saumure de poisson, d'huile, des cirés qui sèchent mal sur le bout tendu en travers du poste; le poêle à charbon le plus souvent s'éteint la nuit. Ils se laveront quand ils le pourront. La crasse tient chaud, rend la peau imperméable à l'eau et au froid.

Le capitaine du trois-mâts, l'*Etoile-de-la-Mer,* ne s'inquiétait pas facilement.

Mais, apparemment, il connaissait à fond son métier, à fond surtout ses marins et son calme n'était ni de la légèreté ni de l'insouciance.

Hélas, il arrive que des capitaines, hier comme aujourd'hui on s'en doute, ne soient absolument pas à la hauteur de leur tâche. Alors, pour les dorissiers, c'est le drame.

Ainsi, celui que vous allez lire.

Hallucinant, il est raconté avec une bouleversante intensité d'observation par le père Yvon.

« Une tête au ras des épaules; une figure bouffie où se projetait l'étrave d'un nez obtus; des yeux injectés de sang, exorbités comme des yeux de hanneton; un front proéminent strié de rides moulées par son caractère hargneux; un corps bien cordé, tissé de muscles puissants mais noyés dans la graisse d'une corpulence carrée; des lèvres gourmandes; une gueule de bouledogue à voix de canon; des bras longs projetant des mains violentes, terribles, à gros doigts plats : voilà le capitaine Jean Le Roux!

Un capitaine conscient de ses responsabilités et soucieux d'épargner la vie de ses hommes consulte le baromètre et inspecte l'horizon avant de commander la sortie des doris. Jean Le Roux, le cerveau intoxiqué d'alcool, le corps lourdement collé à sa couchette, tous les matins, sans aucun souci de la prévision du temps, hurlait d'une voix rauque et sauvage : « Croche! »

Le marin a une âme de discipline, mais l'abus brutal de l'autorité le révolte.

Un matin, devant le baromètre tourmenté de crises d'épilepsie depuis plusieurs heures, le « second » fit remarquer au capitaine combien il était imprudent de faire mettre les doris à la mer.

« Croche! » hurla la brute, « c'est ainsi qu'on gagne son bifteck, bande de feignants! »

Sur les conseils du « second », les hommes crochèrent dans les doris et les projetèrent à la mer; mais le « second » leur recommanda d'avoir l'œil sur le bateau et de « rallier » dès qu'ils verraient le pavillon en berne.

Les hommes obtempérèrent à ses conseils.

La brise soufflait et verdissait de plus en plus. Le V aigu, enregistré par le baromètre, est le signe avertisseur infaillible de l'approche d'une perturbation atmosphérique cyclonique. Devant cette menace écrite d'un coup de chien, le capitaine et les hommes du bord furent pris de frissons.

Effrayé par la terrible perspective des conséquences dramatiques de son inconscience, le capitaine perdit de sa pression alcoolique, et fit mettre immédiatement le pavillon en berne.

Les lames, encore petites, couraient les unes après les autres. Leur nervosité dénotait que la mer, dont elles sont l'épiderme, se trouvait dans un état de fièvre et de surexcitation extraordinaire.

Soudain, on eût dit que toute cette masse liquide avait pris feu; il en sortait des fumées avec un grésillement sinistre comme d'une matière qui cuit et qui brûle!

La goélette, tenue en laisse par son énorme câble de mouillage, était comme prise de stupeur; elle cherchait à se dégager par des bonds et des efforts violents pour « fuir le temps ». Elle ressemblait à ces chevaux fougueux qui, pris d'épouvante, se cabrent et s'agitent pour casser brutalement les attaches qui les retiennent captifs.

Les doris, pauvres feuilles de bois au milieu des éléments déchaînés, se débattaient dans la tourmente. Halés par des muscles d'une puissance titanesque multipliée encore par la rage et la brutalité de l'instinct de conservation, ils montaient sur les crêtes des vagues et s'engouffraient dans leurs creux. Les embruns se dressaient en volutes et, chassés par le vent, cinglaient violemment les « nageurs » et remplissaient les doris. De temps en temps, on voyait un homme « soulager » les embarcations à l'aide d'une écope, tandis que l'autre redoublait d'efforts pour maintenir son doris « bout à la lame ». Ceux qui se trouvaient « dans le vent au bateau » ralliaient sans trop de peine, mais ceux qui étaient « sous le vent au bateau » gagnaient difficilement.

Jean Le Roux, flagellé par les douches glaciales de paquets de mer qui déferlaient sur le pont, perdait toujours de sa pression alcoolique et retrouvait progressivement sa lucidité d'esprit; il commençait à réaliser puissamment l'horreur du drame dont il avait la responsabilité coupable. Debout sur le gaillard d'arrière, agrippé au roof de la cuisine, il regardait au large avec des yeux de hanneton. Quand il voyait les doris plonger dans les creux béants, il éructait d'une voix rauque, rageusement, horriblement, un cri de désespoir :

« Malheur! Ils sont foutus! »

Dans cette mer devenue sauvagement folle furieuse, la goélette qu'ils voulaient regagner, la goélette qui voulait les sauver, était devenue pour les doris le danger le plus menaçant, le pire ennemi. S'ils parvenaient à l'accoster, ils avaient les plus grandes chances de venir se fracasser contre sa coque, d'être écrasés par un coup de hanche au roulis ou d'être soulevés par un paquet de mer qui les écraserait sur le pont ou sur le bord de la lisse. Il fallait, coûte que coûte, déborder les doris.

Tous les hommes du bord s'étaient munis de bouées, de gaffes, de filins. Le « second » avait empoigné un rouleau de cordages dont il avait fait un énorme lasso. Penchés sur la lisse, le cou allongé, les yeux exorbités braqués sur les doris qui approchaient, anxieux, haletants, conscients de la gravité de la minute, de la seconde où la vie de leurs camarades allait dépendre de l'adresse et de la rapidité de leur intervention, tous attendaient.

Tout à coup, on voit monter à l'horizon une horde de nuages, telle une armée tumultueuse, se bousculant à l'assaut des pauvres doris. Le vent les mène comme un troupeau, les cingle, les mord, les bouscule, leur arrache des flocons de laine noire pour les déployer en rideaux superposés, d'un noir qui obscurcit tout. Le noir du ciel qui se reflète dans l'eau l'a transformée en encre de Chine.

L'eau tourmentée donne l'impression d'un incendie d'océan, tantôt elle grésille comme sur de la braise, tantôt ses lames explosent et se tordent comme des flammes blanches dans un ronflement de fournaise.

Le vent souffle avec une violence qui cingle et

cuit la peau des joues; il coupe la respiration; il crie et gémit dans les haubans, les cordages et les antennes, avec des cris et des gémissements d'enfant pris de peur soudaine et de souffrance affolante.

Un doris approche! A chaque traction sur les avirons, les hommes poussent des hans formidables de bûcheron; ils ont l'écume aux commissures labiales et un air hagard de malheureux qui, depuis une heure, luttent avec un acharnement farouche contre la mort et qui se demandent si, après tant d'efforts, ils ne vont pas sombrer à l'entrée du port!

Le « second », avec une force de catapulte, lance son lasso. Bien envoyé! Il a pris son homme à plein tronc. Le marin dépose ses avirons, saisit le câble à pleines mains et, en charriant son doris, se laisse amener le long du bord. De la goélette, les hommes, à l'aide de leurs gaffes, débordent le doris pour l'empêcher de se briser contre la coque, tandis que l'autre marin passe les crocs aux extrémités du doris pour l'embarquement. Puis les ordres tombent en cascade :

« Paré à virer? Virez! » « Mais vire donc! » « Décolle ! » « Mais décolle donc. » « Les salauds! ils vont tout casser. » « Tiens bon! Tiens bon! » « Amène! Amène doucement! » « Attention! Larguez tout! »... Et d'un! La manœuvre se renouvelle 5 fois, 10 fois, 12 fois! A cinq reprises, les hommes sont tombés à la mer!

Il fallut alors se livrer à un jeu effrayant. Du bord, les sauveteurs, à coups de gaffe, pêchent dans la « baille » avec une brutalité de chirurgien. Les crocs mordaient dans les vêtements et les chairs. La charité a parfois des nécessités cruelles pour le salut de la vie!

A deux reprises, la mer, au moment de l'ascension des doris, piocha deux hommes, les happa et les entraîna. Ils « faisaient surface » mais ils « perdaient ». Le mousse, perché dans les haubans, aperçut leur détresse, il appela « Turc », le superbe terre-neuve du bord, son meilleur ami, et, lui montrant les hommes en perdition, il l'incita à se jeter à l'eau :

« Tiens! Tiens! Turc!... Vas-y! Vas-y! Turc!... Amène! Amène! Turc!... »

Turc sauva les deux hommes!

Trois doris manquaient!... Tout l'équipage, anxieux, inspectait la mer d'un regard scrutateur!

« Second! » s'écria un homme, « là-bas, à deux cents mètres, un canard boiteux! »...

Deux hommes halaient sur les avirons avec rage et frénésie. Ils étalaient, mais ils ne charriaient plus...

Le « second » fit filer un doris à l'aide d'un filin. Les deux doris se rencontrèrent. Les deux hommes s'agrippèrent au doris sauveteur. Du bord, les hommes halèrent le convoi. Malheur!... Le filin cassa à 15 mètres de la goélette! Les deux hommes reprirent leurs avirons et halèrent dessus avec la rage du désespoir... Ils gagnèrent le bord, mais, au moment où l'équipage s'apprêtait à les embarquer, une montagne énorme fonça sur la goélette :

« Sauve qui peut! » hurla le « second ».

Les hommes s'agrippèrent où ils purent.

Le doris fut soulevé violemment au-dessus de la goélette et, à la chute, se cassa en deux sur la lisse!... Les deux hommes disparurent...

Au bout d'une minute, le « patron » reparut à la surface. Une plaie béante au front, il saignait affreusement; mais il nageait par la force de l'instinct de conservation. Commotionné, assommé, abruti, il prenait la direction opposée du bateau... D'un coup de gaffe, le « second » le hala vers lui; deux hommes l'empoignèrent au collet et le jetèrent par-dessus bord.

Le « matelot » avait disparu... Tous le croyaient perdu! Mais non... Il était resté accroché par ses cirés au tangon de bâbord! Quand le roulis inclinait le navire à tribord, le malheureux émergeait et criait : « Au secours! ». Quand le roulis inclinait le navire à bâbord, le malheureux plongeait et buvait à la tasse! Il fut bientôt aperçu et halé à bord.

Deux doris manquaient...

Dans sa furie, l'équipage voulut se précipiter sur le capitaine! Arrêté par l'autorité et le prestige du « second », il hurla, pendant quelques minutes, son indignation au chef responsable du malheur :

– C'est toi qui les as « lavés »! Bandit! Crapule! Assassin! Vampire! Requin! Tu as sur la conscience quatre noyés, trois veuves et huit orphelins!

Soudain, on vit accourir le mousse, les yeux hagards, déments. Il déclara au « second » qu'il venait de couper, d'un coup de hache, le câble de mouillage de la goélette, et qu'il lui accordait, à lui et à tout son équipage, quinze jours de permission pour aller à Saint-Pierre-et-Miquelon chercher un autre câble...

C'était la première campagne du petit mousse! Le choc des horreurs dont il venait d'être témoin avait été trop violent... Il était devenu fou...

4 péris en mer, 3 veuves, 8 orphelins et... un fou!!! Joli bilan de commandement pour Jean Le Roux (1)! »

Enfin, dernier fléau des dorissiers – et quel fléau! –, la baleine. La baleine se jouait de leurs frêles esquifs comme à plaisir. Voici l'une de ces terribles rencontres, vécue par mon père et mon frère :

Malgré sa taille de géante, la baleine, on le sait, ne se nourrit que de petits poissons, de crevettes... Elle ne chasse pas la morue pour la manger, mais pour partager avec elle le capelan et le bouquet dont toutes deux sont friandes.

Les pêcheurs sont également au rendez-vous et

(1) R.P. Yvon, *ibid.*

chacun cherche à être plus rusé et plus adroit que l'autre.

L'homme chasse la morue, la morue chasse le capelan et la baleine chasse l'homme.

L'unique faiblesse de la baleine, c'est qu'elle se repère facilement quand elle vient respirer en surface et rejeter l'eau par ses évents, tel un geyser. Quand la brume empêche de la voir, on peut encore heureusement l'entendre qui souffle. Alors on sait qu'elle est là, tout près, et que d'un coup de queue – même léger – elle peut faire chavirer un doris.

C'est sûr, mon père n'aimait pas les baleines.

Fort, très fort même, doté d'une magnifique musculature, il ne craignait personne... sauf la terrible reine des mers.

Toutefois, à cette époque, il quittait chaque matin le voilier pour haler les cordes qui, tendues la veille au soir, avaient « poissonné » toute la nuit.

Son « avant de doris », mon frère aîné, l'accompagnait.

Or, ce jour-là, les deux hommes sont en train de relever leurs lignes quand ils entendent le terrible souffle.

Levant la tête, ils découvrent, à quelques centaines de mètres, l'énorme jet d'eau et de vapeur. Projetant alors un instant au-dessus de la surface grise de la mer sa queue monstrueuse, la baleine « sonde ».

Elle va très probablement faire un passage à 40 mètres de profondeur dans le banc de capelans qui peuplent cette zone.

Où, quand, va-t-elle réapparaître ?

Malgré cette angoisse, les pêcheurs reprennent le relevage du matériel de pêche. Ça donne bien, la morue est belle, il va falloir faire deux tours.

Mais c'est alors qu'une deuxième baleine projette son souffle, là, droit devant eux, à cinquante mètres à peine.

– Elle est sur nos cordes! dit mon père.

– Elle a le cap à nous écarter, crie mon frère. Pourvu qu'elle se mette point à virer de bord!

A peine a-t-il dit ces mots qu'un geyser les arrose copieusement. C'est une troisième baleine, tout près celle-ci, qui vient de faire surface.

Alors mon père se saisit du caqueux (1), toujours à portée de la main, coupe la ligne, laisse filer le bout et ordonne :

– Borde les avirons! On rentre!

Le doris bondit littéralement sur l'eau. Le voilier est à deux milles environ. C'est bien loin, avec un tel voisinage.

Ça souffle à bâbord. Ça souffle à tribord. Les baleines s'en donnent à cœur joie.

Emplissant leur estomac en plongée et leurs poumons en surface, elles exécutent un véritable carrousel.

Quand l'une d'elles, brusquement – est-ce par curiosité ou pour lancer un défi à mon père? –, émerge dans le sillage, souffle et, gagnant le doris de vitesse, passe juste en dessous. C'est un rorqual muni d'une énorme nageoire dorsale qui frôle la sole du doris.

La bête va-t-elle s'acharner?

Dans ce cas, les deux dorissiers le savent : ils sont perdus.

Tout deux claquent des dents et, pourtant, ils sont en sueur...

Mais non, ce ne sera pas pour cette fois.

A peine ont-ils pris pied sur le pont du voilier qu'ils entendent le capitaine tonner :

– Les garces! Les putes! Peuvent point aller caracoler ailleurs! Si ça les amuse, pas nous! Merde, à la fin!

(1) Couteau à manche de bois ne se pliant pas qui servait à faire des harengs de caque.

Déclaration que mon père et mon frère, à cette minute, jugèrent – on peut le comprendre – tout à fait pertinente.

Les mousses

T'as trop de gueule pour un mousse.

Au calvaire vécu par tant de dorissiers, il faut joindre celui, non moins terrible, que subirent tant d'enfants qui quittaient la misère de leur foyer pour s'enfoncer dans une plus grande misère encore.

On ne dira jamais assez les souffrances physiques et morales, la solitude désespérée de ces jeunes mousses, souvent abandonnés de tous. Ah! dans la paille de leur pauvre couchette, que de pleurs, d'appels étouffés, le poing dans la bouche!

Livrés à des hommes eux-mêmes condamnés à lutter à la limite des forces humaines et auxquels tant d'excuses peuvent être trouvées – on vient de vivre un peu leur vie de bagnards –, écrasés de fatigue, souvent aigris, démoralisés, durs entre eux, sans tendresse, sans femmes...

Comment alors s'étonner que certains – les plus vulnérables – se soient vengés de leur sort sur ce qui – à bord – était la faiblesse même, ces pauvres petits, comme créés et mis au monde justement dans ce but précis : le défoulement des marins.

Il ne faut jamais oublier que si l'homme, quand ses nerfs sont à bout, ne se libère pas, il « craque », comme nous disons aujourd'hui, d'une manière ou d'une autre.

Et ce n'est pas le moindre rôle de la femme – et combien sont-elles qui le jouent sans se plaindre ? – que d'aider à cette libération, le soir, dans le foyer où elle fait régner la détente et la paix.

Mais, pour les Terre-Neuvas, pas de foyer le soir, pas de femmes, pas de « pitié douce »...

Et Malraux peut bien parler de « transformer en

conscience l'expérience la plus grande possible », on peut facilement saisir que le métier de la grande pêche n'était guère propice à une telle « transformation ».

Or, la définition du mot « souffre-douleur », donnée par le Larousse, est accompagnée de cet exemple : « Jadis, le mousse était le souffre-douleur de l'équipage... »

Et si ces pauvres enfants n'avaient eu à souffrir que leurs propres douleurs... Mais non ! il leur fallait encore assumer celles de tout l'équipage qui s'employait sans retenue à les déverser sur eux sous mille formes : des plus stupides aux plus atroces.

Réveillés la nuit en sursaut de leur court sommeil pour allumer la pipe de leurs aînés, brimés, bafoués, ridiculisés à longueur de travail, frappés et voire, pire – ce que tout le monde tait pieusement, mais qui a bien dû arriver –, sodomisés par leurs compagnons ivres ou devenus fous d'abstinence sexuelle... et j'en passe.

Mais le plus terrible peut-être était que toutes ces « douleurs » devaient être supportées en secret, en silence de peur des mille représailles terrifiantes que l'on peut imaginer.

Il faut donc une bonne fois – et de la voix la plus forte – rendre honneur à ces enfants.

On ne peut pas douter, en effet, que leurs sacrifices aient évité que maints marins ne se soient livrés entre eux aux pires extrémités dont est capable la bête humaine déchaînée et que, s'il était un climat qui prédisposait à ce déchaînement, c'était bien celui vécu à cette époque par les pêcheurs de Terre-Neuve.

Et ce n'est pas à eux, je le répète, mais à tout un « système » qu'il faut s'en prendre – système inhumain, intolérable, et que la plupart en effet ne parvenaient pas à tolérer sans devenir bientôt leur plus lugubre caricature. Ah ! bourgeoisie, que d'horreurs tu as couvertes sous le signe de la rentabilité et avec la bénédiction des bien-pensants, de l'Eglise et des pouvoirs publics!

La grâce qu'il faut rendre aux plus petits des Terre-Neuvas c'est que, sans nul doute, ils ont été souvent la clef de voûte de ce grand métier, trop longtemps basé sur l'épuisement physique et l'énergie du désespoir.

Ces mousses – que nombre d'entre nous avons été en des temps heureusement plus cléments mais avec plus ou moins de chances au départ – situation de famille, santé – et de chances pendant les campagnes – esprit des capitaines, des équipages –, nous nous souvenons d'eux avec tendresse, peine, douleur parfois... mais toujours avec émotion.

Et face à leur innocence, à leur faiblesse, n'oublions jamais que l'attitude de chacun d'entre nous à leur endroit a souvent été le révélateur des régions les plus reculées de nous-mêmes – et cela dans le bien comme dans le mal.

Ecoutons le père Yvon : plus qu'aucun autre – et à une époque où c'était si rare – il s'est révolté devant l'horreur de ce qu'enduraient ces enfants et, mieux que personne, afin de les dénoncer, il a voulu exprimer leurs souffrances :

« Ces mousses d'autrefois de treize à seize ans, et même d'aujourd'hui, s'exclame-t-il, sont les véritables martyrs du bord! On les force à accomplir des travaux d'une dureté et d'une durée que la morale chrétienne et même simplement humaine condamne.

La fonction du mousse consiste à « énocter » la morue, c'est-à-dire à lui vider ses deux poches de sang au moyen d'une cuillère à long manche, et à la laver dans une grande baille avant de la jeter dans la cale. Cette fonction exige que les mains soient continuellement plongées dans l'eau glaciale pendant la journée, et cette journée n'est pas de huit heures, mais de seize heures à vingt heures sur les voiliers, et de dix-huit à vingt-trois heures sur les chalutiers.

On voit ces pauvres enfants tout couverts d'éclaboussures de chair et de giclures de sang lâcher seulement un instant cuillère et brosse pour souffler dans leurs mains engourdies, gercées, crevassées, grignotées par la salure de l'eau ou pour les réchauffer en les frappant comme des battoirs contre leurs torses (1). »

⁂

Des témoignages révoltants sur la misère des mousses, qu'ils soient rapportés par le père Yvon ou par d'autres, on pourrait en emplir des volumes entiers.

J'en ai choisi d'abord un, très court, mais qui en dit long : c'est l'histoire de ce pauvre enfant que le navire-hôpital trouva couvert de plaies résultant de mauvais traitements, et qui mourut peu de temps après avoir été transporté à l'hôpital de Saint-Pierre !

« Au moment où le médecin du navire-hôpital fut appelé à lui donner ses soins, le malheureux se trouvait dans l'état le plus lamentable et le plus affreux qu'il soit possible d'imaginer. Son corps n'était qu'une vaste plaie, et une horrible suppuration avait envahi ses articulations.

Dans cet état, il n'avait même pas une paillasse pour se reposer : il était couché sur une planche. Ses camarades, trouvant que sa literie, souillée par la sanie, infectait leur poste, n'avaient trouvé d'autre amélioration à la situation de ce malheureux que de jeter à la mer son misérable couchage, sans s'occuper de le remplacer (1). »

Les deux autres récits que j'ai retenus sont, eux,

(1) R.P. Yvon, *ibid.*

au contraire, d'une extrême rareté, car il s'agit de deux mousses hors du commun : l'un a osé résister, l'autre s'est révolté. Quand on mesure ce qu'il pouvait falloir alors de caractère – mais surtout de souffrances et de désespoir – pour qu'un enfant trouve la force de tenir tête à des hommes de la trempe des marins de Terre-Neuve ou pour attaquer un capitaine, même de la plus basse espèce, le cœur se serre.

La résistance du « crassous »

« C'était au temps où, comme disent les marins, « les fesses des mousses étaient le déversoir du trop-plein de l'énervement de l'équipage ».

Ah! il n'était pas vieux, le pauvre petit, treize ans à peine, un petit brin de genêt.

Il n'était pas haut, 1,20 m tout juste.

Il n'était pas gros non plus, sa peau comme collée à ses os.

Personne à bord ne connaissait son nom de baptême. Ce nom variait selon le baromètre de l'humeur de l'équipage. Quand il était au « beau », on l'appelait « Petit ». Au « variable », « bigaille », « bigorneau », « puceron ». Quand il était à « tempête », le pauvre n'avait plus droit qu'à « vermine », « punaise » ou « crassous »...

Pourtant, le brin de genêt était toujours le même : une âme d'or dans un squelette de misère.

Il était l'aîné de sept enfants à cette époque sombre où les pauvres n'avaient qu'un seul destin : être l'esclave du riche, et aucun autre moyen d'existence qu'un salaire de famine ou l'aumône.

Petit-fils et fils de « péris en mer », on ne put l'empêcher, pourtant, d'affronter à son tour l'Ogresse.

Le petit embarqua sur la *Marie-Rose*.

Il se retrouva donc un soir, seul, à treize ans, en

plein océan, au milieu d'un équipage aviné, étendu dans sa cabane à attendre un sommeil rétif parmi les hurlements bachiques d'un poste en goguette.

Le mousse s'endormit pourtant à la fin, au souvenir d'une berceuse que lui chantait sa mère, mais son réveil en fut d'autant plus terrible : une douzaine d'hommes, dressés sur leurs coudes, la gorge en feu, lui éructaient le branle-bas.

« Au jus, crassous, cure-chaudron! Allons, décolle-toi, maudite bigaille! Sinon, on te colle un moteur quelque part! »

Devant ces injures, le petit se mura dans un silence stoïque et se rendit à la cuisine.

C'était une cabane trapue de planches épaisses. Sa charpente, en gros madriers de chêne, était solidement incrustée dans le pont. Dressée à l'arrière du bateau, la bicoque subissait l'assaut des paquets de mer. Un fourneau, une table, un pétrin et un four l'occupaient aux trois quarts. Le fourneau faisait sa quinzième campagne. La brume, l'air salin et la mer l'avaient travaillé au point qu'il était entièrement élimé, rongé, creusé et rougi par la rouille. Aux parois était suspendue la batterie de cuisine qui, au roulis, tambourinait sur les planches dans un tintamarre désagréable.

Tout y était horriblement noir et sale, même la lumière du jour n'y entrait que filtrée par la graisse et le charbon collés à l'étroit châssis vitré. Le cuisinier, « l'empoisonneur de chrétiens », « le boulange », ne déparait pas. Véritable épouvantail, englué de suie, les pieds dans l'eau noire où ses jambes disparaissaient à chaque coup de roulis, il maugréait contre le fourneau humide qui lui crachait à la figure toute son âcre fumée quand il essayait de le tisonner et contre l'eau qui sautait hors des énormes marmites faites pour trente-cinq hommes.

Il y avait pire et plus dégoûtant. L'horrible masure, juchée au plus haut du bateau et à l'extrémité arrière, multipliait le tangage; elle s'enfonçait au plus bas des creux de lames pour s'élancer au sommet de leurs crêtes. A chaque montée et à chaque descente, la nausée tordait l'estomac du cuistot avec une telle brutalité qu'un jet de « rouge » en jaillissait avec la violence d'une pompe hydraulique.

Devant ce spectacle, le corps de l'enfant épuisé et terrorisé fut secoué de spasmes et de sanglots convulsifs.

Le mousse en dérive s'adossa au pétrin, les poings dans les yeux...

D'un coup d'œil, le cuistot pigea la situation.

A travers les vapeurs de son « rouge » en fermentation, son cœur mollit quand même un peu.

– Allons petit, lui dit-il, faut pas t'en faire comme ça! Tu viens de perdre le sein de ta mère, alors faut le remplacer : tiens, attrape ce biberon!

Et il lui tendit un verre d'alcool, mais d'une main si mal assurée que le liquide jaillit par-dessus bord et aspergea le pont.

– Excusez-moi, s'il vous plaît, répondit le mousse, je préfère ne pas boire.

– Ah ça, répliqua le cuistot, à Terre-Neuve, l'alcool est aussi nécessaire au marin que le sel à la morue! Ça conserve, entends-tu?

– Pardon, chef, je préférerais ne pas boire.

L'empoisonneur de chrétiens n'avait pas l'habitude d'entendre ses mousses discuter ses ordres.

– Prends, lui dit-il, ou je te l'engouffre! et, furieux, il essaya de le faire boire de force.

Alors le mousse lui saisit le bras.

Le cuistot, derechef, d'une torsion de poignet tenta de se dégager, mais le crassous resserra la prise et l'immobilisa.

On n'avait jamais vu ça!

Exaspéré d'être maîtrisé par un enfant, le vieux lui allongea, dans le devant de la jambe, un terrible coup de botte.

Mais le petit serra les dents, sans lâcher un cri.

D'une ruade, le cuistot se dégagea alors et sortit.

Il attrapa un seau muni d'une corde, le lança à la mer, le hala violemment puis, se plantant face au mousse, lui cria d'une voix de tonnerre :

– Boiras-tu? Boiras-tu pas?

– Je vous dis, chef, que je préfère ne pas boire!

Mais à peine avait-il articulé ces mots qu'il reçut en pleine face le seau d'eau glacée.

– Boiras-tu? Boiras-tu pas? hurla encore la brute.

– S'il vous plaît, chef, répéta le pauvre petit, mais cette fois les larmes aux yeux, je préférerais ne pas le faire... Attendez, implora-t-il, je vas vous dire pourquoi...

Et il balbutia d'une voix entrecoupée de sanglots :

– Heureux chez nous, avant... mais p'pa s'est mis à boire... plus d'argent, alors on a vendu la maison... alors p'pa s'est noyé... Aussi, avant d'embarquer maman m'a fait jurer... Oh! chef, s'il vous plaît, ne m'forcez pas, j'ai juré!

Alors, comme par miracle, le brouillard d'alcool dans lequel marinait l'esprit du cuistot se dissipa...

Il attrapa la tête du crassous entre ses mains :

– T'es un brave p'tit gars... Allons! Allons! Et pis, si quéqu'un dorénavant s'avise de vouloir t'faié boire, viens m'trouver mon poulot, tiens, j'y ferai son affaire, mé, pour sûr (1)! »

La révolte du « Tigre »

« Le père d'Yvon avait dit au capitaine :

– Emmène-le donc au Banc, et tâche de le dresser!

(1) R.P. Yvon, *ibid.*

Yvon arriva à bord en tenue de mer. Il n'en avait pas d'autre. Les misérables avances concédées par le capitaine lui avaient à peine suffi pour « gréer » son sac. Maigre, hâve, la figure osseuse, la bouche large, il avait l'air minable. Son ciré non dégommé avait encore son ampleur et sa raideur de magasin. Son corps d'enfant donnait l'impression de flotter dans une armure de Goliath. Sa petite tête émaciée se perdait dans son suroît fait sur une mesure de tête d'adulte...

... Le capitaine n'était pas un manieur d'hommes, c'était un maquignon. La lutte pour la vie lui avait rivé au fond de l'âme une dureté rocailleuse; elle avait moulé dans sa figure, comme dans une terre glaise, quelque chose du bouledogue. Il avait les yeux exorbités, une bouche élargie montrant ses dents, une grosse tête sans cou ramassée dans de larges épaules. Il aboyait plutôt qu'il ne parlait et donnait toujours l'impression de vouloir mordre. Il était violent, coléreux, buté, une tête de buis faite pour enfoncer l'obstacle. Il eût fait un fameux garde-chiourme; d'ailleurs, il se considérait comme tel. Il appelait son bateau *la galère*. Son bord n'avait d'autre loi que la sienne et les pires abus devenaient justes et légitimes dès qu'ils étaient l'expression de sa volonté...

... Ce capitaine, hélas! en était encore à la définition qu'un vieux dictionnaire donnait jadis du marin :

« Un animal destiné à la manœuvre des navires et se nourrissant principalement de tabac et d'alcool. »

Mal lui en prit! Un jour, tout son équipage en bloc se dressa contre lui, avec une violence farouche, une violence de marée, une violence de tempête, une violence de cyclone! Cette violence fut telle que le capitaine n'osa l'affronter avec sa tête de buis! Il dut mettre sa fureur en « cape » et se bloquer honteusement dans sa cabine.

Le lendemain, à l'instigation du « second », tous les hommes étaient à leur poste de travail.

Le capitaine avait « molli »! Mais c'est le propre des lâches de se venger sur les faibles lorsqu'ils tremblent devant les forts.

Depuis le début de la campagne, le mousse attendait encore une parole amicale de la bouche du capitaine. « Dressez-le! » lui avait dit le père. La recommandation était inutile; il passait pour le bourreau des mousses, des faibles, des sans-défense : il l'était.

Après la révolte de l'équipage, la situation du mousse devint infernale, il devint la tête de Turc du capitaine.

L'humiliation d'avoir été forcé, lui le chef, le seul maître à bord après Dieu, de capituler, d'« amener ses couleurs » devant son équipage, le fixa dans une espèce de rage permanente, et c'est sur le petit qu'il éructait sa rancœur et crachait sa bave.

Le mousse était son « décolleur ». Enlisé jusqu'aux aisselles dans la morue raidie et congelée par le froid, la figure fouettée par des tourbillons de neige, les mains et les doigts crevassés, gonflés et tuméfiés par d'horribles engelures, le tour des poignets dévoré par les « petits choux des Bancs », espèces de verrues provoquées par le frottement des cirés, il devait fournir au capitaine, son trancheur, cinq cents morues à l'heure. Passer seize ou dix-sept heures plongé dans ce « frigo » – même à l'heure des repas – et soulever pendant ces longues heures des morues pesant une moyenne de 15 kilos pour en décoller la tête! L'imagination la plus furibonde ne peut se représenter ce que cela veut dire, à moins de l'avoir vu ou vécu.

Eh bien! ce n'était pas assez pour attendrir le cœur de la brute! Quand la pauvre petite bête de somme, exténuée, faisait attendre la morue, elle recevait la cravache des Bancs, c'est-à-dire qu'elle était fouettée en pleine figure à l'aide d'une morue maniée d'une main vigoureuse et brutale. La brute flagellait le gosse avec une violence de passion jamais assouvie.

Emmuré en lui-même comme dans un cachot, le pauvre petit ne pensait plus qu'à son bourreau et à son malheur. Son âme était en aigreur, son cœur donnait à plein gaz, son sang était en ébullition, ses nerfs à leur tension maxima; sa bouche en détresse perpétuelle remuait, mâchait de l'anxiété, et une sauvage volonté de vengeance; il regardait le capitaine d'un regard en dessous chargé d'une rage malveillante. Mais il n'osait pas passer à l'attaque! La carrure et la sauvagerie de son bourreau lui faisaient peur, le paralysaient.

Mais, un jour, un matelot lui dit :

– Petit, dans la vie, il vaut mieux être boucher que d'être veau!...

Quelque temps après, le capitaine dépassa les limites sauvages de sa sauvagerie quotidienne. Le mousse se sentit remué jusqu'au tréfonds de son âme et de son corps; le visage crispé, buté, hideux, la bouche écartelée découvrant les dents et les gencives, les joues ridées et entaillées de plis profonds, les yeux hagards et déments, il bondit à l'improviste sur son bourreau et, d'une cuillère à énocter, lui assena un formidable coup au bas de la nuque.

La masse énorme de la brute s'écroula avec fracas, la face contre le pont. Le mousse bondit dessus en éructant des cris de rage vengeresse et se mit à lui labourer la figure de ses ongles tandis qu'il le mordait sauvagement à la nuque.

Le « second » le saisit de ses mains herculéennes et lui fit lâcher prise.

– Qu'as-tu fait là, mon petit? lui dit-il, d'une voix triste et alarmée.

Le mousse le regarda avec des yeux d'où jaillissait la flamme de la rage et de la folie :

– Qu'est-ce que j'ai fait, répondit-il d'une voix

éraillée, j'ai sauté sur la vache parce que le tigre n'aime pas les vaches!

C'est depuis ce jour qu'on l'a surnommé « le Tigre » (1). »

⁂

Pour conclure cette évocation des mousses de jadis, j'ai voulu que vous lisiez le pauvre message que l'un d'eux, le 21 mai 1936, envoyait à sa marraine de pêche...

Il se passe de commentaires.

Mais n'aurait-il pas mérité – pour mémoire – d'être écrit en lettres d'or sur tous les morutiers?

« *Bande taireneuve 21 mai 1936.*

Chère ma reine,

Le Paire Yvont m'a remis vote caulit et vote laite qui mon fé ben plaisir; Rezevoir tou sa dans se sale péi, sa fé plisir plus que vous pensé, sur tou entende quêque bones paroles come dune manmant. Tené vous mavé fé pléré. Le capitène mavé flaqué sa men sur la gueul sans réson, et vote lète ma consolé. Esse cusé si ma lète sans mové, isi tou pu. Sale péi, sale mère, sale moru, toute sale. Tené javé pu rien de séque, mé avéque vot caulit me vois la gréé. Mersi, mersi et mersi, et en cor une foé mersi. Sé pa vot fi yeule qui vous embrase mé vot enfan.

Signé Louis (2). »

Enfin, puisque ce chapitre rappelle – ou révèle – bien des souffrances, des drames dans la vie des Terre-Neuvas, je ne voudrais pas oublier celle des « horzains ». Horzain – dago –, en notre langue de marin de la grande pêche, signifie étranger, c'est-à-

(1) R.P. Yvon, *ibid.*
(2) Lettre rapportée par le Père Yvon.

dire, au sens où nous l'entendons, d'un lieu différent ou d'un milieu différent.

Dans notre cercle fermé, si dur déjà envers lui-même, le horzain était jadis la brebis galeuse par excellence, le bouc émissaire idéal de l'équipage qui, unanime, sans atteindre « personne », prenait un plaisir vraiment gratuit à le harceler de toutes les manières possibles, multipliant sur lui les plus pénibles « cartons ».

Le mousse, dont la famille était souvent connue des uns ou des autres, trouvait parfois quelque défenseur, parvenait à émouvoir certains, mais le horzain, jamais.

Le horzain, comprenez bien, n'était pas « d'cheu nous », et donc n'était de nullle part – ou pire encore, de régions relativement proches, mais détestées.

De ce fait : nulle part à sa place – et même, est-ce qu'il ne volait pas celle d'un autre ? Aussi, s'il se trouvait quoi que ce soit à redire à son travail – et croyez-moi, on trouvait – malheur à lui, il se faisait dresser, et vite. Haro sur le horzain ! Haro sur le dago !

Je préfère ne pas penser à ce qui serait advenu du pauvre « Vivi », un horzain qui, comble d'infortune, bégayait, sans l'intervention bienheureuse de son capitaine.

Vivi, le horzain

Vivi n'appartient pas au monde marin. C'est un horzain. De son père avocat, il garde un souvenir suffisamment précis pour regretter sa petite enfance. Lors du divorce, il a suivi sa mère et, chaque année, il l'a vue s'enliser un peu plus : de maison en bicoque, de bicoque en taudis pour finir par échouer à Dieppe et loger dans les trous de la falaise.

Dieppois et Fécampois ne se portent pas mutuellement dans leur cœur, c'est bien connu sur la côte.

Vivi regarde le poste d'équipage où il va vivre quatre ou cinq mois : les couchettes grises superposées, les caissons alignés, le poêle qui enfume plus qu'il ne chauffe. Le tas de charbon débordant sous la table. Et ces hommes qui le toisent comme un étranger. Il a hâte que le chalutier quitte le quai mais sa mère a cru bon de l'accompagner et elle quémande d'une voix de poissarde :

– Ben quoi! Y a même pas un coup de pinard ici? Merde alors!

Il a connu bien pire que le long couloir où il va dormir avec les autres marins. S'il faut vivre dans cette « prison » – comme certains nomment le couloir – pour faire sa place au soleil, il est volontaire.

Hélas! la volonté et le mal de mer, ça fait deux. Il est écrasé dès le départ. En trois jours, ne pouvant rien avaler, vidé, vomissant le fiel, il est devenu une loque.

De surcroît le vent d'ouest qui fraîchit secoue le navire de plus en plus rudement et Vivi a choisi la seule couchette restée libre, la plus près de l'étrave, accotée au puits des chaînes de mouillage.

Le bruit des chaînes, frappant le conduit, martèle sans répit son pauvre cerveau.

A devenir fou! A se foutre à l'eau! Et encore, à condition d'en avoir la force!

C'est le moment rêvé pour faire sa fête au horzain!

– Dis donc! L'dago, t'es v'nu pour rester en cabane à dégueuler?

Les matelots s'en donnent à cœur joie, le conspuent, l'insultent à qui mieux mieux :

– Feignant! Est pas en restant couché qu'tu seras pu malade! Faut se r'muer, faut se s'couer! Allez, fonce à la cuisine trâcher du café. Et torche!

La bouilloire pèse une tonne au bout de son bras.

Il a beau forcer : il ne franchit même pas le seuil du poste et s'effondre à côté du pont, basculé par un coup de tangage.

Même les embruns glacés ne le font pas se relever. Aucun son ne sort de sa bouche. On commence à le croire muet.

Ricanant tout leur soûl, les matelots font les demandes et les réponses :

– J'sieus dieppois, mé! J'veux naviguer au Banc, mé!

– T'en foutrais, mé, d'la couchette!

– Si j'étais le Vieux, comment que j'te f'rais fai l'quart su la passerelle supérieure, la gueule dans l'vent. J't'amarr'ais plutôt au compas mais t'y resterais d'bout deux heus, là-haut!

– Pi, ça va rouler les épaules en rentrant, c't'été! C'est mé qu'arrive du Banc! Mé qui s'sieus un dur de dur!

– Un dur à réveiller, oui!

– Et d'abord, tous les dagos c'est des pourris et, vrai, tu dépares pas le lot...

Au bout de quelques jours de traversée, le chef ramendeur finit quand même par aviser le capitaine que le horzain n'a encore rien mangé depuis le départ.

Le capitaine juge très vite que le malheureux n'en rajoute pas et qu'à ce train-là il n'en a pas pour longtemps.

– Assieds-toi, mon gars. Tiens, mange une poire. La poire quand on la dégueule, elle a le même goût qu'en descendant.

Le malheureux essaie de grignoter, et, après un terrible effort, avale un peu.

Sa bouille, ronde au départ, est grise, toute ratatinée. Un instant après, il bredouille :

– Ca... ca... pi... pi... pi... pitaine... Ça y est, j'vais vo... vo... vo... vo...

Il n'a pas le temps de gagner la porte. Il a vomi.

– Te frappe pas, dit le capitaine. J'vais faire donner un coup d'faubert. Mais dis-moi, tu bégaies toujours comme ça d'habitude? Bon! mais faut pas t'en faire pour ça...

« Je vas te dire une chose, mon poulot, bégayer ça a jamais empêché un mousse de devenir capitaine. J'ai un frère qui commande un chalutier : ben, à ton âge, il en dégoisait pas une.

« Tu vas coucher et manger ici. J'vas aller leur porter moi-même la gamelle aux rations. Ce midi. On verra si z'auront tant de gueule avec mé qu'avec té.

Quand, rétabli, Vivi regagne le poste d'équipage, aux yeux des marins, c'est toujours un horzain, mais un horzain qui peut faire son boulot, c'est déjà ça! ça peut se supporter!

Et puis, le « Tonton » est passé par là.

Un des anciens « tortionnaires » de Vivi lui demande :

– Pour qué qu'tu l'avais pas dit qu'tu bagoules? Ça nous aurait évité l'engueulade du Vieux. Quand il est v'nu mett' la gamelle su la table, l'a tapée si fort qu'on a pris toute la sauce dans la gueule...

Et Vivi de répondre :

– Mais si j'vous l'avais dit, ça... ça aurait pas fait plus, plus... plus d'effet que si j'avais pi... pi... pi... ssé dans un vi... dans un vi... un vivi... un...

Il n'a jamais pu prononcer : violon.

Mais le surnom de « Vivi » lui est resté.

Vivi, le horzain.

⁂

C'est enfin volontairement que j'ai achevé ce « chapitre du souvenir » par le terrifiant journal d'un chef mécanicien du début de ce siècle.

« Maître après Dieu », voilà une dignité, un titre de noblesse qui obligea la grande majorité des capitaines à un esprit de justice, à des actes de courage, magnanimes, admirables. Les mémoires et les livres foisonnent de récits véridiques qui en font état.

Mais, il faut bien l'avouer, il fut d'autres capitaines, c'est vrai et, hélas, c'est humain, faibles et indignes : maîtres absolus, oui, mais... après le Diable.

Cela dit, aucun marin connaissant par expérience le rôle en mer de ces « maîtres » n'oserait jeter la première pierre.

Les capitaines, il ne faut pas l'oublier, étaient alors, tout comme les marins – debout bien avant eux –, épuisés de travail et, de surcroît, tenus pour responsables de tout ce qui arrivait à bord, juges et arbitres des querelles ou bagarres qui éclataient fréquemment entre les marins (quand la morue ne donnait pas, par exemple), écrasés par des responsabilités dépassant – et souvent de loin – leur formation, par des cas de conscience parfois dramatiques. On vit, ainsi, dans les années 1920, un capitaine obligé d'abattre d'un coup de revolver un de ses marins qui l'attaquait, un autre se suicider... pour ne citer que ces deux cas limites.

Quand il fallait – au propre et au figuré – naviguer ainsi « au jugé » entre la vie et la mort, et qui plus est harcelé par l'argent – considération première de l'armateur, phare-sangsue debout au port à guetter le bilan de la campagne, tel... le Veau d'Or ! –, il n'est pas étonnant que, parfois, la vue de l'esprit, du cœur, se soit brouillée, la force d'âme la plus haute se soit effondrée.

Toutefois, en ces temps implacables où les humbles n'avaient aucune chance, aucun droit de faire entendre leur voix, où quiconque défiait l'autorité – quelle qu'elle fût – était condamné, il n'est plus possible de cacher à quelles misérables extrémités recula parfois la « condition humaine » – et les excuses qu'on peut lui trouver n'y changent rien.

Je pense, au contraire, comme le père Yvon, qu'il

faut dénoncer, bien qu'elles fussent exceptionnelles, ces « extrémités », ces « souillures », afin que le souvenir de ceux qui en furent les victimes soit vivifié, que leur soit rendue la Légion d'honneur qu'ils ont si hautement méritée.

Extraits du journal de bord d'un chef mécanicien dans les années 30

14 mars

Temps superbe, j'en ai profité pour installer les lampes de filière, chien et autres. Parmi l'équipage se trouve un jeune novice d'une quinzaine d'années, très grand et timide, que ses camarades ont fait chanter dans le poste. Le capitaine, l'ayant appris, l'a fait monter sur la passerelle pendant que nous mangions et l'a fait recommencer. Il s'y est mis de bon cœur. A peine une chanson terminée, l'autre suivit, chansons d'écoliers, plus ou moins écorchées; mais nous apprenons qu'il n'a jamais été à l'école, et qu'il est l'aîné de 9 enfants, que sa mère est paralysée depuis plusieurs années. Après cet effort, il a bu une bonne dose de vin et un grog.

Pendant que nous lui causions, il s'est mis à tousser. « Es-tu enrhumé? » lui demande le capitaine, et sur sa réponse affirmative il le fait se dévêtir pour le badigeonner à la teinture d'iode. Quelle maigreur! cela fait peine de le voir. « Tu seras soigné ici, lui dit le capitaine, et si tu n'as pas assez à manger, préviens-moi. Tiens, un autre grog! et va te coucher bien vite. Demain, tu ne travailleras pas. »

Les bruits qui courent sur ce capitaine sont-ils vrais? Attendons, le temps nous l'apprendra...

15 mars

Le capitaine a créé une loterie, comprenant 120 billets à un franc pièce dont voici quelques lots :

1 bouteille de champagne,
1 bouteille de fine,
1 boîte de cigares,
5 paquets de tabac,
5 cigares,
1 tablette de chocolat, etc., etc.

Lots n'ayant pour toute valeur que 0. Par exemple : le bâton de sucre d'orge n'était autre qu'un bout de bois roulé dans un papier d'étain, le chocolat un maillon de chaîne, etc., etc., cependant que le capitaine empochait 120 francs.

31 mars

Aujourd'hui, le capitaine nous fait voir un peu de sa malice, il a appelé sur la passerelle un énocteur appelé X, le plus petit et le plus jeune du bord. Une fois là-haut, le capitaine prit son paquet de tabac et lui donna une grosse chique en lui disant : « Mâche-la, et puis crache. » Pendant ce temps, il remplit un grand verre à moutarde d'eau-de-vie, revient, fait à ce gamin retirer sa chique puis boire : « Rechique, recrache, rebois. » Le verre est vide. « Tu boiras bien un deuxième », et, sans attendre une réponse, de lui servir un autre, ingurgité aussitôt.

Quelle est la mentalité de cet homme?

5 avril

J'ai assisté aujourd'hui à une scène bien pénible, révoltante même. Un novice du nom de X a eu son pied très abîmé par sa botte; le pied enflé, il n'a pu se chausser et est resté couché. Son absence aperçue par le capitaine, il l'a fait demander à sa passerelle pour le soigner, ensuite il a appelé le garçon pour qu'il aille chercher les bottes du malade. Contraint de se chausser, après bien des efforts avant d'y parvenir, le gosse pleurait tant il souffrait : il a dû, pour diminer le volume, enlever chaussettes et pansement, mêmes essais infructueux. Le capitaine, déchaîné, lui administre plusieurs calottes, le traitant de fainéant. Ne s'arrêtant pas là, il appelle Z, qui a des bottes de 45, pour les céder à son camarade afin qu'il se mette au travail. Il y a un mois que nous avons quitté la France, la sauvagerie commence.

7 avril

Le jeune homme blessé par sa botte est venu faire voir son pied aujourd'hui, pied pourpre et enflé. Il a fallu l'ouvrir au bistouri, pus en abondance. Résultat : un trou sur le cou-de-pied, où l'on mettrait le pouce, les nerfs sont à nu.

Est-il satisfait, le capitaine ?

Aujourd'hui, autre scène révoltante. Le jeune X avait un chat qui rendait grand service, le bord étant infesté de rats. Le capitaine le fit chercher et enfermer sur la passerelle avec son chien. Ce dernier, à coups de dents, a broyé le chat qui ne pouvait se sauver. Il était heureux, lui, et remarquant ma pitié à l'égard de cette bête, il dit : « Tout ce qui est à bord est à moi. Je suis le maître, je fais ce que je veux. » Pour ne pas répondre, je suis parti.

28 avril

Ce soir, représentation par le capitaine. Bataille des mains amarrées, puis galoche. (Jeu dégoûtant : une galoche est disposée sur le pont avec quelques pièces de monnaie, un fil y est attaché que l'on doit suivre, les yeux bandés, et enlever la galoche avec la bouche. Les premières fois, c'est bien de l'argent, ensuite c'est de l'excrément.)

Quelle mentalité a-t-il, ce capitaine?

30 avril

Un nommé X, ayant manqué le départ du navire à Saint-Pierre, nous a été amené par le M. A son arrivée à bord, appelé sur la passerelle, il fut frappé par le capitaine avec sauvagerie, avec une matraque en caoutchouc qu'il nomme sa « chocotte », le chien le roulant à terre. Le capitaine avait son revolver en main, chargé, le cran de sûreté enlevé, il criait : « Je te tue! Je te tue! »

3 mai

En rentrant à P., le capitaine a débarqué un matelot, avec un rapport mensonger qui coûtera prison à ce matelot et rapatriement à ses frais, en plus les frais de prison ici. Il fait le mal par plaisir, riant comme un fou quand il réussit.

X, dont la blessure à la tête n'est pas encore guérie, ainsi que les dents cassées par le capitaine, est allé passer la visite. Au docteur, il dit que ces blessures étaient accidentelles. Ce dernier a répondu que non, cela provient de coups. Craignait-il des représailles en mer?

18 mai

Quittons L., sel terminé.

A peine faisons-nous route vers le nord que le capitaine a une crise. Il ne parle que chocotte, matraque en caoutchouc, revolver ou autres raisonnements baroques.

Ce soir, nouvelle crise à mon arrivée sur la

passerelle. En face de moi, un fou prétextant que je lui donnais deux jours de retard à la pêche. « De l'argent perdu pour moi, dit-il, j'aime mieux la morue que ma femme, et la donnerais pour deux palanquées; je veux de l'argent! »

19 mai

Ce soir, le capitaine, ayant trouvé ses mets trop salés, dispute avec le cuisinier, menaces de coups, prison et suppression de vin pendant huit jours. Tout fut donné au chien pour que personne n'en mange.

25 mai

Représentation menée par le capitaine. Luttes à mains plates; puis le capitaine fait battre son chien avec les 5 moutons que nous avons à bord.

Ces pauvres bêtes ont été cruellement mordues.

1er juin

Aujourd'hui, crise de folie encore plus forte que précédemment. Le capitaine, couché depuis trois jours, malade d'avoir trop bu, car il s'enivre chaque jour, se lève ce matin et, à son arrivée sur la passerelle, se met à insulter son équipage, lui reprochant d'avoir jeté le poisson à la mer pendant son absence. Dans sa méchanceté, il traite les hommes de « bande de crève-la-faim », fainéants et autres beaux noms. Ne sachant que faire, il les a contraints de faire le service en deux quarts et les oblige à rester sur le pont jusqu'à la dernière minute, les insultant sans arrêt, leur proposant chocotte, trique et revolver. Pauvres gens qui, par un froid rigoureux, assurent 18 heures de travail!

8 juin

Aujourd'hui, le capitaine s'est emparé d'une caisse de vin que le « second » avait eue à P., sous prétexte que ce dernier s'était enivré là-bas, mais dans quel état il était ce soir!!!

9 juin

Réactions des libations d'hier, le capitaine déraisonne tout le monde. « Il est le roi », dit-il, et il veut être servi à pieds baisés, selon son expression. Il est plus heureux ici que chez lui; personne n'a droit à la parole que lui. « Avec moi, un bateau partirait en mauvais état, sans embarcation, mes relations avec X et Z me le permettent. » Et voilà sa conversation.

10 juin

Il s'est produit un petit accident à bord. Le nommé X, lieutenant, a eu l'index écrasé, l'ongle arraché, l'os à nu. J'ai demandé au capitaine comment allait le doigt de cet homme, il me répond :

« Quel que soit son cas, je n'irai pas à terre, ni déposer un malade, ni un blessé; j'attendrai qu'un autre bateau y aille. Ici un malade! On prépare un grand sac, deux ancres de doris, et mouille!... Ce serait ma femme, ce serait pareil. J'ai jeté 6 hommes à la mer sur les voiliers; ici je suis prêt à faire de même. »

Et le voilà qui revient sur chocotte, trique et revolver : « J'en tuerai un ou deux avant la fin de ma navigation. J'irai au bagne! »

14 juillet

Le capitaine est d'une humeur massacrante envers tout l'équipage.

Il est 19 h 30 et nous repartons avec un

capitaine ivre qui vient d'insulter le pilote et même de le remercier, prétextant que ce dernier était également ivre. Ce qui est faux.

Dès que je me suis mis à table, c'est mon tour. Le capitaine me dit :

« Vos hommes ne foutent rien. C'est malheureux de donner à manger à des hommes qui crèvent de faim chez eux. »

Je lui ai fait remarquer que, depuis ce matin, les hommes sont à refaire des joints sur les soutes à pétrole derrière les chaudières, et que ces mêmes hommes sortent d'une température de 65°, sur le pont où ils montent l'huile en fûts et cela à une température de –10°. Enfin, comme c'est fête nationale, il a saoulé un jeune homme, le nommé X; il l'a fait chanter, et pour le remercier il a pris son seau hygiénique et lui a vidé le contenu sur la tête.

20 juillet

Voilà trois jours que je ne mange pas le soir pour éviter d'entendre les paroles blessantes du capitaine, car je suis à bout.

23-25 juillet

Le nommé X s'est blessé. On ne le soigne pas; c'est pourtant assez grave.

28 juillet

Le capitaine est plus calme depuis que nous faisons route vers la France.

29 juillet

Monsieur est en crise. Couché hier toute la journée, il s'est levé pour manger, ce midi, avec les blasphèmes et les menaces aux lèvres.

30 juillet

Injuriant boulanger et cuisinier, leur promettant de les étrangler quand il se lèvera, tout cela parce que le riz était trop chaud pour sa gorge. Il prétend qu'il souffre de la gorge et se gargarise toutes les heures avec de l'eau de Javel.

1er août

Notre capitaine, toujours couché, a l'air de bonne humeur. Ce soir, il a appelé le cuisinier pour lui payer un verre de vin blanc, mais au préalable, il y avait mis une pilule de « crisonaline ou crisostéline ». Je crois que c'est un de ces mots qu'il vient de me dire. L'effet de cette pilule est instantané. L'homme est ivre aussitôt.

2 août

Ce soir, c'est le tour du T.S.F. qui, dans le même état, a cependant pu prendre un radio nous venant de S.

3 août

Aujourd'hui, le capitaine a discuté religion et clergé et les tours de force faits sur les navires qu'il a commandés; son coup de poing mortel à des gens plus forts que moi; les misères faites à son personnel et à celui des machines, que sais-je! Quel être nuisible!

28 jours à terre

8 septembre

A peine huit jours que nous sommes partis. Le capitaine recommence de plus belle. Inchangé, toujours ivre, et je dois me rendre dans sa passerelle pour manger. Mes oreilles en entendent de toutes les couleurs. Ne répondant pas, il est furieux, me disant : « J'ai du ventre, moi, et vous avez beau être gros et plus grand que moi, j'en ai vu d'autres, je vous ferai garder la chambre, je commande depuis 22 ans; je suis un chef, moi! » Je ne me reconnais plus! Quelle patience ai-je!

9 septembre

Même comédie.

11 septembre

Toujours le T.S.F. Invité à boire le vin blanc, il a absorbé une purge, à son insu. Lorsqu'il s'est couché, le capitaine l'a enfermé à clef de façon qu'il soit obligé de faire ses besoins dans sa chambre. Passant devant sa chambre et le voyant enfermé, j'ai voulu lui ouvrir, mais le capitaine est venu me dire ce qui précède et m'a fait l'y laisser trois heures de plus.

13 septembre

Journellement ivre. J'ai voulu aller déjeuner ce matin; lorsque le garçon et moi avons ouvert la porte sur la salle, nous avons dû fuir par l'odeur infecte.

17 septembre

Nous sommes au Groenland.

19 septembre

Le capitaine d'une humeur massacrante, la pêche ne donnant pas.

25 septembre

Je ne suis monté à la passerelle qu'à midi; je dis bonjour au capitaine, et lui, aussitôt, de me dire : « Je suis bien encoléré. J'ai du mal à me retenir. Si quelqu'un dit quelque chose, je lui plante mon couteau entre les deux épaules. Donner à manger à des fainéants qui n'ont fait que dormir! »

26 septembre

Très mauvais temps. Tous les bateaux sont en cape, excepté le nôtre; la boisson rend le capitaine fou, nous marchons tout ce que la machine peut donner : 90 tours. Quelle bêtise! Je crains que la drosse (1) ne casse. Il vient de donner une pilule à X, lequel ne pouvait plus faire un pas; il a ordonné au garçon de lui verser une bouteille d'encre sur la figure.

2 octobre

Les phoques ont fait leur apparition.

Ce soir, à 9 heures, en arrivant à table, le capitaine m'apprend son emploi du temps : il a enfermé le nommé X deux heures dans la chambre à Z, où il l'a dressé à coups de matraque; puis ce fut le tour du nommé Y qui est resté de 3 à 9 heures dans cette même chambre. Comme ce dernier passait la tête par le hublot, il lui a jeté un seau d'eau à la figure, puis le contenu de son seau hygiénique!

3 octobre

Il est plus ivre que jamais et devient de plus en plus mauvais. Monté dîner à 9 heures, il me raconte ce qui suit : « Je les ai délogés du carré, en bas, X et le gros Z. J'ai attrapé ce dernier et lui ai donné deux coups de poing dans la gueule. Je ne crains personne, j'ai trois revolvers et un fusil, des munitions en masse. Tout gros qu'ils sont, je n'ai pas peur : deux coups de couteau dans les reins, un autre dans

(1) Commande du gouvernail.

le nombril, à la gorge : et vous, vous êtes gros et grand, et je ne vous crains pas ! » Et tout en racontant ces bêtises, il tapait la soupière sur la table, le bouillon se répandait partout; puis, en me disant les dernières paroles, son couteau me tapait le bras... Résisterai-je jusqu'à la fin de la campagne ?

4 octobre

Monsieur est au Vichy, mais ça ne l'empêche pas de faire des saletés. N'a-t-il pas rempli les mitaines de X d'excréments ?

7 octobre

La vie devient impossible. De sa passerelle, il a mis en joue le père X, un père de 9 enfants. Le capitaine est encore fier de ses exploits en disant qu'il a une balle pour chacun.

8 octobre

La pêche excellente ce matin, mais par suite de l'ivresse du capitaine, du second et du chef ramendeur, nous n'avons rien fait ce midi. Non content de se trouver dans cet état par ses pilules, il a fait subir le même sort au boulanger et au cuisinier qui, sous l'effet des pilules, ont dû se coucher. Tout souffre à bord de la vie de cet être.

19 octobre

Le boulanger se plaint ce matin de douleurs dans les reins et les cuisses; il a passé la visite à 8 heures. Par le capitaine il a reçu des soins. Le capitaine m'a prié de lui remettre un pistolet d'air. Cet outil sert à prendre la pression d'air aux cendriers. Cet appareil possède un bec dans lequel le capitaine encastre un bouchon muni d'une aiguille, il fait déshabiller le cuisinier et lui fait plusieurs piqûres, lui faisant croire qu'il le soigne au thermocautère. Où s'arrêtera-t-il?

24 novembre

Aujourd'hui, le capitaine a coupé une pomme en deux, creusé l'intérieur et rempli ensuite d'excréments, refermé cette pomme par deux bouts d'allumettes et posé sur la table du carré. Elle était destinée à X qui a été pris.

Fin novembre et début décembre, le capitaine très aimable, dans le but sans doute de nous faire oublier le passé afin de retourner en 193... Mais adieu.

Signé : X

Chef mécanicien à bord du X (1).

***

Cette « minute de honte » que nous venons de vivre avec ce chef mécanicien, observons-la, en mémoire des mille et une souffrances des marins de Terre-Neuve inconnus, nous la leur devons.

Et, surtout, elle doit protéger l'avenir.

Sinon, à quoi donc servirait la flamme du souvenir?

(1) Journal de bord rapporté par le père Yvon.

La pêche à la morue

DEUXIÈME ÉPOQUE

LE TEMPS DES RESPONSABILITÉS

I. NAVIGATION EN TEMPS DE GUERRE

L'AFRIQUE

Quand, au cours de l'été 42, les Pêcheries de Fécamp – plus connues chez nous sous le nom de Compagnie Duhamel – ont enfin reçu l'autorisation d'armer, à la pêche en Mauritanie, leur chalutier *Cap-Fagnet*, j'entrevois la possibilité de fuir la zone occupée. Je signe donc avec joie mon contrat d'engagement comme matelot.

En prévision des vivres de route, je réussis à me procurer un poulet vivant dans une ferme des alentours, mais le départ étant ajourné, je me retrouve avec une volaille à soigner. Je me débrouille pour l'installer dans notre petite cour et la nourris avec ce que je peux trouver. La bête m'étant devenue sympathique, je me résigne non sans peine à la tuer. Mais sans cette nourriture, je sais que je ne trouverai rien à manger jusqu'à l'arrivée à bord, à Port-de-Bouc.

L'équipage, aussi apparemment calme que la ville en 1942, traverse Paris sans histoires. Quelques curieux, désirant savoir si nous partons volontairement travailler en Allemagne et à qui nous répondons que nous allons pêcher sur la côte d'Afrique, se désintéressent de nous et s'éloignent sans ajouter un mot.

Au passage de la ligne de démarcation, le premier lieutenant se voit apostrophé durement par un policier allemand. Nous ne nous sommes pas placés dans le train en suivant l'ordre nominatif du laissez-passer. Une partie de nos bagages est fouillée, des portefeuilles vidés de leur contenu sur la banquette. Nous ne devons transporter ni lettres ni papiers imprimés ou dactylographiés. Le train repart après ce long et minutieux contrôle. Nous sommes enfin en zone libre.

*
**

Je tire au sort la couchette numéro dix du poste de bâbord. Je vais y déposer mon sac mais la trouve occupée. Le matelot qui y a élu domicile appartient à l'équipe d'armement partie de Fécamp quinze jours avant le gros de la troupe.

– Tu comprends, m'explique-t-il, la « bannette » du bas est à toucher la table. Avec le roulis, les plats, les gamelles et le bidon risquent d'y atterrir. Alors je préfère coucher au-dessus. Comme t'es l'plus jeune...

Comme je suis le plus jeune, je n'ajoute rien et souhaite ardemment ne pas me trouver réveillé un jour par un paquet de mer... de café brûlant.

Dès le premier repas, nous regrettons l'absence de mousses, les moins de dix-huit ans n'étant pas autorisés à passer la ligne de démarcation. Qui fera la gamelle? Si c'est encore une question d'âge, cela va m'incomber mais, comme matelot à part entière, j'entends défendre mes droits. Je propose un tour de rôle. Les quatorze hommes du poste acceptent et Fernand, un grand gars légèrement voûté qui vient d'être démobilisé, se porte volontaire pour le premier tour. Coiffé du béret de la « Royale » dont il a enlevé pompon, ancre et ruban, le torse moulé dans un tricot rayé, il s'empare de la gamelle, enjambe les genoux de ses compagnons attablés et se dirige vers la cuisine. Louis Poret, jeune Yportais marié depuis peu, répartit le vin dans les moques que nous avons groupées au milieu de la table. Les courgettes bouchent un bien petit trou dans nos estomacs affamés et les lentilles aux lardons ne font pas beaucoup mieux. La maigre ration de pain nous permet tout juste de nettoyer nos assiettes. C'est le début du premier acte d'une vie en commun qui va durer deux ans et demi.

Près de la porte, les deux occupants des couchettes transversales dites « en Breton » sont de vieilles connaissances du *Saint-Martin-Legasse*. Le Pé Charles, qui a cinquante-trois ans, est resté vert; Julien est amaigri, vieilli; sa gouaille contraste avec son visage triste et ses yeux creux.

⁂

Ayant un équipage, le chalutier quitte le quai aux phosphates dès le lendemain et accoste le *Bois-Rosé* mouillé près du pont de Martigues. Sur ce chalutier de la même compagnie, nous récupérons toutes sortes de matériel. Si l'armement a pu se procurer le charbon nécessaire pour le soutage du *Cap-Fagnet*, il n'en est pas de même pour le *Bois-Rosé* qui, chauffant au mazout, devra attendre des jours meilleurs pour quitter son mouillage. Nous le déshabillons au maximum. En échange, nous donnons à son gardien, qui n'est autre que l'ancien radio du bord, un peu de notre charbon pour l'hiver.

Après avoir embarqué au Salin-de-Giraud cinq cents tonnes de sel, nous quittons la France fin octobre. Première escale prévue : Oran. Nous y arrivons deux jours plus tard. Puis, escortés par un petit chalutier armé : *La-Servannaise*, nous formons un convoi lent pour le passage du détroit de Gibraltar.

Nous quittons Oran à 6 nœuds, vitesse encore acceptable, mais bientôt un cargo du convoi joue « les traînards ». L'escorteur nous donne l'ordre de réduire l'allure. A 3 nœuds, nous attendons que la brebis égarée rejoigne le troupeau. Puis, quand nous allons reprendre la vitesse initiale, un autre navire donne des signes de défaillance. Le temps nous semble long, très long. L'équipage voudrait être déjà sur les lieux de pêche.

– Tu parles d'un sabot! I marche comme une tortue.

– Est pas la peine de fumer tant.

– Rien qu'à la hauteur de sa cheminée, i doit bien avoir trente ans.

– Irait plus vite à l'aviron!...

Enfin nous atteignons le détroit. Sur deux files de trois navires, nous suivons sagement notre escorteur. Un petit garde-côte anglais, naviguant parallèlement à nous, vient reconnaître ces navires utilisant le chenal. Nous portons tous, peint sur la coque, en plus du nom, un énorme pavillon français entouré d'un cadre jaune. Cela doit satisfaire le chien de garde du Rocher, car bientôt il met le cap sur Gibraltar, nous laissant continuer notre route.

⁂

On ne passe pas à Casablanca sans rendre visite au quartier réservé : Bousbir. Nous nous y rendons en char à bancs le premier soir. Nous avons droit au spectacle complet et au thé à la menthe. Comme il est 1 heure du matin quand nous regagnons le quai, impossible de trouver une barcasse pour rejoindre le *Cap-Fagnet* mouillé au milieu du port. Nous passons la nuit au poste de garde. Nous rentrons au petit jour, dormons une heure et, à l'appel du second, gagnons notre poste de manœuvre. Le *Cap-Fagnet* doit compléter ses soutes avant de reprendre la mer.

Tandis que le crapaud de la grue déverse le charbon, couvrant le bord d'un nuage de poussière noire, un mauvais rafiot nous accoste. Il apporte les vivres. Il n'y en a pas une grosse quantité. Quelques caisses de conserves et des œufs, mais cela nous semble considérable. Profitant de l'inattention du lieutenant de service, Joseph, dit « Labama », soustrait une boîte d'un kilo de confitures. Il se dirige vers le poste d'équipage pour y cacher son larcin. Mais, juste à la porte, il tombe nez à ncz avec le second capitaine. D'un air dégagé, il bifurque et entre dans les W.C. Il en ressort cinq minutes plus tard : un séjour trop prolongé risquant de sembler suspect. Très ennuyé, il s'approche de Fernand...

– La boîte de confitures est bas dans le trou des chiottes.

– Est pas grave, répond Fernand, on s'en passera. Un coup pour rien.

– Oui, mais al est restée coincée et les chiottes sont bouchailles...

– Condamne-les! Les copains iront dans celles d'à côté. On essaiera de rattraper la boîte ce soir.

Qui fut dit fut fait. Après une heure de travail, avec tige de fer et manches à balais, la boîte de confitures est libérée du conduit.

– Si on l'a pas crevée en la grappinant on la mange tout de suite.

– J'la passe quand même dans une baille de flotte... quoique les chiottes z'ont été lavées ce matin...

Partagée entre les douze gars du poste, la confiture nous semble succulente. Dommage qu'il ne nous reste plus le moindre morceau de pain pour en faire des tartines.

A vingt ans on a de la persévérance quand on a faim.

Nous quittons Casablanca début novembre, quatre jours avant le débarquement des Alliés.

⁂

Novembre 1942. Tandis que la France s'applique à survivre sous la férule hitlérienne, que les stratèges allemands piétinent en Russie, les Alliés ouvrent un nouveau front.

Dans le poste d'équipage, on n'a aucun poste de radio. On apprend le déroulement des événements par les lieutenants qui en disent peu ou par l'homme descendant du quart qui en général en raconte trop.

On est en pêche depuis une quinzaine d'heures. A chaque trait, dans les parcs, on recherche des poissons pouvant être bouillis ou grillés (seule cuisine possible quand on manque de matières grasses) ou mieux encore des langoustes qui restent introuvables.

– Des langoustes! Les fonds de Mauritanie en sont tapissés. Tout juste si elles sautent pas à bord toutes seules. Est un gars du Kéroman qui m'l'a dit à Marseille. L'en avait les dents agacées tellement l'en a mangé depuis un an qu'i fait c'métier-là.

On veut bien croire. « Quart de lot », qui à chaque virage nous répète :

– Vous allez voir c'te fois.

Le capitaine pique trois coups à la cloche.

– Tiens on vire au bout d'une heure! On n'a pourtant pas dagué. Doit s'passer kékechose. Quand j'suis monté m'faire soigner le doigt, l'capitaine discutait avec le radio. Ont pu ren dit quand m'ont vu.

Je plaisante :

– L'chalut est peut-être plein de langoustes et l'Tonton préfère virer avant de défoncer le gorget (1)!

« Quart de lot » n'approuve pas ma boutade : en rejoignant son poste de manœuvre il lance des :

– Rigolez bien, rigolez bien.

Manœuvre classique et sans histoires. Il fait beau. Les légers alizés de nord-est créent une petite houle régulière. Les marins, bottés plus pour se préserver

(1) Partie du chalut en mailles doubles qui précède le cul ou le sac.

des piqûres de poissons que de l'eau qui semble chaude, montent virer les bras nus, un simple tablier huilé autour des reins. L'équipe compte de très bons éléments. En 1942 trois chalutiers de Fécamp seulement pratiquent la pêche. De plus, l'un d'eux commandé par un Morbihannais a un équipage breton pour moitié. Les capitaines ont pu sélectionner. Le rendement s'en ressent. Ça tourne!

Une palanquée pleine monte. Le filin d'acier du palan encore neuf se plaint. René, dit « Tom », largue le cul. Daurades roses et grises, courbines, mérous, capitaines se répandent dans les parcs. C'est multicolore, ça brille, c'est joli. Dressant leurs antennes, deux langoustes – enfin –, superbes, tapent de la queue pour se dégager du poisson. « Quart de lot » jubile :

– On arrive dedans! Gare au prochain trait.

Mais de prochain trait, il n'y en aura pas pour l'instant; un ordre en effet tombe de la passerelle :

– Embarquez les bourrelets et les planches! Un homme à la barre.

Le capitaine, tête nue, frottant du dos de la main droite sa barbe de quelques jours, scrute les parcs.

– Une troisième bête au pied des haubans. Portez les trois à la cuisine. On en mangera un p'tit bout chacun.

Dans la vie courante, il est parfois gêné par une difficulté d'élocution mais quand il commande, il ne bégaye pas. Ça sort net, précis, sans appel. Chef ramendeur à dix-huit ans, il s'est imposé dans le métier par ses connaissances et sa dextérité. Les hommes disent volontiers de lui, lorsqu'il ramende, qu'il a les doigts comme des hélices. Second capitaine dès le retour du service militaire, il exerça son premier commandement à vingt-sept ans. Il en a trente-cinq actuellement. Les fonds de Mauritanie, nouveaux pour lui, ne semblent pas le tracasser. J'incline à croire qu'en plus de ses doigts en hélice, il a le nez « fichu comme le poisson ». Il le sent, le détecte.

⁂

Après une évolution sur la gauche, le navire se stabilise le vent en hanche de bâbord et le cap sur le soleil.

Comme on est aux environs de midi, que les vents sont nord-est, on fait du sud. D'autre part, comme on embarque les panneaux divergents, on fait route à terre.

L'après-midi, je suis de repos. Les gars des bordées de service lavent les parcs, saisissent le chalut. Le chef ramendeur qui les dirige reste très évasif quand ils lui posent des questions.

– On a les ordres. On fait route Dakar. J'sais rien d'autre.

Je prends le premier quart de la bordée montante à 18 heures. Je vais me glisser derrière la barre dans la timonerie inférieure quand le capitaine m'arrête :

– On reprend les quarts de route, dans le cagibi (1), là-haut. Tu doubles Henri (le second). Appelle un homme de barre et un homme de bossoir. – Puis il ajoute : – Ça va oui?

Cette fois encore, le capitaine et le second sont deux de mes frères, mais l'équipage ne tolérerait pas un manque à la justice : je dois me tenir à carreau et, eux, tenir leurs distances.

Ayant suivi pendant six mois les cours de l'école d'hydrographie de Fécamp, j'ai quelques notions de navigation. C'est la raison pour laquelle, en route libre, je remplis les fonctions de pilotin. Sur les lieux de pêche je reprends mon poste de matelot.

(1) Passerelle supérieure de dimension très réduite.

J'apprends bientôt que les Américains ont opéré plusieurs débarquements en Algérie et au Maroc et qu'on a reçu les ordres de rallier Dakar. On devrait y arriver demain et le *Simon* – chalutier de la même compagnie – se trouver en plein dans la bagarre...

⁂

On accoste à Dakar, au môle 6, entre un chaland à moitié déglingué et un remorqueur en réparation.

Quand trois de nos hommes sautent à terre pour doubler les amarres, un matelot du chalutier *Duguay-Trouin*, déjà à quai, les apostrophe :

– Vous emmerdez pas avec ça, les gars. On est aussi bien tous appelés à disparaître.

Le laissant déblatérer, l'encourageant d'un : « T'as raison camarade », les autres passent les doubles aux bittes d'amarrage.

Vexé de ne pas avoir fait trembler son auditoire, le tribun repart vers l'auto-bar, espèce de carcasse de camionnette posée sur cales. On peut y consommer de la bière et du vin blanc.

C'est le 11 novembre 1942... mais aucun d'entre nous ne pense à fêter la victoire.

II. VACANCES FORCÉES

Pêcher en Mauritanie avec un chalutier conçu pour pratiquer Terre-Neuve, il n'y a pas contre-indication. En mer, il ne fait jamais étouffant. Mais vivre à douze, dans un poste exigu, aéré par trois hublots minuscules, à quai au fond du port de Dakar, est moins recommandé.

Le lendemain de l'arrivée, on met bas les feux; donc plus de dynamo et pour seul éclairage : une bougie. Ni moustiquaire ni réfrigérateur, pas même une glacière. Les cafards et les puces se multiplient de jour en jour. Les maigres rations allouées à chaque repas font regretter le poisson frais.

Le pont étant couvert d'une toile servant de tente, on décide de vivre dehors. On démonte les tables, les bancs afin de les passer par la porte étroite et on reconstitue le tout à l'extérieur, tribordais à tribord, bâbordais à bâbord et ceux du poste d'en bas au milieu. On ne se mélange pas. Bien que se connaissant peu ou pas avant d'embarquer, dès que l'on fait partie d'un poste, on évite de recevoir ou de rendre visite à ceux des autres postes. On forme, comme on dit, un « clan » par poste, et la remarque vaut aussi pour la pêche sur les Bancs.

On était parti pour travailler, on doit apprendre à ne rien faire, à attendre. On était parti pour manger, nos estomacs sont à rude épreuve. On s'est libéré du joug nazi pour être prisonniers d'un navire sans âme. Notre Eden n'est plus qu'un Jardin des Supplices. Les soirées chaudes, longues et... obscures nous pèsent.

Dans des hamacs improvisés, certains préfèrent dormir sur le pont, faisant bon ménage avec les moustiques.

Petit à petit, on s'organise dans l'oisiveté. On grée une baleinière de sauvetage en « goélette américaine ». Pour se rendre au marché, on arme le youyou. On se baigne, on organise même quelques matches de football. D'un coup de ciseaux, les pantalons deviennent shorts. En quatre coups d'aiguille, les manches des tricots rayés de la « Royale » se transforment en maillots de bain.

Joseph, le chef saleur, trouve une combine pour se procurer du savon. Il a fait la connaissance d'un Noir qui se charge de le ravitailler. A l'heure prévue, son pote de couleur le prend à bord. Dans un « carricolo » tiré par un cheval famélique aux côtes apparentes, ils se rendent chez le fournisseur. Un mur élevé, une porte.

– C'est là l'ami! indique le Noir. Tu veux combien, mille francs, deux mille? Tu dis!

Joseph réfléchit, inventorie son portefeuille, pense qu'il pourra dépanner des copains. Il en extrait deux billets de mille, les glisse dans son porte-monnaie qu'il confie au Noir.

– J'rentre tout seul ti comprends. J'dis qu'c'est pour moi, ce s'ra mieux servi. T'attends là. J'arrive dans cinq minutes.

Un quart d'heure plus tard, Joseph, commençant à trouver le temps long, pousse la porte. Elle donne sur un terrain vague. Pas plus d'épicier que de palmiers au pôle sud. L'enfant du Sénégal baptisé pour l'instant enfant de salaud par Joseph a disparu.

– M'a eu, la vache! vocifère le lendemain un Joseph aux joues creuses.

– Pas possible de l'reconnaître. Se r'semblent tous. Pour me r'mettre, j'ai mangé hier soir dans une p'tite boutique : j'ai bu du vin de palme. Note que j'étais pas saoul en rentrant mais j'ai vomi, j'ai vomi...

Il arrête soudain de parler, se tâte les joues et les gencives puis éclate :

– Merde! J'ai dégueulé le dentier avec. Sacrée journée! C'est pas tellement pour les deux mille balles, mais dans l'porte-monnaie que j'y ai confié, y avait mon alliance.

⁂

Malgré les comprimés pris à titre préventif, quelques marins tombent malades. Le bord se transforme en infirmerie. Les plus atteints sont hospitalisés. L'aide de cuisine nous quitte en premier. On le remplace par un jeune Noir car les autorités ont donné les ordres de conserver un équipage au complet, paré à prendre la mer.

Le capitaine a perdu plusieurs kilos depuis qu'on est à quai. Une vieille connaissance, la dysenterie amibienne, lui détraque l'intestin.

Quelques frissons, des jambes qui ne vous portent plus sont les signes avant-coureurs de la crise de paludisme. La température monte en flèche, quarante et plusieurs dixièmes, voire quarante et un. On sue, on tremble, on grelotte. On absorbe la quinine que le second distribue aux malades. On se demande ce qu'on peut bien ficher ici.

Un jour – on est au début décembre –, un petit homme aux yeux perçants, aux cheveux clairsemés plaqués au cosmétique, au teint jaune d'hépatique et qui avait déjà rendu plusieurs visites au capitaine, demande à s'entretenir avec l'équipage. Quittant leur hamac ou interrompant une partie de dames ou de cartes, les hommes se groupent autour du petit homme qui, d'une voix posée, fait le point :

– Messieurs, vous n'ignorez pas que, maintenant, toutes communications avec vos armateurs, avec vos familles sont impossibles. Les Alliés et les forces de l'Axe se battent en Afrique du Nord. Les Allemands ont envahi la zone libre. La flotte de guerre française s'est sabordée à Toulon. Nous devons reprendre la lutte. Nous allons évidemment la reprendre à notre façon. Les intendances ont besoin de poisson pour nourrir nos soldats. Vous allez retourner pêcher sur les bancs de Mauritanie.

« Nous allons fonder une compagnie provisoire qui armera tous les chalutiers de pêche salée actuellement en Afrique. Pour l'instant, votre consignataire à Dakar est la Compagnie Paquet. Je pense que vous pourrez reprendre la mer dans trois ou quatre jours. Vous aurez quelques travaux de peinture à exécuter avant de quitter le port.

– On n'a pas un sou vaillant en poche, interrompt Julien. Est-ce qu'on pourrait pas toucher une avance quelconque pour se gréer un peu? J'ai perdu mon sac à La Rochelle. Ce qui me reste est pratiquement fichu.

– Pour l'instant, Paquet n'a pas d'argent, mais pour l'avenir vous serez assurés des mêmes garanties qu'au départ de France. Nous sommes en guerre, bon Dieu! Il faut prendre des risques. Je suis moi-même évadé d'Allemagne. J'ai été jeté en prison en Espagne. J'ai échoué en Afrique du Nord sans un centime. Il faut que ces chalutiers repartent.

Ti-Louis le Rouge me souffle à l'oreille :

– Parle-t-i pas de peindre l'batiau? Veux-tu que j'te dise : ce gars-là, l'est pas normal! I devrait pas sortir en plein soleil sans son casque.

– Non, Louis, il a pas tort. On n'est plus neutre maintenant. Y en a qui se battent. On doit en être. Fini les pavillons tricolores peints sur la coque. Terminé la passerelle blanche et la navigation tous feux allumés. Faudra essayer de passer le plus souvent inaperçu, on n'a même pas un pistolet pour se défendre...

– C'est vrai, mais j'aime pas les passerelles grises, j'préfère les blanches. Pis avant-guerre, quand on la r'faisait en traversée de retour, la passerelle, j'fauchais toujours une tite moque de blanc pou r'peindre ma barrière...

III. ON REMET EN PÊCHE POUR DE BON

Le 10 décembre en fin d'après-midi, on appareille. On va chercher la sortie du barrage près de l'île Gorée. On arbore, au maroquin, le signal distinctif du jour. Pavillon français à la corne, on s'éloigne de terre. Puis on rentre les couleurs, on amène les pavillons de code. Avant le crépuscule, le second capitaine fait une ronde générale passant les consignes sévères : tous les hublots doivent être obstrués – des caches sont prévus à cet effet. Aucune lumière dans les avant-postes dont les portes peuvent être ouvertes inopinément. Interdiction d'employer à l'extérieur des lampes électriques ou éclairage quelconque. Nos feux de navigation sont éteints et, quand la nuit tombe, elle absorbe le navire aussi noir qu'elle.

⁂

– Aux rations, là-dedans! Y a du pain sur la planche.

Joseph « Labama » décrochant bidon et gamelle pendus aux cornières nous réveille en nous annonçant le programme.

Les yeux s'ouvrent assez facilement mais nos mains, nos pauvres mains! On a les doigts comme des crochets à bottines, enflés, infectés, douloureux.

C'est qu'ils sont armés ces poissons africains, des dards sur la tête, aux nageoires, sur le ventre, à la queue... Attendries par trop de jours de repos, nos mains n'ont pas résisté aux piqûres et la mise en route est pénible. On sort de la « bannette (1) » en faisant attention de ne pas s'aborder les doigts et on enfile péniblement pantalon et tricot.

Un coup de cloche, c'est la mise bas du travail pour ceux qui vont prendre leur repas avec nous. La troisième bordée, elle descendra quand les deux autres monteront.

Humides, vifs et souriants, Le Rouge, Ti-Pierre, Fernand, Charles et Labama, portant la gamelle, viennent prendre place à table. Nous, qui nous levons, sommes beaucoup moins vifs et moins souriants. Julien maugrée parce qu'il ne trouve pas ses chaussettes. Louis nous raconte qu'il a rêvé de dents qui tombent et que c'est signe de mort.

Je jette un coup d'œil sur le contenu de la gamelle.

– Qu'est-ce que c'est, de la purée ou du poisson ?

– C'est d'la purée ed'poisson, répond Labama, qu'a cuit un peu trop longtemps et après c'est du rata de tortue au vin rouge.

J'ai vu, la veille, extraire la viande de la carapace d'une tortue qu'on a pêchée, ce n'était pas très ragoûtant. On se partage le premier plat.

– Et la pêche ?

– Très bonne. Au dernier trait sept pals. De la belle daurade rose. Tu sais, celle qu'est aérodynamique et qu'a une gueule d'autorail...

– Tiens, au fait, Julien, y a Gégène qui demande si tu ne veux pas larguer l'cul à sa place ce trait-là. Il a une botte crevée.

– Une botte crevée ! J'ai les deux qui font l'eau, moi !

(1) Couchette de poste d'équipage.

– Justement! Gégène dit qu'c'est mieux d'avoir les deux pieds noyés qu'un seul. Il dit que quand on n'en a qu'un de mouillé, on peut attraper un chaud et froid.

– Tu t'fous de moi, oui? Puis, j'trouve pas mes chaussettes.

– Tu les a mises au sec sur un porte-manteau dans l'avant-poste.

– Ah! oui, c'est vrai! Bon, bon, j'vas larguer le cul. J'vas y montrer au Gégène comment ça s'pratique... J'y en foutrais des chauds et froids!

La tortue a un goût bizarre mais pas mauvais. Nous mangeons rapidement car on vire le chalut à midi juste et, comme on est dans les petits fonds (18 à 20 mètres), le treuil n'en a pas pour longtemps à embarquer le câble. On vire un joli trait : huit palanquées que Julien largue avec beaucoup d'adresse. Les parcs sont pratiquement pleins. Les doigts sont dérouillés. On croise le *Simon-Duhamel*, dont la pêche est à peu près similaire à la nôtre. On est heureux de le voir : pris en pleine bagarre devant Casa, il s'en est bien tiré. Nous aussi, on est contents d'être toujours vivants, de travailler, d'espérer.

⁂

On va tuer Mi-M. On aurait bien voulu la garder jusqu'à notre retour en France car c'est un peu notre fétiche, cette petite truie qui, tout le temps qu'on est restés à quai, vivait en liberté sur le pont. Faisant bon ménage avec les chiens, elle se laissait caresser comme eux. Peut-être pour qu'on retarde au maximum son exécution, elle n'avait ni grandi ni grossi. Pourtant c'est dit, on l'abat aujourd'hui. Il nous faut un peu de viande fraîche et de boudin pour la Noël, le capitaine en a décidé ainsi.

On garde le chalut à bord quelques heures. Manque de pot, je tombe de quart à minuit. Seul, appuyé au carreau de tribord, je pense aux Noëls passés, Fécamp, Terre-Neuve. Dans le carré qui jouxte la timonerie, les officiers discutent presque à voix basse. Quand je regagne le poste de bâbord, mon quart terminé, il ne reste autour de la table que quatre ou cinq hommes qui échangent des banalités. Les autres, allongés sur leur « bannette », ne dorment pas. Ils attendent qu'on remette en pêche.

– Vous êtes à l'enterrement ou quoi?

On élude ma question en m'en posant une autre.

– Merde! t'étais d'quart, on t'a pas gardé ta ration d'vin. Qu'est-ce que tu vas boire?

– C'est pas grave! En allant à la cuisine, j'vais passer au carré. J'demanderai à Henri s'il en reste une goutte dans la canne. J'm'attendais à vous entendre chanter *Minuit Chrétien* ou *Noël en Mer.*

– Le cœur n'y est pas! C'est un jour comme ça qu'on s'souvient qu'on est sacrément loin d'la maison. Et c'est pas demain la veille du retour!

– On va peut-être être torpillés...

– Je suis peut-être veuf et je l'sais pas!

– Fécamp est aussi bien détruit par un bombardement!

J'en ai entendu assez. Je prends mon assiette et mon quart en émail, vais me faire servir à la cuisine et c'est seul, assis sur le panneau de la cale avant, que je passe le « réveillon ». Que font-ils donc à Fécamp! Tant de mois sans la moindre nouvelle. Vivant en veilleuse, sous la férule hitlérienne, ont-ils même le désir de saluer Noël? Sont-ils encore en vie? Les femmes sans mari, les enfants sans père et les armateurs sans navires. Qui paye nos familles? Quand il y avait encore une zone libre, les compagnies avaient gardé l'espoir de récupérer leurs chalutiers, désarmés dans un port méditerranéen. Elles vivaient petitement, gardant le plus de personnel possible, en se bornant à écouler, à la carte réglementée, le poisson leur restant des apports de

1939. Elles ignoraient que leurs navires avaient repris la mer réquisitionnés par le Gouvernement provisoire et ravitaillaient les intendances. En accord avec Alger, quelques armateurs ayant réussi à passer en Afrique ont réarmé des chalutiers. Les inscrits maritimes, eux aussi requis, ont rechaussé leurs bottes, pêchant sur les côtes mauritaniennes du poisson qui nourrira l'armée. Qu'importe pour le pêcheur d'alors d'avoir pour P.-D.G. X ou Y, un particulier ou l'Etat, quand il est sur *son* bateau avec *son* capitaine, ses habituels compagnons, et travaillant pour la Nation.

⁂

La cale s'emplit. Les soutes à charbon se vident. Comme le *Cap-Fagnet* a une quarantaine de jours d'autonomie, on ne devrait plus tarder à aller charbonner. La pêche, toujours satisfaisante, nous occupe jour et nuit. Nous sommes devenus experts dans le travail de ces poissons bizarres, trouvant les joints, évitant les dards, vidant, étêtant, tranchant comme si l'on n'avait fait que ça toute notre vie. Les sombres pensées de la nuit de Noël se sont éloignées. Parfois même on entend chanter :

Si vous voulez une fille, une fille à marier
Prenez pas une Dieppoise. Elle vous jouera des [tours
Car moi j'en ai pris une, elle m'en joue tous les jours.

et tous de reprendre le refrain :

J'entends le coucou ma lurette
J'entends le coucou...

Et bientôt : chansons à boire, chansons à virer, complaintes ou chansons légères se succèdent.

– A toi Janot!

J'entonne ce qui me passe par la tête :

Il pleurait comme une Mad'leine...

J'en suis au deuxième couplet quand, de la nuit, juste par notre travers bâbord, une voix couvrant la mienne interroge :

– Ohé, du chalutier! Qui êtes-vous?

Je suspends net ma chanson. On s'interroge du regard. Nos yeux essayent de percer l'obscurité pour deviner une silhouette. Mais la nuit est d'encre et l'éclairage du pont nous gêne. Est-ce que le capitaine a entendu? Qui peut bien être notre arraisonneur?

Une deuxième fois, la voix interroge :

– Allô! quel est votre nom, et votre nationalité?

Tarzan décrète que la voix a l'accent teuton. Les autres se taisent.

Venant de la passerelle cette fois, la voix du capitaine ordonne :

– Capelez vos brassières. Réveillez la bordée de couche. Chacun son poste d'abandon. Pas de panique.

Quelque chose m'échappe : si c'est un Allemand, ça ne peut être qu'un sous-marin et l'homme qui nous interroge sait que nous sommes français puisqu'il utilise notre langue. Ou alors c'est un patrouilleur français et il est à peu près persuadé que nous le sommes aussi. Dans ce dernier cas, pas de danger.

Las sans doute de rester sans réponse, le navire inconnu nous attaque au Scott (1). Notre bord répond aussitôt. L'échange de points et de traits lumineux dure quelque dix minutes. On traîne toujours le chalut. De vent arrière qu'on était initialement, on prend maintenant le vent par bâbord, le cap sur la terre. Comme on chalutait près de la côte, sans doute le capitaine préfère-t-il le risque d'échouer son navire sur le sable à celui de recevoir un « cigare ».

(1) Signaux lumineux d'alphabet morse.

On attend... durant quelques minutes qui semblent des siècles et soudain, de sa grosse voix, le second en dégringolant l'échelle de passerelle nous appelle :

– Allez! A virer! C'est un Français. Il aurait pu s'y prendre autrement c'con-là.

On embarque les câbles. Ils forment avec les potences un angle presque droit. Il ne doit pas rester beaucoup d'eau sous la quille.

Camille le Sourd s'étonne de voir Tom larguer la palanquée, raide comme un piquet, maladroit.

– T'as avalé un manche de fourche ou tu t'es oublié dans le caleçon?

– Tu vois pas qu'j'ai enfilé ma capote par-dessus ma bouée. I m'faudra bien l'treuil et l'cartahu pour m'la décapeler!

***

– Alors Fernand, t'as fait ton p'tit tour dans la cale?

– Toujours! J'ai salé deux pottes que Jules m'avait gardés. Ça vient l'coup d'main.

– Tu f'ras saleur plus tard si j'comprends bien.

– Oui. D'abord, ca m'plaît. Mieux que l'pont. Et puis j'suis gaucher, j'peux pas trancher, c'est un boulot interdit aux gars d'la patte gauche. J'peux ramender mais, à moins de devenir chef ramendeur, pour gagner sa croûte, faut les deux spécialités : trancheur et ramendeur.

– J'te comprends, Fernand, tu raisonnes comme un grand. Mais moi ça n'm'attire pas du tout la cale.

– Toi, c'est pas pareil! Tu f'ras comme tes frères. La tradition. T'iras à l'école. Tu passeras des examens et tu finiras à la passerelle à gueuler après des manants comme moi parce que ça marchera pas assez vite à ton idée... Mais pourquoi qu'tu boites depuis deux ou trois jours?

– Pour une raison simple. Tu vas voir...

Je baisse mon pantalon et lui montre mes jambes.

Mon genou droit fait une fois et demie le gauche en volume, alors que la cuisse et le mollet du même côté ont maigri. Je n'arrive plus à allonger la jambe complètement et une douleur violente me lancine dans l'aine.

Fernand n'en croit pas ses yeux :

– Comment qu't'as attrapé ça? T'en as parlé au Tonton?

– J'ai l'impression qu'c'est venu comme ça, tout seul. Une sphère m'a coincé au dalot, l'autre jour, mais j'pense pas que ça vienne de là. Pourtant, ça empire.

Je prends enfin le risque de montrer mon genou au capitaine non sans craindre, ou bien de me faire traiter de mauviette, ou surtout que ce soit sérieux et que les autres puissent penser que le Tonton escale plus facilement pour son frère que pour un autre... ce qui lui serait aussi désagréable qu'à moi. Cette fois pourtant il va en être ainsi : malgré les soins prodigués à bord, il faut m'hospitaliser à Dakar, en mars, pour hydarthrose du genou droit. Je sais que le *Cap-Fagnet* dont les cales sont presque pleines va bientôt livrer son chargement dans un port quelconque d'Afrique du Nord. Je risque donc d'être longtemps sans le revoir. J'ai le moral à zéro. Quand mon frère dont j'aurais pourtant bien besoin me quitte au bureau des entrées, son bégaiement l'empêche de formuler les paroles réconfortantes dont j'aurais pourtant bien besoin. Mais, pour sûr, même s'il n'arrive pas à le dire, il n'est pas heureux de partir sans moi.

Ponctions, pointes de feu, thermocautère et salicylate de méthyle redonnent à mon genou forme et dimensions normales, me rendent l'usage de ma jambe et me permettent de sortir de l'hôpital après douze jours de soins.

Valise à la main, je me dirige vers les bureaux de la Compagnie Paquet. Je n'ai que vingt francs en poche...

IV. LES PÊCHERIES DE L'OUEST AFRICAIN

– M'sieur! M'sieur! les chiottes?

Tiré d'un profond sommeil, en pleine nuit, je réalise mal ce qui arrive.

D'un air suppliant, l'énergumène qui m'a réveillé en me secouant réitère sa question :

– Les chiottes, s'il vous plaît?

– Vous tournez à gauche sitôt sorti. C'est marqué sur la porte.

De nouveau seul, j'allume la lampe de chevet. Trois heures et quart. D'où sort ce noctambule mal embouché?

L'air satisfait, le casque colonial en bataille, costume bleu marine défraîchi et fripé, mon perturbateur de sommeil revient, s'assoit et pousse un profond soupir :

– Ouf! Ça fait du bien... j'suis arrivé hier soir, mais j'suis ressorti aussitôt avec les copains. J'ai même pas encore installé ma couchette.

Depuis deux jours que je suis sur le *Saint-Gabriel*, un cargo qui sert de dépôt de la marine marchande, je vois défiler pas mal de monde. Les uns partent, d'autres arrivent; le lot des arrivants est toujours supérieur en nombre à celui des partants. Comme il n'y avait plus de place dans le dortoir équipage, on m'a logé dans le poste des graisseurs où j'étais seul, jusqu'à maintenant...

Le gars décide qu'il va dormir comme ça tout habillé, par-dessus les couvertures. A voir l'état de ses vêtements, il doit être coutumier du fait.

– Vous sortez de l'hôpital ou vous débarquez d'un bateau?

– Non, j'sors de prison! On a été coincés sur le quai à faucher du rhum. On était sept du *Duguay-Trouin*, un chalutier. On nous en a fichu un mois par litre. Comme j'en avais une bouilloire de cinq litres...

– Tu ne t'appellerais pas Pabic, par hasard?

– Si Dame! Comment tu m'connais? T'étais là aussi?

– Non, non! Mais j'ai entendu parler de cette histoire par un gars qui avait moins soif que toi et qui a été libéré plus tôt.

– Mais attention! J'ai pas fait tout mon temps. Z'ont bien vu que j'suis pas un voyou. Puis c'est d'leur faute aussi. On n'a pas idée d'arrimer des barils de rhum juste devant un chalutier qu'a tout son équipage à bord à rien faire.

Quand Pabic sort de sa demi-léthargie vers 10 heures du matin, plusieurs minutes lui sont nécessaires pour réaliser:

– Ah! les maudits vaches! (C'est son bonjour.) Qu'est-ce qu'ils m'ont fait pinter hier. Y avait bien deux ans qu'on s'était pas vus...

Et il continue à soliloquer pendant que je passe mon casque et mes chaussures au blanc.

– Sont arrivés avant-hier de Casa sur un chalutier de pêche fraîche. Vont naviguer et livrer ici. Sont amarrés d'l'autre bord. Ça fait une trotte.

Le renseignement m'intéresse. Comme je m'astreins à parcourir cinq ou six kilomètres à pied, par jour, pour rééduquer mon genou, je vais aller flâner du côté dudit chalutier.

– Ce sont tous des Bretons qui naviguent là-dessus, Pabic?

– Non! Y a de tout. J'crois même qu'y a un Noir.

– Tu sais, Pabic, un Noir à Dakar c'est courant.

– Oui, mais celui-là, l'était habillé en Blanc. Doit faire partie du bord.

Quand j'arrive au môle 1, après avoir contourné tout le port, il est midi.

Non pas un, comme Pabic le pensait, mais deux petits chalutiers sont amarrés à couple. Quelle n'est pas ma surprise quand je reconnais, sur le pont de l'un d'eux, Henri, l'ex-second du *Saint-Martin-Legasse.*

– Bonjour Henri!

– Tiens! Janot! Tu vas mieux? Eugène m'avait dit que tu étais hospitalisé ici. Manges-tu avec nous? Comme tu vois, on arme.

J'accepte l'invitation. L'équipage du *Pax-Labor* au complet, comptant douze hommes, prend son repas à une table de fortune dressée sur le pont.

– La société pour laquelle je dirigeais une pêcherie de requins a fait l'acquisition de ces deux chalutiers. Pierre, mon frère, commande l'autre, l'*Amiral-Duperré.* Tu le verras tantôt.

– Pas besoin d'un matelot? Suis paré maintenant et j'aimerais goûter de la pêche fraîche.

– A ce bord, non! Mais je crois que Pierre cherchait encore un homme hier.

L'après-midi même je suis engagé et me joins aux matelots qui montent un chalut. Le chef ramendeur, Charlot, est un gars de chez nous mais je ne l'avais jamais vu avant. Les autres, à l'exception d'un Cancalais, n'ont jamais pratiqué la pêche; le second jeune lieutenant au long cours, a l'air timide. Tous sont Blancs. Sur le *Pax-Labor* aussi. Le Noir de Pabic ne devait être qu'un visiteur.

*
**

On appareille un après-midi. Sitôt la passe franchie, on met le cap au nord, épaulant la lame par tribord. L'*Amiral-Duperré,* dont les deux cent vingt chevaux et la ligne élancée font un chalutier rapide, exécute de véritables sauts de cabri. La moitié de l'équipage est malade et préfère passer la nuit dans la coursive, sous le vent, que de descendre dans le poste qui sent le gas-oil et l'huile chaude. A cela rien d'étonnant : le local communique avec le compartiment moteur.

Quand on stoppe le lendemain matin pour mettre en pêche, les estomacs se décontractent et les couleurs reviennent sur les visages.

On est au large de Saint-Louis-du-Sénégal. L'archaïque sondeur Marty qui ne fonctionne que lorsqu'il est de bonne humeur indique cinquante mètres. Quinze cents kilos de daurades couronnent notre premier essai. Ce qu'il y a de bien, dans ce métier de pêche fraîche, c'est qu'on met le poisson en cale sans l'étêter ni l'éviscérer. Alors que le poids d'une daurade salée ne représente que le tiers du poids d'une daurade sortie de l'eau, ici pas de déchets.

Des planches amovibles (brèzes) partagent la cale en compartiments de deux mètres cubes environ chacun. Le calier arrime une couche de poisson et la recouvre d'un poids égal de glace concassée. Et ainsi de suite. Pour que l'ensemble ne ripe pas au roulis, il ferme la face ouverte du compartiment en plaçant les brèzes dans les glissières des épontilles prévues à cet effet.

Quand le poisson atteint le plafond, le parc est automatiquement fermé. Celui d'à-côté, vide de glace, reçoit la pêche à son tour.

Après vingt-quatre heures de pêche, la cale est déjà à moitié. Le patron décide d'aller chaluter plus près de terre, dans les petits fonds. On risque d'y trouver d'autres sortes de poissons. Plusieurs variétés donnent plus de valeur à la cargaison.

On croche dès la première demi-heure de trait. Le chalut remonte en piteux état. Mais la pêche satisfaisante (plus d'une tonne de divers : combines, mérous, daurades roses, etc.) incite le patron à mouiller une bouée. Au cours de l'opération, Yves, le mousse, reçoit un coup sur la tête. Le tour de son casque, qu'il porte jour et nuit, se séparant de la calotte, s'enfonce jusqu'au cou. Le dessus tombe le long du bord. La bouée est mouillée cependant. Yves décapelant son licol de liège souffle fortement par les écubiers qui lui servent de narines, il s'écrie :

– Malas Doué! Un peu plus, tout mon casque il allait à l'eau, dame!

En une heure et demie on répare le chalut. Le patron, descendu ramender, lève de temps en temps la tête, repérant la bouée de laquelle la dérive et le courant nous écartent.

Il nous faut moins de quinze heures pour compléter le chargement : une vingtaine de tonnes.

Quand on rentre au port quatre jours après l'avoir quitté, un attroupement nous attend sur le quai. Un capitaine de vaisseau demande au patron de venir s'entretenir avec lui dès que la manœuvre sera terminée.

Présentations, poignées de mains, palabres, grands gestes et dislocation générale.

Le patron regagne le bord. S'adressant à moi :

– Tu porteras deux beaux poissons chez l'amiral Collinet qui commande la place. Tu sais où c'est l'Amirauté

– Oui, je suis passé plusieurs fois devant, en me promenant... Un état-major au complet pour deux poissons! On va voir défiler l'armée pour le chargement.

Pierre ne répond pas immédiatement. Puis se décidant brusquement :

– Après tout! C'n'est pas un secret. La nouvelle va être connue de tout Dakar aujourd'hui. Le *Bamako* a été torpillé cette nuit au nord d'ici aux environs de la fosse de Cayar. Sur huit cents, il n'y a pour ainsi dire pas de rescapés.

« On a dû passer tout près de là avec un décalage de deux ou trois heures peut-être. Ces messieurs voulaient savoir si on avait vu ou entendu quelque chose.

« J'leur ai expliqué qu'on n'a même pas un récepteur radio et que la traversée de retour s'est déroulée normalement...

« Bon! Change-toi et fonce chez l'amiral au cas où il voudrait manger son poisson à midi. »

⁂

Les apports des deux chalutiers finissent par saturer le marché de Dakar, malgré l'ouverture d'une poissonnerie. Les civils continuent à acheter aux pêcheurs locaux. Les intendances, bonnes clientes au début, nous boudent. Pas d'arrière-pays à ravitailler. Notre poisson reste en cale et les navires restent à quai.

Les frigorifiques de Dakar disposent de chambres froides. On congèle le surplus. Mais la vente, très faible, ne couvre pas les frais de congélation.

On trouve alors un marché sur Kaolack.

L'*Amiral-Duperré* se transforme en cargo. Piloté par un vieux Noir à la carrure imposante, le chalutier remonte le Saloum. Dès la barre franchie, l'air surchauffé nous suffoque. La cuisinière ne tire plus. Les mécaniciens ruisselant de sueur changent sans arrêt l'orientation des manches, mais en vain. Pas un souffle ne leur parvient.

Après être restés au mouillage toute la nuit, on atteint enfin Kaolack. On vend les dix tonnes qui nous restent en cale à un prix dérisoire.

Le résultat financier de l'opération est un désastre. La part de pêche reste nettement inférieure au salaire minimum imposé. On rentre à Dakar avec un chargement de sel.

Le moral baisse... Les caractères s'aigrissent.

Tout va bien à bord, si le capitaine sait pêcher et

l'armateur vendre. Société d'hommes, c'est vrai, mais à la part. Telle est la loi qui transcende tous les rapports et, qui sait? nous fait choisir la mer. L'ambiance devient orageuse. L'équipage s'en prend au patron comme s'il était responsable de la mévente et des accrochages, plus ou moins violents, surgissant entre les marins. A partir du moment où l'équipage sent que la pêche est manquée, son comportement change aussi vite que le temps : silence, plus d'initiative, paroles aigres-douces pouvant aller jusqu'à l'échange de coups de sabot et de poing entre les hommes et même avec le capitaine... sans autre motif que la rancune d'avoir embarqué sur ce maudit navire. A terre, il peut arriver que l'armateur (1) remercie le capitaine qui se fera oublier plusieurs années, voire toute sa vie. La seule solution pour un tel capitaine – et le cas n'est pas rare – est de se faire engager par la marine de commerce ou de changer de métier. Un armateur (ou un capitaine) hésite à prendre pour second un homme qui a déjà commandé, surtout s'il n'est plus très jeune. Il n'a plus la cote. On le sait aigri, déjà marginal.

Mi-juillet. La saison des alizés fait place à l'hivernage. Orages, pluies torrentielles, succèdent à un soleil de plomb. Rompant ses amarres dans une tornade, un cargo norvégien lège (2) dérive rapidement vers nous. On saute à terre craignant d'être écrasés contre le quai par ce mastodonte. La bordée de quart du cargo réussit à mouiller. Le navire rappelle sur sa chaîne, évite et s'étale la poupe à trois ou quatre mètres de notre travers. Du couronnement, un matelot norvégien nous fait de grands signes. Sans doute veut-il nous faire comprendre que tout danger est écarté.

(1) A bord, l'armateur est quelquefois appelé par les marins : le singe. Le plus souvent, on le dénomme : le patron.
(2) Lège : vide ou incomplètement chargé.

La tornade s'éloigne. On peut continuer à manger. On retrouve les quatre planches servant de tables, coincées sous le secteur du gouvernail. Quant à nos assiettes en aluminium, elles ont joué les soucoupes volantes. On n'en retrouve aucune.

⁂

Tenant à la main mon vélo dont le pneu arrière est crevé, je rejoins à pied la pêcherie de Han à cinq kilomètres de la cale sèche, sur la route de Rufisque.

– Blin est-il toujours à bord de l'*Amiral-Duperré* ?

– Non ! Ça fait bien quinze jours qu'il nous a quittés. Je ne sais pas où il navigue.

– C'est ennuyeux, très ennuyeux car j'ai une bonne, une excellente nouvelle pour lui.

– L'Inscription maritime pourra sans doute vous renseigner. Si c'est important...

Je vois pour la première fois ce visage triangulaire, ces yeux de myope derrière des verres épais comme des hublots, ce sourire découvrant des dents de loup. Le langage ampoulé de l'homme m'agace et je n'ai pas envie de poursuivre la conversation. Mais il me prend par le bras :

– Vous ne vous êtes peut-être pas aperçu que, ces derniers temps, Blin était soucieux, triste.

– Non !

– Et pourtant ! Il avait entendu dire – et Dieu sait qui avait pu faire courir ces ragots – que le *Capricorne*, sur lequel il ne comptait que des amis, était perdu corps et biens en Méditerranée, suite d'un torpillage.

– Je n'étais pas au courant.

– C'est mieux ainsi car ces nouvelles sont fausses, archifausses. Voilà la raison pour laquelle je voulais rassurer Blin.

– J'en suis heureux. Je connais également quelques gars du bord.

– Très bien, très bien! Il y a eu confusion. En réalité c'est le *Simon-Duhamel* qui a été torpillé. Un seul rescapé recueilli par un destroyer anglais trente-six heures après coup.

– Quoi?

– Aviez-vous des amis sur ce malheureux navire?

– Oui, Monsieur! Je les connaissais tous et un particulièrement : mon frère...

– J'ignorais, faites excuse. Mais cette nouvelle apprise de la bouche de marins à Alger est peut-être aussi sans fondement. Les gens ont vite fait de créer des histoires de toutes pièces...

Je ne l'écoute plus. Revenant sur mes pas, je confie le vélo inutile au poste de douane et vais téléphoner. J'appelle les pêcheries de Han et j'ai Pierre, le patron de l'*Amiral-Duperré*, au bout du fil.

– Allô Pierre? C'est Janot! Avez-vous entendu dire que le *Simon-Duhamel* a été torpillé?

Je regrette ma question, me souvenant tout d'un coup que son beau-frère, Paul, fait partie du bord, mais il me répond aussitôt :

– Oui, Janot, et malheureusement ce ne sont pas des bruits de quai. Ça s'est passé dans la nuit du 1er au 2 avril. Le *Simon* ralenti par son charbon de mauvaise qualité n'a pu suivre le convoi. Un sous-marin italien l'a cueilli au nord-est des îles Alboran, pas loin d'Oran. Il aurait coulé en moins de dix secondes d'après le témoignage d'Henri Olingue, un Yportais que tu connais bien, le seul rescapé. Tu avais le temps de l'apprendre. Les mauvaises nouvelles se savent toujours trop vite... D'où est-ce que tu me téléphones? J'envoie « Le Grec » te chercher avec la camionnette.

Quand nous nous sommes retrouvés seuls, Pierre et moi, ce soir-là, nous avons pleuré comme des enfants.

⁂

Le lendemain matin, je vais au Bureau voir l'armateur.

– Vous m'assurez que ce n'est pas du sabotage? Pourquoi avoir tenu ces propos au chef mécanicien?

– Monsieur, si j'ai recommandé au chef de faire attention à ce que ses pistons ne passent pas par la claire-voie, c'est parce qu'il m'a poussé à bout. Cet incapable ne fera jamais tourner le moteur. Il est mécanicien comme je suis pape et ne cesse de s'en prendre à tout le monde quand il a caressé la bouteille.

– Vous étiez ami avec l'ancien qui a pourtant été avec moi d'une incorrection...

– Les deux hommes ne se comparent pas. L'un connaît son affaire, l'autre non. Je puis vous assurer que je n'ai rien saboté. Si j'ai demandé mon débarquement au capitaine d'armement, c'est, d'une part, pour ne pas travailler avec un homme de cette espèce et, d'autre part, reconnaissez que l'avenir se présente mal. Si on pêche peu, on ne gagne rien. Si on pêche normalement, on engorge le marché. Pas de solution.

– Depuis que vous assurez les fonctions de second, vous gagnez honnêtement votre vie. A votre âge...

– L'âge n'a rien à voir avec la fonction. Le patron était satisfait de mon travail. Il vous l'a dit. Il vous a quitté pour les mêmes raisons que je viens de vous donner.

– Entendu, je ne puis vous retenir de force.

Me voilà donc sur le trottoir, encore plus fauché qu'au sortir de l'hôpital. Je n'ai même pas de quoi m'offrir une bière.

Il y a un an, jour pour jour, je passais la ligne de démarcation. Bilan de l'année : j'ai perdu un frère et suis sans nouvelles des deux autres. Que deviennent les miens en France? Je l'ignore totalement. La seule consolation pour moi, pour nous tous Fécampois, est de continuer à pêcher en restant groupés : là où on peut, où que ce soit. Notre cœur demeure à Fécamp qui attend tout de nous. La mer est notre marâtre et, à force, on se prend à ne plus s'en passer. Glorieux ou pas, c'est le sens de notre vie qui, autrement, n'en aurait aucun.

Je le ressens déjà profondément. Et, dans ces instants où je me retrouve particulièrement seul et démuni, je mesure surtout combien il me reste à apprendre sur le plan professionnel si je veux, un jour, commander à mon tour...

V. RETROUVAILLES

Jean, le premier lieutenant, responsable de la cambuse, entre au carré. Casquette à coiffe blanche, chemise et pantalon kaki, visage souriant, il me tend la main :

– Bonjour Janot. T'as l'air en forme. Ton genou, c'est paré maintenant ?

– Bonjour Jean. Ça va très bien merci. La guibolle égarée a rejoint le bercail.

– Tant mieux ! – puis s'adressant au capitaine : – Eugène, il est 11 heures ! Est-ce qu'on appelle aux rations ? Y a pas de mouvement de prévu ? On devait changer de poste, je crois ?

– On change de môle à 4 heures cet après-midi. L'officier de port sort d'ici.

Quand nous sommes de nouveau seuls, mon frère me fait un résumé de ce qui s'est passé depuis qu'il m'a quitté à l'hôpital :

– En trois jours de bonne pêche on a complété le chargement. On a même trop pêché les deux derniers traits car, le sel employé, il nous restait dix tonnes à travailler. Comme on devait escaler à Port-Etienne pour recevoir les ordres de route, je croyais trouver du sel. Tu sais que deux Fécampois dirigent une pêcherie là-bas. Penses-tu ! Ils n'en avaient pas assez pour eux. Pourparlers à n'en plus finir. Il en ressort que, sur une espèce de goélette désaffectée, mouillée au fond de la baie du Lévrier, je pourrais trouver ce que je cherche.

« Je mets en route. Plus on s'enfonce dans la baie, plus les fonds diminuent. Neuf mètres, en avant lentement, huit mètres, très lente. Sept mètres, je stoppe, on en cale six. Le foutu ponton est encore à un quart de mille. J'envoie François avec deux hommes dans le doris pour sonder à la main. Tous les vingt mètres à peu près, il laisse tomber son plomb. L'opération dure un moment. Il revient, m'assurant que partout on flotte. Il y aurait même plus d'eau en accostant la barcasse. En avant de nouveau. On accoste avec précaution de peur de couler bas la goélette qui semble vermoulue. Nous voilà à pied d'œuvre. Le sel est dur comme du caillou. A coups de pioche et d'herminette, une équipe de costauds réussit à en extraire la quantité voulue. On sale le poisson, qui s'est bien tenu, ma foi!

« On a ordre de livrer à Alger. On se rend seuls à Casa, où on doit former un convoi avec des navires de notre vitesse. Le *Simon* nous y rejoint et charbonne. Malheureusement, le combustible qu'il prend en complément de soute n'est que poussier et mauvais charbon. Jusqu'à Gibraltar, où on escale de nouveau, la vitesse du convoi n'excède pas neuf nœuds. Mais le *Simon* suit. On reste au mouillage à une longueur l'un de l'autre. De jour, on peut parcourir la rade en vedette, en canot, en doris. De nuit aucun mouvement n'est permis. Maurice David qui s'est attardé sur le *Simon* en fin d'après-midi ne peut regagner notre bord. Il y est resté, le malheureux. Car à minuit, ordre d'appareiller. Un convoi de dix-huit navires marchands escortés de neuf bâtiments de guerre se forme et met le cap sur Alger.

« Le 1er avril, le *Simon* et un petit tanker anglais perdent peu à peu du terrain. Un escorteur se détache et leur donne l'ordre de couper vers la côte et de rallier Oran, puis il reprend sa place en aile de convoi. Les deux traînards abandonnés déroutent. Ils n'arriveront jamais au port. Un sous-marin italien a trouvé là deux proies faciles. Cinquante-deux disparus sur le *Simon.* Peut-être une vingtaine sur l'autre.

« Cette même nuit on a été attaqués également. Sous-marins et avions. Mais les chiens de garde ont vite écarté le danger. Un vrai feu d'artifice!

« A Alger on a mis un temps interminable à livrer nos cinq cent quatre-vingts tonnes. A coups de couffin, on livrait ça. On a stagné au fond du port, attendant une décision. On embarque une cargaison de vin. Henri se blesse au coude. Il doit subir une petite intervention chirurgicale. Oh! ce n'est pas grave mais me voilà sans second. Il doit rallier par le *Téméraire.*

« Cet après-midi on déhale afin de décharger au môle 1... Janot, manges-tu avec nous? »

J'accepte. Je n'ai pas interrompu mon frère. C'est bien la première fois qu'il me parle si longtemps de suite! Et exceptionnellement, il ne bégaie pas!

Pendant le repas j'explique ce que j'ai fait depuis six mois.

– Si tu veux rembarquer, je t'enrôle cet après-midi, après la manœuvre. On doit repartir en pêche à la fin du mois. Le *Cap-Lopez* doit rentrer de Kaolack ces jours-ci avec du sel pour les chalutiers.

Et c'est ainsi que je repars sous les ordres d'un Fécampois.

⁂

Je retrouve ma place à table dans le poste d'équipage avec plaisir. On est heureux de se revoir. Chacun veut placer son histoire.

– Un coup de Moscatel, Janot?

– Merci, Pierre, c'est assez.

– Allons donc! c'est pas d'l'alcool, c'est d'l'eau sucrée!

J'accepte une cigarette.

Aussitôt on m'en offre une douzaine de paquets.

– N'en jetez plus les amis! Je fume seulement cinq cigarettes la semaine.

– Prends ça! Tu te mettras à fumer un jour.

– C'est dommage que tu ne sois pas venu avec nous. On a bien rigolé.

– C'est joli Alger. Y a d'l'amusement.

– Et les p'tits gâteaux à Gibraltar!

– Et la Casbah!

A chaque souvenir, un sourire en dit plus long... Julien remplissant ma moque malgré mon refus veut placer son histoire :

– Figure-toi qu'on avait touché des bons d'habillement... seulement y'a pas un bout d'étoffe dans Alger! Pourtant, un jour, Ti-Louis découvre un tailleur qui a du tissu. On garde le secret et tous les gars du poste de bâbord vont faire prendre leurs mesures. Les jeunes choisissent des carreaux ou du « prince de galles », moi j'préfère du foncé uni.

« On étrenne nos costards neufs pour aller à la messe, le dimanche suivant. Les autres fument de jalousie. Ils ont encore leur bon inutile dans l'portefeuille. Mais, à la sortie de l'office : un grain! Des cordes! On fait vite à s'mettre à l'abri... Trop tard, on a droit à la saucée. Un petit coup d'rosé pour se remettre. La rincette pendant qu'on y est. On se lève pour regagner le bord. Les gars ont les pantalons qui traînent par terre, les vestons qui descendent à mi-cuisses. Y a qu'le mien qu'a pas bougé. Les tribordais jubilent. On pend les costumes sur des cintres dans le fond du poste et on rendosse les vieilles nippes.

– Dans le fond, toi, Julien, t'as pas fait une mauvaise affaire.

– M'en parle pas. En séchant, mon costume est

devenu tout pisseux et puis... il a rétréci de moitié. Un gosse de dix ans ne pourrait plus le mettre!

⁂

A quarante-deux ans, alors que rien ne pouvait le laisser prévoir, mon frère Henri meurt. Il avait rejoint le bord en prenant passage sur le chalutier malouin *Téméraire.*

On armait pour un deuxième voyage de pêche. Le magasin du *Cap-Fagnet,* bien pourvu au départ de France, abritait encore suffisamment de filin d'acier de toutes dimensions, de filin mixte et d'alèze pour permettre de repartir.

Mon frère, heureux de retrouver son bord, venait de reprendre ses fonctions avec son allant habituel. Véritable force de la nature, en tricot de corps, laissant jouer librement sa souple musculature, il se complaisait à manipuler de lourds objets ou à faire seul ce que deux hommes normaux réussissent avec peine.

Fiévreux lors du départ, il garde la couchette, pensant : ce n'est rien, on en a vu d'autres. La température, après avoir culminé aux environs de 41°, tombe en quelques heures. Délire, divagations. On vient de mettre en pêche. Le capitaine fait revirer le chalut et route Dakar.

Hospitalisé dès l'arrivée au port, mon frère meurt au cours de la nuit. Au cimetière, quelques personnes, les Fécampois. Un car sans vitres, bringuebalant, ramène à bord des marins silencieux.

⁂

Anita Conti, de l'Office scientifique et technique des Pêches maritimes, aujourd'hui l'Institut, demande au capitaine l'autorisation de faire ce premier charbonnage à bord.

Elle doit mettre la dernière main à une carte des

fonds de Mauritanie. Elle connaît bien le secteur pour l'avoir pratiqué sur des chalutiers de pêche fraîche. C'est une femme intelligente et qui aime les marins. Elle a beaucoup vu et vécu; elle narre avec esprit ses aventures. Sincèrement touchée par la mort de mes frères, elle espère par sa gentillesse et sa faconde nous distraire un peu.

– Absolument d'accord! répond le capitaine à cette demande.

– Reste à savoir comment on pourra décemment vous loger.

– Le moindre coin, capitaine! Dehors, dedans, qu'importe! Je me ferai très petite.

Plutôt que de rester à attendre à quai un arrangement problématique, le patron du *Pax-Labor* accepte la place de second qui lui est proposée. La vie continue. On repart.

Terriblement secoué par un accès de paludisme, je ne reprends le travail qu'après quatre jours.

Aidé par son infirmière bénévole, par le radio, le capitaine passe une grande partie de son temps à soigner tout le monde. Trois hommes se relèvent, deux mettent bas les marteaux. On arrive cependant à filer et virer le chalut. Le poisson, rare, est travaillé tant bien que mal.

⁂

Ce deuxième voyage un peu calqué sur le premier ne me laisse pas de souvenirs précis. Je n'ai pas l'occasion de suivre à la passerelle le déroulement des opérations. Au contraire, sur le pont, remplaçant tantôt un trancheur, tantôt le treuilliste, j'apprends le plus dur du métier. Et il m'absorbe totalement au point que la pêche est un autre moi-même.

Quand, en février 1944, le navire chargé, on remonte sur Casablanca, la machine qui n'a pas subi de réparations depuis le départ de France montre des signes de défaillance. Il nous est pratiquement impossible de continuer sur Alger. Nous livrons la cargaison sur deux cargos : 250 tonnes à destination d'Oran, 300 pour Alger. Comme la marchandise ne peut être pesée à Casablanca puisqu'elle ne fait que passer de notre cale dans celles des transporteurs, quatre hommes sont désignés pour aller vérifier le poids dans les deux ports algériens. Je fais partie de la délégation.

Il fait froid, la nuit, dans le Moyen Atlas. Les trains n'avancent pas. Le passage de la douane à Oujda demande un temps infini. On laisse à Oran la moitié de l'équipe et ce n'est qu'après trois jours qu'on atteint Alger. Devant la puissance recouvrée des forces alliées – les cargos à se toucher dans le port –, je sens combien nous constituons, nous, les hommes de la grande pêche, un monde clos, ayant vécu à part. Les temps à venir démontreront que cette impression de la société marginale que nous sommes n'était pas fortuite. On a beau exhiber notre ordre de mission, on ne trouve rien à manger le premier soir. On dort dans un wagon. Il neige. Le cargo n'étant pas arrivé, on passe la journée du lendemain à chercher une chambre mais sans succès.

Pendant les vingt jours que dure le séjour dans la capitale algérienne, on couche dans un garage sur un lit de fortune. Bien couverts, mon camarade et moi dormons à poings fermés, car les journées sont longues. Quittant le camion qui vient de peser, on regagne le port à pied et les marins n'ont pas l'habitude de marcher.

Le retour sur Casablanca se serait bien passé si des marins américains en bordée ne s'étaient mis en tête de nous voler notre misérable valise en carton. S'ensuit une bagarre. Ils sont huit, on est deux. Mais comme ils sont saouls et nous pas, l'avantage nous reste.

Je rentre à bord valise sous le bras (la poignée ayant été arrachée) avec l'auriculaire gauche cassé.

⁂

Machine en état, repeint de fond en comble, ballasts nettoyés et passés au lait de ciment, le *Cap-Fagnet* doit charger du matériel à destination de Dakar via Safi où il complétera sa cargaison avec du sel.

J'apprends également que des examens de la Marine marchande vont avoir lieu. Je me renseigne à l'Inscription maritime.

– Patrons au bornage, patrons de pêche et mécaniciens de troisième classe. Mais c'est dans trois jours et les inscriptions sont closes, me répond un employé.

Je demande à être reçu par l'administrateur. Je plaide ma cause donnant les raisons pour lesquelles je n'ai pu m'inscrire avant.

– Si vous pouvez constituer votre dossier d'ici demain matin, j'accepte votre candidature.

Il me dresse la liste des papiers que je dois fournir.

C'est comme lieutenant, brevet de patron de pêche en poche, que je pars pour Safi le lendemain même de l'examen.

⁂

En deux mois le *Cap-Fagnet* fait deux aller et retour Casa-Dakar, transportant en cales et en pontée les marchandises les plus diverses allant du saucisson sec aux torpilles, de l'huile d'arachide aux machines à écrire.

Je suis chargé de la paperasserie du bord, ce qui ne m'enchante nullement. J'ai choisi un métier manuel pour ne pas écrire et me voilà promu à dresser les listes d'équipage, à rédiger les manifestes de douane, tenir le livre de bord et établir les feuilles de paye mensuelles.

De l'équipage initial il ne reste que quinze hommes. On n'est d'ailleurs que trente et un en tout dont quatre canonniers. L'équipe machine est entièrement nouvelle. Trois Indochinois assurent le service cuisine et boulange.

Le capitaine débarque au premier retour à Casablanca pour recruter des marins car, en juin, on doit partir pour Terre-Neuve. De ce fait, je passe second capitaine. J'ai dix-neuf ans. Quel est le métier qui vous permette une promotion aussi jeune, avec de telles responsabilités d'hommes et de navigation? Je n'en connais pas. Et vous?

VI. DERNIÈRE ÉTAPE

– Il manque encore une dizaine de gars. Renseignez-vous. Ceux qui ont pratiqué une pêche quelconque et qui acceptent de partir pour Terre-Neuve seront démobilisés. Le Gouvernement a donné des ordres.

Terminant ainsi son exposé, le capitaine ajoute :

– A vous de jouer, les enfants! Départ dans huit jours.

On est le 6 juin 1944. On vient d'apprendre le débarquement des Alliés en Normandie. Bientôt peut-être on pourra enfin avoir des nouvelles des nôtres. Cette morue qu'on envisage d'aller pêcher, cette morue pourra-t-on enfin la livrer en France? Il n'est pas un de nous qui n'y ait songé chaque jour en secret. Fécamp, Fécamp, que deviens-tu?

Marcel déniche un pêcheur-sardinier sur un dragueur de mines. Il lui vante les mérites de la pêche à la morue. Le gars s'engage.

Dans un café, Julien découvre un matelot ex-Terre-Neuvas. Son voilier, qui a séjourné à la Martinique où il a livré sa pêche depuis 1940, est arrivé à Casablanca avec un chargement de rhum.

A bord, le matelot veut choisir son doris.

– Vous n'êtes pas sur un voilier. Y a pas de doris. On pêche au chalut voyons!

– Qu'est-ce que j'vais faire alors? J'connais rien au chalut.
– Vous travaillerez le poisson, comme les autres.
– Pour ça, vous pouvez m'faire confiance. J'suis champion.
Nanti d'un bon d'embarquement, notre homme se rend à l'Inscription maritime. On ne le revoit plus.
– C'est l'homme invisible que t'as découvert, Julien?
– J'vas i apprendre à pas tenir parole, moi! J'vas i botter les fesses au champion d'la breuille.
Julien n'a pas eu à sévir. Sa recrue s'était tout simplement fait déshabiller par un groupe d'Arabes qui l'avaient abandonné nu devant les bureaux de la Marine.
Reste le problème des mousses et novices. L'administration dispose d'indigènes inscrits maritimes.
– Ne leur accordez qu'une confiance relative, nous conseille le préposé à la matricule. Il y en a un dans le couloir, il débarque d'un senneur (1). Voyez-le! C'est possible qu'il accepte de partir sur votre chalutier.
Effectivement, bonnet de laine vissé sur la tête, un jeune Marocain, dix-huit à vingt ans environ, roule une cigarette avec du tabac récupéré de mégots.
– T'en veux une toute faite?
– J'veux bien.
– Tu navigues?
– Non, j'navigue plus. J'gagnais rien.
– Veux-tu une bonne place? Nourriture, cigarettes à discrétion et pas mal payé?
– C'est bon!
– Maintenant, il faudrait que tu me trouves des copains de ton âge qui voudraient bien embarquer

(1) Navire qui pêche à la senne ou filet tournant.

avec toi. Tiens! Dis-leur que je verse un mois d'avance.

– Ça marche! Donne l'argent!

– Non, pas tout de suite, quand tu reviendras avec eux, je vous enrôle, vous mets à bord et je vous paye.

Comme le navire est en petite rade, une fois embarqué (s'il tient promesse), il ne risque pas de nous fausser compagnie.

– Rendez-vous ici dans une heure! Prends le paquet de cigarettes. Je compte sur toi.

– J'te ramène tous les gars qu'tu veux. J'connais. Tu verras!

– Quatre ou cinq, pas plus! Ne reviens pas avec une smala. Au fait! Comment t'appelles-tu?

– Abd-el-Kader.

⁂

L'*Amiral-Mouchez* envoie un signal par pavillons. On hisse aussitôt la flamme « aperçu », à mi-drisse d'abord puis à bloc dès que l'on a déchiffré.

« 17 heures G.M.T. cap 250. »

En ligne de front, les trois chalutiers *Duguay-Trouin, Capricorne* et *Cap-Fagnet* devront prendre le nouveau cap à l'heure indiquée, direction Terre-Neuve. Le *Président-Houduce,* toujours militaire, nous précède. L'*Amiral-Mouchez* et la *Sétoise* forment les ailes.

Le convoi a quitté Casablanca au début de l'après-midi. En plus de son équipage, chaque chalutier transporte une quinzaine de passagers. Ces hommes embarqueront sur le *Président-Houduce* quand la « Royale » le démobilisera à Saint-Pierre-et-Miquelon.

Je prends le premier quart de nuit avec cinq hommes : un sur chaque aileron de passerelle, deux près des baleinières de sauvetage. L'homme de barre, enfermé dans le cagibi bétonné qui le met à l'abri des balles, voire des éclats, ne communique avec l'extérieur que par un petit créneau masqué par une toile opaque.

L'éclairage du compas et les témoins d'angle de barre ne doivent pas être visibles du dehors. La nuit est noire, sans lune ni étoiles. Nos yeux pourtant habitués à l'obscurité devinent à peine le sillage du *Président-Houduce.* En jouant de quelques tours sur la machine, on arrive à se maintenir à la bonne distance.

Tout à coup me parvient une voix frêle fortement teintée d'accent breton :

– J'peux plus tourner la barre!

– Quoi?

Et je m'approche du créneau.

– J'comprends pas. La barre est bloquée.

– Ouvrez l'œil, les gars! Ne perdez pas l'*Houduce* de vue. Je vais voir ce qui se passe.

La barre est effectivement bloquée pratiquement à zéro. Mais le navire déjà à bâbord du cap continue à venir doucement sur la gauche.

Par porte-voix, j'alerte le mécanicien de quart et préviens le capitaine.

Je rejoins les hommes de veille sur le balcon. Mes yeux qui se sont habitués à la lumière ne percent plus les ténèbres.

– On voit plus l'sillage!

– A deux quarts sur tribord. On doit l'apercevoir encore. Marius, saute à bâbord. On doit accoster le *Duguay.* Le voilà!

Stop! En arrière!

Le *Cap-Fagnet* s'immobilise.

Quand le capitaine arrive sur la passerelle, la barre se remet à fonctionner. Le mécanicien a dû trouver la panne et y remédie.

J'ai droit à un savon de la part du Grand Mât qui, ne croyant pas à l'avarie de barre, soupçonne une fausse manœuvre.

Il nous faut retrouver le convoi.

– Toute à droite. En avant en route. Gouverne au nord-ouest.

A peine est-on au cap donné qu'un haut-parleur nous interpelle :

– Que vous est-il arrivé?

– Etions en avarie de barre. Mais c'est paré maintenant.

On distingue la silhouette de l'*Amiral-Mouchez* à une vingtaine de mètres par tribord. Il a le cap parallèle à nous. Muni d'un radar, il a pu nous repérer aisément.

– Bien reçu. Suivez-moi à 9 nœuds.

– Bien reçu. Nous vous suivons à 9 nœuds.

Une demi-heure plus tard, tout est rentré dans l'ordre.

– La prochaine fois, ironise le Tonton, trouve une autre excuse qu'une avarie de barre!

Heureusement pour mon honneur de jeune lieutenant, le lendemain dans la matinée, alors que le capitaine prend la hauteur, le même phénomène se reproduit. On trouve très vite comment y remédier provisoirement. Les autres navires ne se sont aperçus de rien. De jour, tout est plus aisé. La réparation définitive demandera une journée complète à Saint-Pierre-et-Miquelon.

***

Le 28 juin, le « vrai petit coin de France » est en vue. Pour la circonstance, il a ôté son manteau de brume habituel. On entre à Saint-Pierre dans une ambiance de kermesse. Le quai est noir de monde. La *Sétoise* accoste à la « cale du gouvernement » réservée aux navires de guerre.

Les trois chalutiers, eux, s'amarrent à la cale du nord.

C'est un peu comme si on rentrait à la maison.

⁂

Le bal donné en l'honneur des équipages des chalutiers obtient un vif succès. Les filles sont jolies. Les yeux pétillent. Des flirts s'ébauchent.

Quand *La Marseillaise* finale fait se lever l'assistance, des mains restent liées.

– Viens boire l'apéritif!

– Ça fait plaisir de vous revoir, Eugène! Mon mari s'est engagé dans la France Libre, vous savez!

– Ce vieux Marc! Ça fait plus de vingt ans que vous venez à Saint-Pierre.

– Je fais partie de la vieille garde. Et votre épouse, toujours bonne pâtissière?

– Morte voici deux ans.

– Pardonnez-moi.

– Vous ne pouviez pas savoir...

Dès la première soirée, des couples se forment, certains fixent même déjà la date de leur mariage...

Mais moi, ce soir-là, je regagne le bord seul. Pas une fille ne paraît m'avoir remarqué.

Timide... dépourvu de séduction? Personne, en tout cas, ne me regrettera à Saint-Pierre.

Le lendemain, quand on appareille, les larmes perlent aux yeux des fiancées... des autres...

A l'aube commencera le compte à rebours: 44, 43...

Le *Cap-Fagnet* n'a que quarante-cinq jours de rayon d'action.

VII. BONNE PÊCHE ET MAUVAIS FONDS

– Si la brume persiste, on sera obligé d'aller ailleurs. Ici on va se faire déculotter.

– Les fonds sont raides, dommage! Quel beau poisson!

– Et à discrétion! Tant qu'on parvenait à se repérer sur Caroline, on pouvait éviter les fonds inchalutables. Depuis 24 heures qu'on voit à peine le gaillard, avec les courants, on a dû dépaler (1).

Le garçon présente un plat.

Le capitaine s'interrompt pour se servir une rouelle de morue frite.

– Merci! Vous me passez le pain, chef, s'il vous plaît... Je connais la position exacte du mouillage de la bouée. J'ai pu prendre une droite tout en manœuvrant pour la mouiller. On repassait à la toucher juste à l'heure de la méridienne. Le lendemain, j'ai eu confirmation du point par deux autres observations. De plus, elle est juste sur le bord d'un petit creux qu'il faudrait longer par l'ouest. Si on déborde par le sud ou le nord, c'est dur. Quant au creux, il n'est pas chalutable.

Le premier lieutenant et moi écoutons ces explications en mangeant de bon appétit. Depuis une

(1) Se laisser entraîner par le courant dont on ne connaît ni la force ni la direction. Etre dépalé, c'est ne plus être à la position des jours précédents.

semaine, on n'a pas chômé, ébreuillant, tranchant ou ramendant pendant nos seize heures journalières. On sort tout juste de la période de rodage où les reins s'assouplissent, les muscles se dérouillent et les mains s'endurcissent. Chaque jour, on a vu le capitaine inscrire avec satisfaction, sur son journal de pêche, le tonnage de poisson mis en cale.

Satisfaits, on l'est aussi. Comment pourrait-il en être autrement? La morue est de grande taille, épaisse, charnue. L'équipe travaille rapidement, chantant pour vaincre la fatigue. L'esprit est bon. Les fonds durs nous compliquent un peu la vie, bien sûr, en endommageant le chalut. Mais chaque fois, le capitaine ou le second, tous les deux quand ils le peuvent, descendent sur le pont, dépatouillant et réparant avec nous. De leurs doigts souples, non abîmés par le travail du poisson, ils forment les mailles plus vite que nous. Le capitaine, particulièrement doué, offre chaque fois un festival. Abd-el-Kader, Madani et Mohamed, nos novices marocains, pris dans l'ambiance, suivent le rythme. Ils emplissent les aiguilles à ramender, préparent des amarrages et alimentent les fumeurs en cigarettes.

– Cap'taine, ti veux une cigarette?

– Oui! Merci Kader! Tiens, Janot, saute à la cambuse. Distribue le boujaron sur le tas.

Les quarante minutes réglementaires du repas sont presque écoulées. Il faut relever la troisième bordée qui, repas pris, va dormir cinq heures. Je quitte la table le premier pour aller appeler les bordées au travail. En traversant le pont, je repense aux paroles du capitaine. Changer de lieu de pêche l'ennuie. Il n'est pas obligé de nous donner des explications. Ordinairement, les décisions, il les prend seul. En dehors du second qui connaît les bancs de Terre-Neuve, aucun de nous ne peut l'aider dans l'orientation du travail. Mais, s'il doit quitter les fonds durs, il devra se rabattre sur le Platier (nous n'avons pas suffisamment de câble pour pratiquer les accores) où la morue plus petite, mélangée avec des ânons, ne sera pas travaillée avec le même enthousiasme. Il hésite à décevoir son équipage qui ne manquera pas de réagir...

Souhaitons que la brume se dissipe! Qu'on revoie Caroline!

Quand je franchis la porte du poste d'équipage, le second pique la cloche.

– A nous, les enfants! Y a du pain sur la planche!

⁂

« Julot le Mataf », canonnier de son état et Marseillais de naissance, a accepté, lors du départ de Saint-Pierre, de travailler comme matelot de pont moyennant rémunération. Il avait eu un aperçu du travail en Mauritanie. Sur la demande du capitaine, ce garçon serviable est le seul de l'ancienne équipe des A.M.B.C. (1) à être resté à bord.

Quand, après un repos qui lui semble toujours trop court, il arrive sur le pont, béret enfoncé jusqu'aux yeux, tête dans les épaules, son premier coup d'œil est pour les parcs.

– Oh! Putaingne!

Il contourne les parcs par l'avant pour ne pas avoir à enjamber la partie arrière haute d'un mètre vingt – exercice physique trop violent quand on se lève –, puis jouant des pieds, il s'enfonce dans le poisson jusqu'à sentir le pont sous ses semelles. Ainsi calé, ne tenant ouvert qu'un œil à la fois, il prolonge son « quart de couche ».

– Julot, va ébreuiller sur l'arrière des parcs. On va virer. T'es mal placé où tu es.

– Là-bas, dans le poisson jusqu'aux reins, vous voulez ma mort!

Avec peine, il gagne l'endroit indiqué et, de nou-

(1) A.M.B.C. : armement militaire des bâtiments de commerce.

veau enfoui dans le poisson, reprend sa douce somnolence pendant deux ou trois heures.

Enfin réveillé, il pose sans cesse la même question, mais chaque fois à un matelot différent, pensant obtenir la réponse qu'il souhaite :

– On ne vire jamais nul ici, dans ce coin pourri. Quand il y en a plus, il y en a encore. On ne voit jamais le clair du pont. Toi, Pierrot, qui navigues depuis quinze ans, tu penses qu'on n'aura jamais un « trait de franc (1) »?

– Sacré farceur! Tu te plains parce que la mariée est trop belle. Sur les p'tits chalutiers qu'avaient les parcs comme un mouchoir de poche, on mettait des ridelles sur la lisse pour en emmagasiner davantage. On ébreuillait sur la filière de cargos (2).

– Quand c'était pas su'l'gaillard ou su'l'passerelle supérieure, surenchérit Marcel.

– Je l'avais entendu dire. Je pensais que vous exagériez.

– T'en auras à raconter à tes petits copains en rentrant à Marseille...

– Le pire c'est qu'i me croiront pas!

*
**

Marcel est l'antithèse de Julot. Bon trancheur, excellent ramendeur, homme à toutes mains, plein d'allant, il possède l'étoffe d'un chef de bordée. A cause de sa mauvaise vue, il n'a jamais voulu accepter ce poste, ayant peur d'être handicapé, de nuit, dans certains travaux.

Il se lève, il chante. Un beau trait, il se frotte les mains. Un chalut en lambeaux, il conserve sourire et moral. Toujours sur la brèche, intelligent, il possède un certain ascendant sur ses camarades qui

(1) Trait : temps d'un trait de chalut, c'est-à-dire deux heures environ; « de franc » : synonyme de repos. Expression de la marine.
(2) Cargo : lampes d'éclairage du pont.

l'ont nommé délégué de l'équipage en cas de conflit avec le capitaine (1). Avec des expressions bien à lui, corsant ses exposés de comptes d'apothicaire, il remonte le moral de ceux qui flanchent.

– T'es heureux parce que tu vas te coucher. C'est normal, le repos fait partie du métier. Tu grommelles parce que tu te lèves. T'as tort. Tu vas t'emplir les poumons d'air frais. Ça fortifie. Le travail aussi fait partie du métier. Encore trois semaines comme ça et on va livrer.

– Trois semaines, c'est long!

– Dans une vie, c'est une goutte d'eau!

Le chalut filé, Marcel, mitaines d'une main, couteau de l'autre, va reprendre son poste de trancheur non sans l'annoncer en déclamant :

– Muni de mes gants et de mon instrument tranchant je me dirige vers la table d'opération afin d'extraire, d'une main experte et délicate, l'arête principale du poisson...

Il prend ses mitaines, affile, cherche sa position d'équilibre :

– Envoyez, les enfants! Et nous trancherons jusqu'à destruction totale de la chère morue!

– Et de ses satellites..., ajoutent en chœur les deux bordées.

C'est bien parti. Le rendement s'en ressentira. Sacré Marcel!

***

Maudite brume! Elle a réussi à avoir le dessus. Par deux fois, on a failli semer le « bazar ». Il a fallu l'adresse et la patience du capitaine, le doigté du treuilliste, l'habileté du second et le ciel avec nous

(1) Par navire, il y a deux délégués, l'un du pont, l'autre des machines; depuis 1936. Ces délégués sont élus à bulletin secret par l'équipage, dans les cinq premiers jours de traversée; ils sont chargés de régler tous conflits qu'ils traitent directement avec le capitaine. Ils contrôlent les poids et catégories lors des livraisons.

pour sauver le chalut qui avait rencontré sur son chemin de drague une ancre et sa chaîne. Sans doute qu'accrochée à une sous-aile rocheuse cette ancre n'avait pu être relevée par le voilier, qui, finalement, avait dû se résoudre à filer sa touée (1) par le bout.

Le chalut, la crochant par les pattes, l'a dérapée et on est resté mouillé sur la chaîne ensablée.

Le treuil, crachant la vapeur par les presse-étoupe, a réussi à relever l'ensemble. Il a fallu bosser, démailler des pantoires, virer sur la caliorne dont les axes des réas (2) geignaient sous l'effort, couper à la tranche et à la masse dans des positions parfois périlleuses. Après cinq heures de peine conjuguée des hommes et des apparaux (3), on a libéré l'ancre de sa chaîne. Une pièce superbe avec jas en bois, vieille d'un siècle peut-être.

Le chalut pas trop endommagé, la pêche satisfaisante ont incité le capitaine à essayer un autre trait. A peine au fond le chalut a recroché un obstacle. Roche? Ancre? Epave? Coquilles brisées agglomérées? Je l'ignore. Toujours est-il que le treuil cale, les deux câbles à l'à-pic. Vire l'avant. File l'arrière. Viens courant debout. Rien n'y fait.

Puis, un coup de roulis plus violent que les autres, un choc dans les rouleaux de potences et le treuil a pu embraquer.

Jeu de sphères cassé par le milieu, chalut fendu et une bonne dose d'inquiétude, c'est beaucoup plus que la goutte qui fait déborder le vase; aussi le capitaine met-il en route vers des fonds plus hospitaliers.

Vingt milles au sud-sud-est, un trait d'une heure par fonds de 46 à 48 mètres et on vire... dix palanquées. C'est inespéré, presque incroyable. Seule-

(1) Une certaine longueur de chaîne ou de filin.
(2) Roues à gorges à l'intérieur des poulies.
(3) Ensemble du gréement du navire.

ment, comme le craignait le Grand Mât, le poisson est petit quoique travaillable.

Un deuxième trait identique, les parcs regorgent. On mouille pour travailler le poisson.

Le lendemain, même temps bouché, même pêche. Il n'y a qu'à pucher (1).

Notre capitaine n'a pas accepté longtemps cette solution de facilité. Dès que les vents sont passés au noroît, chassant la brume, il est retourné chercher « Caroline ». On est passé en route libre à dix mètres d'elle, sans diminuer pour autant. Puis on a décrit un cercle autour et on est revenu le cap dessus.

– A relever la bouée, nous ordonne le capitaine.

Il l'accoste, on la pèse sur le cartahu et vire le mouillage.

– Ne la rentrez pas. L'ancre était surpattée et briquée (2).

Donc elle a chassé.

On parcourt un quart de mille environ.

En arrière toute. Le navire casse son erre puis cule.

– Laisse tomber la bouée. File l'orin. Laissez raidir. Mouille.

« Caroline » se balance de nouveau sur les flots.

– Elle avait dérivé dans le trou, nous confiera le capitaine au repas. Comme c'est un cimetière à chaluts, j'ai préféré perdre un quart d'heure et la remouiller en bordure, où elle était auparavant.

Dire qu'on croit souvent que le chalut est traîné un peu au hasard et n'importe où!...

*
**

Elles n'ont eu que trente-cinq jours à attendre, les belles éplorées de Saint-Pierre. Trente-cinq jours

(1) Puiser le sel ou le poisson.
(2) Autour de la patte de l'ancre, il y a un tour de chaîne. Aussi l'ancre a-t-elle dérivé et elle a été polissée, briquée par le frottement.

seulement pour que la silhouette du *Cap-Fagnet* terrissant sur Galantry se profile à l'horizon. Suivant ensuite sur le nord la ligne des fonds de 100 mètres pour passer au large de l'Enfant perdu et revenant sur bâbord dans l'est-suète du Colombier, le chalutier a enfilé la passe cap au suroît. Laissant le Petit-Saint-Pierre par tribord, il a salué de trois coups de sifflet longs la ville encore endormie, puis a réduit sa vitesse pour embarquer le pilote.

Première déception, on accoste à la cale sud loin de la ville et l'amarrage est mauvais. Deuxièmement, le poisson est sec et on ne livrera pas le poids escompté. Les saleurs ont eu la main un peu lourde. Habitués à saler la daurade à cent pour cent, ils ont complètement déshydraté la morue qu'on sale ordinairement à soixante pour cent. De plus le sel de carrière en provenance de Safi ne saumure pas comme le sel marin.

Ces ennuis mineurs ne nous empêchent pas de passer une bonne escale. En pleine livraison, on apprend la libération de Paris. Pour nous, les travailleurs de la mer, rien ne change, on est toujours dans la morue. Sainte morue! Chères palanquées!... A ceux qui s'étonneraient de ne pas nous voir, nous les inscrits maritimes, affectés autoritairement sur un chalutier, revêtir l'uniforme kaki et engagés sur le front des Ardennes ou de l'Alsace, nous répondons : « Chacun sa défense nationale. » Je suis resté volontairement discret sur les risques pris durant ces quatre années, mais qui, dans nos familles, ne va pas pleurer un ou deux disparus en mer, pour faits de guerre?

Se pourrait-il qu'on reçoive enfin des nouvelles de France?

Julot le Mataf oublie sa misère. Julien prône les qualités du whisky. Abd-el-Kader passe son séjour au violon et Marcel, le tribun, subjugue les belles. Une jeune personne me fait enfin l'honneur de ses sentiments : elle est agréable et sans problèmes !

Les treize ancres arrachées au fond sont vendues. Avec le produit de cette vente, le capitaine constitue une cave. Il pourra offrir l'apéritif deux fois par semaine à l'équipage.

On charge le sel pour le prochain voyage sur place, mais on devra charbonner à North Sydney en Nouvelle-Ecosse. Cela donnera l'occasion d'une escale supplémentaire et d'un grand détour que le capitaine aurait voulu éviter. Mais il est impossible de faire autrement.

Peut-être y a-t-il du poisson sur le Banquereau ou autour de l'île de Sable mais la région du « D » et le noroît du Platier que l'on vient de quitter, n'ayant plus de sel, attirent le capitaine.

L'avenir prouvera qu'il avait raison, la moyenne journalière de vingt-deux tonnes à laquelle on effectue le deuxième voyage est tout à fait respectable.

VIII. LE RETOUR A FÉCAMP

Octobre entame sa deuxième décade. De fréquentes dépressions perturbent le temps. Le coup de vent de la Toussaint, celui qui selon les marins peut prendre un mois avant pour ne cesser qu'un mois après le 1er novembre, menace chaque jour.

Sur le Banquereau, on retrouve nos deux collègues, le *Duguay-Trouin* et le *Capricorne,* chalutant par fonds de 52 à 55 mètres. Dès les premiers traits, la pêche s'annonce abondante. Le capitaine se félicite d'avoir embarqué en renfort six Terre-Neuviens. Ces hommes de la baie de Fortune ne parlent pas un mot de français. Naviguant ordinairement sur des goélettes canadiennes, pratiquant la pêche à la ligne, ils ignorent la manœuvre du chalut mais ébreuillent convenablement. Ils se plaisent à bord, apprécient le repas « à la française », délaissant volontiers le thé pour un quart de rouge. Ils mâchent à longueur de temps un tabac sucré sentant le miel et sont heureux quand l'un de nous accepte de mordre dans cette tablette qu'ils proposent gentiment à la ronde.

L'un d'eux, Parsons, voudrait venir en France. C'est le matelot de quart de Marcel qui ne manque pas de servir à ceux qui veulent bien l'entendre :

– Vous vous plaignez. Vous faites le quart à deux. Moi, j'fais l'quart avec « personne ».

⁂

Si le temps est dur, la pêche est vraiment bonne. Pierre a beau prophétiser : « Demain, marée de Paradis (1). La lune a embraqué son pilote : on n'y coupera pas », Julien peut souffrir de son cor et Marquis, le chien de Terre-Neuve (offert par une admiratrice à un matelot), peut faire sa réserve de têtes et d'arêtes, on travaille du poisson sans arrêt. Dès les premiers signes annonciateurs de coup de vent, baromètre en baisse, vents passant au sud-est, temps couvert, le capitaine emmagasine sur le pont la plus grande quantité possible de morue. Il nous arrive de mettre à la cape avec vingt-cinq tonnes de poisson à travailler. Le poids évidemment étant compté en morue salée, ce qui représente soixante-quinze tonnes de poisson frais. Julot le Mataf, résigné, ne pose plus de questions. Il vit ailleurs, dans un autre monde.

Mi-novembre. On doit retourner à Saint-Pierre, chercher du sel.

Escale rapide. La campagne de pêche doit se terminer le 15 décembre. Ce sont les conventions. Si l'on veut atteindre plus de 700 tonnes, il ne faut pas perdre de temps.

Une véritable furie soufflant du noroît met fin à ce voyage. La mer, blanche comme un drap, fume. Capeyant debout à la lame pour abriter de son gaillard les marins travaillant les ultimes tonnes de poisson, le *Cap-Fagnet* tangue profondément. Les trois bordées sont sur le pont. On fait le plus vite possible. A la moindre embardée, la mer déferle et noie la coursive du bord du vent, s'écrase sur le dôme en tonnant comme le canon. Nous ne quit-

(1) Marée de Paradis : marée de repos pour les marins, qui peut être due soit au mauvais temps qui empêche de traîner le chalut, soit à un déplacement d'un banc à un autre.

tons pas le pont, à étêter, découper, étêter et découper encore...

En tranchant une des dernières morues, je me coupe profondément la main gauche. J'essaie de me trouver un tas d'excuses : fatigue, poisson tordu ayant séjourné trop longtemps dans une mauvaise position. En réalité, je pensais à autre chose et le couteau traversant aisément une mitaine en mauvais état ne s'est arrêté qu'à l'os.

*
**

Si l'on a pu, à terre, fêter Noël, on ne pourra réveillonner à la Saint-Sylvestre avec nos amis saint-pierrais. Le 31 décembre à 11 heures, les trois chalutiers quittent la petite France pour rallier la grande, escortés jusqu'à Saint-Jean-de-Terre-Neuve par une corvette anglaise.

Elle va être longue et pénible cette traversée de retour.

A trois cents milles de Saint-Jean, le *Prompt* et le *Jaseur,* destroyers de la marine canadienne française, nous souhaitant bon voyage, regagnent leur base. Il fraîchit de noroît. Le *Capricorne* attrapant un mauvais paquet de mer, vent arrière, doit prendre la cape, soute de bâbord noyée. Le *Duguay-Trouin* l'attend en capeyant lui-même. Ces deux navires doivent retrouver aux Açores un « convoi du sud » qui, passant par Gibraltar, les mènera à Marseille.

Le *Cap-Fagnet* est désigné pour Le Havre. Mais loin de suivre la route directe, il passera également à Horta, rejoindre un « convoi du nord ».

On a réussi à l'encaisser vent arrière cette tempête. Mais quels creux! Le pont n'étant plus praticable, le quart est assuré par les spécialistes habitant le château. Autorisés par le capitaine à faire sauter le cadenas, les gars de l'avant disposent de la cambuse. Ils pique-niqueront. Ceux qui logent sur l'arrière se contentent d'une cuisine sans vivres. Le boulanger, prévoyant, avait un sac de farine d'avance. C'est au pain et à l'eau qu'on attend l'accalmie. Ce qui ne nous empêche pas de jouer à la manille en nous cramponnant à la table chaque fois que le *Cap-Fagnet,* se prêtant à la lame, tend à transformer les cloisons en plancher.

⁂

– Pourquoi qu'on va se faire dératiser?

– Pas dératiser. Dé-ma-gné-ti-ser! Comment j't'expliquerais bien ça? T'as entendu parler des mines magnétiques? Elles n'explosent pas au choc mais quand une masse métallique passe au-dessus d'elles : toutes les coques des navires étant plus ou moins aimantées, démagnétiser, c'est enlever l'aimantation de toute la ferraille du bord. On pourra ensuite traverser la Manche sans craindre les mines magnétiques. T'as compris?

– Pas tellement.

Fernand s'éloigne. Ti-Gao l'interpelle :

– Qu'est-ce qu'i t'expliquait, Janot?

– M'a dit qu'i fallait enlever l'aimant qu'est dans la coque pou pas s'fai sauter la gueule.

– Bien des trucs d'Anglais...

⁂

Quand on quitte Falmouth, parés à affronter les dangers de la navigation en Manche, on pense que le lendemain marquera la fin de cette équipée de trente mois. Il nous faut encore attendre trois précieux jours au mouillage à l'île de Wight, pour qu'un dernier convoi nous amène au Havre.

De nombreux liberty ships chargés de matériel de guerre occupent la rade. On mouille parmi eux.

Une vedette d'origine américaine mais battant pavillon français fait la navette port-navires, passant

Broyle
C. Broyle
Ferryland
Pᵗᵉ de Ferryland
Bancs
Bantam
Collᵉˢ Rouges
C. Ballard
Pᵗᵉ Freshwater
C. RACE
(1952)
(V.C. 3513)
Horse Shoe
(P.A.)
Bᶜ Nickerson
(1954)
d'Avalon
Banc
G R A N
B a s s
d u
N o r
Crête des Virgin
Trou
de la
Baleine
Crête de la Morue
Les Cailloux Percés
Moraine
Accore
des
Bassin
d u
T E R R E

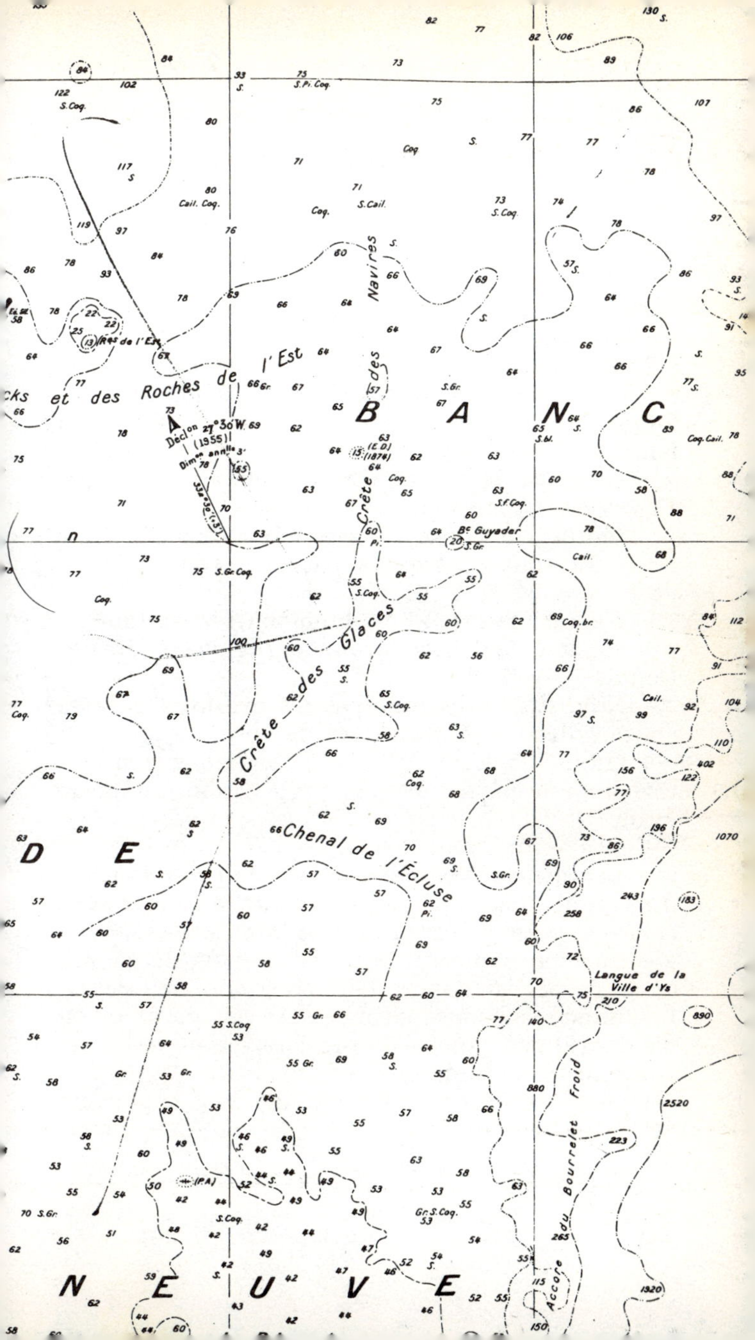
cks et des Roches de l'Est
Res de l'Est
Navires
Déclon 27°30'W.
(1955)
Dimon annlle 3'
Crête des
BANC
(E.D)
(1874)
Bc Guyader
Crête des Glaces
DE
Chenal de l'Écluse
Langue de la Ville d'Ys
Accore du Bourrelet Froid
(P.A)
NEUVE

parfois à deux cents mètres de nous; elle semble nous ignorer.

En fin d'après-midi, elle daigne entrer en contact. Juché sur une espèce d'estrade, un homme à la casquette galonnée, chaudement emmitouflé dans un blouson doublé de mouton, ganté et botté de cuir (le capitaine de port sans doute), réclame le commandant du *Cap-Fagnet* à l'aide d'un puissant haut-parleur.

Il doit lui sembler bien minable, le capitaine de ce petit navire perdu parmi les grands qui, en tricot à col roulé, lui répond en usant d'un porte-voix en laiton.

– Bonjour, Monsieur. Ici le capitaine du *Cap-Fagnet* qui vous écoute.

– Inutile de conserver votre pavillon « G (1) ». Nous ne vous rentrerons pas aujourd'hui. Attendez.

– C'est décevant et bien humiliant ! N'est-il même pas possible de débarquer une partie de l'équipage ? Depuis 1942...

– Non ! Et ne discutez pas les ordres. J'ai autre chose à faire qu'à m'occuper de vous.

Il fait mettre les gaz et la vedette s'éloigne emportant hors de portée de voix son « Grand Amiral de France ».

Charmant accueil !

– Ben merde ! s'emporte Julien. J's'rais à la place du Grand Mât, je r'foutrais l'camp à Saint-Pierre rien que pour y fermer la gueule à c'con-là !

– Chacun sa guerre ! Nous, Fécampois, on n'a pas cessé de pêcher depuis 1942 pour nourrir l'armée. Les mines, les sous-marins... c'est pas parce qu'on n'en parle pas, nous les morutiers, qu'on ne l'a pas vécue, cette pute de guerre !

Le lendemain soir, enfin, mouillé dans le port, un

(1) Pavillon « G » : la lettre « G » veut dire en code international : j'ai besoin d'un pilote.

mois après avoir quitté Saint-Pierre-et-Miquelon, on reçoit la visite du commandant de port. Portant toujours la même tenue, et quelque peu désinvolte à notre endroit, nous les ploucs de la mer, il entre au carré quand nous prenons l'apéritif. Correct sans plus, le capitaine lui propose :

– Whisky? Pernod? Porto?

– Volontiers! Du Pernod d'avant-guerre. Du porto d'origine. C'est incroyable. Que ramenez-vous comme chargement?

– Peu de chose. Sept cents tonnes de morue salée.

– De la morue salée! On en a perdu le goût. Ici, en France, on ne trouve toujours pas à manger à sa faim. Serait-il possible d'en avoir une petite?

– Janot, tu feras préparer un colis de deux belles pour monsieur.

– Merci beaucoup! A la vôtre messieurs.

– A la vôtre. Vous pourrez me déposer à terre? Je voudrais contacter mon armateur, et apprendre à nos familles qu'on est rentrés.

– Je vous dépose quand vous le voulez.

Le commandant de port venait de sacrifier sa morgue aux exigences de son estomac.

***

Nos familles sont bien les seules à exprimer de la joie à notre retour : partout ailleurs il n'éveille que jalousie et rancœur. A l'Inscription maritime qui est, paraît-il, la maison du marin, on ne peut demander un renseignement sans recevoir une réponse acerbe – réaction de terrien envieux ou de faux soldat :

– Cette loi ne concerne pas les planqués. Vous n'en avez pas gagné assez comme ça? Ça ne vous a pas suffi une promenade de trois ans au soleil, et puis, qu'est-ce qui prouve que vous avez vraiment navigué? Aucun papier n'a été enregistré à notre service matricule. Il faut que l'Administration soit nette et reprenne tous ses droits, trop longtemps bafoués.

Qu'importe si, partis quatre frères, on ne revient que deux. On a poussé l'outrecuidance jusqu'à ne pas se faire torpiller.

TROISIÈME ÉPOQUE

CAPITAINE DE PÊCHE

I. PRÉPARATIFS

– Qu'est-ce qu'il a Popeye à aboyer comme ça?

– Je ne sais pas et ça m'ennuie de le laisser sortir. Il a plu. Il va tout salir en rentrant.

– Je vais le faire taire. Il va réveiller les voisins.

Il est 7 h 30 du matin! Notre corniaud, fils d'un briard et d'une chienne terre-neuve mais qui n'est qu'un modèle réduit du métissage des deux, renifle sous la porte comme s'il y avait quelqu'un sur le seuil. J'ouvre. Quelle n'est pas ma surprise de me trouver nez à nez avec une femme d'une cinquantaine d'années de noir vêtue et... toute mouillée.

– J'croyais m'être trompée mais c'est vous que j'veux voir. Vous pouvez point r'nier la famille. Vous avez ben une tête de R'cher. J'ai communié en même temps qu'vot'sœur aînée. Est-i vrai qu'vous allez prendre un bateau d'la Sécherie? (Appellation fécampoise de la Compagnie Générale de Grande Pêche.) J'ai un garchon qui v'drait faire l'Banc.

– Ouais! Si j'ai la chance d'être reçu cap'taine. Mais entrez donc. Il gueule mais ne mord pas. Pourquoi que vous n'avez pas sonné?

– J'ai sonné, attendu. J'ons pris tout l'grain su'l dos!

J'appuie sur le bouton. La sonnette ne fonctionne pas. Le manteau de la pauvre femme est gorgé d'eau. De la cuisine se répand une bonne odeur de café. Nous y pénétrons à l'étonnement de mon épouse qui ne connaît, pas plus que moi, la visiteuse.

– Ça alors! Que d'eau! Vous êtes tombée dans l'avant-port?

– Non, ma pauv'tite dame. Mais c'est tout comme.

– Vous disiez que vous avez un gars qui voudrait faire Terre-Neuve? Enlevez votre manteau. On va le mettre au sec.

– Mon garchon, il arrive du service. I veut faire l'grand métier (1). Comme on m'a dit...

– Donnez-moi ses nom, prénoms, adresse. Il travaille en ce moment, que vous êtes venue à sa place?

– Non i travaille pas! Il est grand. Il est fort. Il a d'la gueule à la maison mais il est bête! Vous pouvez point savoir comme il est bête. C'est pis qu'son pé. Est tout dire. J'y ai dit : I va pas t'manger c't homme-là. Il a pas osé v'nir.

– C'est pas grave. Prenez un coup de café. Ça va vous réchauffer.

– J'me dépêche. J'r'prends l'car de 8 h 30. Alors, j'y dis qu'c'est d'accord?

– Oui, oui. Au revoir.

Ma femme et moi restons silencieux un moment. Elle essarde la mare d'eau sous le porte-manteau. Je remplace les fusibles de la sonnette. J'étale ensuite ma carte marine sur la table et essaye de résoudre le premier problème.

Depuis que, volontairement, j'ai répandu la nouvelle que, si tout se passe bien, la C.G.P. me confiera le commandement du *Duguey-Trouin* en juillet, je reçois souvent la visite de postulants. Je ne puis que donner ma parole pour l'instant, la première condition de mon contrat étant :

(1) Grand métier : pêche lointaine en opposition à « petit métier » : pêche côtière. Expression d'origine yportaise.

... Que Monsieur Jean Recher soit titulaire du brevet de capitaine de pêche...

Je suis les cours de l'école d'hydrographie et des pêches de Fécamp. Je ne suis pas trop mauvais élève mais un examen est un examen. Et l'échec est possible. Qu'en dira-t-on dans les cafés dc Fécamp où se recrutent les équipages?

⁂

Le directeur de l'école, capitaine au long cours, ex-cap-hornier, nous fait une grande partie des cours. Il le fait à sa façon et cette façon se révèle efficace.

Enseignant à des hommes qui ont usé plus de fonds de culottes sur les bancs de Terre-Neuve que sur les bancs d'un lycée, il a su trouver le ton. Ses élèves décrochent les brevets de pêche convoités. Certains lui doivent beaucoup.

Ses colères sont redoutables. Une tempête par vent du nord. Il s'énerve, jure, fait voltiger tables de Friocourt et boîte de craies, met les élèves dehors, passe sa furie sur sa femme, menace son perroquet de mort, se calme, fait rentrer tout son monde, s'excuse presque, rallume sa cigarette qu'il a chiquée à moitié et repart à zéro.

Sa grande joie : ses cours de manœuvre de voiliers.

Le directeur commence sur le ton de l'enseignement. Cinq minutes après, il est à bord du trois-mâts barque dont il commande la manœuvre dans un virement de bord vent devant. Il vit la scène. Nous, qui n'avons jamais mis les pieds sur un clipper, sommes pris dans l'ambiance.

Pare à virer.

Cargue la grand-voile. Pèse les points de misaine.

Barre au vent doucement à emplir.

Barre dessous. File les focs. Borde la brigantine au fur et à mesure qu'on lofe.

Contre-brasse devant. Il cule, nom de Dieu! Barre à culer. Change les focs.

Contre-brasse derrière. Serre au plus près. A rétablir partout.

Le sourire qui éclaire le visage du directeur, maintenant juché sur sa chaise et gesticulant, nous prouve que le virement de bord a parfaitement réussi.

On est déçu de constater que l'orientation de la salle de classe n'a pas changé... et je suis sûr qu'un jour l'immeuble va virer de bord avec nous...

⁂

Parmi les cinq hommes préparant « patron de pêche », deux m'intéressent particulièrement. Charlot, râblé, cheveux noirs bouclés, évoque le chien de Terre-Neuve. Il roule les épaules comme lui. Son rire est un aboiement grave. Fils unique, il a terriblement contrarié sa mère en refusant qu'elle le conduise à l'école par la main, comme au temps de la maternelle. On n'a jamais navigué ensemble mais je sais qu'à dix-neuf ans, il a déjà fait preuve de qualités morales et professionnelles rares.

Les pantalons trop courts et le veston étriqué de Dédé n'ont pu suivre sa croissance rapide. Voilant de la fumée de sa cigarette son regard un peu triste, il paraît absent. Rien ne lui échappe. Je le connais d'abord parce que c'est mon neveu; de plus, je l'ai eu trois ans sous mes ordres. Matelot léger quand j'étais lieutenant, il a gravi les échelons à une vitesse record. Détestant les gestes inutiles, il a basé sa façon de travailler sur l'économie de mouvements. Tranchant avec la régularité d'une machine, il décourage ceux qui veulent « l'étaler ». La fatigue ne semble pas avoir de prise sur lui. Après douze heures de travail ininterrompu, son débit reste le même.

Voilà les deux gars que j'envisage d'engager comme lieutenants.

Tous les jours, sauf le samedi et le dimanche, les cours durent de 13 h 30 à 19 h 30. On fait les devoirs le matin.

– Janot, y a un truc de compensation que j'ai pas bien pigé. Charlot non plus. On peut venir demain matin chez toi?

– Bien sûr. 8 h 30, 9 heures.

Ma femme nous abandonne la cuisine qui est transformée aussitôt en salle de classe. On décortique consciencieusement les points obscurs puis chacun fait ses devoirs et on discute.

– Y a pas d'raisons pour que ça aille pas. Faites pas les idiots à l'examen, c'est le premier pas à franchir.

– Moi, c'est pas l'examen qui m'inquiète. C'est plutôt si le *Duguay* allait livrer à La Pallice ou à Bordeaux.

– Pourquoi Dédé? T'aimes pas voyager en train?

– C'est pas ça. Mais Charlot et moi, on va faire l'armement. Faut qu'on sache ce qu'il y a comme matériel à bord. Quand on se présentera au directeur de l'agence en disant : On est les lieutenants, il nous croira pas. On est trop jeunes.

Composer un équipage, surtout pour la première fois, n'est pas aisé. Chacun, à bord, a un poste défini, certes, mais le sort de tous est lié. Qu'un marin soit défaillant, la pêche en souffrira. La sécurité du navire peut, en ces mers dangereuses, en être affectée.

Le *second* doit avoir l'étoffe d'un capitaine; mais son caractère doit être assez souple pour se laisser commander. Quand, la nuit, il est sur la passerelle, il est livré à lui-même. De son sens d'observation dépendra la qualité de la pêche; il prépare en outre la journée de pêche du capitaine.

Il doit connaître clairement tout ce qui se passe à

bord. Il est le dernier rempart entre l'équipage et le Vieux. Les conflits naissants doivent s'arrêter à lui, le capitaine ne devant penser qu'à la pêche. Il est également le chef de la police. De ce fait, il est souvent mal aimé. Le capitaine préfère former ses seconds lui-même que de dépendre d'un second qui risque d'avoir trop d'expérience.

Le *lieutenant* est en réalité un maître de pont, un bosco (1). Il doit avoir une santé de fer, être partout le premier. Un lieutenant, comme un capitaine ou un second, n'a pas le droit d'être malade. (Remarque qui pourrait être étendue à bon nombre des membres de l'équipage, en raison de leurs responsabilités.)

Le *radio* est seul dans son service. Il n'a pratiquement que peu de relations avec les hommes. Il doit avoir tous les contacts avec l'extérieur et espionner les « ondes », enregistrer ce qui est transmis. Il élimine ce qui est sans intérêt et communique au capitaine ce qui lui paraît essentiel. Il doit avoir l'absolue confiance du capitaine et ne transmettre que ce que le capitaine lui intime. Il communique avec la France (Saint-Lys Radio) une fois par jour pour envoyer les messages de service et les télégrammes privés. Ces derniers messages sont le plus souvent informels et ne permettent pas au radio d'avoir de prise sur l'équipage, sauf cas exceptionnel.

Un *spécialiste* – trancheur, ramendeur, saleur – est choisi de préférence « moyen » : on se méfie des as; ils sont trop difficiles à manœuvrer ou peuvent avoir dans l'équipe plus facilement mauvais esprit. Qu'appelle-t-on « mauvais esprit »? Non pas celui qui a une forte tête ou une grande gueule, mais celui qui, dans un coup dur, est aussitôt démoralisé et décourage ceux qui l'entourent en excitant les

(1) Vrai à l'époque. Maintenant, les lieutenants font le quart sur la passerelle.

tensions inévitables dans un groupe d'hommes entassés à longueur de jour dans un espace très limité. Avant d'engager un matelot, on fouille son passé professionnel, voire privé; l'ambiance familiale compte beaucoup; elle influe en effet sur le caractère de l'homme une fois en mer.

Pour le *mousse* ou les *novices*, on examine aussi le passé des parents tout en se fiant à la mine... Un marin avenant et surtout gai est préférable.

Ces enquêtes sur l'un ou l'autre ne sont pas difficiles, on se connaît tous, de père en fils, à Fécamp. On pourra s'irriter du caractère investigateur de l'enquête conduite par le capitaine. Mais si l'on part en mer, pour une vie aussi dure, c'est pour gagner sa vie, pas pour faire de la psychologie. Et quand un novice flanche, c'est toute la chaîne de travail qui est déséquilibrée. Loin des côtes, l'homme ne peut être remplacé. Et un matelot ne prend pas de gaieté de cœur la place d'un mousse : il est humilié de devoir faire le travail d'un débutant.

Un matelot courageux, observateur, vif, peut gravir très rapidement l'échelle des salaires. Il peut à dix-huit ou dix-neuf ans, être spécialiste, voire chef de bordée, sans autre instruction que le certificat d'études. Il peut, s'il accepte d'aller une année à l'école hydrographique de pêche – qui ne demande d'autre diplôme d'entrée que le certificat d'études –, devenir second à vingt-deux ou vingt-trois ans. Et s'il continue à faire preuve de qualités de commandement et de pêcheur, une seule année scolaire (neuf mois à la vérité) lui suffira pour obtenir son diplôme de capitaine de pêche et commander, à vingt-cinq ans, un chalutier. Et ce fut mon histoire, qui n'est pas une exception.

⁂

– Vous savez conduire une moto?
– Oui, mais je n'ai pas le permis.

– Il n'est pas obligatoire. C'est une 125 cm^3. Elle est à votre disposition. Je donne les ordres pour qu'on fasse le plein. Et encore une fois mes félicitations. Déhayes est reçu également. Essayez de le décider à ce qu'il vienne comme second. Départ le 11 juillet. Vous disposez de treize jours et vous avez retenu pas mal de marins sur parole. Il ne vous reste plus qu'à leur faire signer leur feuille d'engagement. Ne dépassez pas le nombre de parts.

Pétaradant, remorquant ma femme qui, conduisant son vélo d'une main, me tient l'épaule, je vais faire la tournée des adresses que j'ai notées depuis plusieurs semaines. Grand nombre de marins naviguant à Fécamp n'habitent pas la ville même, mais les environs.

Première escale : Elétot.

– Bonjour Madame! Est-ce que Roger est là?

– Il travaille à Fécamp. Il ne rentre que le soir. Repassez ou allez le voir à la Morue normande.

– Entendu. Merci. Au revoir. Je repasserai.

Saint-Pierre-en-Port : là je dois contacter un novice et deux matelots. Je n'ai pas les adresses exactes. Je me renseigne :

– Vous voyez l'entrée du bal? A côté y a une p'tite allée. Au bout, une haie de troènes, une barrière peinte en bleu...

Munis de ces précieux renseignements, on trouve facilement.

– Vous venez pou engager le p'tit? Ça m'fait deuil qu'il s'en aille. Enfin i veut naviguer. L'est pas tellement costaud. Vous f'rez ben attention à lui surtout. Qu'il entende pas de gros mots. Qu'on n'i apprenne point de vilaines choses.

Je promets tout. Le gosse signe. J'ajoute son nom dans la case des mousses. La mère verse une larme. On se rend à pied à la deuxième adresse. Ce serait bien où il y a la petite bonne femme en bleu.

– Bonjour Madame, Monsieur Duval..., c'est bien ici?

– Oui! Mais l'est pas là.

– Pouvez-vous me dire quand j'pourrais le voir? Je viens pour...

– Si c'est pour une assurance-vie, c'est pas la peine de rev'nir. Tous des voleurs. V'là ti pas qu'i faudrait qu'mon bonhomme meure pour que j'touche tous les sous qu'on a versés!

– Non! Je ne suis pas assureur. Je voulais savoir si votre mari est toujours d'accord pour partir sur le *Duguay-Trouin.*

– Est-i vous l'cap'taine?

– Oui! Vous ne m'avez pas laissé le temps de vous l'dire.

– Alors, est plus pareil. Il est là. Entrez. Est-i vote tite dame? Elle est ben gentille. Où qu'il est? L'est pourtant pas sorti par-derrière. Faites la feuille. J'vas plutôt la signer. Le v'là! Où qu'tu rétais parti? Allez signe!

Saint-Martin-aux-Buneaux. Là, je connais le marin que je vais engager. Sa mère nous a ravitaillés en beurre au début de l'occupation.

– Ah Monsieur Jean! Bernard vous attend.

– Salut vieux. On est prêt à remettre ça?

– Oui, l'grand métier, est encore l'pu sûr.

– Bon, on a donc dit treuilliste?

– Oui et non. J'ai conduit seulement des treuils à vapeur. Sur l'*Duguay,* l'est électrique.

– Tu vas pas reculer devant ça, Bernard. Un matelot comme toi bon sang! Freins, embrayages, c'est la même chose. Que la manette ouvre et ferme sur la vapeur ou qu'elle commande un rhéostat, ça ne change rien pour le treuilliste.

– Allons-y. Si tu crois que j'peux. Note que l'électricité ça m'est pas inconnu. Quand la mé r'monte des ampoules de Fécamp pou remplacer celles qui sont grillées, est moi qui les change. J'coupe pas l'compteur pou autant. Sers-nous l'café, la mé.

Je note le nom de Bernard et jette un coup d'œil à

ma montre. Il m'a fallu plus de trois heures pour obtenir quatre signatures. Faut se hâter. Les autres capitaines en font autant et le moins vif n'a que les laissés-pour-compte. Et l'équipage a sa fierté : il n'aime pas être un ramassis, d'autant qu'étant à la part, chacun dépend de chacun : un chalutier est une unité de 55 volontaires.

Je dois choisir celui-ci ou celui-là non seulement en fonction de ses qualités professionnelles mais des caractères les plus marqués déjà embarqués. C'est la pêche aux hommes avant celle des Bancs!

– Voulez-vous du café ma p'tite dame? Monsieur Jean, prenez une goutte.

– Pas c'té-là, la mé. Sors-nous d'la bonne.

La brave femme remplace la bouteille portant une étiquette sur laquelle une main hésitante a écrit « 50° » par une contenant du calva à 70°.

Je me cramponne à la table pour boire. Bernard claque la langue.

– Celle-là, ça va. L'autre, est bon pou l'courant. Elle a pas tellement d'goût. Une rincette?

– Non, merci ça ira comme ça.

Quand je sors, je n'ose pas allumer une cigarette. J'ai peur d'exploser!

Il est de bons jours, d'autres où l'offre est écartée. C'est dans ce même groupe d'un millier de marins de Fécamp et des environs que les capitaines recrutent leur équipage. Toujours le même millier, se connaissant très bien, venu de la campagne et qui, parce que sans terre, préfère à la dureté de la vie rurale les aléas et les dangers de la pêche dans les mers froides, mais à la condition que le montant des parts soit en rapport avec les dangers encourus et la privation du foyer. C'est la raison pour laquelle le marin choisit son capitaine plus qu'il n'est choisi lui-même. Un capitaine qui ne sait pas trouver le poisson a peu de succès lors de ces journées de recrutement qui sont difficiles, appellent de la psychologie et de l'autorité...

Aujourd'hui, on ne rentrera pas de bonne heure... il va nous falloir encore visiter les cafés – le Groenland, le Grand Banc, le Bar des Bassins, le Café du Bout Menteux – où les marins s'assemblent. J'essuierai sans doute des refus. On me trouvera trop jeune ou pas assez « capitaine » et distant... trop gentil et familier... qui sait? Je n'ai peut-être pas l'air d'avoir « la chance »... Ne vais-je pas me voir préférer un capitaine à la réputation tout à fait établie?

Etrange examen où l'on est tout à la fois examinateur et... examiné!

⁂

Après pas mal de palabres je réussis à décider Roland, qui vient d'obtenir son brevet en même temps que moi, à être second capitaine. Il hésite longtemps avant de donner son accord. Il pensait partir sur le *Charles-Prentout* avec le capitaine qui l'avait débuté mousse. N'ayant jamais navigué à la C.G.P., il pense que ça le changera de son ancienne compagnie. Le *Duguay-Trouin* est un chalutier déjà ancien. Son manque de puissance rendra la lutte inégale avec les plus récents. Par grands fonds, son treuil n'embraquant que 35 mètres à la minute sera un sérieux handicap. Et puis je suis plus jeune que lui. On se connaît peu, ne s'étant rencontrés qu'à l'école. Je sais qu'en mer, il oubliera ces considérations pour ne penser qu'au boulot. Je lui arrache davantage son « oui » qu'il ne me le donne. S'il s'était présenté une place ailleurs, il l'aurait acceptée. C'est ainsi que je choisis mon premier « second », le seul sur lequel je pourrai m'appuyer en cas de navigation dangereuse.

J'adjoins aux deux jeunes lieutenants un chef ramendeur et un chef de bordée plus âgés. La Compagnie Radio Maritime me met en relations avec un opérateur que j'engage.

Pour faire connaissance avec l'équipe machine, il me faudra attendre d'être en mer.

Alors, il ne me restera plus qu'à faire en sorte – c'est le lot d'un capitaine digne de ce nom – que tous ces hommes ne fassent plus qu'un avec le bateau – comme on dit joliment.

Inutile de le préciser, je pense, la chose n'arrive pas comme par enchantement.

Si l'on veut bien – entre autres – tenir compte de la psychologie de chaque homme, toujours plus fine et complexe qu'on ne l'imagine de prime abord, des habitudes contractées par chacun d'eux sous d'autres commandements, du caractère cauchois exceptionnellement fermé et sombre, il apparaît avec netteté que l'attention portée à l'équipage dévoué et capable d'estime doit être largement aussi vive et aiguë que celle portée au poisson...

Et mon propre cas ne sera pas facilité par le fait que nombre des marins sont des amis d'enfance : entre le ton trop « copain » et le ton trop « Tonton », celui – juste – qui convient ne sera pas toujours évident. Avec chacun d'eux, ce sera un rien différent et... à moi de jouer!

A moi de jouer, de décider, de commander, d'improviser... toute cette responsabilité je la connais, j'en ai longuement mesuré les aléas en observant les capitaines que j'ai servis et en m'observant bien moi-même, sans indulgence. Je n'ai aucune illusion quant aux sales moments à passer et je suis prêt à y parer.

Le plus dur ne serait pas cet affrontement dans la mesure où je serais vraiment mon seul maître. Le plus dur est d'être – aussi – un vulgaire employé dans une grosse industrie, en perpétuelle « autorité surveillée ». L'armateur m'attend à terre et de pied ferme. Du rapport détaillé généralement oral que je fournirai au retour dépend le réengagement de tout l'équipage et le mien, notre sort à tous. De ce côté-là, l'œil doit rester glacé, implacable. « Comment donc expliquerai-je ça dans le rapport? » Voilà – et elle sera permanente – ma question clé personnelle. Au capitaine à faire écran entre la « main-d'œuvre » et le rendement. A lui seul de savoir si l'effort à exiger pour ce rendement va « trop loin »; on n'a pas encore trouvé de compteur pour cette comptabilité-là...

Ainsi donc, je ne vais vraiment pas être seul : jugeant-jugé, notant-noté, comptant-compté... et pourtant, à la veille de ce premier commandement, ce que je ressens le plus intensément, c'est une profonde solitude.

⁂

Femme de marin, femme de chagrin.

Qu'on ne s'étonne pas que ma femme m'ait accompagné pour recruter une partie de l'équipage. Il ne faut pas perdre de vue que la vie de nos femmes est liée à la nôtre, à terre comme en mer. Nous, les marins, sur les Bancs; les femmes, à la maison, en tête à tête avec elles-mêmes et réglant, en chef de famille, tous les problèmes familiaux.

La femme du capitaine peut leur être utile. Elles savent que, pour être renseignées, connaître à l'avance la date et le port d'escale du chalutier où leur homme est embarqué et avec lequel elles pourront alors rapidement communiquer en cas de besoin, elles peuvent compter sur la femme du capitaine. C'est la raison pour laquelle elles doivent faire connaissance.

Une vraie femme de marin cache dans ses lettres tout ce qui va mal à terre. Les pêcheurs n'apprennent les mauvaises nouvelles qu'au retour. Un enfant a été malade? On le sait quand il est guéri. Il faut, quand le marin rentre, qu'il ait l'impression de n'être parti que de la veille.

Que l'on songe également que les périodes de

congé sont très courtes, d'autant qu'il faut un temps d'adaptation physique et psychologique au climat et au rythme nouveaux.

Malheureusement, combien de marins se sentent étrangers au « logis de leur femme » : « I'm'coûte les yeux de la tête quand il est à terre. Vivement qu'i s'en retourne aux Bancs! » Prenant l'habitude de vivre seules, elles deviennent parfois plus amoureuses de la liberté que de la vie conjugale. Une fille de douze ans disant devant moi, à son père, qui était en congé pour deux semaines : « J'ai hâte d'être dix jours plus vieille pour reprendre mes petites habitudes! »

Et l'épouse trop vertueuse!

Que de drames, de vies étouffées, d'âmes éteintes dans le secret d'une chambre. Je pense à ce pauvre gars, simple matelot de mon équipage, qui, en rentrant par la fenêtre – sa femme n'avait pas cru devoir être au quai, à l'arrivée du navire, comme toutes les autres –, découvre une maison où il ne peut que se sentir étranger : devoir marcher sur des patins de peur de salir; bien évidemment ne pas s'asseoir sur les plus belles chaises; cracher lui est interdit naturellement; boire un verre de vin n'est pas souhaité, cela coûte cher. « Elle a le poil du cul raide! (1) », grommelle-t-il. Et quand sa femme est rentrée, elle l'a accueilli, en guise de bonjour après quatre mois : « approche! on va pas te mâquer (manger)! » Il se sent si étranger dans sa maison qu'il n'ose le soir la caresser. « T'vas chiffonner mes beaux draps neufs. Dors! Ne remue pas trop. Le sommier craque; i pourrait ben se casser. Et j'attends *mon* retour de pêche (le règlement du marin) pour le faire retaper. »

Etonnez-vous, après, qu'une fois en mer, « ils » boivent. L'équipage? une société d'hommes heureux de repartir. Ah oui!

(1) Expression fécampoise désignant une femme très autoritaire.

II. LE COUP D'ESSAI

Avitailler au Havre en quittant Fécamp, c'est partir deux fois. C'est aussi compliquer la vie des chefs de service.

A peine s'amarrait-on dans le grand sas afin d'accéder au bassin de soutage que le capitaine d'armement, venu de Fécamp en voiture, me lance :

– Ils peuvent faire le gas-oil en cinq heures. Affiche le départ pour 10 heures ce soir.

– O.K.

Cinq minutes après être à quai, on n'est plus qu'une dizaine à bord. Les bistrots ne sont pas loin et un départ ça s'arrose. Surtout quand on part pour cinq mois. Rien à craindre pour ceux qui sont en puissance d'épouse; mais les autres, qui sont livrés à eux-mêmes, risquent de rentrer en piteux état.

– Tu n'sors pas toi, Gaston?

– Ah non cap'taine! Quand je quitte la maison, j'prends jamais un sou sur moi. En mer j'en ai pas besoin. Vous n'auriez pas une cigarette?

– Si! Tiens, sers-toi.

– Merci cap'taine. J'croyais qu'on allait en distribuer. De l'exportation.

– On n'a pas le droit de faire sauter les scellés avant d'être ressorti du Havre. Ce sera pour demain.

Une bordée de jeunes rentre. Ça zigzague un peu. Il n'y a pas trop de mal.

Le capitaine d'armement s'impatiente :

– Ils m'avaient promis que tout serait terminé pour 9 h 45. Je viens de voir le second mécanicien. Il paraît qu'il y en a encore pour une heure. Ça va te faire sortir au moins à 11 heures.

– Vous savez bien que c'est toujours la même chose. Le fournisseur table sur le débit maximum. En fin de soutage, le bord fait diminuer. Quand on ne prend pas de précautions, ça refoule, ça dégueule dans les coursives et, en définitive, il reste du creux dans les soutes.

Je vais donner les consignes de ne plus laisser débarquer ceux qui rentrent à partir de maintenant. C'est toujours les gars qui quittent le bord dix minutes avant l'heure fixée qui manquent le départ.

Nous sortons finalement du Havre à minuit seulement. Un seul homme manque. On a fait tous les cafés environnants, sans le trouver.

Le quart de la première nuit est assuré par quelques recrues de confiance.

Dès le lendemain, je fais appeler aux rations à 7 heures et au travail à 8. Rien de tel que l'exercice en plein air pour dissiper les vapeurs.

Quand on voit le bout de son nez, on peut supposer que, s'il ne s'arrête pas en route pour parler, le chef mécanicien sera là dans un instant.

Bordelais de naissance et Marseillais d'adoption, le chef mécanicien a quitté les paquebots des Messageries maritimes pour goûter de la grande pêche.

– Bonjour capitaine. Bonjour Pascal. Il fait beau et puis pas froid.

– Salut chef. Pourquoi voudriez-vous qu'il fasse froid? On est en juillet, encore loin de Terre-Neuve, à mi-distance entre Bishop et l'accore est du Grand Banc.

– On m'a dit : « Si tu vas là-bas, couvre-toi. Il gèle. » Je croyais habiter une petite cabine sentant la morue. Ce n'est pas ça, je suis bien logé.

– Vous avez la plus grande chambre du bord, chef. Quant à sentir la morue!!! Ça ne risque rien surtout en ce moment. On n'a pas un kilo de poisson à bord.

– Je me plais bien ici. Mais le diesel ce n'est pas mon fort. Je préfère les turbines. Alors là, je suis champion.

– Il n'y a pas de « turbinards » à Terre-Neuve, chef.

– J'attendrai. Ou je ferai autre chose et je reviendrai.

– Vous avez quel âge?

– Cinquante-trois ans! C'est vrai. Parfois je l'oublie. Je me sens si jeune... Bon! Je vous quitte. Je vais à la forge. Adieu!

Pascal, chef de bordée, m'apporte la liste du matériel déjà fait. Il note les mesures que je lui donne et repoussant sa casquette sur l'arrière de sa tête pour essuyer de la manche de son tricot son front en sueur :

– J'ai l'impression que grand-père, faudrait pas trop compter sur lui s'il arrivait un pépin au moteur.

– Il se mettra peut-être dans le bain. Les autres mécaniciens, en particulier le second, connaissent leur affaire.

– Oui!... Et puis on pourrait toujours rentrer à la voile. Tu colles l'chef sur l'gaillard. Avec l'nez qu'i s'trimbale, t'aurais un sacré beaupré.

On est vraiment gâtés par le temps. Vent pratiquement nul, mer plate et soleil. Dans ces conditions le *Duguay-Trouin* parcourt ses 220 milles entre deux méridiennes consécutives. (Je ne dis pas en vingt-quatre heures car chaque jour on retarde la montre de vingt minutes environ pour rester à l'heure du lieu.) Ce qui donne une vitesse de 9 nœuds et c'est le maximum que l'on puisse tirer de ses 700 chevaux. Le moteur paraît ridiculement petit dans cette grande salle. Habitué aux machines alternatives, hautes, massives et robustes, je me demande comment un si petit moulin arrive à nous propulser.

Avec ce beau temps, le travail sur le pont est facile. Le rendement s'en ressent. Heureusement! Les deux premiers jours ont été utilisés à sortir des magasins le matériel de mon prédécesseur. On a tout mesuré, vérifié les alèzes, éliminé ou retouché ce qui n'était pas adapté au chalut que j'envisage de mettre en « vergue ». A Terre-Neuve, les chalutiers pêchent théoriquement avec le même modèle de chalut. Quelques petites différences obligent cependant un capitaine nouvellement embarqué sur un bateau à revoir tout le matériel de rapport.

A cinq cents milles des lieux de pêche, le radio entre en contact, sur ondes moyennes, avec les collègues.

La pêche est satisfaisante à la tête du Grand Banc entre les latitudes 48° et 49° nord par fonds de 180 à 300 mètres.

Il fraîchit de suroît. On épaule la lame par bâbord. Le manque de puissance du *Duguay-Trouin* se fait sentir. Sans que l'on diminue le cran de pétrole, la vitesse tombe à 7 nœuds. J'hésite à mettre le cap sur les chalutiers les plus nord. Je crains de ne pouvoir traîner le chalut par grande profondeur si la mer reste grosse. Il serait préférable que je me familiarise avec « mon bateau » par fonds moyens.

Quand les vents passent à l'ouest, le tangage nous freine encore. J'estime la vitesse entre 5 et 6 nœuds.

Le ciel se dégage et un point observé confirme l'estime.

« Tuuute... » Le coup de sifflet provient du porte-voix du radio.

– Allô! J'écoute!

– Attention au cap. Top! *Vikings* 7 degrés sur tribord. Attention! Top! *Minerva* droit devant.

Le radio relève au gonio les chalutiers passant le tour de pêche. On approche. Vers 3 heures demain matin, on devrait sonder l'accore. Le vent mollit. La mer tombe. On pourra filer le coup d'essai.

En 1949, les chalutiers de Terre-Neuve, mis à part quelques privilégiés possédant la phonie, n'ont que la télégraphie (sans fil évidemment), pour communiquer entre eux ou avec la terre. Sur chaque bateau, un seul opérateur. Vers 10 heures G.M.T. (environ 7 heures du lieu), il prend la veille. En attendant le premier tour de pêche de 11 heures G.M.T., il écoute ses collègues qui demandent à la station radiogoniométrique de Cap Race de les relever. Un relèvement, auquel on applique la correction de Givry, coupant une ligne de sonde, donne un point. Quand un navire émet pour se faire relever par Cap Race, ses collègues en profitent pour le « photographier ». On arrive ainsi à savoir, même en temps de brume, où se trouvent les bateaux en début de journée. Au premier tour de pêche, les chalutiers communiquent par radio leur pêche de la nuit. Ces messages sont transmis en clair mais en abrégé :

« Dernier trait hier soir 40 quintaux. Nuit pour 8 palanquées. Venons de virer 3 fortes palanquées » devient : « Dt hs 40 Qtx.nt pr 8 pals. Vdv 3 f pal. »

Entre les messages de pêche, le radio décroche un top afin de tenir le registre chronométrique à jour, prend la météo et communique avec Saint-Lys Radio sur ondes courtes. Avec ce poste, il échange radiotélégrammes de service ou privés et lettres radiomaritimes.

Comme on vient de banquer, je salue les collègues.

– Bjr à tous. Faisons 1 er tt. Vous espérons en pleine forme. Ams. Jnt.

Les messages de bienvenue affluent. Je viens d'entrer dans la ronde.

Je pique la cloche. A virer. Doucement le treuil embraque. Une minute et demie pour cueillir les 50 premiers mètres. Où sont les 150 mètres minute du *Vikings* sur lequel j'étais second l'année précédente. Je gueule :

– Le treuil est en route toute? C'est pas possible!

– Oui. Oui! cap'taine. C'est à bloc.

Enfin les panneaux, puis le chalut arrivent. Le cul ne flotte pas et pourtant quelques morues maillées le long des ralingues indiquent qu'on a passé dans le poisson. On cargue, on bosque; on vire la lâche, maille le palan. On vire le cul vide, complètement défoncé par un caillou. Il va falloir alléger le jeu de sphères. On est gréé trop lourd pour la puissance du moteur. Ça m'ennuie car, dans beaucoup de cas, la morue tangente le fond et un chalut qui « gratte » est un chalut qui pêche. On va doser l'allègement, y aller progressivement.

Le chef que le premier virage a attiré à la passerelle essaie de comprendre ce qui s'est passé.

– Pourquoi y a pas de poisson dans le cul?

– Le chalut a subi les derniers outrages, chef.

– Oh putaingne! C'est pas Terre-Neuve, ici. C'est Sodome!

III. CEUX DU *DUGUAY-TROUIN*

Les pommes de terre épluchées à longueur de journée sont l'univers de Léon. Illettré, légèrement attardé mental, il remplit à trente ans les fonctions de mousse de cuisine. Un mousse de 95 kilos! Mobilisé en 39, prisonnier en 40, il a passé cinq ans en Autriche dans une ferme. Ignorant sans doute que la guerre était terminée, il n'est rentré chez lui que fin 45.

Je l'ai essayé sur le pont mais n'ai rien pu en tirer. Incapable d'ébreuiller ou de décoller, il a essayé d'affaler. Mais quand le débit des trancheurs augmentait, Léon ne suivait plus le rythme, se mêlait les pieds, chavirait les pottes à côté du panneau d'affalage et finissait par se faire sérieusement invectiver. Je l'ai menacé cent fois de le débarquer comme « bon à rien ». Chaque fois, je revoyais son père impotent, sa pauvre mère avec ses jambes couvertes de plaies variqueuses... dont il est le seul gagne-pain.

Sous la surveillance du cuistot, il travaille correctement. Quand parfois, ayant glané un quart de vin à gauche, une ration d'eau-de-vie à droite, il joue les intéressants avec sa bonne gueule d'ivrogne abruti, je connais le remède. Deux taloches, un coup de pied dans les fesses et je le renvoie à ses patates.

– M'a foutu su la gueule! Vas l'di à Jacqueline. (Ma femme.)

Il sait que c'est surtout grâce à elle qui l'a pris en pitié qu'il peut manger à sa faim tous les jours.

Par 33° de Cap Race, à border une fosse connue sous le nom de « Trou à Yvonne », voilà plus de trois jours que la pêche donne à fond. On est dans l'obligation de « choller (1) » chalut à bord, parcs pleins jusqu'à la lisse pour permettre à l'équipe de déblayer. Le second et moi venons de trier la parquée de tribord. D'une part ça fait deux hommes de plus à « éplucher l'os (2) ». D'autre part notre présence stimule l'équipe. C'est humain. Les ébreuilleurs voudraient vider leur parc plus vite qu'on ne va à l'emplir. Roland et moi avons une réputation à soutenir, on ne relève pas le dos. Les forces s'équilibrent.

Avant de regagner la passerelle, je passe par la cuisine jeter un coup d'œil au menu. J'y trouve un Léon catastrophé.

– Qu'est-ce qui t'arrive, camarade, t'as mal aux dents?

– L'voyage est foutu! Les patates sont toutes petites, et pis y en a plein de pourries!

⁂

– Combien?

– 39°7. Toujours la douleur au bas du thorax. Il tousse et a de la peine à respirer.

– Autrement dit pas d'amélioration.

– Non et il a pas une bonne tête, il est épais comme une limande. C'est pas du solide.

– Il a les côtes tellement apparentes que j'ai eu l'impression de poser des ventouses sur un caillebotis...

(1) Choller : stopper sans erre.
(2) Eplucher l'os : travailler la pontée de poisson.

– J'vais le conduire à terre... Bon, merci Roland, tu peux disposer. J'irai lui porter sa terpine-codéine et son aspirine tout à l'heure. Il a bu son lait?

– Oui, oui!

J'ai la carte sous les yeux. 130 milles nous séparent dc Saint-Jean-de-Terre-Neuve. On aura le vent en hanche de tribord. Je peux donc tabler sur 9 nœuds. 14 à 15 heures de route. Si je pars maintenant, j'arrive au milieu de la nuit. Je vais donc patienter jusqu'en fin d'après-midi pour accoster demain matin à l'ouverture des bureaux.

Je confie la passerelle à Dédé, lui indique la sonde à suivre et me rends au chevet du malade avec l'attirail nécessaire.

Il est l'heure de virer quand je regagne la timonerie.

– On va voir si t'es l'homme de chance, Dédé. As-tu vu le *Cap-Fagnet* virer?

– Il était mal présenté mais il a dû faire un beau trait. Il a été longtemps en travers.

– Pique la cloche. On va voir ça.

Plouf! Le cul monte à bout de bras. Une belle chalutée. Si on la sauve (un éclatement est toujours possible quand une grosse quantité de poisson tend à rompre les mailles du gorget), la marée est assurée. On embarque 250 quintaux et on refile aussitôt dans la même sonde.

On contre-borde le *Cap-Fagnet*. Son capitaine, de dix coups de casquette à bout de bras, me signale qu'il a viré dix palanquées. J'en accuse treize par le même moyen.

A midi, l'état du malade est stationnaire. Il s'alimente un peu.

En deux traits analogues au premier on emplit le pont. Au roulis, plusieurs centaines de kilos de morue repartent à l'eau.

– Laisse embarquer, le palan sur les planches.

Bien que l'on soit en pleine pêche, je me vois contraint de mettre le cap sur Saint-Jean, afin de débarquer le malade. Le second me remplace sur la passerelle.

Je descends manger en vitesse, car ce soir il me faudra dresser les listes d'équipage et manifestes de douane, rédiger mon rapport de mer et les procès-verbaux de maladie.

Le chef arrive le dernier à table.

– Qu'est-ce qu'on fait, capitaine. On s'en va? Il y a trop de poisson?

– Il paraît que sur les quais de Saint-Jean on peut s'en procurer du tout salé. Comme les hommes sont fatigués...

– Putaingne! On va à terre! Alors je vais essayer mon costume. Je crois que j'ai grossi.

Il nous quitte.

Les derniers poissons disparaissent dans la cale quand on diminue pour prendre la passe. Un coup de manche en vitesse, le bateau est présentable, sentant encore la marée.

L'ambulance nous attend à quai. L'agent de la « Furness Whity », les douaniers, la santé embarquent dès que l'on pousse la coupée à terre.

Les formalités vite expédiées, on ressort trois heures après.

Quand on remet en pêche après avoir piqué debout pendant vingt heures, plus un poisson. On gagne nord vers les Portugais, toujours nul. L'équipage en prend un coup quant au moral : « C'est ce malade de malheur qui nous a fait perdre la manche! » chuchote-t-on.

Les chalutiers français signalent pêche médiocre et certains font route Groenland sur de bonnes nouvelles.

– C'est vache que ce gars-là soit tombé malade quand y avait d'la croûte à tirer et maintenant : pas la queue d'une.

– Un homme, c'est un homme, et de la morue, il y en aura encore après nous.

De sa voix de basse, le second mécanicien réplique :

– Capitaine, vous avez fait votre devoir; un seul but dans la vie : sauver son âme.

Juste à ce moment, on croche et Charlot d'ajouter :

– Pourvu qu'on sauve aussi le chalut!

⁂

– J'suis bien content pour toi, mon poulot! Ton matériel a l'air de bien aller. Tes « soldats » sont vaillants.

Me tendant sa grosse main de forgeron, Maurice « La Colombe » m'exprime, par son bonjour, l'amitié qu'il me porte.

Il était quatrième mécanicien sur le *Saint-Martin-Legasse* quand j'étais mousse, il y a dix ans. Il est toujours quatrième dans la même compagnie sur le *Duguay-Trouin.* Attendant l'âge de la pension, il espère passer troisième en fin de carrière mais ne pourra monter plus haut.

Ce père tranquille est pourtant un « dur ». Un soir de carnaval, il eut la triste idée de boxer un arlequin. Il faisait son service militaire. Le lendemain, le beau masque abritait ses yeux tuméfiés sous une casquette de second maître. « La Colombe » reconnu comme son agresseur se retrouvait au « bat'd'Af' ».

En dehors de son quart, il est responsable du train de pêche. Chaque jour, il graisse le treuil, les bollards, vérifie le jeu des rouleaux et l'usure des bobines.

Pour avoir eu également le coup de poing trop facile, Pascal a séjourné un long moment à Calvi. Il en parle aisément, sans regret, sans vantardise. Sur la plage d'Yport, il fait l'admiration des estivantes en exhibant ses tatouages : une tête de femme, un tigre, un serpent voisinent avec différentes inscriptions. Les pieds n'ont pas été épargnés. Sur l'un : « Je ne marche pas. » Sur l'autre : « Moi non plus. »

Casi, ancien boxeur professionnel, a perdu un œil d'un coup de lacet de gant. Auguste tord des pointes de six pouces avec une facilité dérisoire et Bébert soulève les gueuses de fonte avec ses dents. A tous ces durs, je n'ai à opposer que ma jeunesse et mes 70 kilos... Espérons qu'ils feront le poids! En cas de coup dur, j'ai l'habitude – depuis que je suis mousse parce que je suis moins fort que nombre des matelots – de taper toujours le premier... par principe! Ça intimide l'adversaire et prendre aussitôt l'avantage règle souvent le problème dès le départ...

Le marin préfère cet « arrangement », cette explication d'homme à homme, d'égal à égal, qu'être couché sur le « cahier des disciplines » – ce qui est exceptionnel. Un débarquement disciplinaire pour un moment difficile serait préjudiciable à la carrière des marins. C'est si vrai que j'en ai vu venir s'excuser le lendemain de m'avoir obligé – disons – à cogner. D'un commun accord tous jugent que régler les conflits ainsi, sur-le-champ, est le meilleur moyen de rester en « bonnes relations » et de recommencer à naviguer ensemble.

⁂

La bordée de relève de minuit traîne. Personne au travail. Je confie la passerelle au lieutenant de quart et descends dans le poste d'équipage.

Rien qu'en me voyant, certains montent sur le pont. J'en « aide » quelques autres et sors de sa bannette le plus récalcitrant qui n'avait même pas pris son repas avant travail. Ma poigne est ferme. Ça va, je n'ai pas trop vieilli.

Je regagne la passerelle et, jetant un coup d'œil sur le pont, vois le « dur à réveiller » quitter les parcs. Son couteau ébreuilleur à la main, il prend le chemin de la timonerie. Sans doute veut-il m'impressionner?

Condamnant la porte de bâbord pour ne pas être surpris dans le dos, j'attends, appuyé près du sondeur, que le visiteur se présente.

La passerelle est dans une quasi-obscurité. Les éclairages atténués du pupitre permettent, quand les yeux sont habitués, de se déplacer. La porte s'ouvre.

– R'commencheriez-vous, c'que vous avez fait tout à l'heu?

A peine a-t-il fini sa phrase qu'il reçoit sur le poignet droit un coup sec du manche très court de la balayette dont je m'étais armé.

Il lâche son couteau. Alors on peut s'expliquer, d'homme à homme. Et je dois dire qu'il est ressorti plus vite qu'il n'est entré. L'épisode n'a pas duré cinq minutes.

Il y a de ça quelques années. Je le rencontre parfois. On n'évoque jamais cette histoire; mais on discute comme de vieux copains, amicalement.

IV. ORATE FRATRES

Le radio me tend un message :

« Frégate *Aventure* à chalutier *Duguay-Trouin* :

Bonjour capitaine. Le père Laloux, aumônier des bancs de Terre-Neuve, désirait passer quelques jours à votre bord. Dans le cas où vous seriez d'accord, veuillez me communiquer votre position.

Amitiés.

Signature : Commandant. »

Je rédige la réponse qui prend immédiatement le chemin des ondes :

« Bonjour commandant. Avec plaisir. Notre position actuelle est : 48°53' nord de latitude et 50°40' ouest de longitude avec une quinzaine de bateaux. Quand comptez-vous être parmi nous? Avez-vous du courrier?

Respectueusement : Recher. »

Avec quelques difficultés, on hisse l'aumônier à bord, plutôt qu'il n'embarque. Grimper à l'échelle de pilote n'est pas son fort. On a profité du mouvement pour remettre à la frégate d'assistance du courrier à destination de la France.

– Demain je célébrerai l'office dans le poste de tribord. S'il y en a parmi vous qui désirent se confesser, à votre disposition!

– ...

– J'ai trouvé un clergeon qui veut bien servir la messe.

– Très bien. Vous avez déjà fait connaissance avec pas mal de gars. Vous aurez une nombreuse assistance.

Le second ayant émis le désir d'assister à la messe, je n'y vais donc pas. On se retrouve tous à table à midi.

– Vous m'excuserez, Monsieur l'aumônier, je n'ai pas pu quitter la passerelle. Le temps bouché, les bateaux...

– Je comprends très bien. Je ne vous ai pas vu non plus, chef.

– J'étais occupé à la forge. J'ai profité qu'elle était allumée pour m'en servir comme barbecue. J'ai mangé un poisson grillé.

– Vous avez péché par gourmandise... en plus.

– Eh non! J'avais faim... Je suis croyant... Depuis que j'ai eu une apparition.

– Vous avez eu une apparition?

– J'ai vu le Christ qui me disait : « Voilà le chemin qu'il faut suivre. » Avant j'étais contre la religion. Le curé de Saint-Emilion était en même temps le maire de la ville. Il s'appelait l'abbé Berger. Toujours je le contredisais : « Votre Bon Dieu vous ne l'avez jamais vu. »

« Un jour, il a pris la crise :

« – Et mon cul vous l'avez vu?

« – Non, bien sûr!

« – Et pourtant, il existe!

« La nuit suivante le Seigneur m'a visité et depuis, je vais souvent me recueillir à la cathédrale de Saint-Emilion.

– Cathédrale est un bien grand mot, chef. C'est une église monolithe du IXe siècle.

– Elle est magnifique! Elle mesure au moins cent cinquante mètres de long.

– Hum! Hum!

– Enfin... disons bien la moitié en tout cas.

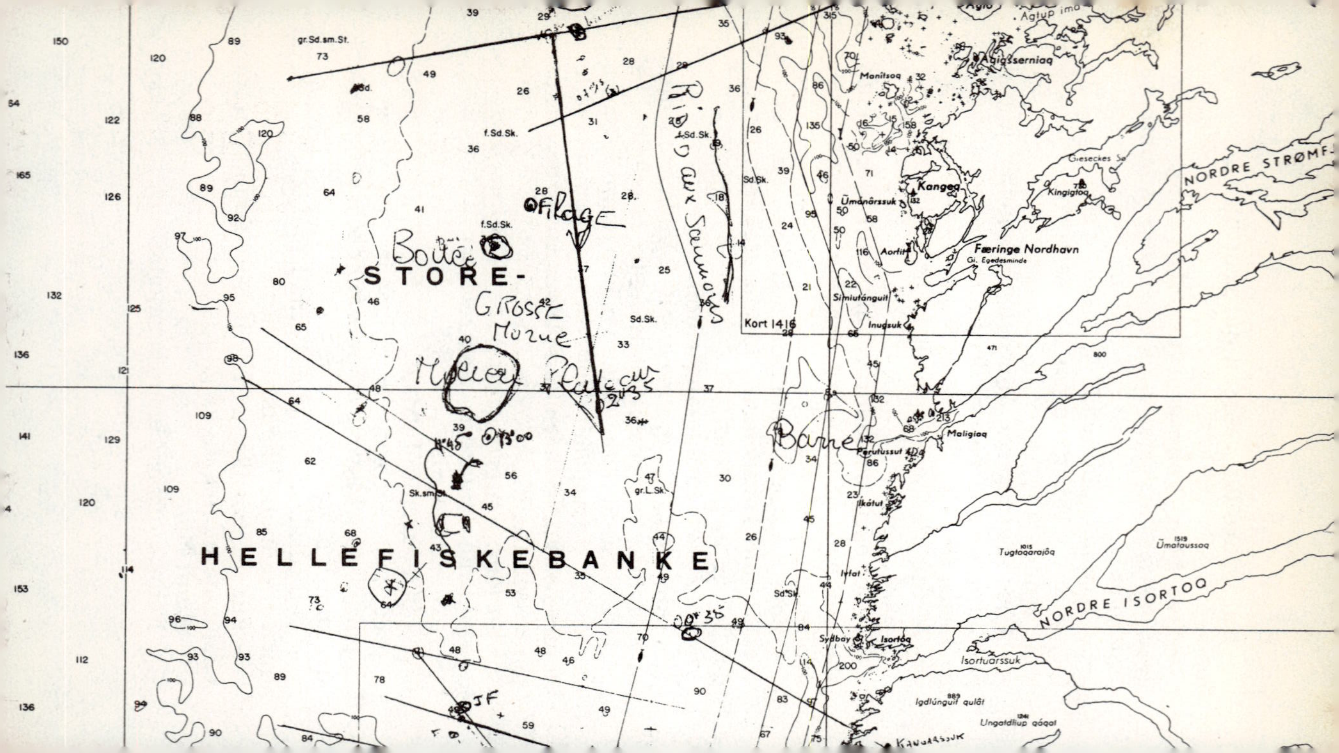

STORE-
HELLEFISKEBANKE
NORDRE STRØMF.
NORDRE ISORTOQ
Agtup ima
Agigsserniaq
Manitsoq
Kangeq
Ũmánârssuk
Giesecks Sø
Kingigtoq
Færinge Nordhavn
Gl. Egedesminde
Aorfit
Simiutánguit
Inugsuk
Kort 1416
Maligiaq
Perutussut
Ikátut
Iftat
Sydbay
Isortoq
Isortuarssuk
Tugtoqarajôq
Ũmataussaq
Igdlúnguit qulât
Ungatdliup qáqat
Kangarssuk
gr.Sd.sm.St.
f.Sd.Sk.
Sd.Sk.
gr.L.Sk.
Sk.sm.St.
Rio aux Saumons
Filage
Boulé
GROSSE Morue
Mulet
Plateau
Banc
JF

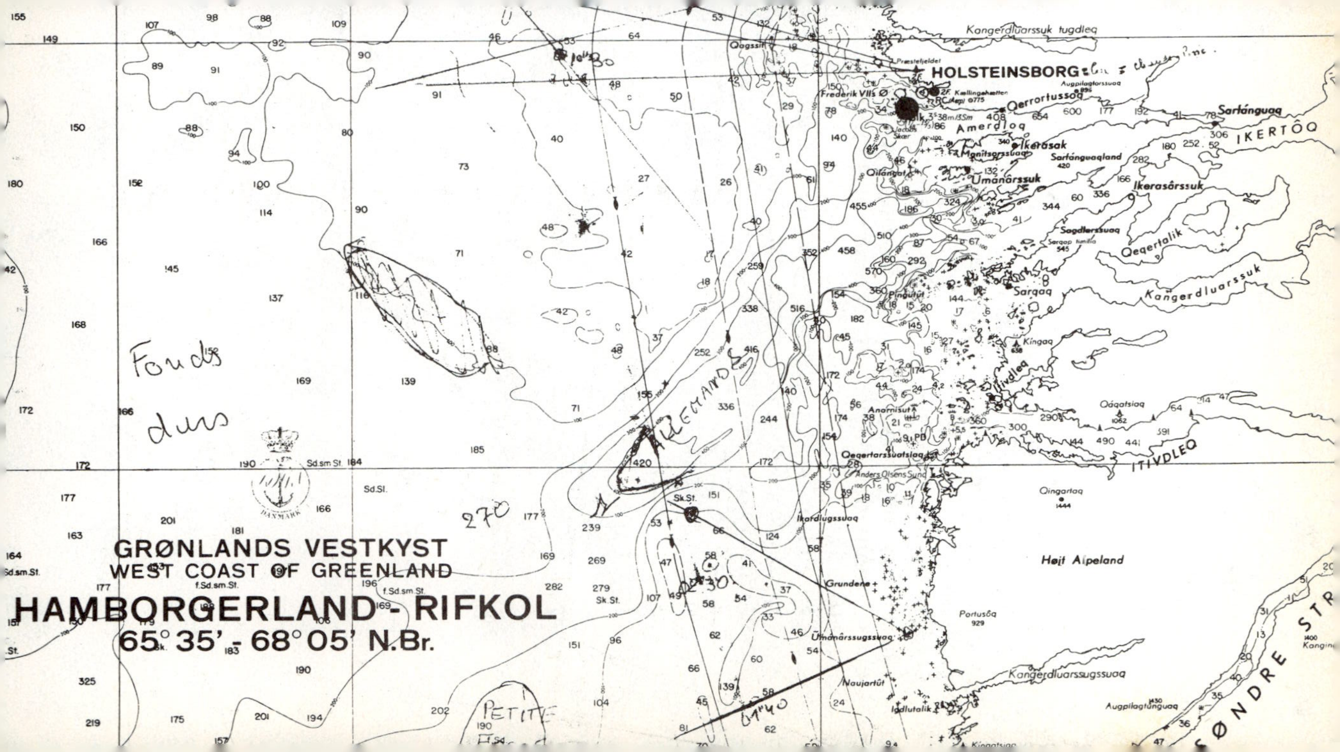
GRØNLANDS VESTKYST
WEST COAST OF GREENLAND
HAMBORGERLAND - RIFKOL
65° 35' - 68° 05' N.Br.
HOLSTEINSBORG
Kangerdluarssuk tugdleq
Qagssit
Frederik VII's Ø
Qerrortussoq
Amerdloq
Ikerasak
Manitsorssuaq
Umanârssuk
Qilángât
Sarfánguaq
IKERTÔQ
Sarfánguaqland
Ikerasârssuk
Sagdlerssuaq
Qeqertalik
Kangerdluarssuk
Sarqaq
Pingutût
Kíngaq
Itivdleq
Anarnisut
Qáqatsiaq
ITIVDLEQ
Qeqertarssuatsiaq
Anders Olsens Sund
Qingartaq
Ikardlugssuaq
Højt Alpeland
Grundene
Portusôq
Umánârssugssuaq
Kangerdluarssugssuaq
Naujartût
Igdlutalik
Augpilagtûnguaq
SØNDRE STR
DANMARK
Fonds durs
PETITE
270

Dimanche prochain, faites donc la messe dans la machine. J'y serai.

– Dimanche non! J'ai promis : ce sera dans le poste de bâbord. Demain si vous voulez! »

J'assiste à cette messe, en compagnie de quelques gars silencieux et dignes. Les mécanos ont bien fait les choses en installant, sur les rambardes, un autel de fortune.

De temps en temps, un éclair de flash zèbre les visages : c'est le chef qui fixe « sa » messe sur la pellicule.

En réponse à l'*Ite missa est,* au lieu du *Deo gratias* rituel, couvrant le sifflement de la soufflante et le martèlement des bielles, on entend un « merde » retentissant.

Le chef vient de s'apercevoir qu'il a oublié d'ôter le chapeau de caoutchouc protégeant l'objectif. Sa messe est « loupée ».

V. LE GRAND HELLEFISKE

Vent d'amont, « kache (1) » *poisson.*
Dicton fécampois.

Après avoir vécu une quinzaine de jours parmi nous, l'aumônier regagne l'*Aventure*. Il souffre de troubles circulatoires. Quand le médecin de la frégate l'aura soigné et Dieu guéri, il ira exercer son sacerdoce sur un autre navire. Il s'est plu à bord, dit-il. Puisse le ciel nous en savoir gré ! Des palanquées, des palanquées...

⁂

Route Groenland. A cela plusieurs raisons. Premièrement, on en reçoit de bonnes nouvelles. De plus, à Terre-Neuve, le poisson gagne les grands fonds et le travail devient très difficile pour nous. Le sondeur, organe vital, donne des signes de faiblesse. Il est vieux, à bout de course, et devra être changé au premier retour en France. Comme, au Groenland, les chalutiers travaillent par petits fonds (20 à 70 mètres), je pense avoir quelques chances d'obtenir une sonde de temps en temps.

Je ne connais pas les fonds de pêche du Groenland, ne les ayant jamais pratiqués comme officier. Enfin ! Je suivrai la foule en essayant d'improviser.

(1) Chasse.

A 180 milles par jour environ, la route est longue. La visibilité moyenne nous permet de marcher au maximum de jour. Les nuits noires, sans lune, nous obligent à réduire la vitesse. Heureusement, nous ne sommes que fin août et plus on s'élève en latitude, plus elles sont courtes.

Je fais doubler le quart. Un homme, muni d'un porte-voix, veille sur le gaillard, deux autres sur les ailerons de passerelle. Aucune lumière sur le pont. Les feux de route font un petit halo au mât de l'avant. Je les éteins, ne conservant que les feux de côtés.

Ce ne sont pas les autres navires qui sont à craindre mais les icebergs. Quoique blanches, ces masses de glace se distinguent très mal dans les nuits obscures.

On passe à 300 milles dans l'ouest de Farewell et à 170 de Désolation. Entre ces deux caps, sur une largeur de 30 à 40 milles partant de la terre, les bergs pullulent. Venus de la côte est, chassés par le courant qui, faisant d'abord du sud, s'incurve à l'ouest à Farewell puis remonte parallèlement à la côte, ils s'échouent sur les bancs de Julianehaab. Ils arrivent à se disloquer pour en former de plus petits qui, s'ils flottent, se laissent entraîner par le courant. Il n'est pas rare de voir des icebergs échoués par fonds de 300 mètres et plus.

Les vents de nord-est déplacent le cycle vers l'ouest. Ce qui explique qu'à 200 milles des côtes on rencontre des bergs, moins nombreux certes mais il suffit d'un...

Le glacier de Frederikshaab, au nord de Désolation, en fournit également sa part.

Après six jours de route, on atteint, à l'aube, la latitude de 67°30' nord et on sonde l'accore ouest du Grand Hellefiske.

J'appuie sur le nord-est, mettant le cap sur la pêcherie des chalutiers français qui travaillent dans l'ouest d'Umanak au lieu-dit « Le Guimblet ».

Dès les premiers traits, je me rends compte que mon matériel n'est pas adapté aux fonds et au genre de pêche. J'ai beau modifier, nos prises restent nettement inférieures à celles des autres. De guerre lasse, je fais du sud, m'écartant ainsi des collègues, en suivant l'accore de terre. Le baromètre baisse. La neige tombe et le vent fraîchit. Que suis-je venu faire dans cette galère? Et il est temps que je m'affirme comme capitaine de pêche. Sinon que dira-t-on à Fécamp? Dans les cafés, au « Bout Menteux », dans les maisons, chez les épouses et chez l'armateur?

En remontant les fonds, la pêche s'améliore. Trente mètres, vingt-cinq mètres toujours en gagnant sud. J'hésite à trop remonter sur le banc du Grand Hellefiske sur lequel les fonds sont inchalutables, m'a-t-on dit.

La nuit tombe, pas un feu sur la côte. Pas le moindre fanal qui nous permettrait de nous repérer.

Quand on arrive par le travers du fjord de Pérutusut, la sonde remonte jusqu'à 9 mètres. Même en sachant que c'est la profondeur minimum qu'on peut avoir dans ces parages, ça fait un drôle d'effet. Deux mètres d'eau environ sous la quille, quand l'arrière s'enfonce au coup de tangage, c'est peu.

Remorqué par les câbles qui ne cessent de fouetter, le chalut a bien remonté la pente. Quand on retrouve les fonds de 40 mètres au sud de la « Barre », je vire.

Soixante quintaux déversés sur le pont couronnent cet essai par très petits fonds. Je fais mouiller une bouée avec un fanal à acétylène. J'estime le courant à deux nœuds sur le nord et suis dans l'obligation d'aller me placer à deux milles dans le sud de la bouée pour refaire le même trait. Le temps de mettre le chalut dehors et de le filer, le fanal s'éteint. Me voilà de nouveau sans amer. « Caroline » m'aura juste servi à évaluer la vitesse et la direction du courant. Malheureusement, ce courant, influencé par les marées, change et je regrette la défectuosité du fanal.

Après avoir bien pêché toute la nuit, on perd un chalut complet, le matin, au large d'Arfit. Je paye ainsi mon inexpérience, mon manque de connaissance des lieux et surtout ma témérité. Le moral des marins est fluctuant.

⁂

Fin septembre – nous sommes en 1949 –, le *Président-Houduce* est allé chercher la mission Paul-Emile Victor qui quitte le Groenland avant l'hiver. Il doit la déposer à Saint-Jean-de-Terre-Neuve.

Je demande au capitaine de ce chalutier (mon frère) s'il peut me dépanner en viande. Il accepte et nous nous donnons rendez-vous sur le plateau d'Holsteinborg sur lequel je suis en pêche depuis quelques jours. Comme, d'une part, c'est sur sa route et que, d'autre part, la pêche ne donne que de nuit, le rendement ne s'en ressentira pas.

Il fait beau, le temps est dorissable et je profite de l'occasion pour aller saluer le grand frangin.

Dans le doris, j'emmène les deux lieutenants. Dédé pour qu'il embrasse son père et Charlot intéressé par les explorateurs. Pascal et moi bordons les avirons et on décolle.

On est encore à une vingtaine de mètres de l'*Houduce* que déjà on est photographiés et filmés. J'enjambe la lisse, nouvelles photos. La mission : vingt scientifiques, techniciens et mécaniciens. Barbus, des anoraks noirs, des chaussures de montagne à crampons. Ils arrivent du Grand Glacier où ils ont connu, semble-t-il, d'importantes difficultés : crevasses, brouillard, tempête. Les traits de certains sont creusés.

– Bonjour Messieurs.

Je serre des mains en me présentant.

– Enchanté. Marcel Ichac.
– Bonjour. Jean Malaurie (1).
Et c'est ainsi que nous avons fait connaissance.

Ce qui les surprend, c'est mon âge. Surtout que, pour la circonstance, je me suis rasé. Ils sont déçus. Ils auraient préféré voir arriver un vieux capitaine barbu, chiquant ou fumant la pipe, crachant à trois pas et coiffé du suroît. Comme sur les réclames de filets de morue.

Mon frère, en gros chandail à col roulé blanc, m'attend sur la passerelle.

Après quelques échanges de points de vue sur la pêche, il narre son expédition :

– Il a fallu que je me glisse dans l'est de Disko. Pas de cartes détaillées. Le compas magnétique qui dort (2). Enfin! On y va doucement. On évite un berg, deux bergs, dix bergs. La sonde ne peut guider. Les fonds passent de 400 à 20 mètres, replongent. Enfin, on arrive dans le fjord où l'on a rendez-vous. Une vraie vision apocalyptique. Des abrupts noirs. On se sent écrasé, tout petit. Le glacier glisse lentement vers la mer, déversant des tonnes et des tonnes de glace.

« Dans l'impossibilité d'accoster et de s'amarrer, on a dû mouiller et transborder le matériel dans les baleinières de sauvetage. Je fais presser le mouvement car le temps se bouche. Mais chaque fois que des bergs se détachent et ripent dans le fjord, il faut suspendre les navettes car il se produit une lame semblable au mascaret.

« Une famille d'Esquimaux, en kayak, évolue le long du bord. A l'appel des matelots, ils accostent et embarquent. Ils consentent même à laisser hisser à bord une de leurs frêles embarcations. Un novice

(1) Membre de l'Expédition polaire française dont il était le géographe.

(2) Près du pôle magnétique comme au Groenland, le compas (boussole) donne des indications souvent erronées. Il ne suit plus les évolutions du navire. Il dort.

veut s'y glisser, impossible! Pourtant le Groenlandais qui vient d'en sortir est plus large et plus rond que le mousse. De plus ses vêtements de peau et de fourrure l'épaississent encore. Il doit y avoir une technique ou bien ces gars-là sont en caoutchouc!

« On a dû laisser une partie du matériel à terre, le fjord s'emplissant de growlers (1). Quelques heures de plus au mouillage et on ne pouvait plus sortir.

« On descend sur Saint-Jean-de-Terre-Neuve pour y déposer la mission. Je ne pense pas revenir par ici. Je vais compléter le chargement à Terre-Neuve. Et toi, où en es-tu?

– On n'est pas tellement riches et à l'accore nord d'Holsteinborg, il n'y a pas un poisson de jour. On fait de bonnes nuits à condition de passer, car les fonds ne sont pas toujours amoureux.

« Je vais te quitter. Merci pour la viande et bonne continuation.

On regagne le *Duguay-Trouin*, le doris chargé de quartiers de bœuf. L'*Houduce* met le cap au sud.

Je profite de la bonne visibilité pour prendre, au sextant, la hauteur angulaire de Proestefjeld (2). Combinée avec la sonde, cette coordonnée me permettra de me placer avec plus de précision qu'un relèvement au compas dont les indications sont souvent erronées si près du pôle magnétique.

*
**

Je ne suis vraiment pas dans le bain et commence à comprendre qu'il existe des spécialistes du Groenland. Cette pêche ne ressemble pas du tout à celle de Terre-Neuve.

(1) Growler : morceau de banquise de grosse taille que le mouvement de la houle fait gronder, d'où son nom qui devrait se traduire par grondeur.

(2) Proestefjeld : cap à l'entrée du fjord d'Holsteinborg.

Le poisson semble se déplacer vers le nord, on le suit depuis plusieurs traits, on est content d'être à la pointe du mouvement et tout à coup c'est le chalutier le plus sud qui fait le meilleur trait. Certains coins donnent à une heure précise de la journée, d'autres à un moment bien déterminé de la marée.

On croche au bout de dix minutes, on vire 50 ou 100 quintaux. Vite on mouille la bouée toujours prête à être larguée. On chalute ensuite autour pendant une demi-journée pour ne rien capturer. C'était un passage, une concentration qui est partie, Dieu seul sait où. Découragés, on relève la bouée pour prospecter d'autres secteurs. On fait de nouveau un beau trait. On remouille « Caroline » et, là, pour une raison que j'ignore, le poisson tient vingt-quatre ou trente heures. Ni la nuit, ni le jour, ni les changements de courant ne le font fuir.

Je note, sur mon cahier de pêche, le coefficient de marée, la force et la direction du vent, les caractéristiques du courant, et, si je peux m'en rendre compte, la tendance barométrique, les conditions atmosphériques, le meilleur sens de traîne, etc. Peut-être que cela me servira plus tard. J'essaierai de déterminer la position où le poisson doit se trouver en me référant à tous ces renseignements.

Le 5 octobre je décide de faire route vers Terre-Neuve. Je garde de ce passage sur les bancs du Groenland l'impression que j'aurais pu faire mieux. Travaillant trop personnellement, j'ai manqué de bons coups. Il est vrai que j'en ai réussi d'autres en compensation. Mais pour l'ensemble je ne me vote pas de félicitations.

VI. LE BANC DE BELLE-ISLE

Quand j'ai télégraphié à l'armateur pour demander l'autorisation de « descendre » à Terre-Neuve, j'avais une idée derrière la tête. L'année précédente, en octobre, alors que j'étais second capitaine sur le *Vikings,* on avait trouvé une forte concentration de morue sur un plateau de 190 à 200 mètres, situé par latitude 51°05′ nord et longitude 53°50′ ouest. Dès qu'on débordait et que la sonde devenait supérieure à 200 mètres, on ne pêchait plus rien. Le hic est que ce petit banc, qui a pratiquement la forme d'un cercle, ne fait que quatre à cinq milles de rayon. Comme les courants sont forts dans ces parages, il faut faire très attention de ne pas se perdre. Nous avions trouvé ce banc d'une façon assez fortuite :

Mon frère, capitaine du *Vikings,* tenait à conserver ses « étoiles d'Amiral (1) ». Les deux premiers voyages de l'année avaient été bons, très bons même. Depuis plus d'un mois, le *Cap-Fagnet* que commandait André Lecœur nous tenait la dragée haute. Et un bon capitaine morutier n'aime pas du tout – c'est un de ses traits de caractère, c'est sa fierté – qu'on pêche mieux que lui. A dire vrai, il faisait mieux que nous. Pourtant notre moyenne

(1) Etoiles d'Amiral : plus fort tonnage pêché dans l'année.

journalière était très acceptable. Mon frère, d'une humeur massacrante, cogitait sans arrêt, mâchoires serrées, pour essayer de remédier à ce petit quelque chose qui faisait que ça n'allait pas absolument bien. Et ce n'est pas n'importe quoi une réputation. Tout l'équipage qui fait corps avec le bateau suit le capitaine dans ses décisions et le jauge. A la prochaine campagne on le choisira, on se laissera choisir ou non. C'est selon.

J'appréhendais le premier tour de veille des radios, le matin. Les chalutiers – avec plus ou moins de bonne foi – passent leur pêche de la nuit lors de ce premier tour. Et la nuit c'est le quart du second. De sa réussite dépend l'humeur du capitaine à son lever. Il faut parfois peu pour contrarier un homme qui se réveille, surtout un champion qui se sent talonné.

Si le second reçoit quelques consignes quand il remplace le capitaine à minuit, il doit faire montre d'initiative, de qualités de marin, de pêcheur et d'observateur. Ne recevant aucune nouvelle par radio, car on ne faisait pas de veille de nuit à cette époque, il doit sentir son propre travail tout en gardant un œil sur celui des autres navires. Il lui faut aussi penser double : selon lui et selon le capitaine.

En quelques phrases, le Vieux lui a résumé la situation : position des collègues, leur tendance et déplacement du poisson.

– Ça gagne nord, en creusant lentement. On sonde actuellement 250 mètres. Il serait bon de tourner tribord d'ici une demi-heure et de border la pêcherie par le large, dans les 255, 260 mètres.

Puis un coup d'œil sur la carte :

– Tu vois, ça te f'ra tourner par 37 de Cap Race à peu près. Tu verras bien à la « gueule de l'accore ».

Le second, les yeux encore bouffis de sommeil, enregistre. Le café du bord, plus laxatif qu'excitant, ne l'a pas réveillé entièrement mais c'est une question d'habitude; il est déjà dans le bain.

Quand les belles théories s'effondrent et que, après minuit, ça ne se passe plus du tout comme pendant le quart du capitaine, le second doit rectifier le tir. Pour que le repas qu'il prendra à la fin de son quart ne lui reste pas sur l'estomac, il est préférable qu'il rectifie dans le bon sens.

Donc, en ce mois d'octobre 1948, profitant d'un manque de pêche à la suite d'un coup de temps, mon frère décidait de partir en excursion vers le nord-ouest. Tous les ans, on trouve le poisson plus nord à la même époque et on fouillait des mers vierges.

En suivant les accores de terre du cap Bonavista au cap Fréhel et ensuite jusque dans l'est de l'île Funk, on ne sondait que des fonds irréguliers et inhospitaliers. Le capitaine décida donc de continuer cap au 330°.

Quand je le relevai à minuit, il m'indiqua la position estimée sur une carte à petits points (la seule qu'on possédait de cette région) et, plaçant la pointe de son crayon sur une sonde de 188 mètres, il m'expliqua :

– Si ces fonds-là existent, il y a deux possibilités, ou c'est un banc isolé, ou l'accore partant du cap Bauld s'oriente sud-est. Il faut aller s'en rendre compte.

D'une croix, je marquai la position à attaquer, regrettant le manque de détails de la carte où les sondes sont espacées d'une quinzaine de milles.

Le baromètre se stabilisant, le vent tomba, la houle s'allongea mais la visibilité diminua. Je sondais fréquemment : 260 mètres... 255... 260 de nouveau.

Le jour n'arrivait pas à percer. Que les mouettes semblaient donc blanches dans cette grisaille!

Vers 6 h 15, je sondai 240 mètres puis 235 et ça remontait doucement.

– Va appeler hors cul.

L'homme de veille réveilla les bordées de service pendant que je cassais l'erre du navire et le stoppais tribord à la houle et au léger vent qui subsistait.

Un quart d'heure après, notre chalut draguait des fonds sans doute inviolés jusqu'alors, en tout cas inconnus de nous.

Après avoir suivi un petit moment les 200 mètres, j'enregistrai 195 puis 192. Selon toute logique, j'appuyai tribord et du 330, cap de filage, me retrouvai au 20 puis au 30. Alors, d'un coup, la sonde a dépassé 200 mètres, continuant à augmenter. Je n'ai pas pu atteindre une heure de traîne, temps que je m'étais fixé pour avoir un aperçu de la pêche et des fonds. Je larguai après cinquante-cinq minutes. Le cœur serré mais plein d'espoir, je regardai le treuil embarquer les six cents mètres de câble.

Marc, le radio, se levant pendant qu'on virait me tendit la main, ne prononçant qu'un seul mot .

– Alors?

Rapidement mis au courant du déroulement de la nuit, il s'en alla, ne laissant échapper encore qu'un seul mot :

– Merde!

Voulait-il par là me porter chance, regrettait-il la mauvaise tournure des opérations ou présageait-il un réveil tumultueux du capitaine?

Je l'entendis démarrer un récepteur, reconnaissant l'émission d'un radiophare. Brave Marc, il allait essayer de goniométrer pour m'aider à corriger mon estime.

Le panneau divergent de l'arrière à peine arrivé en potence, je mis en route, la barre 15 degrés à droite pour raidir les bras. Le chalutier prit à peine un nœud d'erre que le chalut fit surface à 60 mètres du bord, le gorget et le cul bourrés de morue. Le « plouf » joyeux et légèrement ironique qu'il produisit en émergeant me combla de joie.

Il pouvait se lever, le Tonton. Je l'attendais de

pied ferme. Sa théorie s'était révélée juste, il serait automatiquement de « bon poil ».

Malheureusement, le temps d'embarquer la douzaine de palanquées et de réparer quelques avaries de chalut, on avait dérivé et on sondait 240 mètres quand on a voulu refiler.

On a recherché le banc, chalut à bord, mais jamais on n'a enregistré des sondes inférieures à 205 mètres. Le poisson se tenant sur la hauteur, on ne refit plus de pêche intéressante. De guerre lasse, on repartait vers le sud et on avait 180 milles de parcourus quand mon frère, après de longues heures de réflexion, décida de refaire du nord. L'avantage à ce deuxième essai, c'est qu'il faisait clair, que le soleil, assez pâle ma foi mais visible, permettait des observations et que lesdites observations, combinées avec les relèvements gonio et la sonde, devaient nous permettre une navigation précise.

On a donc astiqué nos fusils, à savoir nos sextants; Marc a récuré son gonio et le Tonton a fait préparer deux bouées avec 400 mètres d'orin, 20 mètres de chaîne et une bonne ancre.

– Bon Dieu, je me ferai plutôt enc... mais on le retrouvera ce « billot ». Il existe, tu l'as sondé. Si on le trouve pas, il faudra qu'il dise pourquoi.

Effectivement, on l'a retrouvé, on a pris 240 tonnes en onze jours, malgré quarante-huit heures de cape, débanqué, chargé... enfin entré à Fécamp avec 960 tonnes le 18 novembre. La pêche totale de l'année se montait à 2 833.

⁂

Je jouis de certains avantages sur l'année précédente : quelques amers, la position exacte du banc et surtout je n'ai pas de place de « leader » à défendre. Débutant obscur perdu dans la foule des pêcheurs moyens, je ne serai pas talonné par le temps.

Le *Groenland,* chalutier identique au *Duguay-Trouin* et dont le capitaine a reçu en même temps que nous l'autorisation de « descendre » à Terre-Neuve, fait route à 2 milles de nous par le travers tribord. C'est un navire de la même compagnie, son capitaine est sympathique, mais j'avoue que sa présence me gêne.

J'ai des scrupules vis-à-vis de mon frère d'emmener dans mon sillage un collègue devant ignorer jusqu'à l'existence du banc qui nous a fait blanchir les cheveux l'an dernier. Enfin! On verra quand on approchera. Pour ne pas rester bord à bord avec lui, j'ai mis en pêche sur un banc plus nord que celui de Belle-Isle jusqu'à ce que le *Groenland* disparaisse de l'horizon.

En une semaine, on a pêché 120 tonnes de morue. Les trois premiers jours sur les petits fonds. Puis le poisson a gagné nord-est et ensuite nord-ouest, en creusant, jusqu'à 300 mètres, ce qui a élargi énormément notre champ d'investigation.

Mais les bons moments ne durent qu'un temps. De nouveau en panne de sondeur, on a dû quitter Belle-Isle. La pêche était d'ailleurs pratiquement coupée à la suite d'un coup de vent qui nous obligea à capéer soixante-douze heures. Après une escale d'avitaillement et une fin de campagne venteuse, on fait route Fécamp le 5 décembre.

En traversée de retour, on peint. Le *Duguay-Trouin* rajeunit sous son maquillage : les superstructures redeviennent blanches, le dôme, le treuil, les pavois troquent leurs taches de rouille contre un beau gris perle, la cheminée, portant les marques de la compagnie, rutile. Même les mâts ont le droit de se faire beaux. A 8 nœuds de moyenne, la traversée est longue. On a le temps de fignoler le travail. Quelques petits imprévus viennent contrarier la bonne exécution peinture-entretien. Le feu prend dans l'échappement d'un auxiliaire. Une gerbe d'étincelles jaillit de la cheminée. Comme on est vent arrière, la peinture fraîche de la passerelle retient les paillettes de suie. Ça fait un genre, ce blanc piqué de noir, mais ce n'est pas réglementaire. Il nous faut gratter et repeindre.

C'est en chantant et en se racontant des histoires du passé – en évoquant davantage des souvenirs de mer que des congés à terre, souvenirs qu'ils enjolivent toujours – que les hommes manient le pinceau. Partis depuis juillet, ils auront droit à 50 jours de congé. Noël, nouvel an, Saint-Pierre des marins, autant de fêtes en perspective. Ils sont contents de la pêche et voient déjà le costume neuf ou la mobylette qu'ils vont s'offrir à l'arrivée.

Pour ma part, j'attends les premières réactions des armateurs. Pourvu que le poisson soit normalement salé. Ni sec ni doux. Pourvu qu'on livre la quantité déclarée. Un poisson déshydraté perd vite 7 à 8 % de son poids. Pourvu aussi que les autres chalutiers n'aient pas fait beaucoup mieux que nous! Je viens d'accomplir le voyage test. De lui dépend, en grande partie, mon avenir.

⁂

On a livré plus que prévu. Belle taille. Poisson bien salé. L'épreuve armateur s'est bien passée. Je ne suis pas jugé indigne, mon contrat est renouvelé. Tout pourra recommencer l'an prochain.

Mais on saisira combien le « concours » qu'il faut passer chaque année à tous les âges de la vie de capitaine est une dure épreuve. Surtout que la mer et la morue sont des « sujets » que l'on ne peut jamais connaître parfaitement et dont le plus important se découvre par le « nez », l'intuition, et que la part de chance demeure, quelle que soit l'expérience vécue, capitale. Et quand on songe, comme je le disais tout à l'heure à propos de mon frère, que, plus on avance en âge, plus il faut avancer en « réputation », qu'un « leader » ne peut se permettre que des retours de leader – imposants, spectaculaires quant aux tonnages de morue qu'il rapporte, puisqu'il va tout à la fois se faire juger par son armateur et par tous les marins de Fécamp –, on peut mesurer par quelles affres il lui faut passer.

Enfin, chaque fois, le succès fait oublier le reste... et le goût de repartir, comme celui d'un amour, reprend.

Cette année, à nouveau, je vais recruter au quai, de café en café, à domicile... mais cette fois mon équipage sera composé, en majeure partie, des hommes du dernier voyage. Ils sont le plus souvent volontaires et pour un jeune capitaine c'est la preuve qu'il n'a pas déçu.

J'en élimine quelques-uns. Quatre partent « au service ». Deux ou trois me quittent pour une raison que j'ignore. Enfin, à 80 % on se retrouvera pour une nouvelle campagne.

VII. LE FILET CONGELÉ

Construits en Ecosse, en Amérique, en Belgique, en France, de nouveaux chalutiers viennent augmenter la flottille de grande pêche. Touchées partiellement ou totalement à titre de dommages de guerre par les armateurs sinistrés, ces nouvelles unités sont à peu près semblables; navires de 68 mètres entre perpendiculaires, moteurs Diesel de 1200 à 1500 chevaux, pouvant porter 1200 tonnes de morue salée, ils ne se différencient les uns des autres que par quelques détails. Deux seulement, le *Vikings* et *La Belle-Normandie* des Pêcheries de Fécamp, ont conservé la bonne vieille machine alternative à vapeur, mais avec chauffe au mazout.

Petit à petit, les quelques rescapés de la dernière guerre sont désarmés. Les chalutiers chauffant au charbon, trop onéreux et manquant de rayon d'action, prennent en premier le chemin du cimetière. Le *Capricorne* n'exhibera plus sa cheminée aussi haute que ses mâts. On ne repérera plus à 15 milles l'*Avant-Garde* fumant comme un volcan. Le *Joseph-Duhamel* emportera dans la tombe sa croix de guerre durement gagnée. La chauffe en charbon a vécu. Adieu ringards (1), pelles et cendriers! Les pieds noirs se recycleront.

(1) Un des outils du chauffeur à charbon.

Quelques « moteurs » usés jusqu'à la corde laissent également leur vieille carcasse au fond d'un port. On se retrouve avec une flottille de Terre-Neuvas pratiquement neuve. Seule, la conception des chalutiers n'a pas changé. Le port en lourd ayant augmenté, la puissance a suivi sans pour cela permettre une plus grande vitesse que beaucoup d'anciens. On vire toujours le chalut par le travers. Le pont reste exposé à tous vents. L'équipage loge encore sous le gaillard d'avant, la cuisine restant au niveau du pont principal et inaccessible de l'extérieur par gros temps. Les treuils de pêche, loin d'avoir progressé, ont rétrogradé. Alors que presque tous les chalutiers remisés possédaient un treuil à quatre poupées, les nouveaux sortis n'en ont que deux. Ce qui complique beaucoup de manœuvres. Dans l'ensemble, tout, sauf la capacité de cale, a été calculé trop juste.

Qu'importent ces petites déficiences! La morue abondante – du fait qu'en temps de guerre il y a eu beaucoup moins de campagnes – permet de très belles années de pêche. En 1949, le *Ginette-Leborgne* bat le record des apports annuels avec 3000 tonnes et quelques fifrelins. Les marchés reprennent en France d'abord. On exporte aussi. Les Italiens, les Brésiliens, les Grecs tiennent à leurs brandades et à leurs aillolis.

Si la pêche continue à ce rythme, les apports seront supérieurs aux demandes. Il faut tenter quelque chose. Ou vendre davantage ou diminuer les captures ou, partant de la même matière première, produire une autre marchandise. On ne transformera pas pour autant le poisson en ortolan.

Tablant sur les faits suivants :

(1) Que si on congèle une partie du poisson, on décongestionnera le marché du salé.

(2) Que la salaison, excellent moyen de conservation, change le goût et l'apparence de la chair de la

morue et que tout le monde n'apprécie pas cette saveur salée.

(3) Que les ménagères, de plus en plus pressées, n'ont plus le temps de dessaler le poisson. (Il faut y penser la veille du repas prévu et, si on a oublié, on mange autre chose.)

(4) Que pour éviter le transport de matières inutiles (peau, arêtes), il faut fileter et dépiauter à bord.

(5) Que surgeler la morue sitôt sortie de l'eau, c'est lui conserver toutes les qualités et avantages du poisson vivant – plus-que-frais.

(6) Que si l'on peut sortir du bord un bloc d'un kilo composé de quatre ou cinq filets, de présentation agréable à l'œil et pouvant être mis directement sur le marché de détail, cela évitera une main-d'œuvre à terre.

Conclusion : le *Jacques-Cœur* et le *Louis-Legasse* seront chalutiers mixtes. Une cale d'environ 200 mètres cubes, parfaitement calorifugée, recevra les produits surgelés. L'installation des compresseurs, la disposition et la conception du tunnel de congélation, le dessin de l'appareil à démouler, etc., seront confiés au mécanicien d'armement.

Décision prise, exécution! Mais quelle révolution technique! Il me faudra, en quelques mois, m'y adapter.

En décembre 1951, quelques jours avant Noël, je m'amarre, enfin, à Bordeaux après une traversée interminable. Débanqué avec son chargement complet (970 tonnes) le *Duguay-Trouin* a essuyé coup de vent sur coup de vent. Les lames déferlant sur le pont ont enlevé petit à petit soufflage (1) et demi-dunette (2). Quand ça calmit, à deux cents milles de l'entrée de la Gironde, le pont est « clair ». Il ne

(1) Pont en bois léger recouvrant le vrai pont.

(2) Demi-dunette : partie surélevée d'environ une marche permettant, d'une part, au marin d'être plus haut sur lisse, d'autre part, de ne pas avoir les pieds fauchés par le mouvement brutal de l'eau.

reste plus que les épontilles (1) pratiquement indéracinables.

Un rayon de soleil me permet de corriger ma position estimée. Ça prend bonne tournure. Malheureusement, si ce calme ne précède pas la tempête, il précède un autre fléau : le brouillard.

Quand on prend le pilote de mer à la bouée BXA, on voit encore « la moitié de sa misère ». Au Verdon la visibilité est réduite à un demi-mille, à Pauillac on n'aperçoit le gaillard qu'avec difficulté. Il fait nuit et le moindre halo, issu d'une source de lumière quelconque, aveugle. Le compas de route, un compas liquide qui est endormi, n'est pas moins employé. En avant très lente, on essaye de remonter la rivière. Mais bientôt on est dans l'obligation de mouiller. Quand on atteint le port, on n'est pas dans les temps pour passer aux bassins à flots. On s'amarre donc en Garonne, hors de l'écluse. Le soir seulement on franchit le sas.

Ayant occupé mon après-midi avec le courtier, la douane et l'Inscription maritime, j'aurais apprécié un bon lit car cela fait 72 heures que je ne me suis pas couché. Hélas... un impérieux coup de téléphone de Paris : M. Legasse me demande de passer vers 11 heures le lendemain matin. Il a une communication importante à me faire et, l'après-midi même, il doit partir en vacances de Noël. Je calcule le temps qu'il me faut pour atteindre Paris dans la 4 CV Renault avec laquelle ma femme est venue me chercher à Bordeaux. Il faut compter avec le brouillard et tabler sur une moyenne très basse. Cela me permet de dormir trois heures au grand maximum. En réalité je n'en dors que deux, me douche pour bien me réveiller et prends la route.

J'ai bien fait de prévoir de la brume : elle ne nous a pas quittés durant la moitié du parcours.

(1) Montants métalliques à gorge destinés à recevoir les planches du parc à poisson.

J'arrive cependant à l'heure pile à Paris, ressemblant plus à un « faubert (1) » qu'à un homme.

Très élégant et fort décontracté derrière son superbe bureau, M. Legasse me fait part de sa décision et de ses projets d'avenir :

– Vous prenez le commandement du *Jacques-Cœur*. Nous comptons sur vous pour produire le maximum de surgelé...

Faisant un effort surhumain pour ne pas m'endormir dans la touffeur de la pièce et le profond fauteuil où je suis plongé, les yeux clignotants mais l'esprit encore en éveil, j'écoute l'exposé de mon armateur.

Les mots frigories, qualité, fraîcheur trottent dans ma tête. Quand le patron me pose la question :

– Qu'en pensez-vous?

J'avoue humblement avoir la tête trop vide pour penser quelque chose qui vaille la peine d'être exprimé :

– J'accepte volontiers le commandement du *Jacques-Cœur* et je vous remercie de votre confiance. Mais je suis le « cul dans les bottes » et sur les problèmes de congelé, vous me cueillez littéralement à froid.

– Reposez-vous et envoyez-moi un rapport début janvier.

Nous nous quittons sur des souhaits de bon Noël. L'entretien a duré un quart d'heure. Je me retrouve sur le trottoir abruti de fatigue mais content.

Avant de reprendre la route pour Fécamp, nous avons ma femme et moi loué une chambre. Quand je remets les clés au réceptionniste de l'hôtel à 18 heures, lui expliquant que nous n'avons eu besoin de la chambre que pour quelques heures, je devine ses pensées : « En voilà encore deux qui se croient obligés de faire semblant d'être mariés! »

(1) Déchet de coton ou vieux chiffon attaché à un manche servant à laver le pont.

⁂

Tacatac, tacatac. Sery – « grand chef frigoriste » – démoule. C'est le dernier stade avant que les pains de filets de morue surgelés soient entreposés dans la cale.

Autant que faire se peut, on trie du poisson calibré dont le poids oscille entre deux kilos trois cents et deux kilos six cents. Après plusieurs tests, il nous est apparu que pour une question de présentation, il vaut mieux fileter la morue deux heures après sa sortie de l'eau qu'immédiatement. La chair d'un poisson mort, surtout s'il a été saigné, est blanche et flatte l'œil. Ce même poisson fileté vivant fournira un bloc rosé, veiné de sang, indice de fraîcheur mais moins agréable au regard. Il est d'ailleurs regrettable que beaucoup de gens dégustent plus avec les pupilles qu'avec les papilles.

Première opération donc : les trieurs, d'un œil entraîné, repèrent les morues filetables, les saignent d'un coup de couteau au cœur ou sur les branchies et les emmagasinent dans le parc prévu à cet effet. Autour d'une table posée sur les planches dudit parc, quatre hommes armés d'un couteau (genre couteau à découper) puisent dans la réserve où le poisson finit de se vider de son sang. Ils extraient les deux filets, leur couteau tangentant l'arête. Le ventre dont l'intérieur présente une peau noire (le péritoine) est enlevé. Cette opération permet également de supprimer la rangée de petites arêtes non attenantes au squelette principal.

Dans un grand bac carré où l'eau circule sans arrêt, les filets sont lavés par brassage d'eau puis rincés dans un second bloc. Avant de passer sur le tapis roulant de la dépiauteuse, ils s'égouttent dans une goulotte (1) perforée.

(1) Petite rigole métallique perforée pour servir d'égouttoir.

Là va commencer le travail des frigoristes. Seize godets pratiquement parallélépipédiques, réunis dans un cadre rectangulaire en quatre rangées de quatre, reçoivent chacun trois à cinq filets, selon grosseur. Cela donne un kilo de chair sans arêtes. Chaque moule est fermé par un couvercle appuyant sur le poisson à l'aide d'un ressort. L'élasticité du ressort permet l'augmentation de volume des filets à la congélation.

Trois compresseurs produisent le froid suffisant pour descendre la température du tunnel à – 35, – 40 degrés centigrades et celle de la cale aux environs de – 20 degrés. Un transporteur à chaînes permet d'enfourner trois plateaux superposés, par une porte à glissière placée sur la partie arrière du tunnel. Le déplacement se fait manuellement vers l'avant.

Après un passage de deux heures dans cet air à – 40° pulsé par deux ventilateurs, les plateaux sont défournés, toujours trois par trois, par la porte avant.

Pour démouler les blocs, on renverse le plateau sur un rectangle métallique s'adaptant juste à ses bords et monté sur excentrique. Une arrivée d'eau de mer sur l'extérieur du métal le réchauffe légèrement. Le « démouleur » met l'excentrique (1) en mouvement à l'aide d'une manivelle. Le plateau est secoué, les blocs quittent le moule les contenant et sont reçus dans une glissière par laquelle ils prennent le chemin de la cale. Quand les godets sont vides, à l'aide d'un robinet à trois voies et d'une rampe mobile, on renverse l'arrivée d'eau. On lave ainsi l'intérieur, et le plateau, retiré de la démouleuse, est prêt à être rempli.

Nettement en dessous des prévisions, la production hebdomadaire atteint 15 à 18 tonnes.

(1) Bielle dont la rotation excentrée met le plateau en mouvement discontinu.

Tous les jours, la bordée de « lève », à 6 heures du matin, capelant la canadienne au lieu de la vareuse cirée, descend dans la cale mettre les pains en cartons de vingt et les arrime.

Il va sans dire que pour atteindre la production, il faut alimenter le frigo sans discontinuer. Les temps morts ne se rattrapent pas. On ne peut compenser les arrêts pour dégivrage ou avarie par une production accélérée. Le poisson doit être surgelé à cœur. D'où les deux heures obligatoires dans le tunnel. Il n'est pas possible non plus de stocker de la morue en prévision de journées de pêche nulle dues au gros temps, à un déplacement ou à un changement de banc. Elle ne serait plus suffisamment fraîche.

***

L'irrégularité de la pêche, durant ce premier voyage 1952, ne nous facilite pas la tâche. Le mécanicien d'armement qui a conçu l'installation frigorifique a pris passage à bord. Trois matelots et deux graisseurs ayant fait la campagne précédente forment l'équipe de base du froid. Je leur adjoindrai trois hommes pour la mise en moules, dépiautage et démoulage. Parmi l'équipe pont, je désigne six filetiers. Les chefs de bordée s'occuperont du triage.

On banque au nord du Grand Banc fin février. Un temps froid, sec, calme et ensoleillé après une traversée par gros temps, permet de mettre la dernière main au montage des parcs à poisson et des chaluts.

On vire – le premier trait – une trentaine de quintaux. Pendant que je refile vers le nord-ouest, m'approchant du *Shamrock* que je soupçonne être sur la tâche – c'est le seul chalutier possédant à cette époque un appareil de détection de poisson : la Fischlupe allemande –, le pont est en pleine effervescence. Les meneurs de jeu initient les néophytes. M. Sadorge, le mécanien d'armement, mêlant quelques explications techniques aux conseils pratiques, s'exprime très sobrement :

– Voilà la taille idéale, saignez, emplissez les « pottes » et chavirez dans le parc sans meurtrir les chairs. Meurtrissure égale tache rouge, égale mévente donc temps perdu. Rien.

Marcel, mon camarade du temps de guerre, maintenant chef de la première bordée et responsable du travail sur le pont, a gardé toute sa faconde.

– Les gars, vous avez bien compris? On n'est pas venu là pour enfiler des perles. On s'ra les champions du congelé – forcément puisqu'on est tout seuls. Un poisson bien trié est un poisson à moitié travaillé. Faites pas les couillons avec la camelote. Le client est roi. C'est lui qui commande, pas l'Vieux (1)...

Les opérations se déroulent normalement. Quand arrive l'heure de fileter le poisson exsangue, je décide de virer. Surprise, ô combien agréable! Le chalut remonte un trait superbe : douze ou quinze palanquées. Le premier parc insuffisant pour contenir la pêche déborde et se déverse dans le deuxième à chaque coup de roulis. Le poisson du dernier trait est bientôt enfoui. Les filetiers déménagent leur table vers l'avant du chalutier afin qu'elle ne soit pas elle aussi submergée. La dernière palanquée monte. Son contenu met les deux parcs à égalité. Il n'est plus question de congeler. Les préparatifs n'ont servi à rien.

– Qu'est-ce qu'on fait cap'taine?

– Mettez-vous à la « breuille », tout le monde. Emplissez le parc décolleur à bloc. Faites de la place. Si on avait la chance de revirer un trait identique, faudrait bien le loger.

(1) Le capitaine en marine marchande, sans compter les autres surnoms (plus amicaux); bien que l'expression « le Vieux » se module selon l'accent avec lequel elle est donnée.

Le mécanicien d'armement monte me voir à la passerelle :

– Ça débute mal.

– Je trouve que ça débute plutôt bien.

– Trop de poisson.

– C'est le pont qui est trop petit.

– Il reste de la place sur l'avant.

– Oui, mais le mât est trop arrière et trop incliné. La morue boule sur l'arrière des parcs.

– Si seulement on avait eu le temps d'enfourner un tunnel (1) complet pour se rendre compte de la bonne marche de l'ensemble.

– Evidemment, on a été surpris par l'abondance mais vous savez, chef, il y aura plus de marées creuses qu'il n'en faudrait. Pour l'instant, on va s'attaquer au problème le plus urgent : affaler le maximum, même si ce n'est que du salé. Si on déclare 150 ou 200 tonnes après une semaine de pêche, avouant humblement qu'on n'a pas pu commencer le congelé, on sera pardonnés puisqu'on aura beaucoup pêché... On boit un pot. C'est l'heure et une pêche comme ça, faut l'arroser.

– Vous avez raison. En utilisant les frigoristes et les filetiers, ça vous augmentera la main-d'œuvre. Ce qui ne peut être que profitable. Pour l'apéritif, d'accord, mais c'est moi qui l'offre. Je vais faire stopper les ventilos et je remonte avec ma bouteille.

*
**

Riche en rebondissements avec des hauts et des bas, des déplacements fréquents, ce voyage de printemps ne nous permet pas d'effectuer les essais que j'avais prévus. On a modifié les parcs, maillé des poulies de retour sur les pataras (2) et les étais (3)

(1) Tunnel de congélation.
(2) Espèce de hauban allant vers l'avant de l'axe du mât.
(3) Fils d'acier dans l'axe du mât afin de le consolider.

pour embarquer les palanquées au maximum sur l'avant du pont. On s'est penchés sur tous les problèmes. Après deux mois de pêche, on n'avait que 75 tonnes de filets congelés pour 500 tonnes de salé. Une capacité d'absorption trop faible, une dépiauteuse souvent en panne ou déréglée, le manque de place et l'impossibilité de stocker étant les principales raison de ce demi-échec.

VIII. BANQUISE ET CODES

Le mécanicien d'armement devant rentrer en France pour suivre l'achèvement à flot du futur chalutier de la compagnie, je le dépose à Saint-Pierre-et-Miquelon vers la mi-mars. Il a compris que, malgré la meilleure volonté, on se heurtait à des impondérables.

– Je compte sur vous et le chef mécanicien pour tirer le maximum. Vous êtes jeunes tous les deux. L'équipe est bonne et maniable. Allez! J'ai confiance en vous, télégraphie l'armateur.

Nous promettons.

Nous voici repartis en pêche avec une mission précise. Pourvu que ça aille! Il est difficile de gagner les Vingt-Quatre Heures du Mans avec une bicyclette contre les monstres motorisés. Surtout quand la chaîne saute de temps en temps et qu'on sème un rayon par-ci et un boulon par-là.

Après une semaine de pêche au sud de l'île de Terre-Neuve, entre le banc Burgeo et le cap Ray, les capitaines de la compagnie, pour une fois d'accord sur un lieu d'investigation, décident de faire route vers l'accore du banc de Scatari.

Vers 4 heures du matin, Jean-Pierre, le second capitaine, me réveille :

– J'ai dû diminuer. On rencontre des plaques de glace de plus en plus nombreuses en gagnant ouest-sud-ouest.

– J'arrive. Réduis la vitesse au minimum. Juste de quoi gouverner.

Dans la nuit d'encre et malgré sa blancheur, la banquise ne se distingue qu'à courte distance. On essaye de diriger un projecteur d'éclairage de pont vers l'avant, droit dans l'axe. Sa lumière trop diffuse ne fait que nous gêner. Ce n'est pas prévu pour ça. Il faudrait un faisceau dirigé. Le mieux est de plonger le bord dans une totale obscurité. Quand les yeux s'y sont habitués, on a l'impression de voir à 50 ou 60 mètres.

Un léger choc, un frottement, un bruit de tôle qu'on racle. On vient de couper un « parpaing glacé » en deux. Je stoppe. Il ne s'agit pas de mettre l'hélice en chou-fleur.

Je me rends sur le gaillard avec les jumelles. Je vois un peu plus loin qu'à l'œil nu bien que ce ne soit pas des jumelles de nuit. Tout est blanc devant nous. Par notre travers bâbord, à environ 7 ou 8 milles, les feux d'un collègue ayant le même cap que nous. Je le relève et note son gisement et son azimut. Complètement stoppé maintenant, le navire ne gouverne plus et tombe tribord à la légère brise pour s'équilibrer en travers.

– Il est 4 h 45. Le jour ne va pas tarder à se lever. On va rester stoppés jusqu'à ce qu'on y voie un peu mieux.

– Ça va! Mais peut-être qu'il a du clair, le copain là-bas.

– Tu sais, Jean-Pierre, ça m'étonnerait. Je ne veux pas être pessimiste, mais j'ai l'impression qu'il n'avance pas. Relève-le de nouveau.

– Attention! Top!

L'homme de barre donne le cap. Le second fait un rapide calcul mental.

– T'as raison, il a pas bougé d'un poil. Il est

stoppé. Il a eu droit aussi à sa ration de glace pour son petit déjeuner.

Après avoir donné les consignes, je vais m'allonger tout habillé sur ma bannette. Ordre de me réveiller à l'aube.

*
**

Le soleil se lève lentement sur cette immense banquise.

En dérivant, le chalutier a laissé sur son tribord un espace bleu de mer libre. Sous le vent, à bâbord, on a tassé la glace. Les plaques en se chevauchant ont formé une espèce de quai le long duquel on est accostés. La mer étant absolument plate, on ne tosse pas. Je vais jeter un coup d'œil à l'arrière. Me penchant au couronnement, j'essaie de me rendre compte si l'hélice est claire. Ça va, on va pouvoir essayer de se sortir de là. Quand je remonte dans la timonerie, le quatrième mécanicien, s'essuyant les mains avec un bouchon de coton, discute avec le second.

– Bonjour, cap'taine. Est-ce que ce serait possible qu'on tourne un peu? Stoppé, il rentre de la glace aux aspirations des auxiliaires et les tuyaux se bouchent. On a démonté les filtres, mais ça va pas.

– Oui, oui! On met en route maintenant. Il va falloir pomper de l'eau à tous les ballasts. Trois ou quatre tonnes dans chaque.

– Le chef voulait qu'on termine le « 1 » avant de taper dans les autres.

– Ça, c'est valable en navigation normale mais comme ils vont geler, premièrement parce que la température de l'eau de mer est inférieure à zéro, et deuxièmement avec calme plat, ça n'en a pas pour longtemps à prendre. Si on laisse les ballasts pleins, les plafonds vont faire le gros dos, voire se fendre. Vous ne vous êtes jamais amusé à faire éclater des bouteilles, l'hiver, quand vous étiez petit?

– Si, si, cap'taine. Entendu. Je r'descends au poste de manœuvre et je f'rai le nécessaire pour la flotte.

Quelques minutes après, un coup de sifflet provenant du porte-voix de la machine :

– Allô, j'écoute.

– Paré à manœuvrer. Le thermomètre à la prise d'eau accuse – 3° (1).

– Merci! On y va.

Toute la matinée, on a poussé, fendu des parpaings de glace. Evitant les plus gros, contournant les langues les plus importantes, cherchant le bleu de l'eau libre au-delà de la blanche immensité. Quand, entassée sous notre étrave, la banquise casse complètement le peu d'erre acquis, quand les 1200 chevaux du moteur ne peuvent plus nous propulser, on est dans l'obligation de stopper, laisser culer puis relancer en avant à 40 ou 50 degrés du cap initial.

Vers midi, les blocs sont plus gros mais épars. En louvoyant entre eux à 4 nœuds, on arrive à gagner ouest-sud-ouest vers le point désiré. Quand on sonde l'accore des deux cents mètres, seules quelques languettes nous obligent à diminuer. Par cent soixante mètres, on file aussitôt le chalut, apercevant à une dizaine de milles au sud-sud-est de nous les mâts des collègues qui eux aussi ont dû jouer les brise-glaces.

On se familiarise rapidement avec le banc d'abord inconnu. Et très vite la glace est rompue.

⁂

Orage sur les ondes. Une grande partie des chalutiers n'est pas venue au rendez-vous de 11 heures G.M.T. Sur la fréquence habituelle, des radios impatients appellent en vain leurs collègues. La guerre

(1) Température de congélation de l'eau de mer.

du renseignement est déclarée (1). Plus un message passé en clair.

L'opérateur m'amène à la passerelle un cahier vierge.

– Je ne sais pas qui a décidé ça, mais les quelques bateaux qui ont transmis sur 425 kilocycles ont codé leurs services. Les autres n'ont rien dit. Je suppose qu'ils sont sur une autre longueur d'ondes. Je vais fouiller mais même si je les entends, ça ne nous donnera rien. Le radio du *Louis-Legasse* a demandé aux chalutiers de la compagnie de l'écouter d'ici dix minutes. Il a un message pour nous.

Il repart dans sa station sans me laisser le temps de répondre.

Ça couvait depuis longtemps. Quelques dissidents ayant, depuis une quinzaine, ouvert les hostilités. Après s'être consultés et organisés en petits groupes de navires de même compagnie ou tout simplement par affinités, les autres ont riposté.

Que va décider le patron du *Louis-Legasse,* doyen de la compagnie? Je vais le savoir dans dix minutes.

Pour l'instant, la pêche donne à plein. Dans une immense mare bordée de banquise dont la forme et les dimensions varient avec vents et courants, les enfants de la C.G.P. réunis et solidaires lèvent de jolis coups.

Quand je lis le message que me remet le radio, je ne suis nullement surpris des propositions du chef de file.

– Bonjour les amis. Etant donné les circonstances, je vous propose :

1) D'utiliser dorénavant le code-compagnie pour communiquer les messages de pêche.

(1) Entre chalutiers de même compagnie, les renseignements sur le poisson, les glaces, sont échangés; mais afin d'induire en erreur les « chers collègues » des compagnies fécampoises ou autres et d'être seul sur le bon banc, de faux renseignements sont passés ou de faux mouvements – mise du chalut à l'eau – sont esquissés.

2) Comme ce code est simpliste et risque d'être décrypté rapidement, je prépare pour chacun de vous une grille. Vous en connaîtrez l'utilisation dès que vous l'aurez touchée.

3) Pour les raisons expliquées dans une lettre jointe au code, je vous demanderai de venir chercher ce code cet après-midi. Il sera prêt. Amitiés. T.B.T. (C'est l'abréviation de son nom : Tatibouet.)

– Très bien, radio, répondez O.K.

Me tournant vers le chef mécanicien venu me saluer :

– S'il avait la bonne idée d'accoster la banquise, on irait chercher le code à pied. Ça nous éviterait de mettre le doris à l'eau.

Dès que les navires sont entrés en possession dudit code, on n'utilise plus que ce moyen de communication et nous n'émettons que sur 4 mégacycles, fréquence trop élevée pour être radiogoniométrée. On change la clé chaque jour. Dans le cas où deux chalutiers auraient le même message à transmettre et pour qu'il n'y ait pas répétition, le jour de référence est différent pour chacun de nous.

Mes deux frères n'étant pas sur les Bancs, ce premier voyage 1952, je suis heureux de trouver des alliés. Pourvu que l'entente cordiale dure. Pour ma part, j'essaierai de faire le maximum. Certes, on est content de recevoir des renseignements précis qui facilitent la pêche, évitant des recherches inutiles en permettant de suivre le mouvement du poisson. Mais découvrir soi-même une belle concentration, « tuyauter » les autres, les aider dans leur tâche, flatte l'amour-propre. On en tire de grandes satisfactions. A la suite de cette rivalité entre chalutiers, les capitaines ont constitué des groupes de code; par affinités plus que par compagnie. Des chalutiers étrangers – portugais, espagnols, allemands – ont même été inclus. Avant chaque campagne, une réunion mettait au point les codes de différents types : grille, roulette, lexique. Il a même été employé des appareils de radio codeurs, décodeurs.

Quand la tache de poisson est étroite et les chalutiers nombreux, il arrive que les règles de barre et de route ne soient pas toujours respectées.

Il y a des spécialistes de l'infraction. Alors qu'il est si facile de s'arranger par radio, les chefs d'opération, les capitaines poussés par l'équipage ne voient qu'un but : la pêche.

Que faire quand, pour la énième fois en quelques jours, voire en quelques heures, le même navire vous « pousse », sans considération du règlement?

Il faut éviter l'abordage bien sûr mais il ne faut passer ni pour un imbécile ni pour un faible. On se prête au jeu une fois, deux fois, mais il ne faut pas dépasser les bornes : coups de sifflet, appels en phonie restent sans réponse!

Tant pis pour ce chalutier! Il veut passer devant nous, alors que nous sommes pourtant prioritaires puisqu'il est sur bâbord à nous! Qu'il passe! mais il va apprendre à nous connaître!

Stop.

– Passe, camarade, passe!

Quand il chalute, le navire casse vite son erre dès que l'hélice cesse de le propulser. Quand on juge que le gêneur est à la distance voulue, on vient à gauche toute, en remettant en route et on passe derrière lui. On essaye de faire passer nos panneaux divergents sur son chalut. Si la manœuvre réussit et que le « poussez-vous-que-je-passe » vire un chalut tellement avarié qu'il n'est pas réparable, on est assuré de ne pas le retrouver sur sa route de sitôt.

Quand, à son tour, le capitaine « passe-partout » nous appelle par radio pour nous gratifier de qualificatifs fort désagréables, nous sommes nous aussi devenus sourds.

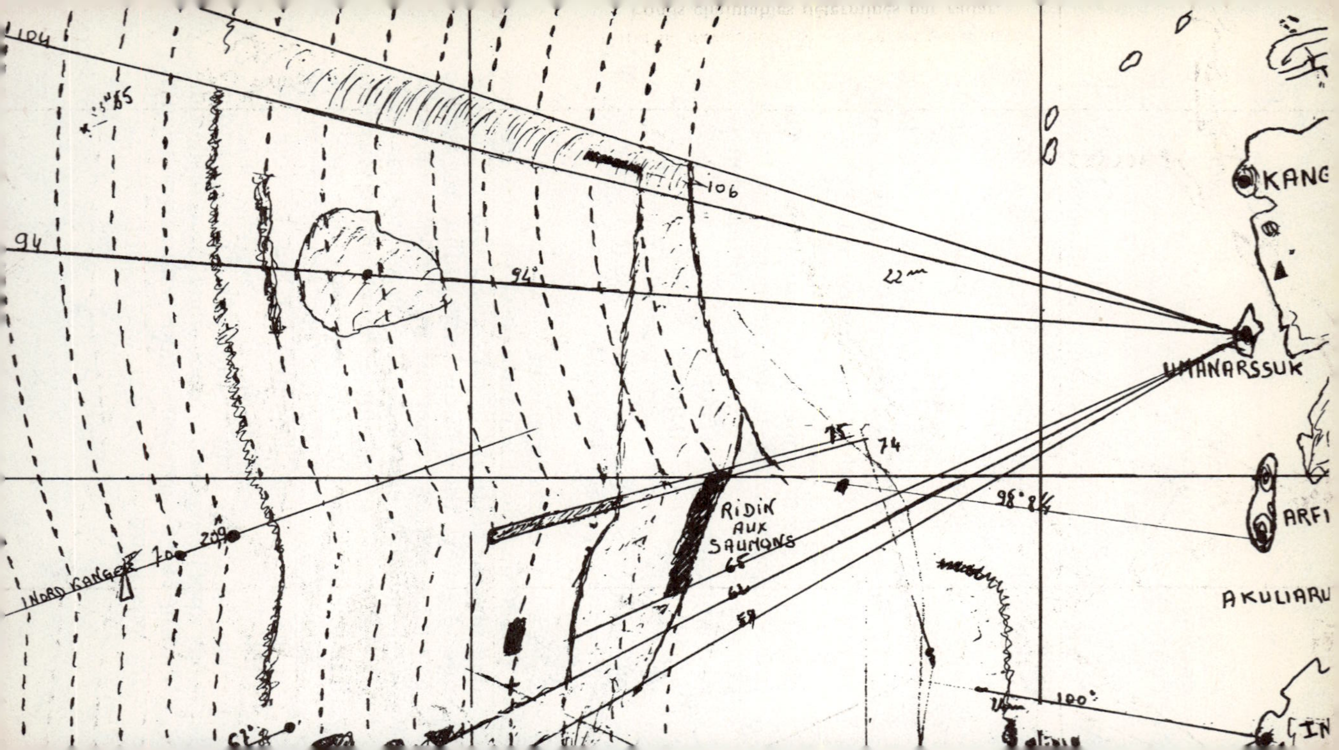

104
94
106
22 m
94°
KANG
UMANARSSUK
74
75
RiDiN
AUX
SAUMONS
65
98°84
ARFI
AKULIARU
100°
NORD KANGEK
70
209
IN

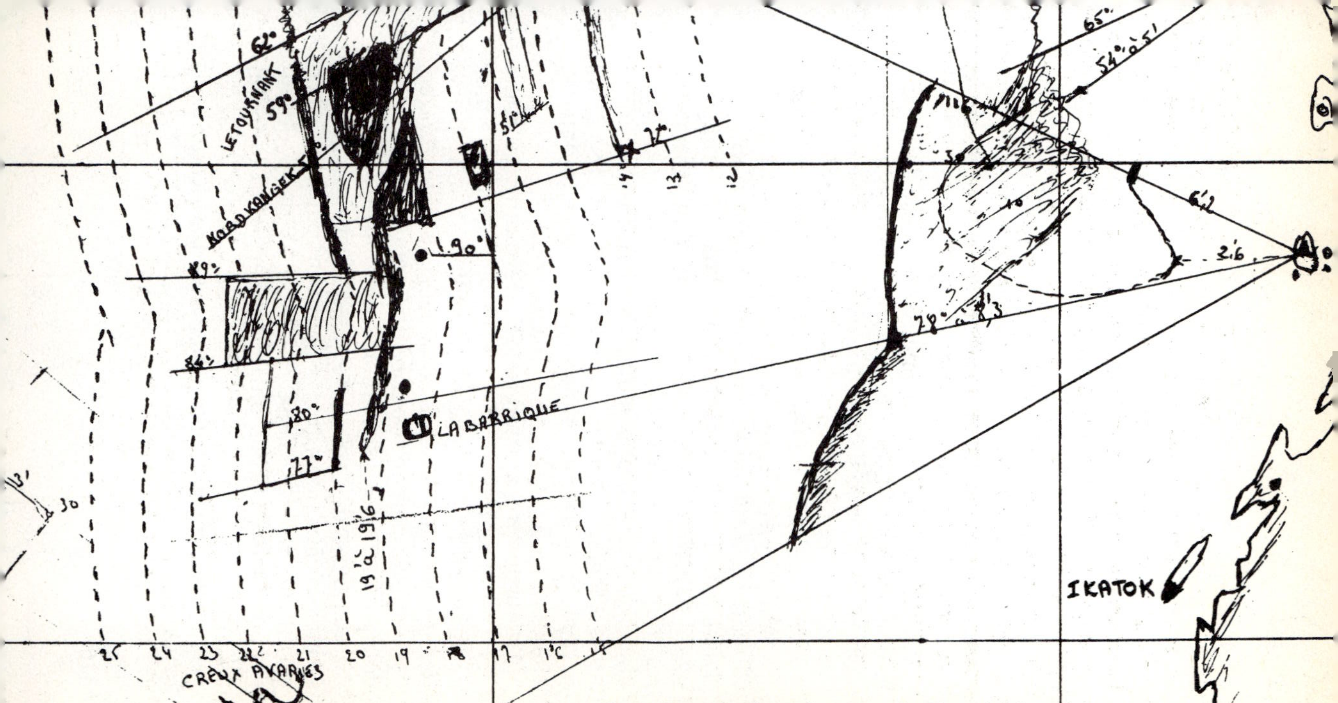

Carte de navigation, côte ouest du Groenland.
Fonds chalutables déterminés par radar.

Bien sûr, il y a des risques : perdre son propre chalut, crocher l'appareil de pêche de l'adversaire trop près de ses planches, voir les deux engins mêlés et passer un temps infini à se dépêtrer; mais quelle satisfaction se peint sur les durs visages barbus des marins quand tout se passe sans bavure pour le matériel. Surtout si l'adversaire est un Anglais. On venge Villeneuve comme on peut.

*
**

Une dépression, le baromètre en baisse, et le vent fraîchit. Soufflant du « suète », il refoule la banquise vers la côte canadienne. La mer se creuse. Depuis plus d'une semaine qu'on navigue dans un lac, on a perdu l'habitude de rouler. Vite on remet en place les tables de roulis; on saisit les fauteuils. Le garçon de carré s'étant laissé surprendre trouve une pile d'assiettes sur le carrelage, ce qui ne serait pas grave dans le cas de vaisselle incassable. Il ramasse les morceaux. On arrive à regretter l'absence de la glace qui nous empêchait de suivre une sonde ou nous obligeait à des acrobaties quand les blocs prenaient sous nos câbles ou rentraient dans le chalut.

Le baromètre se stabilise, le vent tombe. La houle persiste et une brume épaisse nous oblige à siffler régulièrement toutes les deux minutes : la berceuse des Bancs. Les sens aux aguets, l'oreille tendue, essayant de percer l'opacité du brouillard quand la corne d'un collègue augmente d'intensité : celui qui est sur tribord, ça va. Son gisement gagne arrière. Celui qui est à deux quarts de l'avant par bâbord, ce sera juste, il nous biaise et c'est à lui de se déranger : on insiste un peu plus longuement sur le signal phonique.

Il nous a certainement entendus. D'un coup bref, le capitaine du navire en présence prévient qu'il arrive sur notre droite. Il passe à cinquante mètres par bâbord. Juste le temps de le reconnaître puis il s'efface.

Avec les vents de noroît, le clair revient mais aussi la banquise et pas pour exercice : le pack. Il nous refoule hors du banc, vers les grands fonds. Chalut à bord, on essaye de contourner, de retrouver des espaces libres. Au moins de quoi filer. Quand on est en drague, c'est moins épineux même si l'on doit s'ouvrir la route à coups d'étrave, fendant les « pancakes (1) ».

Que de temps perdu, que de difficultés! On se reprend à maudire la banquise, comme on a maudit la houle et la brume. Dans ce métier, on n'est jamais content. D'ailleurs, il est de notoriété publique dans les ports morutiers que les capitaines de pêche ont un fichu caractère.

⁂

En cours de livraison, trois jours après notre arrivée à Fécamp, je montre avec fierté au mécanicien d'armement des photos prises quand on chalutait dans les glaces.

– Vous avez travaillé là-dedans! Vos photos arrivent à point. J'allais de ce pas dire deux mots au peintre qui a caréné votre navire. La coque est à nu. Je croyais à une mauvaise qualité de peinture.

– On avait télégraphié qu'on chalutait dans les glaces. Vous étiez au courant, non?

– On n'y croyait pas tellement, pensant que vous exagériez un peu les faits.

Non seulement fichu caractère, mais menteurs! Ah! ces patrons pêcheurs, quelle sale race

(1) Morceaux de banquise de forme géométrique.

QUATRIÈME ÉPOQUE

LA GRANDE PÊCHE SE MEURT

I. ON PART PLUS TÔT, ON BANQUE PLUS TARD

Vent du nord qui mouille, ne vaut pas la peau de mes couilles.

Dicton fécampois.

Dix jours! Dix jours qu'on a quitté Fécamp! A 7 heures du matin il faisait encore nuit ce 12 janvier. On a attendu pratiquement la pleine mer, que l'échelle des hauteurs d'eau indique 6,30 m pour franchir l'écluse. Avec le complet de gas-oil, les cent soixante tonnes d'eau douce et les cinq cent vingt tonnes de sel, on devait compter en millimètres ce qui restait d'eau sous la quille. Par marée de morte-eau, cette passe Freycinet qu'il faudrait dérocher (1) est le point noir des pilotes. Sortis sans toucher (2), on a pu disposer de quelques heures avant que le temps ne se gâte pour saisir les divergents sur le gaillard et arrimer une grande partie du matériel. Franchi Barfleur, *La-Jeune-Française* nous a d'abord bercés. Dès qu'elle a goûté de l'Océan, elle a commencé à nous malmener. On ne sait plus comment on vit, quel jour on est, ce que l'on mange! On a beau répéter sans arrêt : « Temps pourri! Saloperie de métier! Ah! je t'en ficherais du « grand métier »! Maintenant qu'les mauves sont à véos, les mat'lots à vignots (3) sont de r'tour! Pas nous! » Rien n'y fait.

(1) Enlever les roches des hauts fonds.

(2) Toucher : frotter légèrement le fond avec la quille du navire, faute de profondeur.

(3) En patois fécampois, véo veut dire ver de terre. Quand le mauvais temps pousse les mouettes ou mauves à se nourrir de vers dans les champs, les matelots font la pêche à pied dans le rocher.

Le chalutier déchaîné fait sa course d'obstacles. Poussée par des vents d'ouest, la houle atlantique n'a demandé qu'à grossir et à déferler. Quand une lame plus forte et plus violente eut giflé le navire sur la joue de bâbord, il n'a pas tendu l'autre. Il a foncé dans la suivante, la pourfendant, ne relevant son nez écumant que pour franchir la troisième.

Sans discontinuer, le chalutier, infatigable, combat, tombe, se relève. Il tangue à nous faire cracher les tripes. Parfois biaisant, il roule « à démâter », s'ébroue et repique dedans.

Dix jours! Dix jours qu'on se cramponne, qu'on n'ose ouvrir une armoire de crainte de la voir se vider de son contenu dans un coup de roulis. Les tiroirs restent clos. Il ne faut pas les désarrimer. Les fauteuils saisis (1) à la cloison ne servent qu'à caler les colis destinés aux chalutiers ayant quitté la France avant nous.

Force 6 à 10 Beaufort, c'est notre vent quotidien. Cependant le travail de traversée doit se faire. Les mécaniciens voient avec consternation l'installation électrique de la coursive de tribord se désagréger sous les paquets de mer. Les œils-de-bœuf ont volé en éclats, occasionnant des pertes. Le « troisième (2) » chargé de l'électricité enlève les fusibles et prépare une ligne de secours. Le cuisinier, accomplissant des prodiges, assure les repas aux heures fixes. Le pain cuit tous les soirs et s'il n'a pas toujours la forme voulue c'est que le boulanger, moins chevronné que le cuistot, a perdu l'équilibre en l'enfournant.

Sur le pont, couvert depuis deux ans – et c'est un grand progrès; que l'on songe à nos vies, il n'y a pas dix ans –, les marins épissent, mesurent, coupent à

(1) Saisis : terme marin, veut dire attachés.

(2) Le troisième mécanicien est toujours appelé « le troisième », le second « second », le chef mécanicien « chef ». Une grève sur paquebots et certains cargos a eu lieu en 1967 pour que l'appellation de « chef » devienne « monsieur l'Ingénieur » comme dans la marine marchande.

la tranche et à la masse. A l'abri des embruns qu'ils n'entendent même plus s'écraser sur la tôle protectrice, ils ne pensent qu'à une chose : être prêts quand on banquera pour ne pas avoir à confectionner du matériel par le grand froid qui sévit actuellement sur les Bancs. Le *Victoria* nous annonçait hier – 23° au sud-est du Labrador et banquise épaisse. Les nouvelles se savent vite sur un chalutier. D'ailleurs, c'est tous les ans la même chose depuis que l'on part plus tôt et que l'on banque plus nord. Morue = froid. C'est sans colère et sans consternation que ces hommes sentent le pont s'incliner sous leurs bottes. Leurs reins flexibles corrigent la position du tronc. Leurs jambes s'écartent et s'infléchissent. Une main s'agrippe à une filière. Une fesse s'appuie à une épontille. Aussi, malgré les mouvements désordonnés du navire, les marins réussissent à tenir debout tout en travaillant sans hâte, mais sans arrêt. Ils souhaitent cependant que ça « calmisse » pour pouvoir, la journée terminée, se reposer enfin dans un poste sec. Pour l'instant, c'est dans une espèce de marécage qu'autour de la table, ils discutent ou jouent aux cartes en attendant l'heure de se coucher dans une bannette qu'ils protègent de l'humidité par des cirés, des toiles ou des cartons. Comment s'infiltre cette eau ? Je l'ignore. Les hublots, opercules abaissés, sont étanches. Le gaillard ne fuit pas. Il est vrai que par les manches à air, quoique orientées vers l'arrière, les embruns en tourbillonnant arrivent à pénétrer. De temps immémorial, c'est dans un bain d'humidité que vit le marin pêcheur.

Le baromètre en hausse depuis vingt-quatre heures semble se stabiliser. Mais les vents, accrochés à l'ouest, ne mollissent pas. C'est en piquant debout, « vaporisant (1) » les lames qui nous freinent, qu'on essaie d'atteindre Saint-Pierre-et-Miquelon pour y

(1) Le choc de l'étrave sur la lame la fait éclater, il la pulvérise.

faire soigner un homme de 23 ans. Malade, il l'était avant de quitter la France. Il s'était embarqué avec un tas de médicaments, un fort coup de froid et une mine de papier mâché. Souffrant de la cage thoracique, de l'estomac et du foie, il s'est bien gardé de m'en aviser les premières trente-six heures. Je le comprends, il ne voulait pas perdre son premier voyage de pêche de l'année, en général le plus lucratif. Comme, d'autre part, c'est un graisseur, qu'il ne devait pas avoir à souffrir du froid, n'ayant pas à travailler dehors, c'était pour lui le voyage le plus intéressant. Quand, malgré l'absorption des médicaments prescrits par son médecin, la fièvre lui a coupé les jambes, il a bien été obligé d'en aviser son chef de quart qui m'a prévenu. Il est couché depuis. C'est ennuyeux de soigner à la fois une infection pulmonaire et des troubles digestifs. Ce qui arrange un organe détraque souvent l'autre. Heureusement, quand on ne peut attaquer de face, on attaque de flanc ou... par-derrière. Les suppositoires et les révulsifs ont agi efficacement. La fièvre a baissé. Le foie s'est décongestionné mais une douleur persiste au niveau de l'estomac. Les digestions restent pénibles. L'équipage est inquiet. Va-t-on encore perdre un jour de pêche? Pourvu que l'état du malade n'empire pas jusqu'à Saint-Pierre-et-Miquelon. Mais la petite île est encore à 650 milles et, à la vitesse actuelle, je ne compte pas l'atteindre avant quatre jours. Enfin il va peut-être calmir. Dans tous les cas, je n'aurai jamais mis tant de temps (sauf en convoi, pendant la guerre, lorsqu'on zigzaguait volontairement) à traverser la Grande Mare.

Rien de tout cela n'est particulier à *La-Jeune-Française.* Les chalutiers au sud-est du Labrador annoncent des vents de 50 nœuds. Ils gagnent sud, chassés par la banquise qui, poussée par l'ouragan et le courant descendant du détroit de Davis, parcourt, en une journée, une distance de 50 à 80 milles. Faisant digue, brisant la mer, elle refoule de son domaine les chalutiers qui se replient devant elle en la bordant sous le vent pour conserver un certain abri. La tempête de noroît qui la balaye est porteuse d'un froid polaire abaissant la température bien au-dessous du zéro centigrade. Il n'est pas un embrun qui ne se solidifie en se plaquant sur les superstructures des navires. Quand des pavois de glace remplacent les rambardes, quand le guindeau (1) n'est plus qu'un iglou, quand les mâts doublent de volume, quand le gaillard n'est plus qu'une patinoire et que le navire ressemble à un iceberg, il transporte inutilement et dangereusement jusqu'à cent tonnes et plus de mer gelée l'alourdissant et compromettant sa stabilité. Les sabords, heureusement, gèlent moins facilement. Le mouvement constant des lames qui les lèchent érode le givre tendant à se former. Quand ce phénomène naturel ne se produit pas, il faut qu'une bordée les maintienne « clairs » en cassant la glace sans arrêt, à la pelle, au maillet, à la tranche ou à la pince. Travail pénible s'il en est.

Occupé à trafiquer, Guy, l'opérateur, n'a pu prendre la météo de Washington ce matin. Les grains de neige et de grêle se succèdent. On les voit venir au radar dont l'écran parfois reste blanc jusqu'à 8 ou 10 milles. Il n'y a rien d'autre à faire qu'à encaisser et à attendre.

Le coup de vent couvrant tout l'Atlantique Nord, nos « collègues de route » subissent le même sort que nous.

La nuit dernière, un paquet plus percutant que les autres a arraché hublot et opercule sur le *Jupiter*. Il n'a pas fallu moins de trois heures à plusieurs hommes, dans un poste d'équipage inondé, pour réparer provisoirement les dégâts.

(1) Treuil placé sur le gaillard d'avant, il sert à la manœuvre des ancres.

Le jeune capitaine du *Bois-Rosé* dont c'est le premier commandement a déjà été mis à rude épreuve : un chalutier de la même compagnie, *La Belle-Normandie,* ayant eu des ennuis (je ne sais de quelle nature), a dû faire demi-tour et relâcher en baie de Cork. Sorti de Fécamp à la même marée que le *Bois-Rosé,* le capitaine de la *Belle* a demandé à son collègue de l'escorter jusqu'à proximité du port d'escale. Les deux chalutiers ont refait de conserve, en « éhanchant (1) », une grande partie de la route qu'ils avaient eu tant de mal à se frayer vent debout. Près de terre, sa présence n'étant plus nécessaire, l'escorteur a remis le cap sur les Bancs. Le voici de nouveau le « nez dans la plume ».

A mi-océan, où la terre la plus proche est à 900 milles, en pleine tempête, un homme est mort. Consultations médicales par Saint-Lys Radio, soins énergiques, rien n'a pu le retenir à la vie.

La peine étreint la gorge du jeune capitaine quand il nous explique, en phonie, les faits. Solitude et éloignement. Le *Bois-Rosé* poursuit sa route vers Saint-Jean, à petite vitesse, avec son marin mort.

Un tel coup du sort, en début de campagne, est terrible. Sous leur carapace de durs, les pêcheurs sont extrêmement sensibles. Sensibles et superstitieux. Au chagrin réel d'avoir perdu l'un des leurs, vont s'ajouter ces interrogations :

– Pourquoi nous?

– Qu'est-ce qu'il va encore nous arriver d'autre?

– Le voyage est foutu, diront les plus pessimistes.

Dès que le décès est constaté, il faut en aviser l'Armement et l'administrateur des Affaires maritimes, chef du Quartier du marin, qui devront prévenir la famille. Mission pénible.

Travail non moins pénible, à bord. Il faut fouiller l'intimité du mort en établissant un inventaire de

(1) En prenant le vent à la hanche.

tout ce qu'il avait embarqué : sac d'effets, boîte à couture, portefeuille contenant argent et photos. Tout doit être compté et enfermé sous scellés. Etant officier d'état civil, le capitaine rédige l'acte de décès en plusieurs exemplaires sur des formulaires désuets. Cependant la vie doit continuer comme si de rien n'était.

A l'arrivée à Saint-Jean-de-Terre-Neuve, le capitaine verra son navire envahi par les enquêteurs. Ses papiers seront en règle, certes. Il prouvera aisément aux agents de la Police montée qu'il n'y a pas eu meurtre. C'est un fait de mer. Il devra répondre, aidé d'un interprète officiel, cinq fois, dix fois aux mêmes questions. Les médecins veulent être sûrs que la maladie qui a causé la mort n'est pas contagieuse.

***

J'ai vu un de mes neveux, André, disparaître en mer, enlevé par une lame qui nous avait d'ailleurs fauchés tous les deux. Je ne sais pas encore comment j'ai réussi à me cramponner sous la poussée énorme de la masse d'eau.

Je nous revois très bien : on est là, côte à côte sur le pont du *Duguay-Trouin*, faisant ramasser le matériel. La soudaineté du coup de vent nous a surpris. Le navire trop lourd au départ de Bordeaux, comme tous les chalutiers quittant la France, avec les soutes pleines, le complet d'eau douce et souvent trop de sel, soulage mal à la lame malgré le peu de vitesse : 4 à 5 nœuds. Il est encore loin de venter en furie, mais parfois une lame vicieuse balaye le pont. Nous sommes seulement trois hommes, les autres ayant reçu l'ordre de ne pas s'exposer inutilement, on a presque terminé. On relève les reins quand... une masse d'eau...

Plusieurs secondes, je me demande où je suis. Puis ma tête émerge. Je suis cramponné au jeu de diabolos saisis à tribord. Le treuilliste abrité par son engin est resté à son poste mais Dédé, pauvre gosse, a été enlevé. Déjà une bouée-couronne flotte près de lui et l'officier de quart a amorcé la manœuvre classique.

Je me précipite sur la passerelle. Rapidement une bordée prépare l'embarcation de tribord. Dans leur précipitation, les matelots qui veulent absolument arracher leur camarade à la mer font une fausse manœuvre. Dans un coup de roulis, la baleinière se défonce sur un montant métallique.

– Vite, le doris!

La frêle embarcation est mise à l'eau en un temps record, soulevée par dix paires de bras. Douze, quinze gars veulent y embarquer. J'en désigne trois chevronnés : le second Jean-Pierre Lamauve, le chef ramendeur Jean Maillard et un matelot, Maillard également, prénommé Pierre.

Mais leurs efforts conjugués ne leur permettent pas de gagner au vent. Bien que la distance qui les sépare de leur camarade ne soit pas grande, ils ne pourront pourtant pas la parcourir. Il fraîchit.

Comprenant que je dois tenter le tout pour le tout, j'évolue et tente d'accoster mon neveu avec le chalutier. Il est là, tout près. Le chef mécanicien, qui s'est joint aux hommes du pont, gaffe la vareuse cirée qui se déchire et mon neveu coule à pic, le long du bord. Sa vareuse, serrée à la taille et au cou, a fait office de flotteur. Assommé sans doute par le paquet de mer, Dédé, excellent nageur pourtant, nous a quittés à jamais.

Dans le bruit du vent, de la mer, monte la prière muette de l'équipage qui vient de perdre l'un des siens. C'était un boute-en-train et surtout, à vingt-deux ans, c'était déjà un homme, un Marin.

II. DEUX CENTS TONNES DE GLACE POUR UNE HÉMORRAGIE INTERNE

Visage barbouillé de rouge, yeux cernés de noir, coiffés de fourrure, de laine ou de casques d'aviateur, debout dans le réfectoire, ils dégustent du vin chaud. Fêtent-ils prématurément le mardi gras? Allons-nous assister au bal des Terre-Neuvas? Pourquoi se déguisent-ils? Et la morue promise?

– Allez les enfants! Faut remettre ça!

Le chef de bordée, accoutré et maquillé comme ses hommes, vient les rappeler au boulot.

– J'ai la gueule en feu, Pierrot.

– Moi c'est pareil, mon gars. J'ai les joues qui cloquent. Tu t'es fait badigeonner de mercurochrome? Ça va aller. La gelure n'ira pas loin. Bon! Paname, La Chiasse, Moustique, allez chacun chercher un seau de gas-oil à la bécane et un gros paquet de coton. Les autres, reprenez vos outils. Faut pas s'laisser gagner. Le Tonton nous l'expliquait au carré ce matin. C'est pas d'la fantaisie. Ou on déglace ou on « s'fait un capet avec la jeune (1) ».

Les arguments percutants de Pierrot qui n'a pas l'habitude de mâcher ses mots ne sont pourtant que la vérité. Comment on est arrivés à charger de glace

(1) Se faire un capet avec la jeune : chavirer.

au lieu de charger de poisson? Ce n'est pas une erreur et ça arrive vite.

A l'approche du Grand Banc, l'état du malade s'aggravant, on n'a pas pu mettre à la cape comme l'aurait voulu la logique.

Depuis plusieurs jours qu'il tourne et retourne dans sa bannette (1), il a tire-bouchonné ses couvertures. (A la grande pêche, il n'est pas distribué de draps aux matelots et graisseurs.) La sueur a imprégné son couchage. L'odeur de gas-oil dans le poste des graisseurs se marie mal avec celle des médicaments.

Après avoir toussé à se défoncer la poitrine, refusant toute nourriture, il s'est mis à vomir du sang. Ça lui a collé le moral à plat. Il réalise seulement l'éloignement de toute clinique. Il a peur. Il pleure. Panique qui grandit encore quand il s'aperçoit que ses selles ne sont que du sang. Sous sa barbe de plusieurs jours, son visage exsangue s'est plissé. Ses yeux creux expriment la frayeur. Chacun le rassure mais le ton est-il convaincant?

– Te vas pas t'fé d'bile pou deux moques d'sang. L'en faut pus qu'cha pou tuer un mat'lot.

– J'n'ai connu un qui fuyait d'partout. Pis qu'tai. Dix fais pis! Tu l'aurais collé à l'iau se s'rait empli en pièche de minute comme eune vieuille caïque qu'resteille trop lotemps au sec. Ben, sais-tu qui qui y a dit l'méd'chin? Qu'y avait point d'danger. Est eune fachon comme eune âte d'fait du boudin.

Là-haut, le radio attend la réponse à notre consultation médicale passée par Saint-Lys Radio.

Dehors, vent d'ouest force 9. Mer forte, température de l'air – 12° et celle de l'eau – 1°. On a forcé le coup. En une nuit l'affaire était réglée. *La-Jeune-Française* n'était plus qu'un bloc de glace. Au radar, on commençait à distinguer la terre sud-est de

(1) Bannette ou couchette : dans les postes de graisseurs, on compte quatre couchettes.

Terre-Neuve. En l'accostant, on a trouvé un peu d'abri. Alors, à l'hémorragie d'un homme on oppose le travail de quarante autres.

A coups de pioches, de tranches, de marteaux, de pelles, les marins rendent à la mer ce qu'elle leur a si généreusement donné. L'élément humain prend le dessus quand on double Cap Race. Alors là, plus d'abri, le vent à deux quarts sur tribord, mer courte. A chaque coup de tangage on congèle plus d'eau qu'on ne rejette de glace. Coupant la figure, le vent ne mollit pas. Un gars monte à la passerelle : oreilles gelées. Je rétablis la circulation et lui badigeonne les lobes au mercurochrome. Il souffle cinq minutes et repart. Un autre se présente : le poignet gauche ayant doublé de volume. Frappant avec trop d'ardeur, il a cassé le manche de sa masse qui lui est retombée dessus. Pas de fracture, pas de plaie ouverte. Allons! Une bonne couche de pommade camphrée. Je bande. Il retourne au boulot.

– J'taperai d'la main droite. Aussi bien j'sieus droitier.

Un troisième : encore une brûlure du froid. Déjà des cloques lui boursouflent les joues. Lui aussi a droit au mercurochrome. Comme il dégelait le sabord arrière tribord à la torche imbibée de gas-oil, le noir aux yeux complète son maquillage. Jetant un coup d'œil au miroir de renvoi du compas supérieur, il s'écrie :

– Ben merde! Si ma femme m'voyait comme ça, elle demanderait l'divorce. J'y foutrais la trouille. J'ai du mal à m'reconnaître moi-même. Dans l'fond, heureusement qu'les femmes naviguent pas. A nous voir avec des gueules pareilles, elles s'foutraient d'nous... ou elles gémiraient car pour en baver, on en bave...!

Il s'en va en enfonçant son bonnet de fourrure jusqu'aux yeux, et d'ajouter, entre les dents : « On n'sait même plus si on est mâle ou femelle... »

Contrairement à ce que l'on pourrait penser, la

vie en grande pêche est si exténuante que le désir sexuel s'estompe ou disparaît.

Arrêt pour le vin chaud. Un quart d'heure après, on reprend. On a perdu du terrain. Le froid s'intensifie encore : – 17°. On prend maintenant la lame debout. Je fais descendre les hommes qui, autour du guindeau, sont les plus exposés.

– Attaquez-vous aux parois verticales du dôme et du pont couvert. Tant pis pour le gaillard.

Ce n'est qu'en fin d'après-midi que ce fichu vent glacé, essoufflé sans doute et nous voyant aux portes de Saint-Pierre, se fait plus mince, nous offrant en dessert une fine neige (le poudrin des Saint-Pierrais) qui ramène la visibilité à moins d'un demi-mille.

Avec un radar en bon état de fonctionnement, l'atterrissage, même avec temps bouché, n'est pas un problème. On a pris la bouée du *Mordet* à la main et accosté sans difficultés.

A 2 heures du matin, l'ambulance emmène vers l'hôpital le malade qui ne s'est aucunement rendu compte du surcroît de travail qu'il a donné à tous ses compagnons ni de mon inquiétude à son endroit.

J'envoie cinq autres marins à la visite médicale dans le courant de la matinée. Le médecin en hospitalise un qui est tombé deux fois en syncope. J'avais pensé que cela pouvait être dû au froid mais l'électrocardiogramme décèle une faiblesse du cœur.

Je demande à l'administrateur des Affaires maritimes s'il y a, sur place, deux hommes disponibles. Il réussit difficilement à m'en procurer un. Le Saint-Pierrais – qui est pourtant au cœur même de la plus grande concentration de morue au monde – n'aime pas les grands chalutiers... : on doit y suivre un rythme et une discipline en contradiction avec son comportement individualiste, et rester longtemps en mer ne lui plaît pas. Il faut venir de Fécamp pour pêcher son poisson. Aucune grande affaire industrielle n'a pu être édifiée dans l'archipel.

Professionnels ou amateurs, des photographes mitraillent le bord. On a droit au titre – dont on se serait bien passé – du chalutier le plus gelé.

De la glace en masse cap'taine!!

– Oui, trop!

– Il est joli votre bateau comme ça, tout blanc!

– Magnifique!

– On va vous faire de belles photos.

– Je vous en prie. Vous êtes trop aimable.

– Etes-vous malade cap'taine? Vous n'êtes pas loquace comme à votre habitude.

– Non! Très ennuyé. Je dirais même emmerdé!

***

Après une soirée de détente bien méritée, on quitte Saint-Pierre, laissant sur le quai les amis venus nous dire au revoir.

Au cours de l'escale la météo s'étant aggravée, on retrouve, dès franchi le cap Coupé (pointe sud de Langlade ou Petite Miquelon), l'indéracinable vent d'ouest avec son cortège de froid.

J'ignore quelle quantité d'alcool l'équipage a pu boire au cours de l'escale. Mais en quelques heures les hommes ont dû tout éliminer. Ils ont la pratique maintenant. Leur travail devient plus méthodique. Je leur avais promis une nuit à terre s'ils déglaçaient dès le départ. Ils tiennent parole et y vont avec une ardeur farouche. Tant pour se réchauffer que par plaisir de destruction, ils frappent, cassent, déblayent. Les tôles réapparaissent à beaucoup d'endroits. Je me rends compte maintenant que l'épaisseur de la glace dépasse ce que je pensais. Elle atteint 30 centimètres de moyenne sur le gaillard et la teugue (1) couvrant le pont de tra-

(1) Teugue : petite dunette sur l'avant pour abriter les hommes.

vail du poisson. Rien que sur cette surface de 285 mètres carrés, cela fait 85 tonnes de glace. Sur le pont principal, il est plus difficile d'en évaluer la quantité. Un « pion » gèle en partie. Les deux chaluts, saisis à plat, ont complètement disparu et font bloc avec le pont. Plus on prend de paquets de mer, plus on s'alourdit, et plus on s'alourdit, plus la mer embarque. Sur la muraille même du navire se forment des blocs atteignant un mètre d'épaisseur.

Au total 200 tonnes environ de glace pour une hémorragie... Une crise d'appendicite aurait été préférable : on aurait eu tout ce qu'il fallait sous la main pour tenir le ventre du malade au frais.

Mais le froid n'avait pas dit son dernier mot.

III. LE PACK

Respectant scrupuleusement le règlement canadien, on double le cap Ray au-delà de 12 milles de la côte. Des bœufs (1) espagnols chalutent en suivant la limite des eaux territoriales, nous obligeant à zigzaguer pour les parer. Echelonnés sur 100 milles, du détroit de Cabot au large de la baie des Iles, des chalutiers canadiens, espagnols, français, portugais et anglais jalonnent l'accore de la côte ouest de Terre-Neuve. On les dépasse sans mettre en pêche, car les collègues avec lesquels on est codé signalent bonne pêche. Ils forment le groupe le plus nord.

On contourne quelques languettes de banquise et on stoppe pour filer le chalut. Un jour timide, ouateux, se lève. Timide et cafardeux. Au-dessus des langues de glace, l'atmosphère est claire. Mais, en eau libre, on navigue dans une brume laiteuse. Sur une vingtaine de mètres de hauteur, un voile de brouillard, tantôt fluide, tantôt opaque, court sur l'onde, poussé par le vent. Il nous masque parfois un navire, nous le laisse entrevoir puis l'absorbe.

(1) Les « bœufs » sont des chalutiers qui traînent un même chalut à deux navires, comme les « bœufs » à une même charrue. Le chalut traîné par les « bœufs », de très grande dimension, est à l'origine de l'appauvrissement du stock de morue. Il est notoire qu'après le passage des bœufs, c'est le désert. Le chalut-bœuf a une grande dimension verticale; à l'époque du frai, il chalute non seulement le fond, mais aussi les rogues et les laitances en suspension entre deux eaux.

partiellement, laissant le haut des mâts avec leur vergue visibles comme des croix fichées dans le ciel.

On met à tremper le long du bord le chalut qui n'est qu'un amalgame informe de nylon raidi par le gel, de filin d'acier et de sphères métalliques givrées.

Le chalut gelé n'est mis à la mer qu'au prix de pénibles efforts. Rien n'est changé dans ce domaine... Reportons-nous trente ou quarante ans en arrière, c'est-à-dire hier.

Quand les voiliers-morutiers banquaient, on remplaçait les voiles de route de toile relativement légère par celles des lieux de pêche.

« Cachoutée (1) », voire goudronnée, la toile épaisse et raide alourdie par l'eau et le brouillard givrant a crevassé bien des mains. Que d'hommes et d'adolescents sont allés au-delà des limites de la force humaine en essayant de rabanter (2) un hunier, là-haut en équilibre sur le marchepied qui n'était qu'un filin, le ventre appuyé sur la vergue. Combien de larmes d'impuissance, de rage, de douleur, de révolte, de résignation ont rougi des yeux déjà brûlés par le sel et le froid.

Essayez donc de plier de la tôle à la main par grand froid, en plein vent...

Et ça continue avec le chalut. Les marins ne disent-ils pas « toile » pour filet, enverguer un chalut, le ralinguer? Le vocabulaire demeure, la dureté du métier également.

Dégelé par son bain qui ne fait pourtant que deux degrés, le « piège à morues » redevient malléable et retrouve sa souplesse d'antan. On le rembarque, on le met au clair très vite avant qu'il ne regèle et, selon la manœuvre classique cette fois, on affale.

La pêche s'annonce bonne dès les premiers

(1) « Cachoutée » ou imprégnée de cachou couleur tabac ou extrait d'arec pour la rendre imputrescible.

(2) Rabanter : amarrer avec un filin appelé raban.

essais. Certes les fonds ne sont pas tendres. La banquise nous oblige souvent à de véritables acrobaties. Plutôt petit, le poisson doit être travaillé rapidement avant que le froid ne le solidifie. Mais, dans l'ensemble, c'est rentable. Pénible mais travaillable. Une dépression nous donne même une température presque clémente. Les vents du sud-est dégagent le terrain des opérations des glaçons qui, en une nuit, ont complètement disparu. C'est incroyable, la vitesse à laquelle les conditions de travail se métamorphosent.

Mais, se déplaçant à 30 nœuds sur le nordet, le centre de basses pressions a emmené vers l'Islande son simulacre de réchauffement. Quand le baromètre a commencé à remonter, quand les vents ont sauté au suroît, ça a été l'invasion. En quelques heures, retournement de la situation. Tout ce que vomit de glace le Saint-Laurent traverse le golfe et s'entasse sur la côte ouest de Terre-Neuve. Il n'est plus question de chaluter. Les bateaux poussent au large à travers la banquise pour ne pas être drossés à la côte. Mais la puissance des moteurs a des limites et bientôt, malgré les efforts désespérés des 1600 chevaux de la *Jeune,* on reste étalé. La situation devient critique. Le thermomètre accuse −22°. De minuit à 7 heures du matin on a dérivé de 9 milles vers l'île Saint-Georges. Il ne faut pas compter mouiller dès qu'on atteindra les fonds de 50 mètres. Nos ancres, comme deux gros yeux blancs soudés aux écubiers, ne sont pas utilisables. Il nous faut donc recourir à des manœuvres que l'on n'apprend pas à l'école.

Un tour d'horizon nous révèle la présence d'une clairière dans le 330 de nous, à environ un mille. En avant demi-vitesse depuis plus d'une heure, on n'a pas bougé d'un centimètre (en surface). Que l'on ait la barre à zéro ou toute d'un bord ou de l'autre, le cap initial 310° ne varie pas. Mais il faut faire tourner le moteur afin qu'il soit à la température voulue quand on lui demandera le maximum.

Un coup de café, une cigarette, un deuxième pull-over, un blouson. On va y aller.

J'envoie le second au couronnement. Il devra me prévenir si l'on peut culer sans danger pour l'hélice. Placé à l'arrière du balcon supérieur, le lieutenant fait passer la voix.

En avant toute afin de refouler la glace le plus loin possible. Le sillage ne dépasse guère 30 ou 40 mètres. Tant pis, ça ira!

En arrière toute! Ce mince espace d'eau libre doit nous permettre de prendre suffisamment d'élan pour broyer le « parpaing » qui nous bloque.

Premier essai infructueux. La banquise nous serrant trop les flancs nous empêche de prendre de l'erre en arrière. Le sillage se referme. Opération à recommencer.

Re-en avant! Toute à droite! Toute à gauche! Zéro la barre. En arrière toute!

Imperceptiblement, avec un bruit de déchirement de toile, le chalutier glisse suivant le petit chenal créé par l'hélice.

– 15 mètres, crie le second.

– 15 mètres, repète le lieutenant.

Je stoppe.

– 10 mètres!

Je lance en avant.

Le temps qu'il faut pour chavirer la marche et casser le peu d'erre que le navire a pris, le « cul » est à un mètre de la banquise quand on repart dans l'autre sens.

Un ordre par interphone : – Le maximum!

L'élan permet de nous ouvrir une voie puis peu à peu la vitesse diminue et on cale à nouveau. On a gagné une longueur de navire environ. A cette allure, les milles semblent éternels.

Vingt, trente fois on recommence la manœuvre. Quand on gagne 100 mètres, on est satisfait, on s'octroie une cigarette. On dit :

– Ça approche!

Si ce pauvre chalutier a les côtes comprimées dans l'étau du pack, chaque fois qu'on bat en arrière j'ai le cœur serré. Ce n'est pas le moment de fausser le gouvernail ou de mettre l'hélice en choufleur. Qu'un bloc se trouve happé par le remous et c'est le coup dur.

Et cette clairière qui n'approche pas! D'ailleurs il faut perdre l'espoir de s'y ébattre car si l'on réussit à avancer un peu, le bateau ingouvernable conserve son cap au 310°.

On atteint un passage moins compact puis une mare qui, ridée par le vent, semble grelotter.

On souffle un coup et, avant de prendre une décision, je contacte mes collègues en phonie V.H.F.

– Bonjour à tous. Que pensez-vous de la situation?

– Le moins qu'on puisse dire, c'est pas beau. Sommes dans le 250 du cap Saint-Georges à 14 milles. On a l'cap au sud mais faut toute la gomme pour déculer!

– Bien reçu Fernand. Si t'en as ras les bottes avec le *Victor,* c'est pas la peine que j'essaie. Pourtant, j'voudrais bien déguerpir d'ici. On risque d'y rester bloqués trois semaines ou un mois.

Si le *Victor-Pleven,* dernier-né des chalutiers français, plus gros, plus lourd, plus puissant, lui qu'on a surnommé « Fend la glace » tant il a travaillé avec aisance jusqu'ici, ne se fraye un chemin qu'avec peine, je ne nous vois pas sortis de l'auberge.

Il n'y a plus de rivalité de pêche ni de clochers. Chaque renseignement, émanant de n'importe quelle source, peut être très utile. On choisit d'ailleurs un canal V.H.F. commun : le 13 (sans doute pour porter chance). Ainsi on peut faire connaître également ses manœuvres.

– Attention, Jojo, ne me serre pas trop, je ne gouverne plus.

– Je suis bloqué, je bats en arrière.

– Je viens de 30° à gauche. Ça a l'air moins dur.

Etc.

Les navires plus éloignés, hors de portée de V.H.F., donnent les renseignements sur ondes intermédiaires : 2321 kilocycles. Des étrangers se joignent à nous et, les deux capitaines anglais exceptés, tous adoptent le français comme langue commune.

Ce n'est qu'à la tombée de la nuit qu'on a réussi à rejoindre le troupeau dans l'ouest du cap Anguille. Malgré une heure et demie de route à 10 nœuds et près de deux heures à 7 nœuds et demi, on a mis onze heures pour parcourir 48 milles. Quatre nœuds de moyenne. Ça aurait pu être pire.

Nous voilà donc tous réunis en eau libre d'un mille et demi sur un mille. Plus sud, ce n'est pas franchissable. Par l'ouest il ne faut pas y penser. Les growlers plus hauts que la lisse forment un véritable mur. En outre, de nuit on ne voit pas clair à son affaire. Le radar détecte le bord de la banquise qui ceint le lac où l'on est tous. Mais au-delà de 3 milles, il ne nous donne aucune indication.

On décide de demander les services d'un brise-glace. Le capitaine du *Marie-de-Grâce* envoie un radio à Sydney (Nouvelle-Ecosse).

Je téléphone à l'administrateur des Affaires maritimes de Saint-Pierre. Il me demande le nom des navires bloqués et m'assure que dès 8 heures, le lendemain matin, il enverra un câble à l'ambassade de France à Ottawa.

L'un de nous entre en communication avec le brise-glace lui-même. Celui-ci est en assistance. Il n'a pas le temps de s'occuper de nous. Il lui faut dégager plusieurs navires marchands dont un pétrolier. Ensuite il ira porter main-forte aux cinq chalutiers portugais qui, à deux milles et demi de terre, continuent à dériver vers elle. Demain peut-être...

Comme on est condamnés à passer la nuit ici, on décide de faire tous les mouvements que les impératifs de la pêche nous avaient interdits. J'ai du matériel pour le *Louis-Girard*. Son capitaine met son dinghy à l'eau et par la même occasion il prend sur l'*Alex-Pleven* un homme à moi qui a manqué le bord à Saint-Pierre. Le pneumatique du *Névé* m'amène le moteur hors-bord de notre *Zodiac* qu'il est lui-même allé chercher sur le *Jupiter*, ainsi que du courrier. Je peux remettre aux chalutiers que je n'avais pas encore vus les lettres et colis venant de Fécamp. Le *Colonel-Pleven* doit escaler incessamment à Saint-Pierre. On profite de l'occasion pour poster du courrier. Une lettre, surtout dans les pires circonstances, est toujours un peu de baume au cœur.

Verrines rouges allumées, faisceaux des projecteurs miroitant dans le peu d'eau qu'ils ont pu trouver, les chalutiers passent la nuit stoppés, se serrant de près... il faut se tenir chaud mutuellement.

Dès l'aube, cinquante paires d'yeux munies de jumelles scrutent l'horizon. Première impression générale, pas de changement depuis la veille. Pourtant, à condition d'être nourri d'optimisme, on peut trouver une légère amélioration. Le vent, 20° plus nord qu'hier, s'associant au courant nous a fait dériver sur le 160°. La banquise a donc chassé dans le même sens que nous. Dès qu'elle pourra décapeler l'ouest du cap Ray, il y a de grandes chances pour qu'un passage d'eau libre se crée entre elle et la terre.

Encore quelques heures et on pourra tenter un essai. Avec ça, le soleil brille. Vers midi la température avoisinera peut-être le zéro. Les blocs seront soudés moins solidement.

Mais patienter n'est pas toujours aisé. Trois collègues commandant des chalutiers à rampe arrière et qui étaient en pêche 30 milles plus noroît que le point de départ des dix-neufs navires bloqués avec nous ont trouvé une veine d'eau claire et... de la détection de poisson. La route du sud étant barrée, ils ont mis en pêche, attendant que veuillent bien se modifier d'elles-mêmes les conditions de navigation.

Ils font des traits pharamineux. A chaque tour de veille ondes courtes, les nouvelles tombent comme des bombes :

Victoria : 2 h 45 mn. 8 pals.

Vikings : Croché sans avaries 2 h 15 mn. 120 quintaux.

Vidal : Actuellement virons beau trait : je pense une dizaine de pals.

Il est impensable d'essayer de retourner vers eux. Entre les deux positions, cinq chalutiers espagnols sont cloués sur place. Ils ne peuvent plus ni avancer ni reculer.

Si l'on sortait de ce maudit golfe, on pourrait trouver ailleurs de quoi limiter les dégâts. Les Allemands signalent bonne pêche à Ritu-Bank. Des Espagnols en drague à Scatari sauvent leurs journées. Et nous, on est en prison.

Le capitaine du *Cap-Fagnet* croyant apercevoir une ouverture dans le susuète (sud-sud-est) décide de tenter l'aventure. Il ne lui faut pas un quart d'heure pour tomber en panne. Il ne peut même plus rejoindre le troupeau.

Je patiente donc, tournant en rond comme un lion en cage, reprenant vingt fois les jumelles, portant chaque demi-heure la position sur la carte. Bien que celle-ci soit à grands points, les petites croix se touchent, le chemin parcouru en dérive étant très faible.

Vers 2 heures de l'après-midi un chalutier portugais, le *Luis-Ferreira-de-Carvalho,* pénètre dans ce qui était encore ce matin impénétrable. Son capitaine est étonné lui-même de conserver de l'erre. Certes tous les chevaux disponibles sont de service.

Enfin il avance. Aussitôt le *Névé* prend son sillage, suivi d'un autre et d'un autre encore. Tous les prisonniers en ligne empruntent la même route.

Les premiers passent à un quart de mille du *Cap-Fagnet* qui, mètre par mètre, se dégage de sa mauvaise passe. Quand il se retrouve en milieu de peloton, son capitaine avoue son soulagement.

L'avion de patrouille des glaces nous survole et laisse tomber de petites bouées lumineuses sur l'avant des navires de tête pour indiquer le cap à suivre.

Le *Bois-Rosé,* qui fait route juste devant nous, cale. Il n'a pas bien pris le sillage de son prédécesseur. Je bats en arrière pour ne pas l'aborder et, ensuite, j'ai un mal de chien à redémarrer.

Bientôt, la longue file s'étire. Les premiers, qui ont trouvé l'eau libre, filent maintenant 12 ou 14 nœuds.

On passe devant Port-aux-Basques à 2 milles, saluant au pavillon un garde-pêche canadien qui, stoppé à la limite de la banquise, nous rappelle qu'on n'est plus en eaux internationales mais chez lui.

Redevenus maîtres de leur manœuvre, les chalutiers se sont dispersés, non sans que les capitaines se remercient mutuellement.

La pêche, la concurrence, les codes vont reprendre leurs droits. Les groupes déjà se reforment. Le *Marion-de-Procé,* chalutier bordelais, et moi prenons la décision de continuer vers le Grand Banc.

IV. L'ASSISTANCE EN MER

L'assistance en mer n'est pas un vain mot. Autant la lutte est âpre pour la pêche – il peut même arriver, je l'ai déjà dit, que de faux renseignements sur la pêche soient donnés afin d'inciter le concurrent français ou étranger à quitter un secteur et à vous le laisser (1) –, autant les services rendus mutuellement par les chalutiers sont nombreux. Dès qu'un capitaine a un ennui quelconque, qu'il a besoin d'une pièce de machine, de matériel de pêche, de vivres, il arrive toujours à se faire dépanner par un collègue. On se met parfois à quatre ou cinq pour fournir les pièces demandées. La bonne volonté est certaine, voire spontanée. Certes, il y a les champions du dépannage, ceux qui, bien équipés, aiment aussi à tendre la main. D'autres, moins généreux, qui ne se décident à aider un collègue que lorsqu'ils sont seuls à pouvoir le faire; mais, s'ils le font avec réticence, ils le font cependant.

Quand il s'agit de courrier, pas de barrières, pas de vieilles rancunes, chacun est à la disposition de tous, étrangers ou Français. Que ce soit pour le poster ou l'apporter de terre.

Les mouvements entre chalutiers se pratiquent

(1) Le radio est l'agent de renseignement essentiel. Il écoute et peut aussi faire de « l'intox », si le capitaine lui en donne l'ordre.

de différentes façons selon l'importance et le poids des matières à transporter. Pour s'accoster en mer, il faut une mer plate comparable à celle d'un bassin. Conditions tout à fait exceptionnelles. Même avec le vent nul, sur les bancs de Terre-Neuve et particulièrement sur le Bonnet Flamand et les bancs les plus est, la houle vient nous rappeler en nous balançant plus ou moins doucement qu'on est en Atlantique Nord, qu'on est marin et qu'on sera bercé jusqu'à la retraite.

Le Groenland, en été, nous accorde volontiers des jours de calme plat, souvent prémices de coups de vent. Mais c'est surtout dans la banquise ou sous le vent de celle-ci qu'on arrive à se croire sur un lac et que deux navires peuvent s'accoster. Dans ce cas, pas de problèmes, avec treuils et cartahus on transborde du gros matériel tel que panneaux divergents atteignant jusqu'à seize cents kilos, glènes de filin d'acier dépassant les deux tonnes, etc.

Pour le matériel plus léger, on utilise une embarcation de servitude. Longtemps le doris, cette excellente barque à fond plat, très marin quand il est bien manié, a été l'auxiliaire précieux des navettes. Le moment dangereux, c'est quand le doris est le long du chalutier. Il monte et descend à la lame. Les occupants doivent le maintenir légèrement écarté de la muraille du navire en faisant bien attention de ne pas se coincer les mains entre la coque de la barque et celle du gros navire. Que le liston (1) de la frêle embarcation frotte trop dur sur une tôle, elle risque de chavirer ou de pucher de l'eau si les occupants, d'un coup de reins, ne l'ont contrebalancée à temps. Le doris, présentant ces dangers même pour des hommes entraînés et compétents, a été abandonné. Les dorissiers se faisaient de plus en plus rares. Autres temps, autres mœurs. Presque tous les chalutiers ont adopté le canot pneumati-

(1) Synonyme de lisse.

que, le dinghy, à moteur hors-bord. Léger, stable et rapide, le dinghy permet de faire des mouvements même à l'allure de chalutage. Pratiquement inchavirable, il présente, le long du bord du navire qu'il dessert, une sécurité presque absolue.

Quand il n'y a que du courrier ou des colis peu volumineux à se passer d'un bateau à l'autre, on utilise une bouée. Bidons à fermeture étanche, fabriqués très souvent avec les moyens du bord, d'une contenance allant de 20 à 200 litres, ces bouées munies d'une filière de flotteurs peuvent servir même par gros temps. Le navire distributeur n'a qu'à placer les lettres dedans, la fermer et la jeter à l'eau quand on le lui demande. Le destinataire se place de façon à la gaffer ou à la grappiner (1) dès que l'expéditeur s'est écarté. Dans la pratique, quand un capitaine vient d'escaler et ramène le courrier pour ceux qui le lui ont demandé, il entasse les paquets de lettres dans la bouée. Si une seule ne peut tout contenir et s'il en possède plusieurs, il fait en sorte de grouper dans chacune le courrier des navires chalutant à la même position. Le chalutier qui aura le premier la possibilité d'attraper la bouée extraira sa part du lot et sera prêt à servir un autre chalutier dès que l'occasion s'en présentera. Et ainsi de suite. Le dernier essayant de rendre la bouée vide à son propriétaire.

Ainsi s'entraident les pêcheurs, mais l'assistance officielle est – en principe – assurée par un bâtiment de la Marine nationale.

En 1946, la corvette *Lobelia* fait une timide apparition sur les bancs de Terre-Neuve en automne. On n'est pas organisés. On communique en télégraphie, ce qui donne aux messages un caractère protocolaire. La première et la seule rencontre avec le *Cap-Fagnet,* chalutier sur lequel je navigue comme

(1) Crocher avec un grappin.

lieutenant, est plus une prise de contact qu'une assistance. Les officiers de la « Royale » sont très intéressés par le travail des hommes qui, avec la régularité d'une machine, ébreuillent, décollent et tranchent la morue. Ils restent environ une heure à bord puis repartent, bien arrimés dans le culeton de leur doris afin de ne pas en compromettre la stabilité. Quand ils ont rejoint leur unité à demi noyée dans la brume, on va rechercher la sonde dans laquelle on désire faire le trait. On ne reverra plus cette corvette sur les Bancs. Cette visite, simple formalité en somme, est même passée inaperçue pour la bordée de couche dont les hommes, abrutis de fatigue, reposent leurs muscles en prévision des douze heures à venir. A leur réveil laborieux, ils n'attachent aucune importance à la nouvelle.

– Le bateau de guerre est v'nu à bord.

– Ah! Et alors!

– Ben! Sont r'partis!

– Où?

– J'sais pas. M'l'ont pas dit.

– Quand on sait pas on s'tait. Passe-moi la bouilloire que j'prenne mon jus en vitesse. Va être minuit et l'chef ramendeur va pas tarder à nous appeler.

– Si t'es d'mauvais poil en te l'vant, j'te causerai pus...

– Tant mieux! T'as d'la gueule parce que t'es d'couche quand j'me lève. J'vas v'nir te faire un réveil en fanfare à 5 heures et j'vas t'amener une glace que tu voies la gueule d'abruti qu't'as en t'réveillant... Et puis merde! Fous-moi la paix. La « Royale », on sait ce que c'est: i'saliraient à nous donner un coup de main.

⁂

On vient de se réinstaller dans la paix, après cinq années de guerre. Cinq longues années sous une pesante occupation pour les uns, cinq années de combat sur les mers du globe à labourer les Bancs pour les autres. Ça a été les privations, la lutte à terre dans les familles des marins pour obtenir un morceau de pain, l'angoisse d'être sans nouvelles des Terre-Neuvas.

Oui, on s'est réinstallés dans la paix. Les marins qui ont pu trouver un embarquement sur les rares chalutiers de grande pêche sont heureux de leur sort, heureux d'exercer de nouveau le dur métier qu'ils ont choisi faute de mieux, de pouvoir manger à leur faim et d'assurer la nourriture de leur femme et de leurs enfants.

Aux yeux de ces hommes, des Cauchois sans terre, c'est ça la vie et la liberté. Le courrier ne passe pas en premier plan. De plus ils savent que, dans quelques jours, on escalera. La faible autonomie des chalutiers à vapeur chauffant au charbon les oblige à avitailler de deux à quatre fois dans un voyage de trois mois.

En 1947, l'*Aventure,* une frégate-hôpital, 8 lits, etc., remplace la *Lobelia.* Elle assurera la surveillance des pêches pendant quinze ans, parfois très bien, parfois... moins bien, parfois même pas du tout.

Loin de quitter la France à la même date que les chalutiers qui, eux, appareillent le 15 février, le navire d'assistance fait route Terre-Neuve – je ne me souviens plus de la date précise – vers fin avril. Les chalutiers accomplissant trois tours par an ne le voient pas lors de leur premier voyage. C'est dommage, c'est souvent en banquant, en début d'année, par grands froids que la présence d'un médecin est ardemment souhaitée. Les blessures et maladies dues à la mise en route, aux basses températures, au pont gelé glissant sont le lot des débuts de campagne. Puisqu'un navire d'assistance nous est attribué par l'Etat, qu'il serve au maximum. On souhaiterait le rencontrer souvent. A terre, on parle beaucoup d'améliorer la condition du marin. Les marins pêcheurs pensent à leur tour : « Pourquoi pas nous ? » On ne lutte plus seulement pour manger mais pour améliorer les conditions de la vie de travail... et de retraite. Dieu sait si l'usure de l'homme est ici prématurée : l'eau, le sel, les horaires et les conditions de pêche, mon livre en témoigne amplement. Celui qui a été marin de pont toute sa vie est un vieillard à 50 ans. Et pour toucher une retraite proportionnelle à son temps de navigation, il lui faudra attendre 55 ans, c'est-à-dire avoir travaillé 40 ans, s'il a commencé mousse à 15 ans.

L'intervention du médecin sitôt après l'accident pour atténuer la douleur du blessé et éviter les complications doit être obligatoire.

Commence alors la polémique autour de l'assistance en mer par un bâtiment de l'Etat. D'abord, ce bâtiment reste absent de France deux fois moins de temps que les chalutiers. De plus, il a une mission de représentation à l'étranger qui l'oblige à déserter les Bancs pendant de longs jours. Les grandes lignes de son programme sont tracées à l'avance. Le commandant qui doit être tel jour, à telle heure, à tel port pour visite officielle ne peut qu'exécuter les ordres reçus. Quand l'heure est venue où le facteur doit se faire ambassadeur, il place un cache sur la liste des chalutiers, reste sourd à leurs appels et se rend au port « diplomatique » désigné. Troquant leur tenue de mer contre leur tenue de sortie, les officiers et marins de la frégate abandonnent leurs frères pêcheurs. Sur ce canevas dressé par l'Amirauté, le commandant tisse ses deux missions, réduisant parfois l'une au maximum. Evidemment, si c'est l'assistance qui est sacrifiée, les caractères s'aigrissent sur les chalutiers. Grâce à la phonie d'abord, à la V.H.F. ensuite, on s'explique directement. Quand, après plusieurs semaines de disparition totale, l'*Aventure* reprend contact avec les chalutiers, des paroles aigres-douces fusent des deux côtés. Ou alors les capitaines des chalutiers, jouant les indifférents, trafiquent en télégraphie. L'un : « R.A.S. (Rien à signaler.) Prière laisser notre courrier à Saint-Jean. Merci. »

Un autre :

« Avons fait venir notre courrier par un chalutier portugais. Ne ferons pas mouvement. Merci à plus tard. »

Celui qui a des malades ne se rétablissant pas demande cependant le médecin. Courtoisement mais sans fioritures, il expose son cas, évitant de fayoter.

Quand au contraire on sent que le commandant du navire de guerre fait le maximum pour les chalutiers, le ton enjoué et blagueur des conversations dénote une satisfaction mutuelle et les rencontres, hélas trop rares, permettent aux uns et aux autres de se mieux connaître. Les militaires se rendent compte que ces « brutes rustaudes » de pêcheurs ne manquent pas de bon sens. Certes, ils mêlent le patois au français mais prouvent une parfaite connaissance de la mer.

Ces différents contacts ont incité les commandants du navire d'assistance à demander dans leurs rapports de campagne une distribution mieux adaptée de leur programme.

Jusqu'en 1957, deux navires portant le même nom : *Ailette,* se sont succédé pour l'assistance en mer de Barents, île de l'Ours et Spitzberg. L'*Aventure,* se réservant Terre-Neuve et le Groenland.

Puis l'*Ailette* fut supprimée. L'*Aventure,* jusqu'en 1961, puis le *Commandant-Bourdais* assurèrent seuls la mission.

Ce dernier, aviso-escorteur pouvant atteindre 25 nœuds et disposant d'un bloc opératoire, s'il permettait une intervention médicale ou chirurgicale rapide, n'était pas adapté pour le transport du matériel. Etant donné sa consommation de combustible et le nombre d'officiers et marins l'armant, il pouvait être considéré comme un luxe coûteux. Il fit ses adieux au Grand Banc en décembre 1972.

Deux bâtiments de soutien logistique furent prévus pour assurer à tour de rôle, dès janvier 1973, l'assistance à la grande pêche.

La *Loire,* d'abord, B.S.L. de 2075 tonnes Washington de déplacement et d'une vitesse modique de 12,5 nœuds, mais équipée d'un hélicoptère, part pour Terre-Neuve. Première partie de mission parfaite. Tout y concourt : la volonté farouche du commandant et de l'officier des pêches, les bonnes conditions météorologiques et les chalutiers relativement groupés, la précision des renseignements échangés. Malheureusement ce navire ne peut remplir la deuxième partie de sa mission, étant tombé en panne d'un moteur de propulsion. Les morutiers en pêche à Terre-Neuve sont sacrifiés. Le *Tenace,* remorqueur de haute mer, assure l'intérim en mer de Norvège.

Le *Rhône,* sister ship de la *Loire,* prend ses fonctions les derniers jours de septembre. Tout se passe bien en cette fin de campagne. Au cours de l'assistance du printemps 1974, les glaces et la dispersion des chalutiers les empêchent d'être tous visités. Une panne de moteur également cloue le *Rhône* au port en mai, alors qu'il était prêt à appareiller pour les mers nordiques. La *Loire* partira à sa place mais avec du retard.

En attendant son arrivée sur les lieux de pêche, on utilise les services des navires d'assistance allemands *Frithjof* et *Poseidon* qui, avec beaucoup d'empressement, répondent à nos appels. D'un bout de l'année à l'autre, ces bâtiments accompagnent la flottille de pêche de l'Allemagne de l'Ouest à Terre-Neuve, au Groenland, en mer de Barents, tandis que le *Meerkatze* est affecté à la mer du Nord et à l'Islande.

Dans les cas d'urgence, les capitaines n'hésitent d'ailleurs pas à s'adresser aux navires-hôpitaux de toutes nationalités : Allemands d'Est ou d'Ouest,

Polonais, Russes, Portugais quand le représentant de notre pays est absent. C'est désagréable à avouer, mais il est certain que s'impose, hélas! l'impression que nous sommes moins bien assistés par notre « mère patrie » que nos concurrents étrangers.

Ainsi on s'étonnera d'apprendre – ce dont l'Etat ne semble pas faire grand cas – que le point noir pour les bâtiments de guerre fréquentant les mers à morue est... la banquise. Il est plaisant de noter qu'*aucun* navire français n'est conçu pour y naviguer ni même traverser des languettes de glace que les chalutiers n'hésitent pas à franchir. L'approche des pêcheries n'étant pas possible, la présence sur les Bancs d'un assistant qui ne peut assister devient cocasse. Impuissant, tels le cavalier privé de son cheval ou la cantatrice atteinte de laryngite, il ne s'offre à lui que deux solutions : attendre que la pêche donne en eau libre, ou demander que les chalutiers, intéressés par son intervention, viennent, abandonnant la pêche, le retrouver en eau claire. Mais il ne serait peut-être pas impossible, en haut lieu, d'imaginer une solution meilleure...

***

Fécamp n'aura pas eu d'été cette année. Brume, ciel couvert ou soleil maussade. Quelques chalutiers de grande pêche effectuent leur déchargement. Tel le cormoran déployant son cou flexible pour saisir un poisson, les grues inclinent leur flèche au-dessus des panneaux, extrayant des cales la morue arrimée sur des plateaux.

Des navires, dont le départ approche, bien reposés, ont repris leurs couleurs. La main du peintre, plus que le repos, y a été pour beaucoup. Juché sur le slip (1) surplombant le bassin à flot Freycinet, un

(1) Slip ou patin-slip : appareil sur rail permettant le halage à sec du navire.

chalutier panse ses blessures. De construction pourtant robuste, il a souffert dans son combat contre la banquise. Les réparations provisoires exécutées à flot en avril dernier lui ont permis d'effectuer un voyage en mer de Barents. On ne peut entreprendre de gros travaux durant la très courte escale de printemps. Il n'est passé sur le « billard » qu'en été. Les côtes à l'air, le nez en partie enlevé, il fait une cure de rajeunissement.

Intrigués, les estivants ne cessent de poser des questions sensées ou non à son sujet. Ce navire étant *La-Jeune-Française,* quand je suis interrogé j'essaie, sans me faire connaître, de répondre de mon mieux.

– Est-ce parce que ce navire est le plus beau qu'on l'expose?

– A-t-il été champion pour être au pinacle?

– Pourquoi *La-Jeune-Française* montre-t-elle ses dessous?

Je suis tenté de répondre que ce n'est qu'une histoire de « slip » mais j'ai peur que ce soit mal interprété.

Plus pertinemment, on me demande ce qui a occasionné ces avaries. En quelques mots, je renseigne le questionneur.

– Et quand le navire sera réparé, où va-t-il pêcher?

A ça, je ne sais que répondre et ne puis faire que des suppositions. Rien ne peut encore orienter le choix d'un lieu de pêche. Les nouvelles de Terre-Neuve sont mauvaises, celles de la mer de Barents inexistantes ou presque. On table sur le fait que les faibles prises de morue de petite taille au cours du voyage d'été sur les bancs du Nord ne présagent rien de bon pour l'automne. Alors qu'à Terre-Neuve et sur les bancs au large du Labrador, la glace enfin fondue, on devrait pouvoir accéder à des endroits non chalutés depuis un an, susceptibles de fournir des pêches relativement intéressantes. Tout n'est que suppositions, calculs hypothétiques.

L'Institut Scientifique et Technique des Pêches Maritimes (I.S.T.P.M.) possède un navire pouvant pratiquer les mers lointaines : le *Thalassa.* Chalutier à rampe arrière de 1 192 tonneaux de jauge brute qui fut construit au Havre vers 1961.

Les pêcheurs pensaient voir arriver ce merveilleux bateau sur les bancs de Terre-Neuve, du Groenland ou d'ailleurs. Les étrangers ne seraient plus les seuls à être renseignés. On aurait un navire qui, n'étant en compétition qu'avec lui-même, pourrait se permettre toutes les témérités.

Les navires de recherche, russes, allemands ou polonais, explorent un secteur, donnent tous renseignements utiles : sonde, sens du trait, quantité et qualité du poisson pêché, genre de détection enregistrée au sondeur, météo, etc. Si les mers où ils ont fait des essais sont vides, ils cherchent ailleurs, vont observer les pêcheurs qu'ils rencontrent, filant à l'occasion leur chalut avec les chalutiers de ces pêcheries. Si les prises sont intéressantes, ils fouillent le coin, essayant d'améliorer, attendant que les navires de leur nationalité viennent mettre en pêche où ils sont. Puis ils repartent. En un mot, ils prospectent.

Les radios français, dont la curiosité est parfois une maladie incurable, parviennent à capter les échanges de messages entre navires de recherche et chalutiers. Ils sont le plus souvent chiffrés dans un code facile à décrypter. Dès que les fréquences et les heures d'émission sont connues, par recoupement, en fonction de notre propre position et avec l'aide d'un dictionnaire, les « sans-fil » ont un « aperçu de l'ensemble du front ». Mais, bien sûr, des faits parfois importants leur échappent.

Si seulement l'un de nous pouvait aller se rendre compte *de visu!* Oui, mais s'il se dérange pour rien et que ce déplacement lui coûte 20 ou 30 tonnes de manque à pêcher, c'est un handicap sérieux qui risque de valoir au capitaine les foudres du Patron, voire lui coûter sa place si, la poisse aidant, cela se répète deux ou trois fois dans un voyage.

Alors qu'un navire de recherche n'a rien à perdre. Il n'est absolument pas question pour lui de se maintenir dans le peloton ou de dépasser les autres. Découvrir étant son travail.

Mais l'optique des savants, des biologistes, des océanographes et de l'Institut n'est pas la même que celle des pêcheurs.

Le *Thalassa* n'est pas un navire de recherche mais un navire de... chercheurs et de savants. Et chacun sait que ce n'est pas la même chose. Le programme du *Thalassa* ne prévoit pas, hélas! cette prospection tant espérée et attendue par les pêcheurs mais de... l'océanographie, de la Science, voyons donc, avec un « S majuscule », pas de la minuscule science appliquée! Les éprouvettes de son laboratoire lui sont de plus d'utilité que son chalut. Ses bocaux s'emplissent plus vite de crevettes, de vers marins, de faune et de flore diverses que ses cales de prosaïques poissons. L'étude des mœurs des homards dans la baie des Chaleurs (golfe du Saint-Laurent) est sans nul doute du plus vif intérêt... sauf pour les morutiers français.

Pour parler clair, on est resté sur les Bancs plusieurs années sans voir ni même entendre parler du *Thalassa.*

Et cela n'aurait pas grande importance si ce fait – parmi d'autres – n'amenait à cette constatation catastrophique : la grande pêche française périclite aujourd'hui à tel point que Fécamp – ô honte! – importe maintenant de la morue... allemande!

A la suite du Congrès de l'Industrie morutière (dont je vais longuement parler plus loin), après un échange de paroles aigres-douces entre professionnels et M. Furnestin, directeur de l'I.S.T.P.M., nous devions obtenir la promesse que le *Thalassa* irait à

Terre-Neuve. La sténotypie publiée des débats en témoigne (1).

En effet, nous vîmes ce navire sur les Bancs l'automne suivant. Quelques bateaux communiquèrent avec lui. La pêche n'était pas fameuse en ce mois d'octobre. Les deux tiers des chalutiers français « grattaient » au Groenland, espérant la « piole » hypothétique de fin d'année dans la fosse d'Holsteinborg. Les fidèles de Terre-Neuve exploraient les mers de 48° à 56° nord et de 50° à 57° ouest sans grands résultats. Le *Thalassa* fit quelques traits sur le banc Hamilton (Labrador). Il précisa au kilo près ses captures, communiqua les températures d'eau à différentes profondeurs, ne réussit pas malheureusement à découvrir le « bouillon (2) » puis disparut vers le sud. Il dragua l'accore est du Grand Banc dans les parages de la « Langue de la ville d'Ys » (latitude = 45° nord, longitude = 48° 40' ouest), endroits abandonnés depuis longtemps par les pêcheurs faute de vie, n'y trouva rien puis fit route France.

Du point de vue scientifique, il y eut des indications intéressantes à tirer de cette campagne du *Thalassa*. Les pêcheurs purent en prendre connaissance par la voie des journaux spécialisés. Mais ces articles, paraissant parfois un an après le retour au port du *Thalassa*, renseignaient bien tardivement les pêcheurs sur une dizaine de jours d'observation scientifique. Tablant sur des données pratiques, sur le déroulement du film de neuf mois de mer, les capitaines tiraient les mêmes conclusions que les savants, s'appuyant sur tous leurs relevés. Ils avaient l'avantage d'avoir suivi depuis janvier le mouvement du capelan, de l'encornet, de la crevette,

(1) Premier Congrès international de l'Industrie morutière dans l'Atlantique Nord : Tradition et avenir. Débats. Actes et Documents n° 2. – Rouen et Fécamp, 1966. – 259 p. (F.F.E.N., Fondation Française d'Etudes Nordiques, 19, rue Amélie, 75007 Paris).

(2) Bouillon, piole, tache : synonymes désignant pour le marin une concentration de poisson.

nourriture de la morue. Ils avaient observé la formation et la fonte des glaces et glané des renseignements allemands, anglais, espagnols, portugais, canadiens ou polonais. Et, même avec des moyens techniques poussés, une campagne d'un mois, traversées comprises, ne peut révéler autant de choses que deux cent cinquante jours de chalutage.

Les instruments d'aide à la navigation, le Loran et le Decca, donnant des points extrêmement précis, les professionnels établissent eux-mêmes leurs cartes de pêche à grande échelle (1 cm, parfois 2 pour un mille). Ils situent parfaitement les croches (1), passages de fonds durs, de vase molle et fonds chalutables. Ils se communiquent ces renseignements entre amis, arrivant ainsi à « baliser » les mers.

Il n'en reste pas moins vrai que tout ne peut être fait à bord des chalutiers et qu'il serait nécessaire qu'un navire de recherche fasse des campagnes de pêche analogues à celles des pêcheurs et travaille en collaboration étroite avec eux. « L'I.S.T.P.M. manque de crédits », voilà toujours l'argument suprême en France, pour ne rien faire. Mais est-ce qu'un navire comme le *Thalassa* qui, après tout, est un chalutier ne pourrait avoir un équipage – réduit bien sûr – de pêcheurs capables en plus de la manœuvre du chalut de traiter (congeler ou saler) les poissons pêchés ? La vente de cette pêche couvrirait une partie des frais sans empêcher les savants d'œuvrer dans leur laboratoire, les cartographes de dresser des plans et les spécialistes du chalut d'étudier différents modèles. A 3,20 F de moyenne au kilo (2) (prix de la morue salée quittant le bord), trois voyages dans l'année de 100 tonnes chacun donneraient un produit de près de 100 millions d'anciens francs. On peut acquérir quel-

(1) Secteur du fond où le chalut s'accroche et risque de se détériorer gravement.
(2) En 1972.

ques mètres cubes de gas-oil avec ça! Ce n'est pas normal de rejeter les prises. Oserais-je même dire que c'est absurde?

Quand on connaît, pour ne citer qu'eux, un Nédelec dont les travaux sur les chaluts pélagiques à quatre faces (et le semi-pélagique à deux faces) ont été si utiles, un Maucorps trop heureux de nous démontrer en bassin le fonctionnement et le comportement des différents types de chaluts, on est persuadé, en parlant avec eux, que ces hommes aimeraient s'attaquer à des travaux plus pratiques, plus concrets que la biologie fondamentale, bref, ne demanderaient qu'à nous aider.

⁂

Mais, nous sommes fin 1972, ces questions d'assistance, de recherches, si importantes qu'elles soient, apparaissent, hélas! déjà dépassées. Elles n'auraient pu cette année, même exceptionnellement organisées comme nous l'avons si longtemps souhaité, améliorer le sort des pêcheurs. Ces problèmes-là vont, d'ores et déjà, se trouver caducs devant l'implacable réalité.

Les eaux se meurent... les eaux sont mortes ou... quasi mortes.

V. LA FIN D'UNE CARRIÈRE

Le télégramme est arrivé à Saint-Pierre-et-Miquelon comme un arrêt de mort. On escalait le 23 mars 1973 pour avitailler en prévision d'un voyage de trois mois, pensant faire trois tours dans l'année. L'armateur en avait décidé autrement :

> *Prenez gas-oil et vivres pour voyage cent cinquante jours. Navire sera désarmé définitivement issue du voyage. Ne communiquez pas cette information.*
> *Amitiés.*
>
> *Signature : Morue.*

On s'y attendait un peu mais on espérait quand même. On pensait au moins finir l'année.

Me voilà porteur d'un lourd secret et par la même occasion chômeur, la campagne terminée. Après vingt-cinq ans de commandement dans la même compagnie où l'on a pris des habitudes, après dix ans sur le même navire qui était devenu comme une résidence secondaire, j'encaisse le coup avec un pincement au cœur. La Compagnie Générale de Grande Pêche qui fut la plus grande compagnie morutière de France vient de baisser le rideau. Absorbée par « Pêche et Froid » de Boulogne, elle ne reste présente sur les mers que sous forme de thoniers océaniques. Pour Fécamp et la morue, c'est terminé.

Je refais donc mes listes de commandes, avise le chef mécanicien qu'on va faire le plein de gas-oil et commence à préparer les hommes à un voyage de cinq mois. Plus ou moins imbibés d'alcool comme à chaque escale à Saint-Pierre, ils réagissent différemment. Ceux qui ont l'alcool triste dramatisent :

– Cinq mois ! Nos femmes nous r'connaîtront plus à l'arrivée. Si on est cocus, à force de les laisser toutes seules à terre, on l'aura pas volé !

– On l'aura pas volé ! On l'aura pas volé : on n'y est pour rien. Est pas nous qui commande. Et puis fai' les cons enco trois mois dans la glace...

– Moi, ça m'fait rien d'être cocu, mais pas pa l'facteur. L'est trop moche et en plus l'est abruti. J'veux bien signer papa pou des mômes qui sont point d'moi, mais j'veux qu'soient mignons et démerdards.

En entendant cette dernière réflexion, je me sens sourire. Ce mari – relativement – complaisant ne fait pourtant pas penser à Alain Delon et quant à l'intelligence... Enfin, je ne connais pas le facteur !

Dans l'ensemble, l'équipage trouve l'oubli des dernières nouvelles dans l'euphorie de l'escale, et dans les plaisirs de l'heure présente. Saint-Pierre est le plus beau pays du monde. Les filles y sont belles et compréhensives, l'alcool y est sans égal. Il sera toujours temps, demain, en rechaussant ses bottes, les yeux à demi fermés pour éviter que la lumière ne vrille le cerveau congestionné, de penser à l'avenir.

La *Loire* escalant quand on est encore à quai fait diversion. Les deux Marines lient connaissance. Tout le monde trinque. C'est la fête...

On remet tristement en pêche avec un bateau lourd, les soutes à gas-oil tassées. Au moindre clapotis, l'eau embarquant par les dalots lave le pont. L'air glacial lave les esprits. En gagnant vers l'île Saint-Paul, on reprend contact avec la banquise et avec la réalité. Les matelots aussi silencieux qu'ils étaient loquaces au « Yacht-Club » ou au « Bar de l'Escale » travaillent comme des automates. Le mois de juin est encore loin...

Quatre jours après avoir quitté Saint-Pierre et franchi l'épaisse barrière de glace obstruant le Saint-Laurent, on doit relâcher au plus vite en avarie de moteur principal. La chemise (1) du cylindre numéro trois fêlée, impossible de stopper sans risque de ne pouvoir relancer, l'eau de refroidissement entrant dans le cylindre.

On s'offre à nouveau 40 milles de glaces pour atteindre le port le plus proche : Port-aux-Basques, à l'extrémité sud-ouest de l'île de Terre-Neuve.

Après bien des difficultés, quand on est enfin amarrés à quai, je pousse un soupir de soulagement. Les mécaniciens du bord sont obligés d'effectuer la réparation eux-mêmes, les ateliers de terre ne fournissant qu'un homme et seulement pendant les heures ouvrables.

Cette avarie n'arrange pas les affaires de *La-Jeune-Française*. Ce n'est pas à quai que la morue se pêche. Peut-être qu'un bon chargement, un prix de vente intéressant auraient pu influer sur la décision de l'armement...

Il ne faut pas perdre de vue qu'armer un chalutier coûte cher, très cher. En dehors du prix d'achat du navire lui-même (actuellement 20 millions de nos francs qui sont évidemment à amortir en 10 ans), les armateurs engagent de gros capitaux pour l'achat du gas-oil (170000 F pour 750 m^3 en septembre 73 sont passés à 510 000 F en janvier 1974). La location des appareils d'aide à la navigation – radars, sondeurs, navigateurs Decca – 200 à 250 000 F par an.

Les droits de port, frais de pilotage et consigna-

(1) Intérieur du cylindre sur lequel le piston se déplace.

tion, 20 000 F par escale. Il faut ajouter les vivres, les assurances, les salaires, etc.

Les premières rentrées d'argent se font de six à dix mois après le jour du départ du navire (3 mois de voyage, entreposage, expédition et factures réglées 90 jours fin de mois, d'où agios auprès des banques de 15 à 20%). Assurément il a été des périodes où l'armement à la grande pêche a été largement bénéficiaire mais, depuis la révolution technique des 20 dernières années qui contraint à la construction de navires coûteux, et vu l'appauvrissement consécutif des Bancs, l'armateur ne pouvait aller qu'à sa ruine.

Malgré les avertissements aux pouvoirs publics, rien, ou très peu, n'a été fait en temps voulu pour défendre un instrument incomparable de production. Il était évident que ce métier, très dur, de pêcheur et, risqué, d'armateur ne servait plus que les intérêts des grandes banques. On ne peut que rendre hommage aux vieilles familles d'armateurs fécampois qui se sont battues en étroite liaison avec les divers syndicats intéressés et les marins, ce, sans illusions, et jusqu'au bout, pour garder la tradition. Je tiens à saluer ici, pour ne citer que les Fécampois, très particulièrement les Ledun, les York, les Spiess.

Le 6 juin, on rentre à Fécamp pour l'ultime fois. L'équipage ayant été avisé officiellement en temps utile met le sac à terre. Avis mortuaire...

Pour un marin, perdre son bateau, croyez-moi, c'est cruel. Un bateau avec lequel on a fait plusieurs campagnes est devenu un être vivant auquel on est lié physiquement : une sorte de carapace d'adoption, ce qui explique bien la manière de marcher du marin quand il débarque – c'est une tortue sans carapace – démuni, mutilé, abandonné par une part de lui-même...

Les 614 tonnes de morue salée livrées, on déshabille le navire. Il sera vendu à la ferraille. Il gagnera les chantiers de démolition espagnols qui ont acheté sa vieille carcasse, en remorque avec un autre chalutier condamné lui aussi : le *Ville-de-Fécamp*.

En traversée de retour j'ai rédigé l'oraison funèbre de *La-Jeune-Française* et quand je l'accompagne en rade, dans le bateau pilote, c'est un peu comme si j'enterrais une vieille et très chère compagne.

A UNE JEUNE AGONISANTE

Adieu Jeune-Française! *On ne te verra plus,*
Ta route est achevée, déjà le cimetière
T'attend. Tu étais belle. Tu allais fièrement de
[Fécamp aux Grands Bancs
En peinant, combattant la lame impétueuse
Qui te giflait le lof, aspergeant tes haubans.
Eh oui, tu vas mourir! Mais quand tu rendras l'âme
Pense un peu à tous ceux qui pendant dix-huit ans
T'ont connue à l'ouvrage.
Ont lutté avec toi, ont combattu le temps,
Ont maudit ton roulis, ont souffert ton tangage
Et t'aimaient bien pourtant. On parlera de toi
Comme d'une amie chère : On travaillait ensemble,
[on vivait sous ton toit
Et quand on capeyait, attendant l'accalmie
Je ne te voyais pas comme une masse d'acier mais
[comme ayant vraiment
Avec des souvenirs, un cerveau et un cœur.
C'est pour cette raison qu'on te regrettera
Et que l'on souffrira de te voir amarrée
Seule et abandonnée, envahie par les rats,
Le long d'un quai boueux, attendant la marée
Où tu devras franchir pour la dernière fois
Les portes du bassin. Sur ta coque rouillée
Ton nom presqu'effacé pour ne plus qu'on le voie
Tu seras dépouillée
De tout ce qui fut toi : tes câbles, tes chaluts.
C'est dans l'indifférence que l'on va au rebut.

Tu as vécu pourtant, jadis, majestueuse, tu avais
[fière allure
Avec ton château blanc et ton gréement refait,
Tes pavillons flottant au haut de ta mâture
Orgueilleuse et piaffant comme un bel animal.
Quand tu saluais la Vierge en amont du chenal
Maintenant c'en est fini.
Ne remplace-t-on pas la morue par le thon?
Le marin d'aujourd'hui boude le vieux rafiot
Il ira matelot
Sur un navire-usine où par la rampe arrière
On vire le chalut beaucoup plus aisément
Mais la morue surtout a eu raison de toi!
Elle n'était plus jamais fidèle au rendez-vous :
S'abritant sous la glace ou alors, cette garce,
S'en allant se nicher aux endroits les plus fous,
Les rochers, les fonds durs, les eaux territoriales.
Notre pêche au Grand Banc est à peu près perdue.
Il serait vain d'aller dans les mers tropicales :
Tu es fille du Nord et jeune, tu ne l'es plus.
Bientôt les chalumeaux aux mains des ferrailleurs
Vont découper tes flancs. Ne prêtant pas l'oreille
A tes gémissements, n'entendant pas tes cris,
Ils ne sauront jamais que tu geins, que tu saignes
Et que ce rouge épais qui macule leurs mains
Ce n'est pas du minium mais le sang que tu
[daignes
Verser pour leurs péchés.
Las! De ton paradis, aux cieux bleus, des navires
Permets-moi de t'offrir au moins cette épitaphe :

Ici gît La-Jeune-Française
Immatriculée à Fécamp.
Elle est morte en soixante-treize
Ayant à peine dix-huit ans.

⁂

Quand les Pêcheries de Fécamp m'ont proposé le commandement du *Vikings*, j'ai accepté cette promotion mais avec beaucoup d'appréhension.

Ce chalutier-usine à rampe arrière ne jouissait pas d'une réputation de « pêcheur ». Mis en service en mai 1965, ce navire de construction allemande, de 80 mètres de long sur 12,5 de large au maître couple, qui ne ressemble à aucun autre a toujours mis à terre des tonnages inférieurs aux autres. Depuis sa naissance, sept capitaines avertis chaque fois des défauts du bateau par le prédécesseur l'ont successivement commandé sans obtenir de résultats satisfaisants. J'arrivais donc en huitième position et si j'acceptai d'emblée le commandement, c'est que j'étais menacé de chômage – les chalutiers armés pour la grande pêche étant de moins en moins nombreux. Toutefois, j'étais inquiet quant à l'avenir. Je n'ai rien contre le chiffre 8 pas plus que contre le nom de *Vikings* mais, prémonition peut-être, je sentais que ça n'irait pas tout seul.

J'avais raison.

Les superstructures du *Vikings,* trop hautes et trop imposantes, écrasent sa coque trop fine, trop profilée pour un navire de pêche devant affronter les furies des mers du Nord. 22 mètres seulement séparent l'étrave du château exposé dès qu'on fait route vent debout à tous les paquets de mer, le gaillard étant sans cesse submergé. Un hydrodynamisme poussé lui permet une vitesse satisfaisante de 13 à 15 nœuds selon l'assiette et par beau temps, malgré une puissance assez modeste de 2 300 chevaux sur l'arbre, mais nuit à ses qualités de « marin ». Il roule bord sur bord à la moindre houle et est extrêmement fatigant. En compensation, sa propulsion Diesel électrique très souple permet des manœuvres aisées. A quelque allure que ce soit, en pêche ou en route libre, aucune trépidation ne fait vibrer sa carcasse. Logés par poste de deux ou quatre hommes, les matelots habitent au niveau du pont-usine. Trois officiers mécaniciens, les chefs de bordée et le service cuisine se partagent le deuxième niveau. Les officiers pont et le chef mécanicien occupent le troisième étage au milieu duquel et sur l'avant se trouve le carré des officiers. Enfin le radio a sa chambre au pigeonnier sur l'arrière de la timonerie. Logements soignés, agréables et qui, après neuf ans de service, sont restés impeccables. Un des gros avantages du *Vikings* est que l'armateur est fécampois. Les rapports directs avec le « Patron » sont toujours préférables aux rapports par personnes interposées, tels les directeurs locaux, quand le siège social de la compagnie est à Paris, par exemple. Il est plus facile de s'entendre quand l'armateur est de votre ville et ainsi en mesure de bien connaître hommes et navire. Au reste, l'armement fécampois demeurant toujours de dimension financière moyenne, les rapports humains entre l'armateur, le capitaine et l'équipage en étaient d'autant facilités parce qu'il résidait en ville, bien connu de chacun.

Avec un équipage de 55 hommes (outre un chien (1), le *Vikings* quitte Fécamp le 6 septembre 1973 sous mon commandement. Destination : mer de Norvège et mer de Barents.

En principe et quand tout est au point, les appareils d'aide à la navigation permettent des routes précises. Le gyropilote gouverne mieux qu'un timonier et le radar détecte côtes, navires et balises. En quelques secondes on porte un point sur la carte, la position donnée par hyperbole Decca confirmant théoriquement celle obtenue par relèvement et distance radar. C'est aisé et rapide mais, attention, ce n'est pas toujours absolu. Des perturbations atmosphériques, l'orage, la neige dérèglent le decca. Au crépuscule et à l'aube ses indications sont sou-

(1) Il n'est pas de navire terre-neuvas sans chien, et ce depuis toujours. Le chien appartient rarement à un seul homme; il est à l'équipage tout entier. Quand le navire est désarmé, il vit à bord, nourri par le gardien. Dès le retour de l'équipage, dont il connaît chaque membre, il reprend son visage de la mer. Si l'équipage change de navire, le chien en fait de même et il suit l'équipage.

Les Pêcheries de Fécamp
25, Quai Bérigny
FÉCAMP (S.-Mme)

PORT DE FÉCAMP

ARMEMENT A LA GRANDE PÊCHE

Campagne 1976

Aux conditions générales de la Campagne 1976, sous réserve de modifications qui pourraient être apportées à la Charte-Partie après accord avec le Syndicat des Armateurs et le Syndicat des Marins avant le départ de la prochaine campagne, les Soussignés déclarent s'engager aux Conditions particulières ci-après :

Nom : EBRAN
Prénoms : Eugène
Domicile : 68 Rue Jules Ferry 76400 FECAMP
Lieu d'inscription et N° F 16.234
Lieu et Date de Naissance : Yport 17-05-33
déclare s'engager à bord du Navire : VIKINGS
pour y effectuer la Campagne de Grande Pêche 1976, en qualité de LIEUTENANT
aux Conditions particulières suivantes :
1° - 2 parts 75 *sur le cinquième du produit de la Pêche.*
2° - 4.431,92 *acompte mensuel maximum.*

Je déclare déléguer à Madame EBRAN (épouse)
demeurant à : même adresse

MARIÉ { Oui ~~Non~~   Enfants 2

L'Armateur du Navire : VIKINGS
déclare accepter l'engagement de :
Mr EBRAN Eugène
aux Conditions ci-contre.

Un exemplaire de la Charte-Partie sera remis à l'intéressé lors de la revue d'armement.

Fécamp, le 10 Decembre 1975

l'engagé,
[signature]

P l'armateur,
Les Pêcheries de Fécamp
25, Quai Bérigny
FÉCAMP (S.-Mme)
[signature]

Armement à la Grande Pêche
Campagne 1976

ENGAGEMENT DES MARINS

Fiche à remettre au Syndicat des Armateurs du Port de Fécamp

Navire VIKINGS
Nom EBRAN
Prénoms Eugène
Domicile FECAMP
Rue 68 Rue Jules Ferry
Département 76
Lieu d'inscription Fecamp
N° Matricule 16.234
Date de Naissance 17-05-33
Fécamp, le 10 Decembre 1975

Signature du Marin.
[signature]

LE VIKINGS

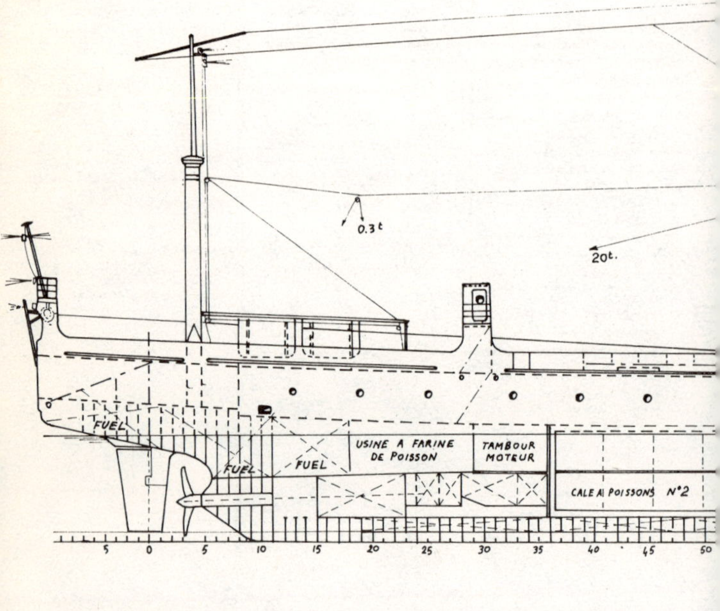

Longueur hors tout : 79,90 m.
Largeur hors membrures : 12,50 m.
Creux au pont supérieur : 8 m.
Tirant d'eau moyen en charge : 5 m.
Puissance : 3 200 CV dont 2 300 pour la propulsion.
Cale à congélation profonde : 780 m³.
Cale à poisson salé : 160 m³.
Caisses à huile de poisson et huile de foie : 55 m³.

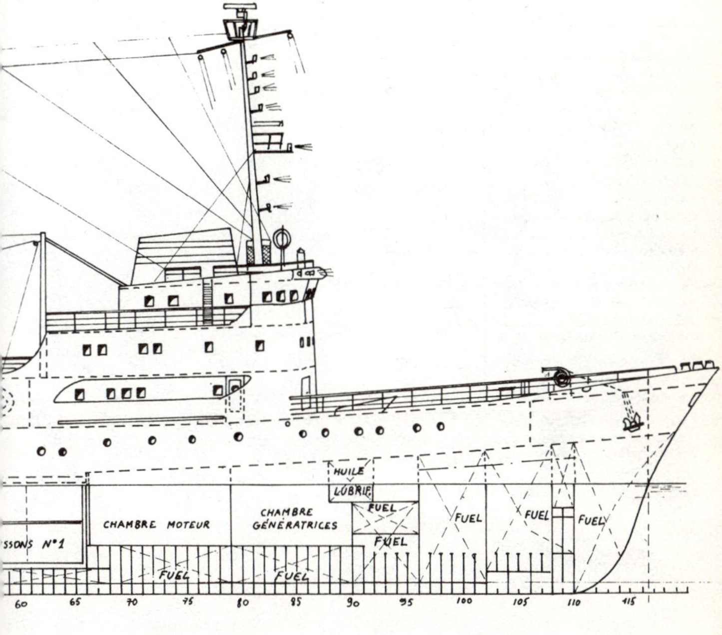

Gas oil : 711 m³.
consommation en route libre : 13 m³ par jour,
consommation sur lieux de pêche : 9 à 11 m³ selon le temps.
Caisses à eau : 40 m³.
le navire possède un bouilleur pouvant produire 5 tonnes d'eau douce par jour.
Jauge brute : 1 130 tonneaux.
Equipage : 56 hommes. Mise en service : mai 1965.

Les Pêcheries de Fécamp
25, quai Bérigny
76400 FÉCAMP

PORT DE FÉCAMP

ARMEMENT A LA GRANDE PÊCHE

Campagne 1976

Aux conditions générales de la Campagne 1976, sous réserve de modifications qui pourraient être apportées à la Charte-Partie après accord avec le Syndicat des Armateurs et le Syndicat des Marins avant le départ de la prochaine campagne, les Soussignés déclarent s'engager aux Conditions particulières ci-après :

Nom : MALARD
Prénoms : Paul
Domicile : Bernières par Bolbec 76210
Lieu d'inscription et N°, Fc 68 T 1184
Lieu et Date de Naissance, Bernières 08-01-50
déclare s'engager à bord du Navire :
VIKINGS
pour y effectuer la Campagne de Grande Pêche 1976, en qualité de matelot spécialisé
aux Conditions particulières suivantes :
1° - 1 part 40 sur le cinquième du produit de la Pêche.
2° - 2.037,30 acompte mensuel maximum.
Je déclare déléguer à Mme Malard Gaston (mère)
demeurant à : même adresse

MARIÉ ~~Oui~~ Non — Enfants néant

L'Armateur du Navire :
VIKINGS
déclare accepter l'engagement de :
Mr Malard Paul
aux Conditions ci-contre.

Un exemplaire de la Charte-Partie sera remis à l'intéressé lors de la revue d'armement.

Fécamp, le 15 Decembre 1975

l'Engagé, — P l'Armateur,

[signatures]

Armement à la Grande Pêche
Campagne 1976

ENGAGEMENT DES MARINS

Fiche à remettre au Syndicat des Armateurs du Port de Fécamp

Navire VIKINGS
Nom Malard
Prénoms Paul
Domicile Bernières
Rue
Département 76
Lieu d'inscription FECAMP
N° Matricule Fc 68 T 1184
Date de Naissance 08-01-50
Fécamp, le 15 Decembre 1975

Signature du Marin,
[signature]

vent erronées. A la remise en route après une escale de plusieurs semaines, les appareils ont souvent des défaillances.

Le temps se bouchant dès la sortie du chenal, le second plonge le nez dans le radar de tribord. La navigation est fluide. Sur un rayon de 6 milles, quatre échos seulement. On monte progressivement en allure. De 8 au départ on atteint les 10 nœuds après quarante minutes, marquant un palier à cette vitesse.

Après une légère collation, je libère le second qui assurera le quart de 0 à 6 heures. Le lieutenant, comme moi nouveau sur ce navire, me tient compagnie afin de se familiariser avec les appareils. La brume épaissit. Le radar de tribord marque des signes de faiblesse. On lance celui de bâbord qui était en préchauffage. Ce dernier, plus puissant, détecte la côte assez bien. On relève le cap d'Ailly et note la distance. C'est le seul point vraiment reconnaissable de la côte. La position indiquée ne colle pas avec le point estimé. On fait une route trop à gauche. Le point decca ne correspond ni à l'un ni à l'autre. Il y a un os. A coup sûr, on est trop au large mais pour l'instant aucun danger. Ce n'est pas possible que l'erreur sur l'estime provienne du courant qui, en mortes-eaux comme on est, ne dépasse pas 2 nœuds. J'appelle le radio, ancien du bord, et lui soumets le problème. On teste ensemble le navigateur decca. C'est satisfaisant, donc les indications doivent être considérées comme bonnes. On ne fait que deviner la terre au radar. De ce côté plus de position possible. J'appuie de 40° sur tribord afin de reconnaître la baie de Somme dont les côtes basses ne se détectent qu'à faible distance. Il me faut un point précis avant d'attaquer les bancs du détroit du Pas-de-Calais. Je note le decca toutes les dix minutes. La distance parcourue colle avec celle indiquée par le loch électrique mais toujours on est déportés sur bâbord. Plus de doute maintenant, le gyrocompas déraille. Reprenant les routes depuis la sortie du chenal, il s'avère qu'une erreur de 20 à 22° nous déroute sur la gauche.

Après une demi-heure au nouveau cap, il s'avère également que l'erreur est constante. Détectant de nouveau la côte au radar et reconnaissant la pointe de Saint-Quentin, je porte un relèvement en corrigeant de 20°, la position decca et la position radar se recouvrent. Un bon point d'acquis. Je remets le cap à passer à l'est du banc du Vergoyer.

La navigation s'intensifie. La visibilité est toujours nulle. On croise des navires. On est rattrapés par un gros écho (un navire de très fort tonnage) qui file plus de 16 nœuds. Nous-mêmes en rattrapons un autre. On est maintenant en allure de croisière à 13,5 nœuds. Bientôt les trois bouées du Vergoyer s'inscrivent sur l'écran radar. Il ne peut y avoir d'erreur. La forme du triangle est caractéristique.

Après être allé prendre la veille dans sa station, le radio revient dans la timonerie. Je lui fais part de mes constatations. Il est sceptique.

– 20° d'erreur au gyro, c'est gros!

– Oui! Cependant c'est ça. En maintenant cette correction tout colle : sonde, position radar, position decca.

– Vous savez, le decca de nuit, avec ces temps merdeux, est sujet à caution.

– Je sais. C'est de lui que j'ai douté en premier... et à tort.

– Jusque par 70° de latitude, ce gyro-là n'a jamais eu un poil d'erreur.

Pendant ce court échange de points de vue, la brume se lève.

Le cargo qu'on rattrapait profite de l'éclaircie pour stopper, allumant ses vérines rouges pour indiquer qu'il n'est pas maître de sa manœuvre. Quelques petits ennuis de machine certainement. Si c'était grave, on le saurait car nos trois récepteurs de la chambre des cartes sont calés sur les trois différentes fréquences de sécurité.

Pour corroborer mes dires, on aperçoit à l'œil nu le scintillement rouge de la bouée est du Vergoyer.

– Regardez, radio! C'n'est pas un mirage. D'ailleurs je vais avoir les deux bouées en alignement, je vais vous dire exactement la variation du compas.

Puis me tournant vers le lieutenant :

– Attention au cap... Top!

– 35, répond Gégène (le lieutenant).

Je répète 35 et note le gisement 278°. Un rapide calcul 35 + 278, ça fait 313 et comme les deux balises, l'une par l'autre, donnent un alignement au 292°, il y a – 21° de variation.

Alors, Robert, le radio, ouvre le dessus du bloc du gyropilote. Il y plonge la tête, examinant les relais. Je crois comprendre qu'il a découvert quelque chose d'anormal et souhaite qu'il puisse remédier au mal. Mais, hérissant les moustaches, le visage seul éclairé par les faibles lampes de l'appareil, il commence à débiter sa collection de jurons. Négligeant la terminologie habituelle, il crée, il invente, il adapte.

– Merde en flaque! Les pourris! Les abominables ramollis du cerveau! Les pédés, etc.

– Le répétiteur a été mal calé. Pas la peine d'être restés autour toute la journée, les tordus. M'ont dit que tout 'tait O.K. Techniciens de mes balloches... Ça va être vite fait! Voilà! Maintenant ça doit gazer.

Il rabat le couvercle et fait une comparaison entre la couronne du « master (1) » placée au bas de l'appareil et celle du répétiteur qui asservit le pilote automatique. Les deux indiquent maintenant le même cap (le bon) et le navire continue sa route, retombant dans la brume qui persistera les deux premiers jours de traversée.

(1) Master compas : compas gyroscopique central sur lequel tous les répétiteurs sont branchés.

Ce sont là, évidemment, des ennuis mineurs. Ils prouvent tout simplement que, malgré les instruments modernes mis à sa disposition, un chef d'opération doit toujours faire la part des choses. Cela démontre aussi que, même avec une longue carrière derrière soi, on est toujours un peu novice quand, changeant de navire, on est dans l'obligation d'utiliser des appareils d'un type tout nouveau. Il faut se faire à un nouveau bateau. Le sentir vivre. Connaître ses bruits, ses réactions. En un mot, le comprendre. Cette nouvelle « connaissance » plus moderne, au goût du jour, dont il faut tout apprendre apporte bien sûr des joies neuves, des plaisirs inconnus, la satisfaction de la jeunesse retrouvée mais, comme tout « remariage », elle ne se fait pas sans la peine secrète d'une intimité à jamais perdue.

*
**

Temps nouveau! Tradition et avenir. Un des membres de l'équipage, délégué syndical des marins par surcroît, est un prêtre-ouvrier. Et sur ce navire, c'est sa quatrième campagne. Il est matelot de pont-ramendeur. Son influence sur l'équipage est très grande, on le respecte pour ses qualités de travail, sa résistance, son courage, sa sagesse d'homme, mais aussi, faut-il le dire, avec des Cauchois superstitieux, parce qu'il est... curé.

La pêcherie des chalutiers français est en vue. Depuis deux heures déjà, on entend les collègues sur le récepteur V.H.F. Très peu de blablabla. Un renseignement intéressant la pêche, la détection ou la sonde. De longs silences de cinq, dix minutes puis de nouveau un message laconique :

– *Groenland :* 2 h 40 mn, cinquante quintaux.

– Bien reçu, Adolphe. C'est toi le plus nordet actuellement? Comment comptes-tu refiler?

– Affirmatif! On est les plus nordet. Je vais refiler

ouest jusqu'à sentir la remontée de la « Banane » et descendre sur le suroît en suivant l'accore est.

– O.K. Merci.

Pendant ces échanges radiophoniques, la bordée qui, sur le pont, a disposé le chalut pour la mise en pêche attend l'ordre de « mettre dehors ».

De sa cabine reliée à la passerelle par interphone, le treuilliste signale :

– Paré partout!

Le second réduit l'allure du navire et évolue de 30° sur la gauche pour prendre le cap de filage, parallèlement aux autres navires. La commande des moteurs de propulsion étant à zéro, le *Vikings* court sur son erre. Quand le loch électrique indique 9 nœuds, le second ordonne dans l'interphone :

– Vire le cul et cale!

Ordre répété par le treuilliste et exécuté par les gars du pont.

Un cartahu passant par un tangon qui déborde de la poupe hale le fond du chalut au-delà de la rampe. Comme le cartahu est muni d'un croc à déclencher par renversement, on libère la charge.

Le chalutier filant maintenant 5 à 6 nœuds, le cul puis le corps du chalut défilent dans le sillage. Le jeu de sphères et les flotteurs, débordés de la même façon que le cul du chalut, suivent. Quand l'ensemble est à l'eau, retenu par les bras enroulés sur le treuil principal, la lèvre supérieure ou corde de dos s'arrondit en surface.

– Clair! crie le chef de bordée placé à l'extrême arrière du navire.

– Filez! répond le second qui dirige l'opération de l'arrière de la chambre des cartes.

Les panneaux affalés à leur tour divergent dès que le navire reprend de la vitesse. On commence alors à filer les câbles jusqu'à la longueur désirée.

Sur un navire à rampe arrière, pas de vérine pour réunir les câbles au chien. Etant filés à travers des potences placées sur l'arrière de l'hélice, ils ne présentent pas de danger pour celle-ci tant que le navire a de l'erre en avant.

Nous voici donc parmi la meute. Le sondeur-détecteur indique quelques taches de colin tantôt sur fond, tantôt entre deux eaux. Que va donner ce premier trait? Comment va travailler le matériel? Ne devant conserver le commandement du *Vikings* qu'un voyage et comme la majorité de l'équipage était déjà à bord des deux voyages précédents, j'ai fait monter le même matériel que mon prédécesseur; il lui donnait, paraît-il, entière satisfaction. Dans ce métier de la pêche, il faut voir, tirer des conclusions et reprendre le problème. Innover coûte parfois trop cher. J'ai joué la carte prudence...

Quand la détection coupe, on tourne revenant vers le suroît mais un peu plus ouest afin de passer aux endroits où des collègues ont repéré quelques petites concentrations. On les détecte également et on en avise les autres. Si on veut avoir des renseignements clairs et précis, il faut en donner soi-même. On n'est pas toujours payé de gratitude mais enfin!...

Après deux heures trente minutes de drague, on vire le chalut. On a fait deux bords dont le deuxième assez intéressant à en juger par les indications du sondeur-détecteur-enregistreur.

Voici les panneaux. Puis le chalut qui gravit la rampe et s'étend sur le pont jusqu'à ce que l'extrémité de ses ailes touche le guide-câble du treuil.

Il y a plus de cinquante colins maillés dans le dos. En effet le colin, appelé également lieu noir, est un poisson très vif, vigoureux, aux lignes très pures. Quand il rencontre les nappes de filet composant le chalut, il parvient à y engager la tête et une partie du corps. Dans certains cas il passe à travers alors que les dimensions de la maille sont nettement inférieures aux siennes. Parfois – hélas pour lui, tant mieux pour le pêcheur – il ne peut se dégager et est remonté à bord pris dans une maille dont l'empreinte a marqué son corps tellement il a forcé pour s'échapper.

Dans le sillage, le cul du chalut flotte. S'il flotte, c'est qu'il y a quelques poissons dedans. Mais au premier coup d'œil, ce n'est pas la fortune.

Première impression confirmée quand la poche arrive sur le pont. Elle contient environ deux tonnes et demie de poisson rond, qui se traduiront en sept ou huit cents kilos de filet, le tiers de la pêche moyenne des chalutiers français composant le groupe ici présent.

Alors commence l'Interrogation avec un grand I.

Pourquoi? Qu'a-t-il pu se passer?

D'accord! Le colin est un poisson capricieux se déplaçant très rapidement. Quittant la proximité du fond, il séjourne quelque temps entre deux eaux pour refoncer en rangs serrés au même endroit ou 10, 20 milles plus loin. Il délaisse subitement un plateau pour les accores, disparaît, revient, redisparaît. Je sais ça. Mais la pêche des collègues étant exceptionnellement régulière aujourd'hui, j'écarte cette version. Le second capitaine, le chef mécanicien et le radio, tous trois anciens du bord, affirment que tant que le gas-oil des ballasts avant ne sera pas utilisé, on ne pêchera rien. Pour être en bonnes conditions de chalutage, il faut gagner au moins un mètre de tirant d'eau arrière. Ce n'est pas spécial au *Vikings.* L'assiette des chalutiers est très importante quant au résultat de la pêche. Etant partis de Fécamp avec le complet de combustible et banquant après quatre jours seulement de route, il nous reste trop de gas-oil sur l'avant pour que le navire soit assis.

Cette version est possible, entre en ligne de compte mais n'explique pas tout.

On refile donc pour tester le matériel et essayer de trouver ce qui cloche.

J'appelle les chefs de bordée. A l'ancien :

– Rien n'a été changé du dernier voyage?

– Non, rien! Comme vous l'aviez dit.

– Bon! Au prochain virage, faudra donner un coup de mètre aux pantoires de corde de dos et aux bourrelets.

Puis à l'autre, le nouveau :

– Pierrot, les planches? J'ai vu que tu regardais les semelles. Comment ça travaille?

– Z'usent un peu sur l'avant. Mais paraît qu'ça a toujours été comme ça sur l'*Vikings*.

– On rallongera la patte du bas de 10 centimètres si pas mieux c'trait-là. Possible aussi qu'on ait traîné trop vite. Je vais voir à me régler sur les bateaux qui pêchent le mieux.

On mesure, on modifie, on transforme. Rien n'améliore la pêche. On traîne plus vite, plus lentement. On change les panneaux divergents, le chalut. Toujours le même tabac. Je me fais des cheveux blancs. Ça n'attire pas le poisson pour autant. Et toujours le radio de conclure :

– Tant qu'on n'aura pas la rampe dans l'eau, ce bateau-là, c'est de la merde en flaque.

Il a peut-être raison, après tout. Mais les premiers jours semblent longs.

***

Les chalutiers-usines-congélateurs doivent en principe traiter toutes leurs prises. En effet, si certaines espèces de poissons ne peuvent être salées, elles se conservent très bien surgelées. Devant les quantités importantes de poissons capturés et rejetés parce que non salables, il n'y avait que cette solution... ou la conserve.

Il s'est avéré très vite que seul le filet, surtout le sans-arêtes, intéressait le consommateur. Il a donc fallu équiper les navires pour fileter mécaniquement.

Le pont inférieur, pratiquement au niveau de la flottaison, a reçu les différentes chaînes de travail du poisson.

Le chalut déverse son contenu tout à fait à l'arrière du navire dans une trappe dont l'ouverture et la fermeture sont commandées hydrauliquement. Le réceptacle séparé en deux parties dans le sens longitudinal reçoit alternativement à tribord et à bâbord afin de ne pas mélanger la pêche d'un trait avec celle du trait précédent.

Des portes à crémaillère laissent passer le poisson vers l'avant, dans un bac de tôle d'où partent deux tapis roulants. Le débit des portes se règle à la main. Quatre hommes placés de part et d'autre des tapis roulants procèdent au tri. La fileteuse de bâbord traitant les poissons de 30 à 40 centimètres (les plus petits travaillables), les trieurs lui envoient par le truchement de son tapis le poisson adéquat. Ils alimentent la fileteuse centrale et celle du tribord avec du poisson plus fort (45 à 80 centimètres). Les grosses tailles étant destinées à être salées sont envoyées à la main dans un parc rectangulaire pouvant contenir environ trois tonnes.

Plaçant les raies dans un bac, les poissons rouges (ou sébastes) dans un autre, les trieurs rendent à la mer tout ce qui ne peut être traité : espèces dont la chair est peu estimée, poissons trop petits pour y prélever les filets, natures de fond, en un mot, la crasse. Un collecteur dans lequel circule de l'eau de mer évacue tous les déchets. Il présente sur sa partie supérieure une ouverture munie d'une espèce d'entonnoir à portée de main des trieurs. Tout corps qui tombe dans ce trou est éjecté, entraîné vers les évacuations.

Voilà pour le triage.

Prenons maintenant la chaîne de surgélation. Tandis que le tapis roulant déverse ce dont il est chargé dans le bac de stockage d'une fileteuse, le marin servant cette machine l'alimente. Monté sur un socle, maintenu au roulis par un appui-dos, l'engreneur puise dans le bac. Il saisit le poisson par le milieu du corps et le place dans une auge. Entraînées par le mouvement de la machine, ces alvéoles présentent aux différents couteaux rotatifs le poisson qui, au sortir de la fileteuse, est en quatre parties : les deux filets d'une part et la tête et l'échine d'autre part, évacuées selon le même principe que les poissons.

Toujours par système de tapis roulant les filets sont acheminés vers les dépiauteuses. La peau enlevée, il reste une plaque de chair avec cependant une ligne de petites arêtes qu'il faut enlever en pratiquant, à la main, une coupe en V dans les filets. De là l'appellation « V cut » que les marins du *Vikings* ont transformée en « Vidocq ». Restons français!

A travers un long cylindre rotatif et ajouré, les filets sont soumis à un lavage intensif à l'eau de mer distribuée par une rampe.

Ensuite on laisse égoutter dans de petits baquets de matière plastique.

Il existe plusieurs techniques de surgélation. Sur le *Vikings*, on pratique l' « horizontale. »

Dans des moules en alpax de 45 × 40 × 6 centimètres, on place un papier fort paraffiné qui épouse exactement la forme du moule. Deux rabats recouvriront le filet arrimé horizontalement dans cette enveloppe de papier. On pèse afin d'obtenir un poids net de 12 kilos. La composition et la date de fabrication sont marquées sur chaque plaque, au tampon encreur, exemple : morue sans arêtes 20/10/74 ou colin standard et la date.

Une armoire de surgélation reçoit 78 moules en 13 couches horizontales de 6. Chaque couche est séparée par une plaque métallique frigorifère. L'armoire pleine, on presse l'ensemble à l'aide de vérins qui font partie intégrante de celle-ci. Le filet comprimé rejette les dernières molécules d'eau de lavage. Les plaques de poisson prennent une forme parallélépipédique parfaite. On met en froid. Circulant à – 40° dans les frigorifères, le fréon 22 surgèle rapidement le poisson à cœur.

Après deux heures de « cuisson », on défourne puis démoule les plaques, le papier paraffiné se décollant aisément du métal du moule. On affale dans la cale par un système de glissières. Les caliers arriment, en bas, les plaques classées par espèces et qualité. La température de la cale est de – 25 à – 28 degrés.

Le poisson destiné à être salé est éviscéré à la main, au couteau, comme sur un chalutier classique. Le décollage, le tranchage et le lavage sont exécutés à la machine.

La morue est salée en pile selon la bonne vieille tradition.

En principe, l'équipe usine ne monte pas à la manœuvre ni à la réparation du chalut. Sauf en cas de coup dur.

L'équipe pont, elle, descend à l'usine dès que le chalut est dragué. A moins qu'il y ait du matériel à faire ou à réparer.

La fabrication du sans-arêtes demande beaucoup de main-d'œuvre. Le filet enveloppé individuellement dans une feuille de cellophane également. Cela explique que, malgré le travail fourni par les machines, 55 à 60 hommes sont encore nécessaires sur ces chalutiers.

***

– Bon anniversaire, cap'taine!

– Cinquante ans, c'est beau!

– J'dirais même que ça s'arrose.

– Merci. Mais, vous savez, on ne fait pas exprès d'être quinquagénaire. Ça vient tout seul et... vite, et, pourtant, comme certains jours m'ont donc semblé longs!

En définitive j'ai repris le commandement du *Vikings* pour l'an 74. J'ai réussi à me faire à lui ou... lui à moi. Je me suis remarié. La veille du départ j'ai repris ma figure de la mer. Triste? Non! Ni grave! Absent? Préoccupé? Sans doute! Toujours est-il que plus tout à fait terrien et pas encore marin, je ne suis rien. Répondant souvent de travers aux questions qu'on me pose, je suis déjà parti tout en étant là.

Ma femme ne me dit mot, respectant mon silence. Tout bas, elle explique aux gens qui s'étonnent :

– Il a un pied à terre et l'autre à bord. C'est la même chose avant chaque départ.

A un demi-mille de l'extrémité du chenal, ayant serré la main du pilote qui nous a sortis en murmurant : « A dans trois mois », il me suffit d'afficher le cap à suivre au gyropilote pour être de nouveau moi. Le visage masqué, impénétrable, la casquette enfoncée; silence religieux à bord pendant dix bonnes minutes, de la passerelle à la cale, comme si le navire tout entier se ramassait avant d'affronter l'inconnu. Mais le premier voyage a mal commencé. Il n'y avait pas deux heures qu'on avait quitté Fécamp, le jeudi 3 janvier. La date habituelle avait été avancée d'un jour. Aux Pêcheries de Fécamp, on ne part pas un vendredi. C'est une vieille tradition.

On cassait une légère croûte, vers les 7 heures du soir. Pas entièrement remis des fêtes du nouvel an, appréhendant le temps pourri qui nous attendait sur l'Océan, on grignotait plus qu'on ne mangeait. Tout à coup un graisseur fait irruption au carré :

– Y a l'feu dans la bécane!

En une fraction de seconde, tout le monde est debout. Le chef et le second mécanicien se précipitent en bas. Le second capitaine, aidé des chefs de bordée et d'usine, apprête et teste les deux appareils respiratoires, sort les manches à incendie des armoires et les branche, parées à faire... eau (j'allais écrire feu!).

Je monte sur la passerelle. Gégène, le lieutenant de quart, a été mis au courant des événements par un coup de téléphone du mécanicien de service. J'envoie les deux matelots de quart appeler au poste d'incendie :

– Faites tous les postes. Obligez ceux qui sont couchés à se lever. Tout le monde aux ordres du second, sur l'arrière tribord du balcon inférieur. Je ne déclenche pas l'alarme générale. On sort du port. Les hommes ont encore un pied à terre. Les uns ont fêté le départ. Les autres ont noyé leur cafard. Dans les deux cas, l'absorption de quelques verres de trop a embrumé les esprits. la stridulation de la sonnette risquerait de créer une panique.

Les deux mécaniciens descendus quelques instants plus tôt au local Diesel remontent :

– C'n'est pas en bas que ça brûle, c'est dans la cheminée.

Deux ventilateurs placés dans la cheminée refoulent normalement de l'air extérieur dans le compartiment Diesel. Comme l'incendie s'est déclaré en dessous d'eux, ils pulsent maintenant la fumée vers le fond du navire. De là, la méprise du mécanicien de quart.

On accède à l'intérieur de la cheminée, depuis le balcon supérieur, par une porte orientée vers l'arrière du navire. Je réduis la vitesse à trois nœuds et gouverne vent debout afin que celui-ci ne s'engouffre pas par l'ouverture d'où les « pompiers » opèrent.

Le chef et le troisième mécanicien attaquent un foyer avec chacun un extincteur. Ils l'éteignent assez facilement mais ça brûle toujours tout à fait en haut. Il faut y aller au jet.

Pendant ce temps, le second fait disposer deux autres manches. Roland Bertin et moi cherchons une possibilité d'arrosage par la passerelle supérieure. Les ouïes d'aération ne nous permettent pas de glisser une lance. On doit se contenter, pour la refroidir, d'arroser la cheminée extérieurement; la chaleur l'a rougie déjà et la peinture brûlée dégage une fumée suffocante. La vapeur produite par l'eau au contact des tôles chaudes se mêle à cette fumée tant en dedans qu'en dehors. On est trempés comme des soupes mais, autant qu'on puisse s'en rendre compte à travers cette atmosphère opaque, ça ne flambe plus.

Gégène, toujours en tenue de ville – assurant le premier quart au sortir du port, il n'a pas trouvé un moment pour se changer –, quitte de temps en temps la timonerie pour participer à l'action. Je l'en dissuade :

– Laisse tomber, Gégène. C'est paré. Ne te fais pas tremper avec ton chouette costard. Stoppe maintenant. Allume les feux rouges. On va aller constater les dégâts dès qu'on y verra plus clair.

Il exécute mes ordres et se poste au coin arrière extérieur du balcon-timonerie. Le navire, qui n'a plus d'erre, tombe en travers et commence à rouler. A la suite d'un mouvement plus appuyé que les autres, toute l'eau chargée de suie, de rouille, de noir de fumée, de peinture brûlée se déverse de la passerelle supérieure, en un vrai torrent, sur Gégène qui n'en manque pas une goutte. On rigole. Tant pis pour le chouette costard : l'incendie est maîtrisé.

Après avoir avisé l'Armement, on relâche au Havre. On repartira le dimanche suivant, après remplacement du matériel calciné.

Une traversée de chien. Froid et banquise pour nous accueillir. Des difficultés avec le matériel. Deux ou trois mauvaises initiatives de ma part. Manque d'inspiration? Manque de chance? Les deux sans doute et le voyage s'est soldé par un apport médiocre.

Le deuxième tour, avril-juillet, malgré une nette

amélioration, n'a pas été ce que j'espérais. On vient d'attaquer le troisième et dernier voyage de l'année et la pêche est pratiquement nulle dans tous les secteurs. Pourtant août et septembre – paraît-il – ont été très bons. On était en France. La malchance! On en arriverait presque à regretter les vacances.

Aujourd'hui, j'ai cinquante ans. De nombreux radiogrammes et les souhaits des hommes qui m'entourent me le rappellent.

Est-ce qu'il y a vingt-cinq ans j'aurais accepté ce manque de pêche avec autant de philosophie? Est-ce que je n'aurais pas rué dans les brancards, cherché au nord, cherché au sud, dragué des fonds nouveaux? Ne serais-je pas parti à l'aventure, gonflé d'espoir chaque fois qu'on filait le chalut, découragé quand on le remontait désespérément vide? Et toujours et sans cesse tentant à nouveau la chance, dans la crainte que des collègues, eux, aient trouvé la manne céleste, dans l'inquiétude aussi de devoir recruter difficilement mon équipage pour la prochaine campagne?

A coup sûr, je n'aurais pas eu le même comportement. Pourtant, dans la conjoncture actuelle, les mers s'étant dépeuplées par rapport aux années 50, la patience et la prudence de l'homme mûr payent parfois plus que l'ardeur juvénile.

Mais je me demande quelquefois si je ne suis pas trop âgé, trop prudent pour assurer le rôle de chef d'opération sur un chalutier de pêche lointaine...

Bien sûr, mes amis me raillent quand je leur fais part de ces réflexions.

– L'âge ne veut rien dire. Regarde Un tel...

– Toi, vieux! Tu rigoles, non!

Ça rajeunit, l'amitié! Ça haubane le moral. Ça corrige la dérive et aide à remonter le courant de jusant. Mais je sais que partir me coûte chaque année davantage. La douleur lancinante qui me vrille le dos me rappelle, certains jours de fatigue, que j'ai 430 mois de navigation...

Pourtant je me suis jusqu'alors laissé convaincre : je repars. Serait-ce parce que, sans vouloir me l'avouer, je mesure à l'avance l'autre douleur, celle qui me prendra quand, pour la véritable dernière fois, je saurai que je ne partirai plus jamais?

Ma femme hait un peu plus la mer – cette rivale – et se prépare à prendre enfin sa revanche... ma retraite!

Mon fils aîné sera marin; actuellement au lycée (il n'a que 16 ans), il a fait avec moi, pendant ses vacances, il y a deux ans, une partie du voyage en mer de Barents. Il ne pourra jamais l'oublier. En mer, devant Fécamp, sur un canot de pêche, dès qu'il a quelques jours de congé, pourra-t-il pratiquer la grande pêche? Comment le savoir? Il faudrait à nouveau des chalutiers et du poisson. Mais il partira en mer d'une manière ou d'une autre. Il a ça dans le sang. Côté maternel ou paternel, il n'y a que des marins. L'arbre généalogique est le mât de misaine d'un trois-mâts-barque. A chaque bout de vergue : un suroît, une paire de bottes, un ciré. Que ferait-il d'autre?

***

Les mers se dépeuplent, c'est vrai. La technique évolue, c'est vrai aussi, et les problèmes se posent en termes analogues dans tous les pays morutiers.

J'ai été étroitement mêlé au premier (et sans doute au dernier) Congrès international de l'Industrie morutière.

L'O.C.D.E., la F.A.O., les U.S.A. pour l'Alaska, le Canada, l'U.R.S.S., l'Angleterre, le Danemark pour le Groenland, l'Allemagne, le Portugal, l'Espagne, la Norvège, la Belgique, et évidement la France étaient représentés par des rapporteurs et observateurs. La Fondation française d'études nordiques avait tout organisé, aidée financièrement par les Chambres de commerce et de l'industrie de Rouen et de Fécamp, leur port et leur ville.

J'y ai connu Jean Malaurie, directeur de la « Fondation » et président du Congrès. Sans cette rencontre, je n'aurais pas écrit ce livre. Je n'en aurais jamais eu l'idée ni la prétention et surtout pas le courage ensuite. Au début, il a été très persuasif, ensuite étonnamment attentif.

Nous nous sommes rencontrés maintes fois chez lui à Paris et à Saint-Aubin, près de Rouen, chez moi à Fécamp et jusque par radio alors que j'étais sur les Bancs.

Chapitre après chapitre, le livre a pris forme, soutenu par son inlassable ténacité. A un certain moment, découragé à la nouvelle que Fécamp désarmait pour la première fois de son histoire, j'ai été sur le point d'abandonner. Si je ne l'ai pas fait, c'est à lui, petit-fils d'un armateur fécampois, que je le dois.

La rédaction du livre a été suspendue et reprise... plusieurs fois.

Mes yeux, trop habitués au spectacle journalier, trouvaient ordinaires, courants, des faits qui, pour un observateur passant quinze jours à bord, sont absolument extraordinaires. Jean Malaurie m'a poussé, forcé – et de cela je lui suis infiniment redevable – à rechercher au fond de mes sensations, à retrouver derrière ce qui souvent me semblait sans importance un fait justement essentiel.

Et dans ce sens il m'a demandé d'avoir une précision de « pêcheur ». « C'est dans le moindre détail, même apparemment banal, me répétait-il sans cesse, qu'apparaît souvent le vrai visage d'un métier. Fouillez votre mémoire avec le même acharnement que vous mettez – si passionnément – à fouiller la mer. »

VI. LE CONGRÈS DE LA MORUE

Une lettre de la Fondation française d'études nordiques m'apprend que je suis désigné comme rapporteur au premier Congrès international de l'Industrie morutière. Le secrétaire général de la Chambre de commerce de Fécamp à qui je m'adresse me conseille : « A votre place, je verrais le professeur Malaurie! Il est à Rouen actuellement, fait rare! Vous auriez plus de chance de le rencontrer au Groenland ou dans le détroit de Béring. C'est un homme du froid. »

Ainsi arrange-t-il une entrevue où il est rapidement convenu que je présenterai au Congrès qui aura lieu les 27, 28 et 29 janvier 1966 un rapport traitant des problèmes de la navigation dans les eaux nordiques.

– Insistez sur les problèmes humains, me recommande la Fondation. Soyez clair, précis. Citez des faits. N'hésitez pas à régler vos problèmes professionnels avec l'administrateur des Pêches. N'excédez pas quarante pages. Nous comptons sur vous qui êtes le seul à représenter les marins.

J'acquiesce, pensant qu'il y a plus de vingt ans que je n'ai pas fait de « rédaction »...

⁂

Le 27 janvier, cinq jours avant le départ pour Terre-Neuve, le premier Congrès international de l'Industrie morutière commence. La magnifique et imposante Halle aux Toiles de Rouen, carène de drakkar renversée, les hautes personnalités présentes, les diplômes universitaires, les titres et fonctions des rapporteurs m'impressionnent terriblement.

Que suis-je venu faire dans cette galère? Il va falloir que je me cramponne à l'aviron!

La veille au soir, j'ai eu le plaisir de rencontrer quelques congressistes. Jusqu'à une heure tardive on a dansé et oublié la morue.

Dès notre réveil, ma femme ne cesse de me répéter :

– Prépare quelque chose! Qu'est-ce que tu vas dire quand tu seras seul face à l'assemblée? Tu ne pourras pas lire ton rapport trop long. J'en suis malade!

Dans la baignoire, je siffle un air entendu la nuit précédente. En réalité je réfléchis. Comment démarrer?

On verra bien!

Discours d'introduction par Jean Vaudour, notre hôte. Exposé géo-économique incisif du président du Congrès :

« La semaine dernière, aux Halles de Paris, selon la mercuriale du 20 janvier, la poule à bouillir se vendait à 2,60 F, le kilo, le poulet courant à 2,80; or, la morue salée, poisson qui a été traditionnellement en France, dans le subconscient de chacun, l'aliment des moins fortunés, se vend aux détaillants, à sec, c'est-à-dire sous une forme peu attrayante pour la ménagère (1966), plus de 6 F le kilo, soit nettement plus cher que le kilo de poulet courant, et ce, bien que la morue, prix moyen sur lisse armement, coûte, en 1965, aux alentours de 1,60 F le kilo de salé. Il s'agit là de prix de détail et non de moyennes.

Le coût de la distribution, y compris les bénéfices, est donc trois fois plus important que le coût de la production.

Question essentielle que celle-là. Il ne faut jamais oublier, en effet, cette loi que l'historien connaît bien selon laquelle une distribution onéreuse contribue à ruiner le potentiel productif d'une nation. C'est en France un problème qu'il faudra avoir, tôt ou tard, le courage d'aborder, dans ce domaine comme dans bien d'autres. »

Pour donner plus d'ampleur au débat, il est prévu que chaque rapporteur devra faire un exposé qui n'excédera pas dix minutes. Trois orateurs se succéderont. Suit le débat.

Je passe en troisième position après l'historien très connu Charles de la Morandière. Homme de lettres habitué à ce genre d'exercice, l'orateur, sortant de sa poche un feuillet, lit son exposé.

Mes yeux rencontrent ceux de ma femme. Elle me fait comprendre : voilà ce que tu aurais dû faire.

Charles de la Morandière résume l'histoire de la grande pêche depuis les origines, au XVIe siècle. Il parle succinctement du recrutement des équipages, des différents modes de conservation de la morue et des accords franco-britanniques aux points de vue économique et politique.

Il conclut en citant des chiffres. A la fin du règne de Louis XVI, 12 000 hommes montaient les 360 terre-neuviers français. La politique maritime française pendant des siècles a été déterminée par le souci de garder son puissant armement morutier, pourvoyeur de marins pour la « Royale » dont dépendait la libre circulation sur les mers contestées par l'Angleterre. Si Saint-Pierre-et-Miquelon a été si âprement gardée par nos diplomates, moins concernés par le Canada continental, arpents de neige stérile, c'est qu'elle répondait à cette volonté.

Il n'est pas excessif de penser que si le Canada continental a été d'un cœur léger abandonné par les négociateurs français au XVIIIe siècle, c'est bien parce qu'ils savaient qu'en conservant Saint-Pierre-et-Miquelon et ses riches bancs de morue, ils gardaient des équipages de morutiers, futurs marins de la « Royale » qui permettraient la revanche avec une marine rénovée.

Aujourd'hui, cet armement compte seulement 29 chalutiers avec moins de 1 600 hommes. Malgré un rendement supérieur grâce à l'industrialisation, l'ensemble des apports, 50 000 tonnes environ, est sensiblement égal à celui de l'Ancien Régime. La population ayant pratiquement doublé, l'armement moderne n'a donc plus la même importance que l'armement ancien.

Applaudissements.

Ça va être à moi. J'écrase ma cigarette dans le cendrier pendant que le président me présente.

Calmement, articulant le mieux possible, je décris un virage de chalut par gros temps avec grains de neige. Le silence des auditeurs m'encourageant, je m'étends sur le comportement des marins sur leurs problèmes, leurs psychologie et revendications. Je conclus en disant que, certes dur, ce métier est à la portée de qui n'a pas peur du travail. Un jeune peut y donner la mesure de ses moyens. S'il est résistant, vif, courageux, il percera très vite. L'esprit d'initiative aidant, même avec une instruction primaire, il pourra prétendre à un poste de chef de service.

– Si j'avais à recommencer, je recommencerais.

Voilà dix minutes que je parle, je suis dans les normes. Je m'arrête.

Aimable, intéressé peut-être aussi, l'auditoire m'applaudit avec chaleur.

Après les hommes, le navire.

Jean Richard, sous-directeur du département Construction navale aux chantiers de la Seine-

Maritime – Le Trait –, expose comment, sur un chalutier, on peut obtenir une vitesse intéressante (15 nœuds), tout en conservant l'hélice de traction. Comment on peut loger un équipage relativement nombreux (55 hommes) sur un navire de petit tonnage comparé aux cargos et surtout aux pétroliers. Il ne faut pas pour autant sacrifier le cubage des cales à poisson, la capacité des soutes à combustible, ni réduire la surface des postes de travail et...

Au cours des débats, de nombreuses questions sont posées, des peaux de bananes glissées. Ça s'anime. C'est très intéressant.

Grâce à la traduction simultanée, on reçoit en français ou en anglais, sur de petits récepteurs, questions et réponses.

Il est traité successivement et pendant deux jours et demi de l'économie, de l'aide des gouvernements à la construction et à l'exploitation, des problèmes de conservation et de vente. Mais le point c'est l'avenir, l'appauvrissement des bancs, la protection du stock.

Le représentant anglais est pessimiste. L'Allemand pense qu'il faudrait faire quelque chose et que... trouver parfois une arête dans un filet où il ne devrait pas y en avoir n'est pas le problème : on la pose sur le bord de l'assiette et on continue à manger!

Un des représentants de l'U.R.S.S. décrète à peu près ceci :

– Tout le monde sait que le marin russe est le meilleur pêcheur du globe. Il est inutile de le répéter. Nous n'avons pas fait parvenir de rapport pour l'instant. Nous n'avons pas de problèmes.

« Les pêcheurs de l'Union soviétique ne sont pas des sauvages. Ils ne pratiquent pas la pêche à outrance dans les petites tailles, ce qui empêche la morue de devenir adulte. Ils ne détruisent pas avec leurs chaluts les filets des pêcheurs côtiers. »

Toutefois ce qu'il ne dit pas – mais fait comprendre – c'est qu'il n'a rien à apprendre ici et que, quelles que soient les décisions prises à l'issue du Congrès, l'U.R.S.S. continuera à pratiquer la pêche comme elle l'entend, comme par le passé.

Les Danois veulent protéger les eaux du Groenland, les Canadiens celles de Terre-Neuve. Les techniciens se heurtent aux praticiens, les armateurs de pêche fraîche à ceux de pêche congelée, les acheteurs aux vendeurs, les consommateurs aux fournisseurs.

Fursy Verdoy, directeur de la société « La Morue Islandaise » de Gravelines, dans un rapport très détaillé donne la valeur diététique de la morue. Aliment léger par excellence et, en raison de 26 grammes de protéines pour 100 grammes et de seulement 1,5 gramme de lipides, particulièrement recommandé aux sportifs et aux femmes enceintes. Vu son prix, il assure le gramme de protéines le meilleur marché.

Un vif débat oppose les producteurs aux intermédiaires mareyeurs. Comment se fait-il, est-il demandé, que la morue vendue sur lisse à Fécamp même 1,60 F le kilo (et 2,32 F après paiement de diverses taxes) soit vendue, sans transformation, par le mareyeur jusqu'à 8 F le kilo (1)? Les arguments opposés par les marchands intermédiaires ne convainquent pas. Faut-il s'étonner alors que la morue ne se vende plus en France et que les marins soient réduits au chômage?

L'administrateur civil au secrétariat général de la Marine marchande, rapporteur général de la Commission des Pêches maritimes au Ve Plan, qui doit

(1) Prix 1966.

En 1977, le prix de printemps de la morue sur lisse est de : poisson gros (plus de 2 kg), 9 F le kg (5% des prises); poisson moyen (de 1 à 2 kg), 7,80 F (10% des prises); poisson petit (moins de 1 kg), 5,50 F (80% des prises). A Paris, le poisson salé est vendu au particulier de 19 à 22 F le kilo, et jusqu'à 24 F. Ce, sans emballage spécial, tel que le poisson sort du bord.

rédiger le rapport de synthèse, prend des notes, demande des éclaircissements, des détails. Le dernier jour, il expose, devant André Bettencourt, secrétaire d'Etat aux Transports, les conclusions qu'il a pu tirer de ces longues heures de débat.

– Ce qu'il y a de paradoxal, déclare-t-il, c'est que constructeurs, armateurs, électroniciens et marins œuvrent pour pêcher au maximum et que, d'autre part, on craigne un appauvrissement spectaculaire, voire la disparition du stock de morue. Pour pouvoir acquérir des chalutiers modernes, outillés des derniers perfectionnements et permettant de pêcher plus dans de meilleures conditions, il faut absolument que les prises actuelles soient abondantes. Mais en assurant le présent, n'engage-t-on pas l'avenir?

Puis, le rapporteur de synthèse expose au ministre les desiderata des armateurs, faisant des comparaisons avec les pays étrangers quant à l'aide des gouvernements.

Le ministre répond que, député de Fécamp, il est très bien placé pour connaître les problèmes de la grande pêche et que tout ce qu'il lui sera possible de faire pour aider les entreprises maritimes, il le fera.

Un point est acquis. Il fallait attirer l'œil du gouvernement sur la profession, c'est maintenant au ministère d'agir.

Pour le second point, la protection de la morue, les congressistes adoptent les résolutions suivantes :

> 1°) Que les travaux entrepris sur le plan international par les Instances spécialisées en vue d'une exploitation plus rationnelle des ressources morutières de l'Atlantique Nord soient, compte tenu des graves menaces de l'appauvrisssement des stocks, poursuivis et développés;

2°) Il devient nécessaire, en effet, que l'ensemble du problème donne lieu à des mesures urgentes, concrètes et satisfaisantes sur le plan biologique, mais aussi acceptables pour les professionnels et applicables par les autorités nationales intéressées;

3°) Si les statistiques de prises sont, grâce aux efforts des biologistes, bonnes et sans cesse perfectionnées, les statistiques et études économiques sur les marchés des produits maritimes, très particulièrement dans le domaine de la distribution, sont très souvent en retard et même inexistantes; une appréciation globale des problèmes de pêche en est rendue difficile, sinon impossible. Le Congrès émet le vœu, par conséquent, que les autorités responsables développent les renseignements statistiques concernant le secteur de la distribution des produits de la Pêche maritime;

4°) Le Congrès émet le vœu qu'à l'initiative prise par la Fondation Française d'Etudes Nordiques, un Congrès international de l'Industrie morutière, dans une approche globale et internationale, bénéficie d'une périodicité; il souhaite à ce titre que, dans un grand port français, sous l'égide de la Fondation, un deuxième congrès, sur des thèmes préalablement arrêtés, se réunisse à nouveau, dans deux ans, et fasse le point des questions débattues (1).

(1) Les 25 rapports présentés au Congrès ont été publiés sous le titre *Géo-économie de la Morue* (sous la direction de Jean Malaurie). Bibliothèque arctique et antarctique. Tome III. Paris 1969, édit. Mouton, 487 pages.

VII. LA GRANDE PÊCHE SE MEURT

Pendant que la France se contentait de remplacer les vieux navires par des neufs, conservant sensiblement le même nombre d'unités, d'autres pays se tournaient vers la grande pêche.

Gardant armé tout ce qui est capable de traîner un chalut, s'étant approprié une partie des chalutiers allemands, l'U.R.S.S. se mit à construire chalutier sur chalutier. Sa flottille de pêche atteignit rapidement un chiffre impressionnant. Il n'est pas rare de rencontrer des pêcheries de deux à trois cents navires russes ne représentant qu'une partie du « cheptel ». Cette immense nation qui a des bouches à nourrir sortait, outre des chalutiers traditionnels, copies exactes des allemands, une série de « rampe-arrière » de gros tonnage. Un équipage de cent cinquante personnes (hommes et femmes), un matériel approprié permettent à ces navires de ne rien rejeter de ce qui est pêché. Petits ou gros, les poissons de toutes races seront salés, congelés ou mis en conserve. Les déchets produiront de la farine et de l'huile. Ce qu'il faut, c'est du produit. Il sera toujours commercialisé.

A l'image de leur chef de file, les pays satellites renouvelèrent pour les uns – ou créèrent pour les autres – une flotte de pêche. Allemands de l'Est et Polonais furent bien vite plus nombreux que les

Français qui, eux n'ont pas à pêcher plus de poisson qu'ils ne peuvent en vendre.

Grands consommateurs de morue, les Espagnols et les Portugais diminuèrent leurs importations en augmentant le nombre de chalutiers. Terre-Neuve, qui ne voyait jamais un Anglais ou un Norvégien – ces marins pratiquant les mers de l'île de l'Ours, Barents, Spitzberg et Islande –, fit leur connaissance.

Les Allemands de l'Ouest, alliant le nombre des unités à la puissance des moteurs et au modernisme des installations, voulurent également leur part du gâteau. Bien que dépourvus de tradition de pêche à la morue, ils construisirent, de toutes pièces, une puissante flotte morutière. Appartenant au très gros groupe financier Unilever, la société allemande « Nordsee » nous concurrence durement. Et l'on vit des chalutiers allemands livrer de la morue... à Fécamp.

Les Canadiens peu nombreux malgré la proximité des lieux de pêche et les Italiens qui n'ont jamais dépassé trois navires complètent la liste des exploitants.

Aussi, douze mois sur douze, les fonds de Terre-Neuve ont été raclés en tous sens, dans toutes les sondes.

La technique aidant les captures, des millions de tonnes de poisson ont été levées. Même dans des endroits inaccessibles auparavant.

Premièrement, les sondeurs qui, comme le nom l'indique, nous donnaient la sonde ont été poussés en sensibilité. Si l'ultra-son qu'ils émettent rencontre un corps solide quelconque entre l'antenne placée sous la coque et le sol marin, le récepteur l'enregistre. L'utilisateur peut donc voir, sur le papier qui lui indique la profondeur, la présence de bancs de poisson plus ou moins dense, entre deux eaux ou sur le fond.

Ces renseignements précieux permettent de localiser les concentrations, d'en connaître l'importance, de suivre leurs déplacements et évitent parfois de la route inutile.

Partant des indications données par les sondeurs-détecteurs, les instituts de pêche et les fabricants de matériel ont étudié la possibilité de chaluter entre deux eaux.

A certaines époques de l'année, et surtout quand il a été trop chatouillé sur le fond, le poisson monte. Quand rien ne pouvait nous instruire sur ce mouvement et que le seul chalut de fond dont on disposait, qui n'a qu'une ouverture verticale de deux à trois mètres selon les modèles, remontait vide, on cherchait ailleurs.

Ce n'est plus le cas.

Les textiles synthétiques : nylon, tergal, polypropylène, polyéthylène, extrêmement robustes et plus légers que les chanvres, ont permis la confection de chaluts pouvant être traînés entre deux eaux. Des panneaux divergents appropriés permettent de régler l'immersion en jouant sur la vitesse et la quantité de câble filée.

Mais il fallait être à la bonne hauteur. Les Allemands ont inventé l'appareil permettant de le savoir : le netz-sonde (1). Fixé sur la « corde de dos » du chalut, un plateau jouant le rôle de projecteur de sondeur-détecteur est relié par un coaxial parfaitement isolé à un émetteur-récepteur placé dans la passerelle de navigation ainsi que les commandes du treuil sur le tambour duquel le coaxial est enroulé.

Cet appareil indique l'ouverture verticale du chalut, sa distance du fond, tout en détectant le poisson qui entre dedans. Des quantités phénoménales de morues ont été levées grâce à ce genre de pêche dite pélagique.

(1) Sondeur dont la base se trouve sur la lèvre supérieure du chalut pélagique. Il indique l'ouverture verticale et la distance du chalut par rapport au fond.

Pour se communiquer jour et nuit les renseignements utiles, on n'est plus tributaire des opérateurs occupés bien souvent sur ondes courtes ou à dépanner un appareil. La phonie V.H.F. dont la portée n'excède pas 30 milles nous fournit 12 ou 15 canaux (selon les postes) (1). En code ou en clair et directement de la passerelle, on passe ou on reçoit la pêche, la détection, les manœuvres et intentions des collègues. Durant son quart de 0 heure à 6 heures, le second ne perd pas le contact et est renseigné de la même façon que le capitaine dans la journée.

Les appareils d'aide à la navigation, le loran et le decca, donnant des points précis permettant de se placer très exactement où l'on veut. La position des taches de fonds durs et des épaves est portée sur les cartes. On drague en évitant les endroits inchalutables.

Avec le radar, de nuit ou par temps de brume, on suit le travail des autres navires avec précision. On fréquente des mers défendues autrefois : les parages du cap Farewell, le cap de Désolation au Groenland, où foisonnent les icebergs, présentent moins de danger. Suppléant les radars, un puissant projecteur à faisceau étroit et dirigeable de la passerelle éclaire la route du navire. On suit, de nuit, une banquise comme on suivrait un quai. On voit les growlers isolés que le radar ne détecte pas. En effet, il est très difficile de différencier sur l'écran du radar, par mer agitée ou grosse houle, l'écho des crêtes de lames et les petits obstacles. Même les growlers importants mais de forme arrondie sont difficilement détectables. De là l'utilité d'une navigation à vue éclairée par un « phare ». Mais le spot ne perce ni la brume ni la neige, faisant même un halo éblouissant. Il faut donc se passer de ses services et redoubler de prudence quand le temps est bouché.

(1) 70 canaux dans les derniers modèles.

Grâce aux coques renforcées (tôles plus fortes de 12 millimètres d'épaisseur au lieu de 10 millimètres; membrures rapprochées) on traverse, à allure réduite, certaines banquises pour aller chercher, au-delà, des eaux chalutables.

On poursuit la morue où elle se concentre, la traquant jusque dans ses derniers retranchements.

A ce régime on a ratissé Terre-Neuve et le Groenland. Le stock tellement appauvri ne permet plus d'y pratiquer qu'un voyage à peu près rentable par an : en hiver et début de printemps. Et encore!

Les conditions de travail sont extrêmement différentes entre les chalutiers modernes et anciens. Chaque année on enregistre, particulièrement chez les Allemands qui mènent un métier dur, des avaries de coque et d'hélice. Le poisson revient cher. Mais sur les bancs du sud et du sud-ouest où la navigation serait normale, il est inutile de chercher fortune. *Il n'y a plus rien.*

En été et en automne, on exploite de nouveau depuis trois ans les fonds de la mer de Barents et de l'île de l'Ours. Ces mers connues depuis longtemps avaient été délaissées par les Français, de 1963 à 1969, faute de pêche. La qualité et la taille du poisson compensent les faibles quantités rapportées. Encore une fois, seuls les chalutiers-usines pouvant congeler du colin noir sauvent leurs voyages.

Les impératifs de la pêche ont donc prouvé qu'il est préférable, malgré le temps perdu à la cape ou à se dépêtrer de la banquise, de banquer en janvier et de séjourner en France en août. Les pêcheurs prennent maintenant leurs congés l'été. Les arrêts du 20 décembre au 15 février sont révolus. Les vacances estivales sont plus agréables mais les années de grands froids comme 1972 font payer bien cher au marin les journées ensoleillées que la Normandie ou la Bretagne ne lui accordent pas toujours.

Si en France le temps de congé des marins correspond au temps d'arrêt technique du navire, il n'en est pas de même pour les étrangers.

Les Polonais, les Russes, les Allemands de l'Est ravitaillent, livrent leur poisson et changent d'équipage en mer. En eau calme, souvent à l'abri de la banquise, les navires mères sont accostés par les chalutiers et font les transferts. Ces navires draguent donc sans discontinuer.

Les fonds déjà dépeuplés ne se reposent jamais. Que sera la pêche dans vingt ans? Pour éviter l'« overfishing », des organismes qualifiés et compétents ont lancé un cri d'alarme. Le Congrès international de l'Industrie morutière que je viens d'évoquer a jeté le dernier cri. En vain. Les Norvégiens, les Danois (pour le Groenland) ont repoussé leurs eaux territoriales à 12 milles au lieu de 3, créant ainsi une zone de protection plus grande. Mais c'est loin d'être encore suffisant.

La morue redeviendra-t-elle abondante? Après cinq ans de guerre en 1945 et les quelques années qui ont suivi, les bancs de Terre-Neuve regorgeaient de poisson. Seuls quelques chalutiers de pays neutres y avaient pêché. Je n'irai pas dire qu'une nouvelle guerre mondiale serait bienvenue pour que la morue se repeuple, mais une interdiction absolue d'exploiter tous les bancs de Terre-Neuve pendant cinq ans pourrait permettre à nos enfants de reprendre, avec chances de réussite, le métier de leur père.

Quand la pêche à Terre-Neuve serait réouverte, on condamnerait un autre secteur, Groenland, Islande, ou mer de Barents, protégeant tour à tour l'Ouest, le Nord et l'Est.

En attendant que ces mesures internationales soient appliquées, la sagesse voudrait que, d'eux-mêmes, les pêcheurs abandonnent ces mers usées, pour la protection de la morue et la défense du métier. Après chaque voyage, des marins des chalutiers-saleurs classiques débarquent. Ils trouvent en usine ou comme dockers un salaire supérieur et moins d'heures de travail. Mais pour un Terre-Neuvas, c'est un sentiment de déchéance qui l'habite alors. Formé au « Grand Métier », il n'a aucune compétence particulière pour les métiers à terre et, à l'âge d'homme, se voit alors contraint d'accepter, pour vivre, un travail d'ouvrier non spécialisé.

⁂

Reprenant mon journal de bord du 7 décembre 1972, un dimanche, je lis : « On est à la cape avec un coup de vent force 8 à 9. Hier, il a venté jusqu'à force 12. Par ce temps on ne peut chaluter. »

Les marins se reposent alors, pense-t-on.

Mais non!

Il faut assurer le quart tant à la machine qu'à la passerelle. Cuisinier, boulanger, aide de cuisine et garçon doivent faire leur service comme par temps chalutable. Travail rendu plus difficile par les mouvements désordonnés du navire.

Surtout, il faut panser les blessures dues au coup de vent. Comble d'ironie, alors que le pont, les balcons, se couvrent de la glace des embruns, le chef mécanicien et son équipe doivent faire du froid. Il ne faut pas perdre la viande et les différents produits congelés qui assureront la nourriture jusqu'à l'arrivée à Fécamp.

Les matelots déglacent le dôme et le château, les antennes radar sur la passerelle supérieure. Le pont n'est pas habitable, sans cesse balayé par les paquets de mer. Aux endroits les plus exposés, la glace heureusement ne prend pas. Quand il s'en forme une légère épaisseur et qu'un gros paquet s'affale dessus, elle ne résiste pas. C'est seulement quand ça calmira un peu, que les lames n'auront plus la même force de destruction, que les hommes pourront prendre la relève.

Et quand ils se reposeront, se réchauffant un peu

dans leurs postes roulés par la mer, ils ne pourront même pas écouter les informations, les antennes givrées ne captant pas les émissions françaises.

Pourquoi s'en vont-ils? Beaucoup acceptaient de tout sacrifier à condition d'avoir un métier lucratif. Le minimum garanti étant pratiquement le même qu'à terre, et ne leur permettant pas de vivre, ils se recyclent dans les usines... A paye égale, ils préfèrent rester à terre.

Après quelques années fructueuses, dès l'été 1969, Terre-Neuve, riche au printemps, s'appauvrissait sérieusement. Heureusement, le Groenland fournissait une pêche honnête en juin et, en novembre, les chalutiers, traversant la « Grande Mare », trouvaient encore aux accores du Spitzberg et de l'île de l'Ours une forte concentration. Poisson difficile à pêcher parce que par très grands fonds (jusqu'à 700 mètres). Le gros temps et le nombre considérable de chalutiers de toutes nationalités compliquaient énormément le travail, mais la morue était au rendez-vous. C'était rassurant.

En 1970, une régression importante, malgré l'exploitation de fonds nouveaux, était enregistrée. Les apports diminuaient certes mais ce qui devenait inquiétant, c'est que les concentrations détectées au sondeur étaient de moins en moins denses. La pêche, en un endroit, n'excédait pas une vingtaine d'heures. On savait qu'on grattait les fonds... de tiroirs, parcourant des centaines de milles sans recontrer la moindre vie. Ce qui nous a amenés en 1971 et 1972 à livrer des tonnages atteignant 50 à 60% de ceux de 1968. Qui plus est : les études sur les mouvements climatiques confirment que nous entrons dans une ère froide. Très sensible à la température, ne pouvant vivre qu'à 4°, la morue quitte les grands bancs de l'Arctique où elle diminue de taille et gagne les latitudes plus méridionales et moins froides. On connaît mal ses nouveaux territoires.

Pour ces diverses raisons conjuguées, en septembre 1972, six chalutiers congélateurs partaient pêcher ce que l'on appelait le faux poisson, le colin noir, sur les côtes de Norvège. Mers bien connues et exploitées depuis longtemps mais toujours poissonneuses (malheureusement pas en morue). Le *Vikings* passait l'équateur et fouillait les mers d'Afrique du Sud tandis que le *Victor-Pleven* filait son chalut pélagique au large de Boston à la recherche de harengs. Il a même été envisagé que deux chalutiers semi-congélateurs des Pêcheries de Fécamp recherchent l'encornet afin de le congeler en plaques.

Ainsi plus d'un tiers de l'effectif de grande pêche abandonnait la morue. Ceux qui restaient fidèles à cette pêche devaient se contenter de 2 à 3 tonnes par jour, draguant bien souvent sur fonds durs.

Pêche toutefois de plus en plus interdite aux Français. Au début de cette année 1972, le Canada, comme la Norvège et le Danemark, a porté les limites des eaux territoriales dans le détroit de Cabot, le golfe du Saint-Laurent et le sud-ouest de l'île de Terre-Neuve jusqu'à la baie de la Poile, à 12 milles au lieu de 3.

En août, les Islandais voulaient repousser leurs limites jusqu'à 50 milles de la côte, 200 milles en 1975.

Dans l'immédiat, malgré ces précautions, il apparaît de manière évidente que l'hémisphère Nord doit être momentanément abandonné par les morutiers et que seul un long repos des mers et des fonds peut permettre un repeuplement. Dans l'avenir, s'il n'y a pas d'entente particulière, la France devra renoncer à pêcher sur ces vieux bancs, parfaitement connus d'elle et où tant des siens ont disparu. Assurément Saint-Pierre-et-Miquelon nous garde quelques droits. Mais la roue de l'Histoire a tourné.

⁂

Il ne reste que les fidèles et les purs, ceux dans les veines desquels circule de l'eau de mer, peut-être additionnée d'un peu d'alcool... Ceux pour qui partir en mer est une vocation... ou une libération. Ceux que seule la terre – et surtout pas le petit bonheur dénué d'aventure qu'elle enfante – ne peut satisfaire. Ceux qui n'aiment rien tant que de rentrer au port mais qui savent bien – inconsciemment ou pas – que, pour « rentrer », il faut être parti et qui, souvent même, sont, en secret, amoureux des départs...

Tous les imaginatifs, les atypiques, les mal-aimés, ceux qui cherchent sans cesse « ailleurs » ce qu'ils pressentent : un monde à leur mesure et pour lesquels la morue de Terre-Neuve ressemblera toujours à Moby Dick.

Je tenais à le dire, avant tout, dans ce livre qui leur est dédié, c'est bien grâce à tous ceux-là – ces silencieux, ces obstinés « laboureurs de la mer » depuis des siècles – que notre métier a gagné d'être nommé le Grand Métier.

Plaise au dieu de la Mer qu'il le demeure!

POSTFACE

Kristiansund (Norvège), le 1er novembre 1976.

Amarré à quai, près d'un pont, un navire attend. Sous la nouvelle peinture chamois qui l'a dépersonnalisé, le chalutier semble résigné.

Un journaliste prend des photos. Les quelques marins français qui ont conduit « leur bateau » en Norvège se joignent prestement à un groupe de Nordiques blonds et forts, les nouveaux propriétaires. Sur le portique arrière deux hommes côte à côte attendent un ordre : un marin d'hier, un de demain.

Au signal convenu, le Français salue par trois fois au pavillon. Adieu *Vikings!* Puis il amène nos couleurs. Le Norvégien hisse le nouvel emblème national.

Fécamp vend ses chalutiers, et avec eux cinq siècles d'Histoire.

Un frisson me parcourt l'échine. Il est vrai qu'il ne fait pas bien chaud.

⁂

Et maintenant, comme plus d'un million de Français, je suis chômeur. Je pointe.

TABLE DES MATIÈRES

Deuxième époque

LE TEMPS DES RESPONSABILITÉS

Troisième époque

CAPITAINE DE PÊCHE

Quatrième époque

LA GRANDE PÊCHE SE MEURT

TABLE DES ILLUSTRATIONS IN TEXTE

TABLE DES CARTES

IMPRIMÉ EN FRANCE PAR BRODARD ET TAUPIN
Usine de La Flèche (Sarthe), le 19-01-1987.
1045-5 - N° d'Éditeur 1915, novembre 1982.

PRESSES POCKET - 8, rue Garancière - 75006 Paris
Tél. 46.34.12.80

OUVRAGES DE LA COLLECTION *TERRE HUMAINE*

Selim ABOU : *Liban déraciné.*
Immigrés dans l'autre Amérique.
Autobiographies de quatre Argentins d'origine libanaise.

James AGEE et Walker EVANS : *Louons maintenant les grands hommes.*
Alabama : trois familles de métayers en 1936.

Alexander ALLAND Jr. : *La danse de l'araignée*
Un ethnologue américain chez les Abrons (Côte-d'Ivoire).

AMICALE D'ORANIENBURG-SACHSENHAUSEN : *Sachso.*
Au cœur du système concentrationnaire nazi.

Georges BALANDIER : *Afrique ambiguë.*

Ettore BIOCCA : *Yanoama.*
Récit d'une femme brésilienne enlevée par les Indiens.

Adélaïde BLASQUEZ : *Gaston Lucas, serrurier.*
Chronique de l'anti-héros.

Ronald BLYTHE : *Mémoires d'un village anglais.*
Akenfield (Suffolk).

Pierre CLASTRES : *Chronique des Indiens Guayaki.*
Ce que savent les Aché, chasseurs nomades du Paraguay.

Georges CONDOMINAS : *L'exotique est quotidien.*
Sar Luk, Vietnam central.

René DUMONT : *Terres vivantes.*
Voyages d'un agronome autour du monde.

René DUMONT — en collaboration avec Charlotte PAQUET :
Pour l'Afrique, j'accuse. Journal d'un agronome
du Sahel en voie de destruction.

Joseph ERLICH : *La flamme du shabbath.*
Le shabbath — moment d'éternité — dans une famille juive polonaise.

Eduardo GALEANO : *Les veines ouvertes de l'Amérique latine.*
Une contre-histoire.

Margit GARI : *Le vinaigre et le fiel.*
La vie d'une paysanne hongroise.
Mémoires recueillis et présentés par Edith Fel.

Luis GONZALEZ : *Les barrières de la solitude.*
Histoire universelle de San José de Gracia, village mexicain.

Eduardo GONZALEZ-VIAÑA : *Parle, cactus, appelle les Sorciers!*
Confessions d'El Tuno, chaman péruvien.

Pierre GOUROU : *Terres de Bonne-Espérance.*
Itinéraires d'un géographe dans le monde tropical.

Tewfik EL HAKIM : *Un substitut de campagne en Egypte.*
Journal d'un substitut de procureur égyptien.

Pierre-Jakez HELIAS : *Le cheval d'orgueil.*
Mémoires d'un Breton du pays bigouden.

William H. HINTON : *Fanshen.*
La révolution communiste dans un village chinois.

Francis HUXLEY : *Aimables sauvages.*
Chronique des Indiens Urubu de la forêt amazonienne.

Francis A. J. IANNI : *Des affaires de famille. La Mafia à New York.*
Liens de parenté et contrôle social dans le crime organisé.

Bruce JACKSON : *Leurs prisons.*
Autobiographies de prisonniers et d'ex-détenus américains.

Bruce JACKSON et Diane CHRISTIAN : *Le quartier de la mort.*

Robert JAULIN : *La mort sara.*
L'ordre de la vie ou la pensée de la mort au Tchad.

Theodora KROEBER : *Ishi.*
Testament du dernier Indien sauvage de l'Amérique du Nord.

Jacques LACARRIERE : *L'été grec.*
Une Grèce quotidienne de 4 000 ans.

Richard LANCASTER : *Piegan.*
Chronique de la mort lente. La réserve indienne des Pieds-Noirs.

Claude LEVI-STRAUSS : *Tristes tropiques.*

Mahmout MAKAL : *Un village anatolien.*
Récit d'un instituteur paysan.

Jean MALAURIE : *Les derniers rois de Thulé.*
Avec les Esquimaux polaires face à leur destin.

Margaret MEAD : *Mœurs et sexualité en Océanie.*
1) Trois sociétés primitives de Nouvelle-Guinée (région du Sepik).
2) Adolescence à Samoa.

C. F. RAMUZ : *La pensée remonte les fleuves.*
Essais et réflexions.

Jean RECHER : *Le grand métier.*
Journal d'un capitaine de pêche de Fécamp.

Eric de ROSNY : *Les yeux de ma chèvre.*
Sur les pas des Maîtres de la nuit en pays douala (Cameroun).

Gaston ROUPNEL : *Histoire de la campagne française.*

Victor SEGALEN : *Les immémoriaux.*

Mary SMITH et Baba GIWA : *Baba de Karo.*
L'autobiographie d'une musulmane haoussa du Nigeria.

Jacques SOUSTELLE : *Les quatre soleils.*
Souvenirs et réflexions d'un ethnologue au Mexique.

Antoine SYLVERE : *Toinou.*
Le cri d'un enfant auvergnat (Pays d'Ambert).

Don C. TALAYESVA : *Soleil Hopi.*
L'autobiographie d'un Indien Hopi.

Wilfred THESIGER : *Le désert des déserts.*
Avec les Bédouins, derniers nomades de l'Arabie du Sud.

Wilfred THESIGER : *Les Arabes des marais.*
Tigre et Euphrate.

Tahca USHTE et Richard ERDOES : *De mémoire indienne.*
La vie d'un Sioux, voyant et guérisseur.

TERRE HUMAINE

CIVILISATIONS ET SOCIÉTÉS

Collection dirigée par Jean MALAURIE

Terre Humaine, depuis bientôt trente ans, s'est imposée en France et à l'étranger comme un carrefour privilégié de témoignages et un courant de pensée. Elle décrit les cohésions sociales et dénonce l'inhumanité de l'histoire contemporaine. Regards multiples sur des civilisations en mouvement, cette collection, qui confronte l'observateur avec l'observé, témoigne des rapports secrets entre l'homme et son lieu. **Terre Humaine**, indépendante de toute idéologie, s'interroge et questionne, contribuant, livre après livre, à une plus large intelligence de notre évolution humaine.

PARUS DANS PRESSES POCKET

Margaret Mead — **MŒURS ET SEXUALITÉ EN OCÉANIE —** 1) Trois sociétés primitives de Nouvelle-Guinée (région du Sepik). 2) Adolescence à Samoa.

Première édition en langue française : 1963.
Traduction : G. Chevassus.
533 p., 18 ill. in texte, 3 cartes, 38 ill. hors texte, index.

Quatre sociétés océaniennes sont présentées mais dont chacune fonde l'ensemble de ses structures sur une valeur unique : celle-là, globalement, n'est que de douceur, celle-ci de violence, cette autre proscrit les passions et, chez la dernière, hommes et femmes ont échangé leurs traits de caractère. La richesse de connaissance de la célèbre ethnologue américaine dans un livre, qui est un chef-d'œuvre d'intelligence et d'humour.

Francis Huxley — **AIMABLES SAUVAGES** — Chronique des Indiens Urubu de la forêt amazonienne.

Première édition en langue française : 1960.
Traduction : M. Lévi-Strauss.
293 p., 14 ill. in texte, 1 carte, 22 ill. hors texte, glossaire.

F. Huxley a retrouvé au nord du Brésil une tribu indienne de langue « Tupi », les Urubu, descendants des Tupinamba anthropophages massacrés par les conquérants européens. Il nous les présente dans une intimité quotidienne qu'il nous livre avec un sens aigu de la vérité et une description de ce qui paraît au-delà de la culture : comportement, silence, code de la politesse, cancans : tous ces « petits riens » qui sont en fait le fondement de la civilisation d'un peuple.

Mahmout Makal — **UN VILLAGE ANATOLIEN** — Récit d'un instituteur paysan.

Première édition en langue française : 1963.
Nouvelle édition augmentée d'une postface (1977).
Traduction : O. Ceyrac et G. Dino.
381 p., 31 ill. in texte, 2 cartes, 36 ill. hors texte.

« Un village anatolien » est la somme d'une expérience de quinze années. C'est le paysan turc lui-même qui, pour la première fois, par la voix malaisée d'un des siens, va se faire entendre à travers ce livre brutal comme un cri. C'est aussi un document capital sur la nouvelle intelligentsia paysanne turque dont l'auteur est manifestement l'une des individualités les plus marquantes.

Traduit en langues hongroise et italienne.

Claude Lévi-Strauss — **TRISTES TROPIQUES.**

Première édition : 1955.
504 p., 38 ill. in texte, 1 carte, 63 ill. hors texte, index.

Plus encore qu'un livre de voyage, il s'agit d'un livre sur le voyage. Sans renoncer aux détails pittoresques de son existence parmi les sociétés indigènes du Brésil central — Caduveo, Bororo, Nambikwara, Tupi-Kawahib — le grand ethnologue entreprend en ce livre désormais classique de situer sa biographie intellectuelle dans une perspective plus vaste : rapports entre l'Ancien et le Nouveau Monde; place de l'homme dans la nature; sens de la civilisation et du progrès.
Traduit en langues allemande, anglaise, catalane, espagnole, grecque, hongroise, italienne, japonaise, néerlandaise, norvégienne, polonaise, portugaise, roumaine, serbo-croate, suédoise, tchèque.

Jean Malaurie — **LES DERNIERS ROIS DE THULÉ** — Avec les Esquimaux polaires face à leur destin.

Première édition : 1955.
Quatrième édition revue et augmentée (1981).
642 p., 89 ill. in texte, 11 cartes, 62 ill. hors texte, index.

Anthropogéographe, Jean Malaurie nous donne, en cette réédition revécue avec le recul du temps et vingt années d'expérience, un livre essentiel sur le peuple esquimau, dont il a partagé la vie rude au cours de missions répétées. Ce livre est le symbole d'une de ces confrontations de cultures — la société archaïque la plus septentrionale du globe et l'une des plus puissantes bases nucléaires américaines — que connaît l'espace circumpolaire à l'heure de la découverte du pétrole et du gaz arctiques.
Traduit en langues allemande, anglaise, bulgare, danoise, espagnole, estonienne, islandaise, italienne, japonaise, polonaise, russe, serbo-croate, suédoise, tchèque.

Jean Recher — **LE GRAND METIER** — Journal d'un capitaine de pêche de Fécamp.

Première édition : 1977.
486 p., 14 ill., 5 cartes, 32 ill. hors texte, index.

« Le Grand Métier » est d'abord la mémoire d'une des professions les plus dures dans des mers et des régions cruelles entre toutes, celles de l'Arctique : Terre-Neuve, Groenland, île aux Ours, mer de Barents... Ce témoignage irremplaçable est aussi un livre politique : à la honte des pouvoirs publics successifs, la grande pêche française, jusqu'alors en tête de la pêche mondiale et forte d'une tradition de quatre cent cinquante ans, subit une crise si profonde que Fécamp, jadis forêt de mâts, désarme aujourd'hui ses navires.

Antoine Sylvère — **TOINOU** — Le cri d'un enfant auvergnat (Pays d'Ambert).

Première édition : 1980.
Préface : P.J. Hélias.
404 p., 31 ill. et 3 cartes hors texte, index.

Témoignage d'un fils de métayer, né à la fin du siècle dernier dans la région d'Ambert (Auvergne). Le combat d'un enfant contre une société-laminoir. La vie d'extrême pauvreté de cette famille nous est décrite sur un ton digne des « Misérables » et avec une angoisse contenue, mais la fraîcheur des sensations et la truculence des caractères font aussi songer à Daudet. Témoignage impitoyable sur l'Ecole des Frères qui conditionne ses élèves mais tente cependant parfois — sans succès pour Toinou — de sauver les plus doués grâce au séminaire. Un document implacable et unique sur l'enfance et l'adolescence dans les campagnes. Ce livre, préfacé par Pierre Jakez Hélias, est une dénonciation du travail assassin des usines à la Belle Epoque.

Don C. Talayesva — **SOLEIL HOPI** — L'autobiographie d'un indien Hopi.

Première édition en langue française : 1959.
Préface : C. Lévi-Strauss. Traduction : G. Mayoux.
461 p., 56 ill. in texte, 2 cartes. 16 ill. hors texte.

« Soleil hopi », c'est l'autobiographie d'un indien Pueblo qui témoigne avec naïveté, vivacité et sagesse, de son attachement réfléchi aux cadres traditionnels hopi. Talayesva, chef du clan du Soleil, est né à l'est du grand canyon du Colorado, en mars 1890. Hostile par expérience à une américanisation des siens et de sa tribu. Il ne se refuse toutefois pas à une évolution nécessaire, bien qu'il l'estime quant à lui tragique. Un livre rare que sa précision, son intimisme et sa qualité d'inspiration établissent comme une œuvre littéraire d'avant-garde.

Tahca Ushte/Richard Erdoes — **DE MÉMOIRE INDIENNE** — La vie d'un Sioux, voyant et guérisseur.

Première édition en langue française : 1977.
Traduction : J. Queval.
335 p., 20 ill. in texte, 33 ill. hors texte, glossaire.

« De mémoire indienne » est appelé à être un classique. Il dénonce les menaces de l'aveugle civilisation technicienne, Tahca Ushte, dans sa quête du savoir, dans cet appel destiné à tout son peuple d'un nécessaire retour à la nature et à ce qui fonde l'homme, n'écrit pas seulement un récit du passé. Il nous confie, avec un humour typiquement indien, des Mémoires d'avenir. Un livre de vie et de sagesse puisé aux sources résurgentes de la tradition amérindienne. « Ceci est un texte honnête, tel que je le voulais », a déclaré Tahca Ushte, mort en janvier 1977 à Denver (Colorado).

PLON/8, rue Garancière/75006 Paris/Tél. : 46-34-12-80
Télex : Paris 204 807